의료사회복지실천론

박유정 · 김미영 · 김정화 · 박아경 · 이송월

창지사

머리말

급변하는 사회 속에서 보건의료 환경 또한 빠르게 진화하고 있습니다. 고령화의 가속, 만성질환의 증가, 정신건강 문제의 심화, 그리고 의료접근성에 대한 사회적 요구 증대는 단지 의료기술의 발전만으로는 해결할 수 없는 복합적 과제를 던지고 있습니다. 이처럼 의료가 단순히 질병 치료를 넘어 삶의 질을 지향하는 방향으로 확장됨에 따라, 의료 현장에서는 생물학적 접근을 넘어 심리사회적·환경적 관점에서의 통합적 실천이 요구되고 있습니다.

이러한 흐름 속에서 의료사회복지사의 역할은 그 어느 때보다 중요한 전환점을 맞이하고 있습니다. 의료사회복지사는 환자와 가족이 의료 환경 속에서 겪는 정서적 혼란, 경제적 어려움, 돌봄 체계의 단절, 지역사회자원과의 연결 단절 등 다양한 문제에 대응하며, 의료와 사회를 잇는 연결자이자 인간 존엄을 실현하는 실천가로서 자리매김하고 있습니다. 특히 최근 들어, 지역사회 중심의 보건의료 체계 구축, 건강보험 보장성 강화, 공공보건 정책 확대 등은 의료사회복지사의 활동 영역을 병원이라는 물리적 공간을 넘어 지역사회, 지방자치단체, 정부로까지 넓히고 있습니다.

이러한 변화는 단순한 역할의 확장이 아닌, 의료사회복지사의 실천 역량과 전문성에 대한 본질적 재정립을 요구합니다. 오늘날 의료사회복지사에게는 정책적 이해력, 제도에 대한 분석력, 다학제 간 협력 능력은 물론, 의료윤리와 법적 판단에 대한 민감성, 인간 중심적 관점에서의 통합적 사고와 개입 능력이 절실히 필요합니다. 이는 단지 이론의 습득으로는 충족될 수 없는, 실천의 경험과 통찰이 요구되는 전문역량입니다.

이 책『의료사회복지실천론』은 이러한 시대적 요청에 부응하는 결과물입니다. 무엇보다 이 책은 단순한 이론의 나열이 아닌, 의료 현장에서 15년 이상의 실무를 수행하며 축적된 경험과 통찰을 바탕으로 집필되었습니다. 저자들은 의료사회복지 현장의 흐름과 요구를 잘 이해하고 있으며, 실제 사례와 경험을 통해 현장 친화적인 의료사회복지의 이해, 이론, 실천 영역을 구성하고자 노력하였습니다. 따라서 이 책은 의료사회복지 이론의 기초를 충실히 제공함과 동시에, 실천 현장에서 실제로 마주하게 되는 다양한 상황에 대한 실질적인 조언과 구체적 전략을 함께 담아냅니다.

이 책에서 박유정은 9장 '당뇨병, 만성콩팥병', 10장 '뇌졸중, 척수손상', 11장 '장기이식, 치매'를 집필하였으며, 15장 '의료사회복지 전망과 과제'를 박아경과 공동으로 집필하였습니다. 김미영은 5장 '의료사회복지실천의 과정과 개입', 6장 '의료사회복지 실천모델 1', 7장 '의료사회복지 실천모델 2'를 맡아 집필하였고, 김정화는 1장 '의료사회복지 개념과 실천 현장', 3장 '의료사회복지 직무와 역할', 4장 '의료사회복지정책과 제도'를 집필하였으며, 박아경은 2장 '의료환경과 의료사회복지실천의 변화', 12장 '암, 사전돌봄계획과 연명의료, 호스피스·완화의료'를 집필하였습니다. 이송월은 8장 '근거기반 의료사회복지 실천', 13장 '의료기관 인증제도 및 의료질 향상 활동', 14장 '취약환자 보호'를 집필하였습니다. 아울러 각 장의 내용은 집필진 간의 교차 검토와 상호 보완 과정을 거쳐 완성도를 높였습니다.

책의 각 장은 변화되고 있는 의료사회복지의 현장, 윤리적 갈등 상황, 각 질병에 따른 의료사회복지사의 역할, 환자 중심의 돌봄 구현이라는 현실적 과제에 대해 통찰할 수 있도록 구성하였습니다. 이로써 이 책은 의료사회복지 이론서이자 실천서로서, 이론과 실천 사이의 간극을 메우는 든든한 다리가 되어 줄 것이라 기대합니다.

무엇보다 복잡하고 예측 불가능한 의료 환경 속에서도 변함없이 환자의 삶에 따뜻하게 다가가는 의료사회복지사의 전문성과 헌신을 담아내기 위해, 각

고의 노력을 아끼지 않은 저자 여러분의 열정과 수고에 깊이 감사드립니다. 이 책이 의료사회복지사를 준비하는 학생들에게는 전문성을 키우는 이정표가 되고, 현장의 실천가들에게는 지속 가능한 실천의 나침반이 되기를 진심으로 바랍니다.

끝으로, 이 책이 보다 많은 이들의 손에 닿아 의료사회복지의 지평을 넓히고, 인간 중심의 보건의료 실현에, 작지만 단단한 밑거름이 되기를 소망합니다. 새로운 배움과 성찰의 여정을 시작할 여러분 모두를 진심으로 응원합니다. 오랜 기간 동안 이 책의 출간을 적극적으로 지원해 주신 창지사에 깊은 감사를 전합니다.

2025년 8월

저자 일동

차례

PART 02 의료사회복지실천 이론과 적용

PART 03 의료사회복지실천 영역

PART 01

의료사회복지의 이해

CHAPTER 01

의료사회복지 개념과 실천 현장

학 · 습 · 목 · 표

1. 건강의 생심리사회적 관점을 중심으로 의료사회복지의 배경을 이해할 수 있다.
2. 의료사회복지의 개념을 설명할 수 있다.
3. 의료사회복지의 주요 실천 현장 및 분야에 대해 파악할 수 있다.

이번 장에서는 먼저 건강과 질병의 개념에 대해 살펴보고, 사회복지가 어떤 관점과 맥락에서 건강 문제에 주목하고 개입하는지를 설명한다. 둘째, 의료사회복지의 개념을 알아본다. 셋째, 의료사회복지가 활동하는 다양한 실천 현장의 유형과 특성을 살펴본다.

1. 건강의 개념과 의료사회복지의 배경

1) 건강의 개념

(1) 건강의 정의

우리가 건강하게 산다는 것을 어떻게 정의할 수 있을까? 의료사회복지론 강의에서 학생들에게 "여러분에게 건강한 삶은 무엇입니까?"라는 질문을 던진다면, 다양한 답변이 나올 것이다. '아프지 않은 것', '몸과 마음이 모두 편안한 것', '학교를 잘 다니는 것', '스트레스가 없는 것', '행복한 삶을 사는 것' 등 학생들이 제시하는 건강의 정의는 단순한 신체적 건강을 넘어 심리적 · 사회적 요소를 포함한다.

과거의 전통적인 생의학 모델에서는 건강을 신체가 정상적으로 기능하는 상태로 정의하며, 질병은 박테리아나 바이러스의 침입으로 인해 생물학적 정상 범위를 벗어난 상태로 보았다(조병희, 2022). 이 관점에서 건강과 질병은 하나의 연속선상에 있는 것이 아니라, 서로 분리된 개념이며, 병이 없는 상태가 곧 건강한 상태가 된다.

이후 세계보건기구(World Health Organization, WHO)에서 건강은 "단순히 질병이나 결함이 없는 상태가 아니라, 신체적 · 정신적 · 사회적인 안녕 상태"라고 규정하였다(WHO, 1948). 현대사회에서 건강이란 단순히 신체적으로 질병이 없는 상태만을 의미하지 않고 심리적 · 정신적 · 사회적으로 안녕한 상태를 포괄하고 사회적 역할을 수행하는 능력을 포함하는 것으로 볼 수 있다. 건강 증진 측면에서는 건강을 인간이 개인적 · 사회적 · 경제적으로 생산적인 활동을 가능하게 하는 자원으로 개념화하기도 한다(WHO, 1986).

콜리어(Collier)와 동료들은 건강을 다음 세 가지 요소로 정의하며, 건강에 대해 대처 과정을 포함하여 포괄적으로 설명하였다. 첫째, 건강은 질병이 없는 상태이다. 둘째, 건강은 신체적 · 정신적 · 사회적으로 안녕한 상태이다. 셋째, 건강은 환경 변화, 성장과 노화, 상처와 회복, 죽음에 대한 준비 등 삶의 과정에 적응하는 능력을 의미하며, 그 과정에서의 고통과 이를 극복하기 위한 내적 자원을 포함한다(Taylor et al., 2003 : 37).

이러한 정의들은 건강의 개념이 질병의 부재를 의미하는 것이 아니라, 신체적 · 정신적 · 사회적 안녕을 포함하며, 인생의 전 과정에서 환경 변화에 적응하고 대처할 수 있는 능력까지 포괄하는 방향으로 확장되었음을 보여 준다.

(2) 질병의 개념 : disease와 illness의 구분

사회학적 관점에서는 질병을 단순한 생물학적 현상으로만 보지 않고, 사회적 차원에서도 중요하게 바라본다. 이를 위해 생물학적 차원의 '병'과 사회적 차원의 '병'을 구분하여 설명하기도 한다. 생물학적 차원의 병은 질병(disease), 개인이 그 병을 경험하는 주관적인 차원이 포함된 의미의 병은 질환(illness)이라고 개념화된다(조병두, 2022).[1] 커셀(Cassell)은 질환(illness)을 "환자가 의사를 찾아갈 때 느끼는 것"으로, 질병(disease)을 "의사의 진료실에서 나올 때 얻는 것"으로 구분하였다(Helman, 2007 재인용).

질병(disease)은 특정 신체 기관이나 신체 부위의 기능 및 구조에 특정 장애가 실체적으로 나타나는 상태를 의미한다(Boyd, 2000). 이는 의료 전문가가 표준화된 진단 코드를 기반으로 객관적으로 진단하는 개념이며, 일반적으로 생물학적 원인에 의해 발생하고 이에 대한 치료 방법이 존재한다. 그러나 의학적 진단은 환자의 주관적 고통과 감정에 기반해 결정되기도 하여 완전히 생물학적 원인으로 진단하는 데에는 한계가 있다(권자영 외, 2022).

질환(illness)은 개인이 느끼는 정신적·신체적 증상을 기반으로 스스로 인식하는 건강 문제를 의미한다. 즉 질환은 개인의 주관적 경험과 해석에 기반해 건강 문제의 원인과 의미를 해석하는 방식이다. 질환은 개인과 주변 간의 관계에 미치는 영향뿐 아니라, 그 상태를 치료하는 방법의 선택까지도 포함한다. 이런 점에서 질환은 사회문화적 맥락과 적절한 규범적 판단의 영향을 받게 된다.

2) 생의학 모델에서 생심리사회적 모델로의 변화

의료사회복지의 이론적 토대가 되는 건강 모델은 '생심리사회적 모델'이다. 조지 엥겔(George Engel)이 처음 제안한 이 모델은 의료서비스 전달체계에서 권장되는 접근법 중 하나이다. 조지 엥겔은 기존의 생의학 모델에 심리·사회적인 변수를 통합할 필요성을 강조하며 '생심리사회적 모델(biopsychosocial model)'을 제안하였다(Engel, 1977).

---

1) 학자에 따라 다르게 번역하기도 하나, 여기에서는 질병(disease)과 질환(illness)이라고 번역하여 설명하였다. 이후의 서술에서는 질환과 질병을 개념적으로 구분하지 않고 혼용하여 사용하였다.

전통적인 생의학 모델의 질병 설명에 대한 주요 특징은 다음과 같다. 첫째, 몸(신체)과 마음(정신)은 독립적으로 작동한다는 심신이원론에 기반한다. 둘째, 질병을 다층적이고 복잡한 여러 요인이 서로 영향을 미쳐 발생하는 문제(상호작용적 체계)라고 이해하기보다는, 신체 내부의 생물학적 이상으로 바라본다. 생의학 모델은 인간의 신체를 과학적 원리에 근거하여 설명하지만, 신체를 고장이 나면 수리 가능한 기계로 보는 기계론적 접근으로 단순화하는 환원주의적 오류를 범할 수 있다. 즉 생의학 모델에서는 기술적 개입의 장점이 과대평가되어 기술만능주의에 빠질 수 있으며, 무엇보다 생물학적인 변화에만 초점을 두어 인간의 복합적인 삶의 맥락을 간과한다는 한계가 있다.

반면, 생심리사회적 모델은 질병을 단순히 생의학적 요소로만 해결하려는 방식을 넘어서, 더 넓은 차원에서 질병을 이해하고 개입하는 모델이다. 이 모델은 전통적인 생의학 모델이 질병의 생물학적 원인에 초점을 두는 것과 달리, 생리적·심리적·사회적·환경적·행동적 요인을 포함하는 포괄적인 접근 방식을 제시한다. 생심리사회적 모델은 개인의 질병을 바라볼 때, 체계이론에 근거하여 개인의 생물학적 요인 외에 심리적 및 사회적인 다체계 요인들 간에 통합적이고 위계적인 틀을 제공한다(Gehlert, 2019). 예를 들어, 당뇨병 환자를 치료하고 지원 계획을 세울 때, 생의학 모델은 환자의 생리적 상태와 의학적 진단 결과에만 초점을 맞춘다. 반면, 생심리사회적 모델은 권장되는 치료를 할 수 있는 경제적 여건, 건강관리를 위한 환자와 가족의 역량, 사회·환경적 맥락까지 고려하여 개입한다.

〈표 1-1〉 생의학적 모델과 생심리사회적 모델 간의 비교

	전통적인 생의학(질병) 모델	조지 엥겔(1977)의 생심리사회적 모델	생심리사회적 모델의 발전
주요 특징	• 질병: 생물학적 정상치를 벗어난 상태 • 심신이원론에 기반 • 심리사회적 요인은 고려하지 않음 • 신체에 대한 과학적 원리 적용: 과학(기술)만능주의나 환원주의적 오류 가능성	• 질병의 생물학적 원인뿐만 아니라 심리적·사회적 요인까지 고려 • 체계론적 관점 입각 • 질병에 대하여 다양한 차원을 고려한 통합적이고 체계적인 틀 제공	• 질병뿐만 아니라 일반적인 모든 건강 영역으로 확대 • 영적 영역, 질병과 건강의 적응과정까지 포괄 • 다양한 관련 요인 간의 맥락과 상호작용 중시

생심리사회적 모델은 질병뿐만 아니라 건강 전반의 영역에서 심리사회적 요인의 중요성을 강조하는 것으로 확장되었으며, 건강과 관련된 다양한 생물학적·심리인지적 및 사회적 요인 간의 상호작용을 강조한다(Lindau et al., 2003). 이에 린다우(Lindau)와 동료들은 '상호작용적 생심리사회적 모델(interactive bio-psychosocial model, IBM)'로 수정하여 명명하기도 하였다. 또한 최근에는 건강의 개념에 영적인 안녕까지 포함하여, 건강한 정도나 상태뿐만 아니라 질병과 건강에 적응하는 과정 또한 중요하게 고려한다.

개인의 사회적 네트워크와 문화적 맥락이 건강에 미치는 영향이 중시되면서, 건강을 단순히 개인 차원의 문제가 아닌 사회적 과정으로 바라보는 관점이 강화되고 있다. 이러한 배경에서 생심리사회적 모델은 의료사회복지에서 건강의 심리·사회적 측면을 다루고, 행동과 환경 요인을 포함한 건강 문제에 대해 보다 통합적이고 다차원적인 개입의 필요성을 보여 주는 대표적 관점이다.

학습활동

- 건강, 질병과 관련된 심리·사회적 요인을 알 수 있는 신문 기사를 찾아보고, 주요 건강 이슈, 심리·사회적 요인의 구체적인 내용과 그 결과 등에 대해 토론해 보자.

2. 의료사회복지의 개념

1) 의료사회복지의 정의

의료사회복지는 전문적 사회복지실천의 한 분야로, 질병과 건강의 문제를 다루는 병원이나 의료기관 등을 비롯하여 지역사회 내의 보건과 건강 관련 서비스를 제공하는 다양한 현장에서 수행되는 사회복지 활동이다. 의료사회복지를 정의하면, 질병에 관한 다각적 접근을 바탕으로 질병을 가진 개인과 환경 간의 상호 관계에 초점을 두고 의료팀의 일원으로 환자 및 가족의 사회기능 향상을 위해 전문적인 실천 방법을 활용하여 질병의 예방, 치료 및 재활에 이르는 다양한 활동을 수행하는 사회복지의 한 전문 분야라고 할 수 있다(김연수 외, 2022).

(1) 의료사회복지의 미시적 차원과 거시적 차원

의료사회복지의 개념을 심화하면, 미시적 차원과 거시적 차원으로 구분하여 정의할 수 있다(장수미 외, 2021).

미시적 차원의 의료사회복지는 주로 병원이나 의료시설 내에서 이루어지는 활동을 의미한다. 업햄(Upham)과 매리(Mary)는 의료사회복지의 기능을 "병원에서 환자가 질병의 원인이 되거나 치료에 방해가 될 수 있는 사회적·정서적 문제를 해결하도록 돕고, 퇴원 후 가정이나 지역사회로 복귀하여 사회적 기능을 발휘할 수 있도록 지원하는 사회복지의 한 분야"라고 정의하였다(Upham & Mary, 1951; 장수미 외, 2021 재인용). 이 정의는 협의의 의료(medical) 개념을 바탕으로, 질병의 원인과 치료를 저해하는 개인 내면의 문제를 해결하는 데 초점을 두며, 의료진을 지원하는 역할을 강조한다. 또한 병원이나 의료시설 내에서 환자와 그 가족이 직면한 사회적·경제적·심리적 문제에 대한 사회복지서비스를 제공함으로써, 의료서비스가 보다 효과적이고 효율적으로 운영되도록 돕는다. 그러나 이러한 정의는 임상 지향적이고 지원자로서의 활동에 초점을 맞춰, 의료사회복지가 다룰 수 있는 활동 영역을 축소하는 경향이 있다는 비판이 있다.

거시적 차원의 의료사회복지 개념은 건강을 질병의 치료와 회복만이 아닌 예방과 사후관리까지 포함하는 과정으로 이해하며, 개입 단위를 병원 내 활동에 국한하지 않고 지역사회를 포괄하는 제도적·정책적 차원으로 확장한다. 거시적 차원의 의료사회복지는 "보건 및 의료 영역에서 질병 예방과 건강 증진을 목적으로 사회복지조사, 정책 및 행정을 통해 건강 욕구를 측정하고 의료서비스 전달체계를 평가·개선하여 의료의 질을 높이는 동시에 의료급여의 확대와 사회복지서비스의 질적 향상에 기여하는 사회복지의 한 과정"으로 제도와 정책적 차원의 개입을 강조하였다(장수미 외, 2021).

의료사회복지의 개념은 미시적 차원과 거시적 차원의 개념을 통합하여 정의하는 것이 바람직하다. 이는 환자의 건강 회복을 지원하는 전문적인 임상 실천의 기능뿐만 아니라, 질병의 예방과 재활을 촉진하는 조직적·제도적 차원의 접근을 모두 포괄하는 개념이다.

(2) 의료사회복지와 보건의료사회복지의 비교

① 의료, 보건의료 및 공공의료

의료는 인간의 질병 진단 및 치료에 초점을 맞춘 개념이다(권자영 외, 2022). 반면, 보건의료는 건강을 유지하고 증진하기 위해 행하는 모든 활동을 포함하는 보다 광범위한 개념이다(간호정책연구회, 2021). 보건의료의 법적 정의는 "국민의 건강을 보호·증진하기 위해 국가, 지방자치단체, 보건의료기관 또는 보건의료인 등이 행하는 모든 활동"이다(「보건의료기본법」 제3조). 한편, 보건의료와 유사한 개념으로 사용되는 공공보건의료는 "국가나 지방자치단체 및 보건의료기관이 지역·계층·분야에 관계없이 국민의 보편적인 의료 이용을 보장하고, 건강을 보호·증진하는 모든 활동"을 의미한다(「보건의료기본법」 제2조). 공공보건의료는 건강 형평성 실현을 위한 공공의 역할을 보다 강조하는 보건의료 개념으로 볼 수 있다.

〈표 1-2〉 의료와 보건의료의 개념

	의료	보건의료
주요 관심	질병 관리, 의료서비스	건강관리, 보건의료서비스
내용	진단과 치료	예방, 증진, 재활, 질병과 건강관리 영역
범위	좁은 의미의 의료(진료)	넓은 의미의 의료(건강관리)

출처: 대한예방의학회(2020), 간호정책연구회(2021) 재인용

② 의료사회복지와 보건의료사회복지

미국에서는 '의료사회복지(medical social work)'라는 용어가 전통적으로 사용되었으나, 최근에는 '보건의료사회복지(health care social work)', '보건사회복지(health social work)', '보건의료현장의 사회복지(social work in health care settings)'라는 용어가 더 많이 사용된다.[2)] 이는 질병의 진단과 치료에 초점을 맞춘 '의료(medical)'의 개념에서 보다 포괄적이고 종합적인 건강인 '보건의료(health care)'의 개념으로 확장되는 변화가 있음을 의미한다(권자영 외, 2022).

보건의료사회복지(health social work)는 국민의 건강상태와 사회적 기능에 영향을 미치는 사회 문제를 파악하기 위한 역학적 접근을 기반으로 하며, 질병 예방과 건강 증진을 위한 일차 예방(primary prevention) 수준의 개입을 강조하는 것이 특징이다. 보건의료사회복지는 개인의 질병 치료와 사회 구성원 전체의 건강 예방 및 증진, 건강 형평성 달성을 위한 구조적 접근을 포함하는 포괄적 개념이다(권자영 외, 2022).

우리나라는 의료(medical) 중심의 사회복지가 발달해 왔으나, 최근에는 건강 불평등, 사회적 결정요인, 지역사회 통합돌봄 등에 관한 관심이 커지면서 공공영역 및 지역사회 내 의료사회복지사의 책무성이 더 커지고 있다. 의료사회복

2) 'health care'는 한국에서 영문 그대로 '헬스케어'로 사용하기도 하지만, 한국에서 '헬스케어'의 의미는 의료 산업을 통칭하는 용어로 이해되어, 본 교재에서는 건강 예방 및 유지의 개념을 포함하는 '보건의료'로 번역하였다.

지사는 건강의 생심리사회적 요인들을 이해하고, 건강 불평등이 사회적 결정요인으로 유지되는 방식을 분석하며, 이를 완화하기 위한 미시적 차원과 거시적 차원을 넘나드는 적극적인 실천을 해 나갈 필요성이 있다(Howard et al., 2023).

의료사회복지란?

의료사회복지는 건강에 대한 다각적 접근을 통해 개인과 환경 간 상호작용에 초점을 두고 의료팀의 일원으로서 환자와 가족의 사회기능 향상을 위해 예방, 치료, 재활 등의 전문적인 사회복지실천을 수행하는 분야이다. 주로 병원이나 의료기관, 지역사회의 보건·건강 서비스 현장에서 이루어진다.

2) 의료사회복지사의 정의와 법적 근거

(1) 의료사회복지사의 정의

2018년 11월「사회복지사업법」의 개정으로, 의료 분야에서 활동하는 사회복지사의 전문성을 인정하는 '의료사회복지사' 국가자격이 신설되어 2020년부터 시행되었다. 영역별(의료) 사회복지사 자격은 의료 영역에 활동하고 있는 사회복지사의 자격을 국가자격으로 법제화한 것이다. 의료사회복지사 국가자격은 사회복지사 1급 자격증을 가진 사람이 보건복지부 장관이 지정한 수련기관에서 1년의 수련 및 이수 평가 등 수련 교육 전반의 과정을 마치면 취득할 수 있다. 또한 매년 보수교육 이수를 통해 영역별(의료) 사회복지사 자격을 유지·관리할 수 있도록 되어 있다.

대한의료사회복지사협회의 의료사회복지사에 대한 정의는 "의료사회복지사는 의료기관에서 사회복지사가 진료팀의 일원이 되어 효과적인 진단과 치료에 지장을 주는 환자의 사회적·경제적·심리적 문제를 해결하기 위해, 환자와 가족 상담, 진료비 지원, 지역사회자원 연계 등의 사회복지 전문기술을 통해 환자와 그 가족을 돕고 나아가 사회복귀를 지원하며, 병원에서 지역사회 요구도를 반영한 사회공헌활동, 기부금 모금 및 기부자 관리 등의 공익적 활동을 계획 및 관리하여 환자와 지역사회 의료복지 증진에 이바지하는 역할을 하는 보건의료 영역의 전문사회복지사"이다(대한의료사회복지사협회, 2024). 의료사회복지사의 역할은 교재 3장에서 다루므로, 이에 대한 세부적인 내용은 해당 장을 참고하기 바란다.

(2) 의료사회복지사의 법적 근거

의료사회복지사가 병원에서 활동을 하게 된 법적 근거는 1973년「의료법 시행규칙」제38조에서 비롯된다. 시행규칙 제38조에는 "사회복지사의 자격을 가진 자 중에서 환자의 갱생·재활과 사회복귀를 위한 상담 및 지도 업무를 담당하는 요원을 1명 이상 둔다."라고 명시되어 있다. 이 법적인 근거로 병원에서 의료사회복지사의 역할을 인정하고, 의료사회복지를 하나의 부서로 두기 시작했고 종합병원을 중심으로 의료사회복지사를 고용하면서 점차 확대되었다.

1977년에는 의료사회복지의 확산과 건강보험제도가 확대되면서 의료사회복지사의 활동에 대한 보험수가를 청구할 수 있는 근거가 마련되었다. 의료사회복지사는 정신의학적 사회사업 부문에서 수가를 산정할 수 있게 되었다. 1994년에는 재활의료사회사업수가가 인정되어 그동안 정신의학적 사회사업에 국한되어 있던 의료사회복지 활동에 대한 보험수가체계가 확대되는 계기가 되었다. 2001년부터는 의료사회복지사의 장기이식 순수성 평가 활동에 관한 비급여 보험수가가 인정되었다(장수미 외, 2021). 또한, 2016년 제정된「연명의료결정법」에서 '호스피스전문기관의 자격 인력기준'은 사회복지사를 포함하며, 건강보험 수가체계도 입원형·가정형·방문형 호스피스 활동 모두에 대해 마련되어 있다.[3] 다음의 <표 1-3>은 의료사회복지사 활동 및 역할에 대한 법적 근거를 정리한 것이다.

3) 의료사회복지와 관련된 수가제도에 대해서는 4장 의료사회복지정책과 제도에서 세부적으로 다룰 것이다.

〈표 1-3〉 의료사회복지사 활동 및 역할의 법적 근거

의료사회복지의 근거 법률	내용
① 「사회복지사업법」 제2조 1항 (정의)	"사회복지사업"이라 함은 다음의 법률에 의한 보호·선도 또는 복지에 관한 사업과 (중략) 지역사회복지·**의료복지**·재가복지 등 각종 복지사업과 이와 관련된 자원봉사활동 및 복지시설의 운영 또는 지원을 목적으로 하는 사업을 말한다.
② 「의료법 시행규칙」 38조 2항 6호 (의료인 등의 정원)	종합병원에는 **「사회복지사업법」에 따른 사회복지사 자격을 가진 자** 중에서 환자의 갱생·재활과 사회복귀를 위한 상담 및 지도 업무를 담당하는 요원을 **1인 이상** 둔다.
③ 「장기 등 이식에 관한 법률 시행령」 제17조 [별표 1]	장기이식의료기관 지정기준: **장기 등의 적출·이식을 위한 상담·연락업무 등**을 담당하는 간호사와 **사회복지사** 각 1인 이상을 두어야 한다.
④ 「장기 등 이식에 관한 법률 시행규칙」 제5조 2항 (의료기관의 뇌사판정업무)	법 제14조 2항의 규정에 의하여 **뇌사판정업무**를 하고자 하는 의료기관이 갖추어야 할 시설·장비·인력 등은 다음 각 호와 같다. (중략) 인력: **상담·연락업무 등을 담당**하는 간호사와 **사회복지사**
⑤ 「연명의료결정법(약칭) 시행규칙」 제20조 제1항 [별표 2]	**호스피스전문기관**의 자격의 인력기준 가. 입원형: 호스피스병동당 **1급 사회복지사 1명 이상** 나. 가정형 및 자문형: **1급 사회복지사 1명 이상**
⑥ 국민건강보험 요양급여기준, 진료수가 및 약제비산정기준: 보험수가 인정	(**조혈모세포이식**의 보험급여 범위에 관한 기준 – 제4조 실시기관 인정 등 기준인력 기준) 실시 기관에는 다음 각 호의 인력이 상근하여야 한다. (중략) 훈련된 간호사, **사회복지사**, 영양사, 기타 필요인력
	(제7장 이학요법료 제3절 전문재활치료사–128 **재활사회사업**) 재활의학적 치료목적으로 **사회복지사**가 직접 실시한 경우에 산정한다.
	(제8장 정신요법료산정지침) **정신의학적 사회사업**(아–11)은 **사회복지사**가 직접 실시한 경우에만 산정한다.
⑦ 「사회복지사업법」 제11조 2항, 3항 (자격증의 발급 등)	제1항에 따른 사회복지사의 등급은 1급·2급으로 하되, 정신건강·의료·학교영역에 대해서는 **영역별로** 정신건강사회복지사·**의료사회복지사**·학교사회복지사의 자격을 부여할 수 있다. 사회복지사1급 자격은 국가시험에 합격한 사람에게 부여하고, 정신건강사회복지사·**의료사회복지사**·학교사회복지사의자격은 1급 사회복지사의 자격이 있는 사람 중에서 보건복지부령으로 정하는 수련기관에서 수련을 받은 사람에게 부여한다.

※ 의료 영역 사회복지사의 법적 근거가 되는 조항들은 사회적 요구에 따라 추가·변경될 수 있음

3. 의료사회복지의 실천 현장

1) 의료사회복지 실천 현장의 분류

(1) 건강에 대한 1차, 2차, 3차 관리의 구분

건강에 대한 관점과 정책이 병원 중심의 치료에서 지역사회 내에서의 건강관리 및 돌봄의 영역으로 확장되었다. 개인의 건강은 질병 예방과 건강 증진의 측면, 질병 치료와 회복을 포함한 연속적인 개념으로 이해할 수 있다. 의료사회복지 실천 역시 예방, 치료, 사후관리 등 연속적인 관점에서 접근하려는 경향이 나타나고 있다(최권호, 2015). 이러한 관점에서 보건의료서비스 연속체(the health service continuum) 개념이 제안되었다(Allen & Spizer, 2016).

보건의료서비스 연속체는 서비스 내용과 제공 장소 측면에서 살펴볼 수 있다. 첫째, 서비스의 내용적 측면에서 건강 증진과 질병 예방, 질병 치료와 회복을 위한 적극적 개입, 재활과 만성질환 관리, 생애 말기 치료 및 통증 완화까지 개인의 건강상태 변화에 따라 서비스를 제공한다. 둘째, 서비스가 제공되는 장소적 측면에서는 개인이 가정과 지역사회에서 이용할 수 있는 보건의료, 병원, 요양원 및 호스피스 기관을 포함한다(Allen & Spizer, 2016).

〈표 1-4〉 보건의료서비스의 연속체(the health service continuum) 분류

	예방적/1차 의료 ↔	급성의 치료 ↔	장기적 관리 ↔	생애말 돌봄
초점	질병 예방과 건강행동	집중적 치료 및 관리	재활, 요양, 돌봄 중심	호스피스, 완화의료
주요 기관	• 의원급 의료기관, 보건소 등 • 지역보건의료기관, 사회복지관 등	• 병원, 종합병원, 상급종합병원 등	• 재활의료기관, 재활센터 • 요양(치매)병원 등	• 호스피스 · 완화의료기관 등

의료사회복지의 실천 현장에 대해 카울스(Cowles, 2012)는 보건의료서비스 전달체계를 건강상태에 따른 개입 수준과 내용에 따라 1차 관리기관(primary care), 2차 관리기관(secondary care), 3차 관리기관(tertiary care)으로 구분하였다. 이 구분은 질병 예방에 관한 보편적인 1차, 2차, 3차 예방 분류에 근거한 것으로 볼 수 있다. 1차 관리는 질병에 대한 예방과 건강행동에 초점을 두는 것으로, 예방과 조기 개입이 중요한 기능이 된다. 2차 관리는 이미 발생된 질병이 더 악화되지 않도록 집중 치료 및 관리하는 것을 의미한다. 3차 관리는 의료서비스의 마지막 단계로, 치료될 수 없는 질환이나 중증의 만성질환을 가진 개인이 편안함을 느끼고 돌봄과 보호를 받으며 남아 있는 기능이 최대화될 수 있도록 지원하는 것을 목적으로 한다.

(2) 보건의료정책에 따른 의료기관 및 보건의료기관 분류

우리나라 건강보험 등 의료정책에 따른 의료기관 분류는 통상적으로 1차 의료기관, 2차 의료기관, 3차 의료기관의 형태로 구분한다.

1차 의료기관은 주로 「의료법」상 의원급 의료기관인 의원, 치과의원, 한의원이 포함되며, 주로 외래 환자를 중심으로 진료하는 기관이다. 국제적으로 1차(일차) 의료는 외래 및 재가의료에서 행해지는 예방서비스, 교육 및 정보 제공, 질병 조기발견 프로그램을 하는 의료서비스라고 정의한다(OECD, 2017). 보건소 등의 지역보건의료기관은 넓은 의미에서 1차(일차) 의료의 영역에 포함된다. 지역보건의료기관은 「지역보건법」에 따라 지역주민의 건강 증진 및 질병 예방, 관리를 위하여 보건소, 보건의료원, 보건지소, 건강생활지원센터 등이 있다.

2차 의료기관은 「의료법」상 병원급 의료기관이 해당하며, 주로 병원과 종합병원을 의미한다. 3차 의료기관은 상급종합병원을 의미하며, 상급종합병원은 종합병원 중 중증질환에 대하여 난이도가 높은 의료행위를 전문적으로 하는 의료기관이다. 상급종합병원은 기본적으로 20개 이상의 진료과목을 갖추고 각 진료과목마다 전속하는 전문의가 있으며, 전문의 수련과정이 있고, 인력 · 시설 · 장비, 질병군별 환자 구성 비율의 기준과 전문성 등에 대한 평가를 거쳐 보건복지부에서 지정하게 된다(「의료법」 제3조의4).

2) 의료사회복지의 주요 실천 현장

(1) 예방적/일차 의료 현장의 의료사회복지

① 주요 특징

주요 기관은 일차 의료(primary care)를 제공하는 의원, 지역보건의료기관인 보건소 · 보건의료원 · 건강생활지원센터, 지역주민 대상의 사회복지서비스를 제공하는 사회복지관이 해당된다. 지역사회 1차 의료 현장에서 사회복지사의 주요 역할은 첫째, 지역사회 건강 인식을 높이는 활동이다. 사회복지사는 지역사회를 대상으로 건강한 행동을 장려하기 위한 캠페인이나 건강행동 촉진 프로그램을 기획하고 진행한다. 둘째, 건강 예방 및 조기 개입을 위한 정책 개선을 요구하거나 정책을 개발한다. 사회복지사는 건강에 영향을 미칠 수 있는 빈곤, 차별, 자원 접근성 부족과 같은 문제를 해결하기 위한 정책을 옹호하고 건강 불평등을 방지하기 위한 노력을 한다. 셋째, 건강 보호와 사회복지서비스가 필요한 건강 위험 집단을 아웃리치를 통해 발굴하여, 조기 개입 프로그램을 개발 · 시행한다(장수미 외, 2021).

② 최근 동향

미국에서는 건강보험개혁법의 시행과 함께 1차 의료에 정신건강 및 행동건강관리서비스가 체계적으로 조정되어 한 곳에서 제공되는 '통합 보건의료(integrated care)'가 확대되고 있다(Howard & McCoyd, 2023). 통합 보건의료 모델은 정신건강 서비스를 1차 진료에 통합하여 정신건강 및 행동 건강 서비스에 대한 접근성을 높이고, 진단되지 않거나 제대로 관리되지 않은 정신건강 문제를 해결하는 데 초점을 둔다. 통합 보건의료팀에서 사회복지사는 간단한 정신건강 선별과 지속적인 평가를 수행하고, 단기 상담 및 치료, 이완 훈련, 정신건강 약물 관리 및 문화적 다양성을 반영한 적절한 개입을 수행한다(Davis et al., 2019). 통합 보건의료는 1차 의료와 행동 건강 서비스를 통합하여 의료접근성과 치료 효과를 높이는 데 기여하는 모델로 평가받고 있어, 우리나라의 의료 현장에서도 주목하여 볼 필요가 있다.

우리나라 상황에서는 의료사회복지사가 1차 의료기관인 의원이나 보건소 등의 지역보건의료기관에서 일하는 비율은 낮고, 사회복지관에서는 복지서비스가 중심이기 때문에 건강과 관련된 1차 예방 역할이 활성화되어 있지는 않다. 다만, 최근에는 병원 의료사회복지의 역할이 지역사회 기반으로 확장되고 있다. 2·3차 병원 의료사회복지사가 수행하는 급성기 환자 퇴원지원 및 지역연계활동, 병원기반 사례관리사업, 응급실 기반 자살시도환자 지원사업 등이 그 예이다. 또한 「공공보건의료에 관한 법률」에 근거하여 공공의료기관 중심으로 공공보건의료사업팀을 구성하여 지역보건의료기관 등과 공공의료 협력모델을 구상하여 협력사업을 수행한다. 필수의료 협력모델을 개발하고 수행하는 과정에서 의료사회복지사는 퇴원 이후 지역사회의 연속적인 의료·돌봄 서비스 제공 및 연계 계획을 수립하고 지원하는 역할을 한다.

지역사회복지관과 병원 간의 협업 사례

- **개요**: 한림대학교 동탄성심병원과 화성시 동탄노인복지관의 전문가들이 참여하여 지역사회 내 노인들의 몸-마음-영성 통합건강 프로그램을 운영
- **목적**: 만성질환이 있는 지역사회 노인들이 질환을 잘 관리하여 건강이 악화되지 않고 건강한 노후생활을 누리도록 하고자 함
- **참여 대상**: 당뇨병 등 만성질환이 있는 만 65세 이상 어르신 19명
- **프로그램 내용(당뇨병 어르신 대상)**: 신체활동, 영양, 스트레스 관리, 동기 강화, 자기관리 등으로 구성된 몸-마음-영성 통합 건강관리 프로그램
- **결과**: 노인의 자기효능감 및 사회적 관계망 향상, 우울 감소에 효과가 있었음
- **의의**: 증거기반을 통한 프로그램 구성과 지역 내 전문가들의 연계, 협업을 통해 효과가 극대화됨. 노인건강 예방 및 증진을 위한 복지관-의료기관 협업 프로그램의 가능성이 확인됨

출처: 이송월 · 김호선(2024)

(2) 병원에서의 의료사회복지

병원은 주요한 의료사회복지실천 현장이다. 1973년 종합병원에 사회복지사를 1인 이상 두도록 법제화(「의료법 시행규칙」 제38조)가 되면서, 종합병원을 중심으로 의료사회복지가 발전해 왔다. 종합병원은 운영 주체에 따라 국가 및 지방자치단체가 설립한 공공 병원, 대학 법인이 설립한 대학병원, 기타 법인이나 개인이 설립한 병원 등으로 구분할 수 있다.

의료사회복지사는 병원 내에서 의료사회복지팀이나 의료사회사업팀 등의 이름으로 의료사회복지의 한 팀으로 일하기도 하지만, 팀 내에 타 직종이 함께 근무하거나, 병원 내 사회복지사가 각각 다른 조직(팀)에 속해 근무하기도 한다. 또한 병원 내 사회복지사가 혼자 근무하는 '나홀로워커'인 경우도 있다.

종합병원은 의사, 간호사, 약사, 영양사, 물리치료사, 임상심리사 등 타 전문직과 의료사회복지사 간의 협력과 팀 접근이 강조되는 현장이다. 병원에서 의료사회복지사는 각 질병의 특성에 따라 다학제 간 팀의 일원으로 환자와 가족의 심리사회적 교육과 상담, 의료비 지원, 지역사회자원 연계, 퇴원계획 등의 업무를 수행한다. 의료사회복지사는 당뇨병, 화상, 암, 만성콩팥병, 알코올중독, 척수손상, 뇌졸중 등 질환별로 전문화된 실천을 하고 있다.

〈표 1-5〉 의료사회복지실천의 주요 질환 분야와 내용

주요 분야	내용
당뇨병, 만성콩팥병	• 당뇨병, 만성콩팥병에 대한 이해와 관리를 위하여 교육 및 정보를 제공하고 심리정서적 적응 및 생활습관 변화 등을 위한 상담 제공
암	• 암환자의 디스트레스, 암 재발 두려움, 사회적 욕구 등에 대해 평가하고 이를 해결하기 위한 상담, 교육, 자원 개발 및 연계 등의 실천 • 암생존자통합지지사업: 암생존자의 치료 이후 미충족 욕구와 신체적·정신적·사회적 문제를 통합적으로 해결하고자 2017년부터 운영
장기이식	• 신장과 간 등의 생체기증자와 대상자와 가족에 대하여 심리사회적 평가 및 상담 제공, 경제적 지원 등
정신건강, 중독	• 환자를 조기 발견하고 적극적으로 치료할 수 있도록 지원, 동기 강화 • 심리사회적 사정, 상담 및 교육, 중독상담, 사회재활 프로그램 운영 등

주요 분야	내용
뇌졸중, 척수손상	• 환자와 가족 상담, 팀 내 의료진에게 환자와 가족의 욕구 전달, 지역사회 돌봄을 위한 평가를 통한 퇴원계획, 지역사회자원 연계
화상, 희귀난치성질환	• 신체적 기능 장애뿐만 아니라 타인의 시선으로 인해 경험하는 심리사회적 어려움에 대한 상담, 직업 및 사회복귀 등 재활의 어려움 지원 등

※ 위의 주요 분야 외에도 호흡기질환, 심장질환, 외상 등에 대한 의료사회복지 실천이 이루어짐

(3) 재활의료 현장의 의료사회복지

재활병원, 어린이재활병원, 재활의료센터 등의 재활 관련 의료기관 또한 의료사회복지 실천의 주요 현장이다. 재활 관련 의료기관은 급성기의 치료를 지나 주로 회복기와 유지기에 접어든 환자를 대상으로 의료서비스를 제공한다.

재활의료사회복지는 신체장애인의 건강과 복지와 연관된다. 우리나라는 2017년 12월 「장애인 건강권 및 의료접근성 보장에 관한 법률」 시행으로, 급성기-회복기-유지기 및 지역사회 통합돌봄으로 이어지는 재활의료전달체계를 확립하고자 재활의료기관을 지정·운영하고 있다. 재활 의료사회복지사는 환자의 건강상태 수용 및 가족 지원을 통해 효과적인 재활을 돕고, 통합적인 퇴원계획 및 지역사회 연계를 강화하여 환자의 일상생활 및 사회복귀를 지원한다.

(4) 요양병원에서의 의료사회복지

요양병원은 지속적인 보호와 의료적 처치 및 관리의 필요성으로 인해 퇴원한 환자가 가정으로 돌아가지 못할 때 선택하는 기관이다. 요양병원은 노인성 질환, 치매 및 뇌혈관 질환 등으로 일상적인 돌봄과 요양을 위한 요양병원을 비롯하여 암과 같은 질병으로 인해 투병 생활을 지속해야 하는 환자를 위한 요양병원 등이 있다.

요양병원에 입원하는 환자는 가정이 아닌 병원에서 장기적으로 생활하는 것에 대한 적응, 가족과의 정서적 유대 관계 유지, 경제적 문제 등과 같은 여러 문제를 경험할 수 있다. 요양기관에 근무하는 의료사회복지사는 환자와 가족의

심리사회적 욕구에 따라 개별상담, 집단상담, 가족상담 및 교육 등을 제공하여 병원에의 적응을 돕고, 필요한 지역사회자원을 연결하며 퇴원계획을 수립한다. 2019년부터 국민건강보험공단의 요양병원 환자지원제도가 시행되어, 요양병원 내 환자지원팀을 설치 운영하고 입원부터 퇴원까지 환자의 원활한 지역사회 복귀를 위한 지역연계기능을 강화할 수 있도록 하였다. 요양병원 환자지원팀의 필수 인력에 의사, 간호사 및 사회복지사 등이 포함되며, 사회복지사는 환자 및 가족의 사회경제적 환경을 평가하여 지역사회자원을 탐색, 발굴 및 연계하는 역할을 주로 수행한다.

(5) 호스피스 · 완화의료기관에서의 의료사회복지

호스피스 · 완화의료는 말기환자 또는 임종 과정에 있는 환자와 그 가족에게 통증과 증상의 완화 등을 포함한 신체적 · 심리사회적 · 영적 영역에 대한 종합적인 평가와 치료를 목적으로 하는 의료를 의미한다(「연명의료결정법」 제2조). 우리나라 호스피스 · 완화의료기관은 입원형, 가정형, 자문형으로 세분화 및 확대되었고, 요양병원 호스피스 · 완화의료와 소아청소년 호스피스 · 완화의료기관도 포함되었다. 호스피스 · 완화의료는 다학제팀으로 의사, 간호사, 약사, 영양사, 사회복지사, 심리상담사, 영적 돌봄자 등으로 구성된다.

사회복지사는 말기 환자와 그 가족을 위한 심리사회적 평가 및 돌봄 계획 수립, 돌봄 계획에 따른 심리사회적 및 영적 지지와 상담 제공, 지역사회자원 발굴 및 연계, 자원봉사자 관리, 치료 및 돌봄 프로그램 감독 및 운영, 임종 돌봄 제공, 유가족 지원 등을 수행한다(보건복지부, 2024). 호스피스에서는 환자와 가족이 임박한 죽음을 받아들이고 남은 시간을 의미 있게 잘 사용할 수 있도록 돕는 역할을 수행하는 것이 중요하다.

지금까지 살펴본 예방 및 1차 의료 현장, 병원, 재활의료 현장, 요양병원, 호스피스 · 완화의료 기관 등에서 이루어지는 의료사회복지실천의 상세한 내용은 책의 '제3부 의료사회복지실천 영역'에서 다룰 것이다.

CHAPTER 02

의료 환경과 의료사회복지실천의 변화

학·습·목·표

1. 의료사회복지실천의 기원과 미국 및 한국의 역사를 이해하고 설명할 수 있다.
2. 환자 중심 개념과 이를 적용한 의료사회복지실천에 대해 이해하고 설명할 수 있다.
3. 건강의 사회적 결정요인 개념과 이에 기반한 의료사회복지실천을 설명할 수 있다.

1. 의료사회복지실천의 역사

구미에서의 의료사회복지의 기원은 산업화와 도시화·사회적 문제 해결의 필요성에서 비롯되었다. 20세기 초부터 병원 내에서 사회복지사들이 환자들의 사회적 문제를 해결하는 역할을 시작하였고, 이후 의료와 사회복지의 통합적인 접근이 점차 확립되었다. 대공황과 제2차 세계대전은 의료사회복지의 필요성을 더욱 부각시켰고, 이후 전문화와 제도화가 이루어졌다. 1970년대 이후 의료사회복지는 국제적으로 확산되어 오늘날에는 의료시스템에서 필수적인 부분으로 자리 잡고 있다.

1) 의료사회복지실천의 기원적 활동

산업 혁명 이후 19세기 중반, 급격한 도시화와 산업화는 노동자와 그 가족의 건강, 생활 환경에 많은 영향을 미쳤다. 특히 도시화로 인한 빈곤, 질병, 열악한 노동 환경 등의 문제가 심각하였고, 의료 문제가 더 이상 개인의 문제가 아닌 사회 문제로 부각되면서 이에 대한 해결책으로 사회적 지원이 필요하게 되었다. 이 시기에는 의료와 사회복지가 명확히 구분되지는 않았으나, 의료적 돌봄

뿐만 아니라 환자와 가족의 사회적 문제를 해결하는 필요성이 대두되기 시작하였다. 이러한 시대적 변화와 함께 의료기술의 발전과 의료조직의 변화에 따라 병원이 설립되었고, 빈민이나 질병을 가진 환자를 사회적으로 지원하기 위한 사회복지활동도 단편적으로 이루어졌다.

(1) 비조직적 활동

14세기 초 영국의 일부 교회에서는 병원 형태의 수도원과 구빈원을 운영하여 빈곤자, 장애인, 질병자 등을 수용·보호하였고, 존 웨슬리(John Wesley, 1713~1791)는 런던에 최초로 자선진료소를 개원하였다. 자선조직협회(Charity Organization Society, COS)는 빈곤 환자 가정 방문을 통해 질병 치료와 생활원조를 제공하였다.

(2) 부녀 봉사단 활동(Lady Almoner)

'Almoner'는 19세기 영국의 자선사업가를 의미하며, 'Lady Almoner'는 부녀봉사단을 말한다. 이들은 자선조직협회(COS)와 병원 간 긴밀한 연계활동으로 환자를 지원하는 역할을 하며, 의료사회복지 활동의 모델을 제시하였다. 당시 사회에서 여성은 주로 가정에서의 역할을 담당했지만, Lady Almoner는 공공 영역에서 중요한 사회복지 활동을 수행하며 여성의 사회적 지위 확장과 함께 현대 의료사회복지 발전에도 중요한 토대를 제공하였다.

(3) 간호사의 봉사활동

미국의 18세기 당시 병원에서 근무하는 간호사들은 환자의 단순 치료보조자의 역할을 넘어, 환자와 그 가족의 심리·사회적 문제에 대한 관심과 지원 활동을 수행하였다. 1869년 뉴욕의 방문간호사(visiting nurse)들은 빈곤 환자의 가정을 방문하여, 가족을 위로하며 환자로 인해 생긴 가족 문제에 개입하였고, 퇴원

후에도 이들을 계속 관리하는 역할을 담당하였다(강흥구, 2012). 이 같은 간호사들의 봉사활동은 의료사회복지의 기원적 활동으로서 의미가 있으며, 일반인에게 의료사회복지실천의 필요성을 확대시키는 중요한 역할을 하였다.

(4) 의과대학생의 봉사활동

1902년 미국 존스 홉킨스 대학(Johns Hopkins University)의 에머슨(Charles P. Emerson) 박사는 의학교육과정 중 의과대학생들에게 사회 및 정서적인 문제에 관한 이해와 환자의 질병과 관련된 사회경제적 환경의 영향을 이해시키기 위해 자선기관(settlement house)에서 봉사활동을 하게 하였다(조성상 외, 2019). 이는 환자에 대한 전인적 이해와 질환에 따른 환자의 심리 · 사회 · 경제적 상태 및 그 영향력에 대한 이해를 높이기 위한 활동이었다.

의료사회복지실천의 기원적 활동의 특성을 요약하여 살펴보면 다음과 같다. 첫째, 빈곤 환자에 대한 물질적 지원과 관련한 개입 및 생활 환경의 개선 필요성이 강조되었다. 둘째, 가정방문과 적절한 자원 연계 등의 서비스에 관심을 갖고 있다. 셋째 질병의 생물학적 · 심리학적 · 사회적 측면의 상호 불가피성에 대해 이해하려고 하였다(강흥구, 2012).

2) 미국 의료사회복지실천의 역사

근대적 의미의 의료사회복지실천은 1905년 미국의 매사추세츠 종합병원(Massachusettes General Hospital)에서 시작되었으며, 그 전의 태동기를 거쳐, 1905년~1930년대의 도입기, 1930~1960년대의 제도화기, 1960~1980년대의 전문화 및 그 이후의 확장기로 나누어 살펴볼 수 있다.

(1) 태동기(1905년 이전)

태동기의 의료사회복지실천은 지역사회를 중심으로 이루어졌다. 1800년대 중반부터 사회복지사들은 결핵, 유아 사망, 매독, 소아마비, 미혼모 임신과 같은 공중보건 문제를 규명하기 시작했다. 이러한 전통은 인보관 운동에 나타나게 되는데, 미국에서는 영국의 인보관 운동에 자극받은 아담스(Addams)가 1893년 Hull House에 최초의 어린이 진료소를 개설하게 되었다(Ross, 1995 : 강흥구, 2012 재인용).

(2) 도입기(1905년~1930년대)

1905년 매사추세츠 종합병원(Massachusettes General Hospital)의 의사 리차드 캐봇(Richard Cabot)은 질병 치료에 있어 사회적 환경의 중요한 영향을 깨닫고 효과적인 진료를 위해 의사와 환자를 중재하는 역할을 맡기기 위해 사회복지사를 고용하였다(조성상 외, 2019). 1907년 존스 홉킨스 대학병원에서도 사회사업 활동이 시작되었으며, 그 후 미국의 많은 병원에서 사회사업서비스를 제공하면서 근대적 의미의 실질적 의료사회복지가 시작되었다. 1930년대에는 약 1,000개 이상의 병원에서 사회사업서비스를 제공하였다.

의료사회복지의 확대에는 의사인 플렉스너(Flexner)가 주요한 영향을 미쳤는데, 그는 "사회복지사가 전문적인가?"라는 질문을 던지며 의학 연구와의 동일한 기준으로 사회사업 부문을 조사하면서 사회사업이 전문직으로서의 자질을 갖추지 못하고 있다고 주장하였다. 이에 충격을 받은 사회복지계는 사회복지 전문교육이 가능한 학교를 설립하고, 전문서적도 발간하며, 관련 전문가협회도 다수 창립하는 등(1918년 미국병원 사회사업협회, 1921년 미국사회복지사협회, 1924년 미국정신의학사회복지사협회 등 설립) 꾸준한 노력을 전개하였다(조성상 외, 2019). 이런 노력으로 1920년 미국병원협회(American Hospital Association; AHA)에서 공식적으로 의료사회복지 전문직에 대해 구체적으로 명시하면서 의료사회복지 실천활동이 구체화되기 시작하였다.

(3) 제도화기(1930~1960년대)

1930년대 미국에서는 약 1,000개 이상의 병원에서 사회사업서비스를 제공하였으며, 40~50여 명의 사회복지사가 병원 사회사업 부서에서 활동하기도 하였다. 1930년대는 대공황으로 정신 상태나 감정이 신체 기능에 장애를 가져다줄 것이라고 믿음으로써 신체와 정신건강에 대한 연구가 이루어진 시기로, 빈곤의 문제에서 사회적·심리적 문제에 관심을 갖게 되면서(강흥구, 2012) 정신의료사회사업이 발달하기 시작하였다. 1933년 연방긴급구제법과 1935년의 연방사회보장법의 제정과 함께 연방장애아동서비스에 사회사업서비스가 포함되면서 의료사회복지에 대한 수요가 증가하였으며(한인영 외, 2013), 1940년대의 의료사회복지 저널 발간, 1945년 정신보건법 제정 등이 제도화의 기틀 마련에 기여하였다.

(4) 전문화기(1970~1980년대) 및 확장기(1980년대 이후)

1970년대 이후에는 의료사회복지가 학문적 및 실천적으로 체계화되어 전문화된 시기로서, 다양한 이론과 실천모델이 개발 및 적용되었다. 가족치료, 위기개입, 과업중심이론, 인지행동이론 등의 다양한 접근이 시도되면서 의료사회복지에 대한 인식 향상과 전문 실천 영역이 확대되었다. 특히 의료사회복지의 전문화에 중요하게 영향을 미친 것은 1973년 병원합동심의위원회(JCAHO)의 병원 승인 프로그램으로서, 여기에 사회복지서비스가 추가됨으로써 의료사회복지서비스가 표준화되는 계기가 되었다(강흥구, 2012). 1980년대 이후에는 전문가로서의 입지를 공고히 하며 임상과별로 보다 세분화된 영역이 확대되고, 기존의 전문적·실천적 전문성의 임상적 확대와 더불어 제도적 명문화도 확대되어 가고 있다(조성상 외, 2019).

3) 우리나라 의료사회복지실천의 역사

(1) 태동기

우리나라도 고려시대 동서대비원, 혜민국 그리고 조선시대의 활인서 등의 기관에서 빈민 환자를 대상으로 의료 구제 사업을 수행하였다. 특히 혜민국은 고려 중기 백성들의 질병 치료를 위해 설치한 관서인데, 동서대비원과 비슷하게 가난한 백성이나 돈이 없어 치료를 받지 못하는 빈약자를 지원하는 기능을 담당하였다(권자영 외, 2022). 동서대비원, 혜민국, 활인서 등의 기관에서 빈민과 서민의 치료를 감당했던 역사적 전통과 1883년 세브란스병원에서 자원봉사자들이 활동한 기록이 있지만 현대적 의미의 의료사회복지실천이 시작된 것은 1950년대 후반에 들어서이다. 1958년 한노병원, 세브란스병원에서 의료사회복지실천이 시작되었는데, 선교사들에 의한 결핵약의 배급과 구호물자 공급 등 물질적 원조가 주를 이루었다(강흥구, 2012).

(2) 도입기

이러한 시기를 지나, 1960년대부터는 대학병원을 중심으로 서구의 사회사업 이론과 기술을 흡수하며 전문주의적 실천으로 방향이 전환되었다. 1959년에는 국립중앙의료원에 의료사회복지 업무를 수행하는 부서가 설치되어 의료사회복지 실천이 이루어졌고, 1964년 세브란스병원에서는 미국에서 사회복지 교육을 받은 주아니타 쇼(Juanita Shaw)의 지도 아래 한국인 사회복지사가 고용되어 본격적인 의료사회복지 활동이 이뤄지게 되었다(권자영 외, 2022). 이후 성모병원, 동산의료원, 전주예수병원, 고려병원, 한강성심병원 등에서 의료사회복지 업무가 시작되었다. 이 시기에는 법률적 근거 없이 선교사 등에 의해 사회복지사가 채용되어 시작되었으며, 사회복지사는 주로 물자 지원 등의 자선 차원의 업무를 중심으로 개입을 진행하였다.

(3) 제도화기

1973년 대통령령 제6863호(「의료법 시행령」 24조 2항 5호)에 따라 종합병원에서의 의료사회복지를 법적으로 인정하는 규정이 마련되었다. 이 시행령에는 "종합병원에는 「사회복지사업법」의 규정에 의한 사회복지사업 종사자 자격 중에서 환자의 갱생, 재활과 사회복귀를 위한 상담 및 지도 업무를 담당하는 요원을 1인 이상 둔다."라고 명시됨으로써 병원 내 의료사회복지실천의 활동 근거가 마련되었다.[1] 또한 같은 해(1973년) '대한의료사회사업가협회'가 창립되어 의료사회복지사의 교육과 권익 신장 및 전문화를 도모하게 되었다. 1974년부터는 이화여대부속병원, 서울기독병원, 안양정신병원, 고려대의대부속병원 등에서 의료사회복지 부서가 활동하기 시작하면서 다른 병원으로 확산되었다.

1963년 도입된 행위별수가제를 근간으로 하는 의료보험제도가 1977년 확대 적용되며 국민의 의료서비스 접근성이 제고되었는데, 이는 의료서비스의 공급을 확대하는 결과로 연결되었다(윤현숙, 2011). 1983년부터 병원신임평가의 일환으로 도입된 병원표준화심사제도에 의료사회복지 서비스 부문이 포함되며 병원 내 사회사업 부서의 도입 필요성이 강조되었다. 이 심사요강의 의료사회복지 부문에는 의료사회복지부서의 편성, 업무 규정, 직원의 수와 자격 및 교육과 훈련, 실천 내용, 연간예산 등이 평가항목으로 규정되어 있어 의료사회복지 서비스의 질과 직무수행 정도를 평가하는 제도가 마련되었고, 이는 한국의료사회복지 전문화를 위한 주요한 계기가 된 것으로 본다(한인영 외, 2013).

(4) 전문화기 및 확장기

1989년부터 전 국민 의료보험제도가 실시되면서 의료서비스의 양적 요구가

1) 현재는 「의료법 시행규칙」 제38조(의료인 등의 정원)의 2항 6호에 "종합병원에는 「사회복지사업법」에 따른 사회복지사 자격을 가진 자 중에서 환자의 갱생 · 재활과 사회복귀를 위한 상담 및 지도 업무를 담당하는 요원을 1명 이상 둔다."라고 명시되어 있다.

증가하기 시작하였다. 또한 1990년대 이후 대기업을 포함한 대형병원의 설립, 1994년 재활의학적 사회사업 수가 신설, 1995년 의료서비스평가제 도입, 1999년 「장기등 이식이 관한 법률 시행령」 등에 사회사업 부분이 인정됨으로 보다 전문적인 서비스 제공의 기반을 마련하게 되었다. 1999년 3월 '대한의료사회사업가협회'에서는 우리나라에서 'Social Worker'를 지칭 및 사용하는 '사회복지사'라는 법적 용어와의 혼란을 피하기 위해, '의료사회사업가'라는 말을 '의료사회복지사(Medical Social Worker)'라는 용어로 대체하기로 하였으며, 협회 명칭도 '대한의료사회복지사협회'로 변경하였다(이광재, 2003).

2010년대 이후 의료비 보장성 강화를 위한 정부의 노력 강화, 급성기적 의료모델에서 벗어나 지역사회의 돌봄 강화를 위한 복지-보건 간 협력 강화 등이 이루어지면서 의료사회복지는 병원을 넘어 지역사회와의 협력 범위가 확대되었다(권자영 외, 2022). 2013년에 서울시립 북부병원에서 시작해 2020년까지 수행되었던 '의료사각지대 해소를 통한 건강권 증진사업 보건의료복지 301네트워크' 사업은 지역사회와 병원 의료사회복지 간 사례관리 협력 모델의 대표적 사례이다(권자영 외, 2022). 이와 같이 의료사회복지사의 실천 영역이 확대되면서 의료사회복지사의 전문적 실천 역량 향상과 유지가 더욱 중요해지고 있다.

(5) 의료사회복지 수련 및 자격과정의 변천

의료사회복지 전문화에 있어 무엇보다 실습과 수련을 통한 후진 양성은 매우 중요한 이슈이다. 1991년 서울중앙병원(現 서울아산병원)과 영동세브란스병원에서 첫 수련사회사업가 제도를 시작하였고, 1995년에는 회원들의 교육평점제 및 수련사회사업가 과정이 협회 내부에서 공식적으로 논의되어 협회 인준 수련사회복지사가 처음으로 배출되었고, 여러 병원에서 수련과정이 개설되었다.

이후 사회복지사 양성을 위한 교육기관이 늘어나고 사회복지사 자격증 발급이 급증하면서 전체적으로 사회복지사의 질 관리에 대한 문제가 야기되었다. 이에 대한의료사회복지사협회는 2007년 의료사회복지사 자격제도 운영을 확정 의결하고, 이에 따라 2008년 제1회 의료사회복지사 자격시험을 실시하여 286명의 의료사회복지사를 배출하였다. 이후 매년 의료사회복지사 자격시험을 실시하여 2020년도까지 총 1,302명에게 의료사회복지사 민간 자격이 발급되었다. 또한 2009년에는 의료사회복지사 수련과정을 개설(총 18개 병원, 38명의 수련사회복지사)하여 협회에서 이론교육을 실시하는 등 체계적인 수련과정을 갖추게 되었다. 의료사회복지사가 공식적인 활동을 시작한 지 40여 년이 지나면서 의료 및 복지에 대한 전문성을 갖춘 전문 인력으로서 의료사회복지사에 대한 직무 요구와 역할에 대한 기대가 높아지게 되었다(대한의료사회복지사협회, 2013).

이전까지 민간 자격으로 운영되던 의료사회복지사 자격이, 2018년 11월 「사회복지사업법」의 개정으로 법정 자격으로 전환되면서, 타 전문직 및 기관과의 관계에 있어 전문영역을 확고히 하면서도, 변화하는 사회와 의료 환경에 능동적으로 대응하기 위한 수련교육 제도의 내용적 정비와 표준화를 위한 노력이 필요하게 되었다. 특히 정부에서 '지역사회 통합 돌봄 기본계획(커뮤니티케어)'를 발표하면서 이를 담당할 의료사회복지사의 역할에 대한 기대가 높아졌고(보건복지부 보도자료, 2018. 11. 23.), 사회복지서비스의 질은 수행하는 인력의 전문적 능력에 좌우된다는 점에서 수련제도의 구조와 체계, 교육내용 등 수련제도가 어떻게 운영되는지가 매우 중요해졌다(김정화 외, 2019). 이에 대한의료사회복지사협회에서는 '의료사회복지사 수련제도에 관한 인식과 수련교육 요구분석'(2019) 연구와 '영역별 사회복지사 자격제도 연구'(2019)를 통해 수련제도 및 교육 운영의 질적 향상을 위한 연구 작업을 수행하였다. 수련제도의 내용적 정비방안과 관련하여 수련교육의 전문성 강화를 위한 수련 교육 커리큘럼의 재정비와 함께 수련 교육의 격차를 예방하고 수련의 질을 확보하기 위한 수련교육 표준화 마련이 중요한 이슈로 제기되었다(김정화 외, 2019).

이에 대한의료사회복지사협회에서는 국가자격제도 시행에 따른 의료사회복지 수련교육과정의 전문화 및 표준화를 위해 의료사회복지 현장의 의견을 반영한 전문적이고 체계적인 교육 과정을 개발하기 위해 2020년 '수련교육과정 개발 TFT'를 운영하여 수련교육의 목적 및 목표, 공통도달역량을 도출하였다. 이를 기반으로 수련교육 교과목 개발과 교재 집필을 통한 이론교육을 진행하면서 전문화 및 표준화된 의료사회복지사 수련교육과정을 개발하였고, 2021년도부터 개정된 수련교육과정에 따라 전국의 수련사회복지사가 교육을 이수하고 있다. 이러한 일련의 과정은 의료사회복지 현장의 전문적 의견을 반영한 효과적이고 체계적인 수련교육과정을 운영함으로써, 국가자격제도 시행에 따른 의료사회복지 수련교육과정의 전문화와 표준화에 기여한 것에 의의가 있다.

2. 의료 환경의 변화

의료사회복지 분야를 제대로 이해하기 위해서는 실천 현장인 의료 환경의 변화에 대한 이해가 필요하다. 의료 환경의 변화에는 여러 사회적·정책적 요인이 영향을 미친다. 이 중에서도 세계적 흐름으로 강조되면서 국내 의료 환경의 변화에도 영향을 미치는 주요 개념들에 대해 이해하는 시간을 갖고자 한다.

1). 환자 중심의 의료사회복지실천

(1) 환자 중심의 개념

2001년 미국의학연구소(Institute of Medicine, IOM)는 「Crossing the Quality Chasm: A new health system for the 21st century」의 보고서를 통해 의료의 질 향상을 위한 6가지 요소로 STEEP(안전성, 적시성, 효과성, 효율성, 공평성, 환자중심)의 개념을 제시하였다. 미국의학연구소(IOM)는 환자중심성(Patient-Centeredness)의 개념을 "의료제공자, 환자, 환자가족 간 동반 관계를 구축하여 의사결정 과정에서 환자 개인의 선호, 요구, 가치를 존중하고, 환자가 자신의 의료에 대해 결정하고 참여하는 데 필요한 교육과 지원을 보장하는 것"으로 정의하였다. 환자의 필요와 가치를 중요시하는 환자중심성은 단순히 환자의 만족도만 높여 주는 것이 아니라 의사소통 개선, 긍정적 분위기 조성, 환자의 적극적 참여 독려를 통해 환자의 건강 상태를 개선시키는 데 기여하는 개념으로서 의미가 있다(IOM, 2001).

〈표 2-1〉 보건의료가 갖추어야 할 요건

이상적인 보건의료가 갖추어야 할 요건: STEEP	
구분	정의
Safety(안전성)	환자를 돕기 위한 의료서비스 제공으로 인한 환자의 피해 방지
Timeliness(적시성)	원활한 의료서비스 전달에 영향을 미치는 대기시간 및 유해한 지연 단축
Effectiveness(효과성)	혜택을 받을 수 있는 모든 사람에게 과학적 지식을 기반으로 서비스 제공 및 혜택을 받을 필요가 없는 사람들에게 서비스 미제공
Efficiency(효율성)	장비, 소모품, 아이디어 및 에너지 등을 사용하여 가능한 최고의 가치 달성
Equity(공평성)	의료서비스를 제공할 때 성별, 민족성, 지리적 위치, 사회경제적 지위 등 개인적 특성에 따른 모든 형태의 차별 방지
Patient-centered(환자 중심)	개별 환자의 선호도, 요구 사항 및 가치를 존중하고 이에 대응하는 의료서비스 제공

출처: 미국의학연구소(2001)

또한 세계보건기구(World Health Organization, WHO)의 「World Health Report 2000」에서는 의료체계 목표 중 하나로 환자중심의료(patient-centered care)의 중요성을 강조하기 시작하면서, 환자중심성이 의료정책 분야에서 새롭게 주목을 받게 되었다. 환자중심의료는 환자 개인의 선호, 필요와 가치를 존중하고, 이에 반응하는 신료 및 케어를 제공하는 것이며, 모든 임싱직 의사결정에 환자의 가치 반영을 보장하는 것이다(오영인 외, 2021). 치료 과정에서의 환자경험이 의료서비스의 질을 평가하기 위한 지표로 점차 널리 사용되기 시작하면서 많은 국가에서 의료서비스의 질 평가에 환자 관점의 평가를 필수 요소로 받아들이고 있다. 또한 환자중심의료의 핵심 기능 중 하나는 환자가 지역사회자원에 접근하도록 돕고, 의뢰를 촉진하고, 환자를 의료 및 사회서비스에 연결하고, 효과적인 정보 전달을 보장함으로써 환자의 치료를 조정하는 것이며(IOM, 2014), 이는 의료사회복지실천과도 맞닿아 있다.

(2) 환자 중심의 의료사회복지실천

우리나라도 환자중심의료가 강조되면서 건강보험심사평가원의 주도하에 2017년 제1차 환자경험평가를 실시하였다. 이후 2년 단위의 평가 주기로 시행되고 있으며, 2021년 3차 평가부터는 모든 종합병원(상급종합병원 포함)을 대상으로 확대하여 실시하고 있다. 조사 대상은 조사 시점으로 퇴원 후 2일에서 56일(8주) 사이의 만 19세 이상 성인으로, 1일 이상 입원 경험이 있는 환자 본인이며, 평가영역은 의사영역, 간호사영역, 투약 및 치료 과정, 병원 환경, 환자권리보장 등 5개 영역, 전반적 평가, 개인 특성 등을 포함하고 있다. 환자경험평가는 의료서비스의 질을 개선하고 환자 중심의 의료 문화를 확산하기 위해 도입된 제도로서, 환자가 의료기관에서 경험한 다양한 서비스를 직접 평가함으로써 의료제공자의 관점이 아닌, 환자 시각에서 의료서비스의 질을 측정하는 데 목적이 있다.

환자경험평가에 의료사회복지 영역에 대한 직접적인 질문은 없으나, 의료사회복지 분야에서의 환자경험은 환자가 의료서비스를 통해 느끼는 정서적 · 사회적 측면의 경험을 포함하며, 이는 의료기관의 전인적 치료와 환자 중심의 접근을 구현하는 데 중요한 역할을 한다. 환자는 질병 진단과 치료 과정에서 심리 · 사회적 스트레스, 재정적 부담, 사회적 고립을 경험할 수 있다. 의료사회복지사는 환자경험을 이해함으로써 환자의 구체적인 미충족 욕구를 파악하고, 이를 충족할 수 있는 맞춤형 서비스를 제공할 수 있다. 이러한 긍정적인 환자경험은 의료서비스의 질과 신뢰도를 높이는 데 기여한다.

환자 중심의 의료사회복지실천에 있어 환자 개인별의 욕구 파악과 충족에서 더 나아가 환자경험을 체계적으로 수집하고 분석하는 것이 중요하다. 의료사회복지사는 이 데이터를 바탕으로 환자군을 대표하는 미충족 욕구를 더 잘 이해할 수 있고, 이를 활용하여 자원 연계와 개발, 의료 기관의 정책 및 프로그램 설계의 주요 근거 자료로 활용할 수 있다.

2) 건강의 사회적 결정요인(Social Determinants of Health)

(1) 건강의 사회적 결정요인(Social Determinants of Health)의 개념

세계보건기구(World Health Organization, WHO)에서는 '건강(health)'을 "질병과 허약함이 없는 상태일 뿐만 아니라 신체적 · 정신적 · 사회적으로 안녕(well-being)한 상태"로 정의했다. 이는 단순히 질병이나 허약함이 없는 것이 아니라, 모든 사람에게 가능한 한 건강해질 수 있는 공정하고 공평한 기회를 제공하는 것을 의미한다(NASEM, 2019).

'건강'의 상태는 여러 가지 요인에 의해 영향을 받는다. 건강은 나이, 성별, 유전적 요인부터 개인의 생활 양식, 사회 및 지역사회의 네트워크, 생활 및 근로 조건, 사회경제적 · 문화적 · 환경적 조건으로 인해 결정된다(Dahlgren & Whitehead, 1991). 일반적으로 건강에 영향을 미치는 다양한 요인 중 사회적 요인을 '건강의 사회적 결정요인(Social Determinants of Health, SDOH)이라고 한다(국립암센터, 2019).

2008년 세계보건기구(WHO)는 건강의 사회적 결정요인(SDOH)을 우리가 태어나서(출생), 자라고(성장), 살아가고(생활), 일하고(노동), 나이 들어가는 환경(노화)의 조건으로 정의하였고, 이는 우리 모두의 건강에 영향을 미친다는 관점을 제시하였다. 사회적 결정요인은 각 사회의 돈, 권력, 자원의 불평등한 분배의 영향을 받아 건강의 불평등에 영향을 미친다(WHO, 2008). 건강 상태에 영향을 미치는 다양한 사회적 요인으로 말미암아 건강 격차가 발생할 수 있고 격차가 심화될 경우 건강 불평등이 발생한다는 것이다. WHO는 건강의 사회적 결정요인(SDOH)을 다음의 5가지 영역으로 분류하고 있다.

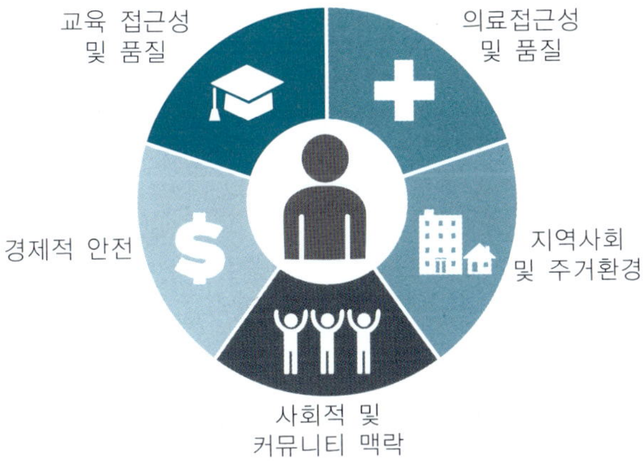

[그림 2-1] 건강의 사회적 결정요인 5가지 영역

출처: 세계보건기구(WHO) 홈페이지

외국 의료시스템의 경우, 환자의 건강에 영향을 미치는 많은 비의료적 요인을 다루는 것의 중요성을 인식하고, 환자의 사회적 욕구와 그들이 속한 지역사회에서의 더 넓은 건강의 사회적 결정요인을 다루는 다양한 가치 기반의 전략들을 수행하고 있다. 건강을 유지하기 위해서는 고품질 의료서비스에 대한 접근성 이외의 많은 사회적 요인을 고려해야 하는데, 여기에는 재정, 음식, 주거, 교통, 사회적 고립, 고용, 교육, 사회적 지지, 건강 문해력 등과 같은 사회 및 환경 조건이 포함된다. 예를 들어, 사회경제적 지위(Socioeconomic Status, SES)가 낮은 사람은 높은 사람보다 건강 불평등에 대한 부담이 더 크며, 대부분의 질병 유병률에서 나쁜 결과를 얻을 가능성이 더 높다. 이러한 건강 불평등은 불필요하고 피할 수 있으며, 사회적 여건을 개선하면 건강 격차를 줄이고 전체 인구의 건강을 개선할 수 있다(NASEM, 2019).

건강에 영향을 미치는 여러 요인의 범주와 상호관련성에 대한 개념 틀은 다양하다. 대표적인 것 중 하나가 달그렌(Dahlgren)과 화이트헤드(Whitehead) 모형이다. 이러한 틀은 여러 요인이 건강에 영향을 미친다고 설명하면서도 개인적 요인을 둘러싼 경제적·사회적 환경적 요인들 역시 영향을 미치고, 특히 사회적 정책을 통해 이런 요인들을 변화시킬 수 있다는 시각을 가지고 있다(김창엽 외, 2015 재인용; Dahlgren & Whitehead 2006, 20–21).

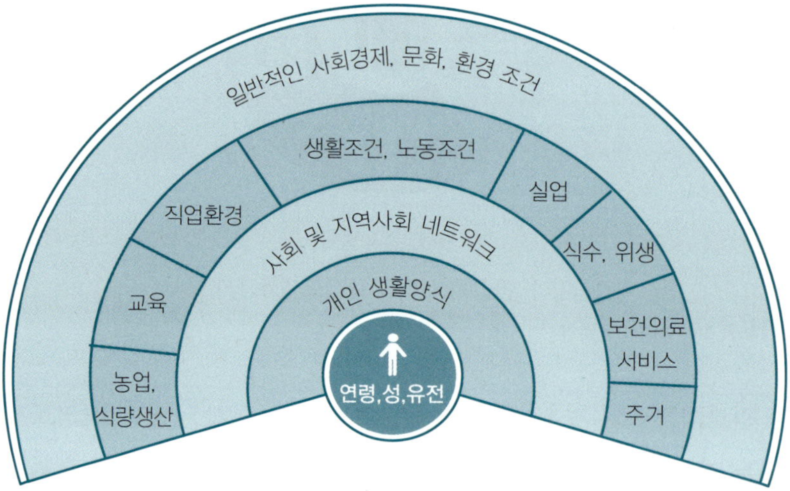

[그림 2-2] 건강에 영향을 미치는 요인의 종류와 상호 관계

출처: Dahlgren & Whitehead(2006). 김창엽 외(2015) 재인용

(2) 건강의 사회적 결정요인과 의료사회복지 실천

전통적으로 건강의 사회적 결정요인에 대한 연구와 개입은 주로 질병 예방과 공중의 건강 유지에 초점을 맞춘 공중보건의 영역이었다. 공중보건 연구자와 실무자들은 건강 상태를 개선하려면 '사람들이 태어나고, 자라고, 생활하고, 일하고, 나이 들어가는 환경과 그들이 이용하는 의료시스템'으로 정의되는 건강의 사회적 결정요인을 해결해야 함을 강조해 왔다(CDC, 2013).

건강 관련 사회적 욕구를 해결하기 위해서는 소셜케어(social care)를 의료서비스 제공에 효과적으로 통합하는 것이 중요한데, 소셜케어(social care)란, 건강 관련 사회적 위험 요인과 사회적 욕구를 해결하는 활동이라 정의할 수 있다(NASEM, 2019). 이를 위해서는 소셜케어 전문가를 포함한 효과적인 전문가 팀이 필요하다. 특히 의료사회복지사는 의료서비스 제공 분야에서 오랜 경력을 쌓은 사회적 돌봄 제공 전문가이며, 지역사회와 의료서비스 제공자 모두의 '언어'를 구사하여 치료 전반에서 효과적인 협력과 소통에 기여하는 중요한 역할을 한다. 또한 의료사회복지사는 미시적 수준(개인과 가족을 대상으로 한 인식 및 지원 활동)에서 직접 개입하거나, 중시적 수준(의료시스템 내 조정 및 옹호 활동) 및 거시적 수준(사회 구조적 수준에서의 조정 및 옹호 활동)에서의 활동을 통해 사람들의 삶의 사회적 필요를 평가하고 해결하는(Newman et al., 2015; USC, 2019) 전문가이다.

이에 NASEM(2019)의 보고서에서는 환자를 정부 및 지역사회서비스와 연계하는 의료시스템 역량의 중요함을 강조하고 있으며, 건강 격차를 줄이기 위한 의료서비스를 설계하고 제공하기 위한 팀 기반 접근 방식에서 의료사회복지사를 필수인력으로 포함하도록 권고하고 있다. 연계(linkage)란, 환자와 지역사회자원을 연결하여 환자의 욕구를 충족하기 위한 과정이다. 연계(linkage)와 의뢰(referral)가 다른 점은 전문적 서비스 기관에 환자를 연결할 뿐만 아니라, 서비스가 제대로 제공되고 있는지, 환자가 원하는 도움을 실제로 받고 있는지를 확인하고 점검하는 데 있다(국립암센터, 2021). 의료기관에서의 지역사회자원 연계 전문가는 의료사회복지사이다. 연계를 잘하기 위해서 의료사회복지사는 지역사회의 다양한 사회복지 및 사회서비스 관련 자원에 대한 정보를 가지고 있어야 하며, 서비스 선정 기준, 신청 절차 및 담당자에 대한 정보를 바탕으로 그에 적합한 대상자를 연계하여 지원하는 것이 필요하다.

〈표 2-2〉 건강의 사회적 결정요인을 적용한 실천 사례

건강의 사회적 결정요인을 적용한 암 환자 퇴원계획

우리나라에서 건강의 사회적 결정요인을 적용한 의료사회복지 실천의 예로, 국립암센터에서 진행한 '건강의 사회적 결정요인을 적용한 암 환자 퇴원계획(2019~2021)'이 있다. 국립암센터는 암 관리를 위한 국가중앙기관으로, 암 환자의 건강한 사회복귀를 안정적으로 지원하기 위해, 치료 초기 시점부터 환자의 신체적 · 정서적 · 사회적 상태 및 욕구를 평가하고 개입하는 퇴원계획을 수립할 필요가 있다는 것을 인식하였다. 이에 2019년부터 3년간 치료 후 퇴원하는 암 환자를 위한 퇴원계획 수립 및 가정과 지역사회로의 체계화된 연계 모델 제안을 위한 「암환자 퇴원계획 수립과 적정관리 방안 연구」를 진행하였다. 본 연구에서는 암 수술 후 퇴원한 환자들의 미충족 욕구를 확인하기 위한 설문조사를 실시하고, 전문가별(의사, 간호사, 의료사회복지사) 평가 서식을 개발하여, 이를 바탕으로 퇴원계획 수립 및 사후관리 모델을 제시하고자 하였다.

본 연구의 일환으로 국립암센터는 의사, 간호사, 의료사회복지사의 협업을 바탕으로 퇴원계획팀을 시범적으로 구성하여 운영하였다. 이 중 의료사회복지사가 수행하는 평가 서식은 건강의 사회적 결정요인에 기반한 사회적 욕구와 사회적 위험요인을 확인하기 위한 서식으로 구성되어 있다. 건강의 사회적 결정요인을 다룸에 있어 중요한 것은, 병원 밖에서의 환자들의 삶을 이해하고 그들의 사회적 욕구를 다루는 것에서 시작된다. 환자들의 사회적 욕구를 충족시키기 위해 환자 대상의 스크리닝을 통해 사회적 욕구를 확인하고, 심층평가를 통해 사회적 위험요인을 평가하였다. 퇴원계획에 참여하는 의료사회복지사는 암 환자 퇴원계획 수립의 기반이 되는 개념을 이해하고, 수행 매뉴얼을 익힘으로 전문성을 유지해야 한다. 특히 건강의 사회적 결정요인을 다루는 것은 방대하고 복합적인 과정이다. 건강의 사회적 결정요인을 다루는 의료사회복지 측면에서의 퇴원계획은 기존의 보건의료 체계에서 다루었던 내용과 함께, 추가적인 전문적 지식과 역량이 필요하므로 서비스 제공 인력을 교육하는 것이 매우 중요한 과제이다. 또한 병원에서 근무하는 의료사회복지사는 보건의료 정책과 제도의 변화에 따른 의료사회복지 영역에서의 책임과 역할에 대해 파악하고 실천할 필요가 있다. 이에 국립암센터에서는 「건강의 사회적 결정요인을 적용한 암 환자 퇴원계획: 의료사회복지 가이드북」(2021)을 발간하여 건강의 사회적 결정요인을 적용한 암 환자 퇴원계획에서의 의료사회복지사의 역할에 대한 이해를 높이고 전문적인 실천을 수행할 수 있는 기반을 마련하였다.

출처: 국립암센터(2019~2021)

CHAPTER 03

의료사회복지 직무와 역할

학·습·목·표

1. 의료사회복지사의 직무와 의료사회복지사가 갖춰야 할 역량을 설명할 수 있다.
2. 의료사회복지사의 실천가, 행정가, 연구 및 교육자, 팀 협력가 역할을 이해한다.

1. 의료사회복지사의 직무와 역량

1) 우리나라 의료사회복지사 직무

(1) 의료사회복지사의 표준 직무체계와 내용

직무는 조직 내에서 특정한 역할을 수행하기 위해 부여된 일련의 과업과 책임을 의미한다. 의료사회복지사의 직무는 의료사회복지사가 책임을 지고 담당하는 업무가 된다(이효순 외, 2016). 의료서비스가 강조되고 타 전문직의 역할 비중이 상대적으로 높은 보건의료기관에서 일하는 의료사회복지사는 의료사회복지의 확고한 정체성의 바탕 위에서 직무를 수행하는 것이 더욱 중요하다(최명민, 2007). 보건의료 환경의 변화에 따라 조직에서 기대하는 역할을 수행하면서도, 의료사회복지사의 고유한 역할을 확립하고 옹호할 필요가 있다.

의료사회복지사 직무 체계화에 대한 논의는 1981년 도입된 병원협회의 병원표준화심사에 의료사회사업 부문이 1983년에 포함되면서 본격화되었다. 병원표준화심사에서는 의료사회사업 업무를 심리사회적 문제, 경제적 문제, 퇴원계획 문제, 기타 자원 연계 등으로 구분하였다. 이후 1997년 대한의료사회복지사협회에서는 국내외 문헌 연구, 의료사회복지사 업무에 대한 조사와 의료사회복지사들의 자문을 거쳐 '의료사회복지사 직무 표준화 작업'을 진행하였고, 그 결과를 김기환 외(1997)가 정리 · 발표하였다.

의료사회복지사의 직무는 <표 3-1>에 제시한 바와 같이 ① 심리사회적 · 정신적 문제 해결 직무, ② 경제적 문제 해결 직무, ③ 지역사회자원 연계 직무, ④ 사회복귀 및 재활 문제 해결 직무, ⑤ 팀 접근 직무, ⑥ 사회복지부서의 순수 행정 직무, ⑦ 교육 및 연구조사 직무의 총 7개로 구성된다. 세부 직무는 김기환 외(1997)가 정리한 33개의 직무에서 중복되거나 의료사회복지 환경의 변화로 최근에는 거의 하지 않는 직무를 수정 · 보완한 김정화 외(2019)의 연구와 최권호 외(2017)의 연구를 참고하여 26개의 세부 직무로 정리하였다.

심리사회적 · 정신적 문제 해결 직무의 세부 내용으로는 심리사회적 사정, 환자상담, 가족상담, 집단상담, 환자 및 가족교육이 포함된다. 경제적 문제 해결 직무의 세부 내용은 경제력 평가, 병원 내 · 외부 자원을 통한 진료비 지원, 사회보장제도에 대한 정보 제공과 연결 업무이다. 지역사회자원 연계 직무의 세부 내용은 지역사회자원 개발 및 정보망 조성, 지역사회기관과 연계 등으로 구성되며, 사회복귀 및 재활 문제 해결 직무의 세부 내용은 퇴원계획 상담, 재활계획상담, 회복 상태 및 사회적응도 평가 등이 포함된다. 회진 참여, 타 부서와의 사례회의 등은 팀 접근 직무에 속한다.

의료사회복지의 행정 업무 직무의 세부 내용은 보고서 및 업무일지의 기록, 부서 및 병원 운영 회의, 자원봉사자 관리 등이 포함된다. 마지막으로 교육 및 연구조사도 중요한 직무 중 하나로, 실습생 및 수련생 지도, 직원교육 및 슈퍼비전, 전문성 향상을 위한 교육 참여, 의료사회복지 연구 및 조사 활동이 포함된다. 이러한 직무 내용은 병원의 규모, 서비스 대상, 직급, 환자와 가족의 문제 상황 등에 따라 다양할 수 있다.

〈표 3-1〉 의료사회복지사의 표준 직무

직무 구분	직무	세부 직무	
사회복지 임상	① 심리사회적 · 정신적 문제 해결 직무	1	심리사회적 사정
		2	환자상담
		3	가족상담
		4	집단상담
		5	환자 및 가족교육
	② 경제적 문제 해결 직무	6	경제력 평가
		7	병원 내 · 외부 자원을 통한 진료비 지원
		8	사회보장제도에 대한 정보 제공과 연결
	③ 지역사회자원 연계 직무	9	지역사회자원 개발 및 정보망 조성
		10	지역사회자원에 대한 정보 제공
		11	지역사회기관과의 연계
		12	지역사회 공헌 및 모금 활동
	④ 사회복귀 및 재활 문제 해결 직무	13	퇴원계획 상담
		14	재활계획 상담
		15	회복 상태 및 사회적응도 평가
		16	직업 훈련 및 취업 지도
	⑤ 팀 접근 직무	17	회진 참여
		18	타 부서와의 사례회의
		19	고위험 환자의 조기 발견 및 대응
행정	⑥ 사회복지부서의 순수행정 직무	20	보고서 및 업무일지의 기록
		21	부서/병원 운영 회의 및 부서직원 관리
		22	자원봉사자 관리
교육 및 연구조사	⑦ 교육 및 연구조사 직무	23	실습생 및 수련생 지도
		24	신규직원 교육 및 슈퍼비전
		25	전문성 제고를 위한 교육 참여
		26	의료사회복지 연구 및 조사 활동

(2) 의료사회복지사 직무의 변화

의료사회복지사의 직무는 보건의료 환경의 변화에 따라 요구되는 역할에 탄력적으로 대응하기 위해 직무의 우선순위가 변동되기도 하였다(한국사회복지사협회, 2019). 1990년대까지는 의료사회복지사가 '심리사회 · 정신적 문제 해결'의 직무를 수행하는 데 가장 많은 시간을 투여하였다(김기환 외, 1997). 2000년대 이후 연구들(이은진 · 남석인, 2017; 최권호 · 김준표, 2017)에서는 '심리사회적 · 정신적 문제 해결'의 직무 순위가 다소 낮아진 반면, '경제적 문제 해결'과 '지역사회자원 연계'의 직무 순위가 높아졌다. 이러한 변화의 배경에는 1997년 IMF 경제위기와 이후 정부와 민간의 의료비지원제도 확충 등이 있다. 이와 더불어 의료서비스 접근성이 확대되고 병원 간 경쟁이 심화되는 구조 속에서 의료사회복지사는 다양한 의료비지원제도와 자원을 연결하여 환자의 경제적 문제를 해결하고 적절한 진료를 받을 수 있도록 원조하는 역할이 강조되었다(김정화 외, 2019).

이외에도 과거에 환자와 가족에 국한되었던 업무가 집단 및 지역사회까지 포괄하면서 공공의료적 측면에서 의료사회복지사의 역할도 강조되고 있다(Nam et al., 2019). 의료사회복지사가 환자의 심리사회적 문제뿐만 아니라 전반적인 건강 증진을 위한 환자 중심의 통합적 건강관리 직무를 효과적으로 수행하는 것이 요구되고(최권호 외, 2021), 일차 의료 및 돌봄을 포함하는 통합적 의료환경에서 타 전문직과의 팀 접근을 구축하는 것 또한 중요한 직무가 되고 있다(Yamada et al., 2019). 최근에는 COVID-19 이후 대면 상담의 어려움을 경험하고, 긴급 개입 및 비대면 서비스 직무가 증가하는 등의 변화를 경험하면서 의료사회복지사는 기관 내부의 협력 · 지원 역량과 디지털 직무역량이 필요해졌다는 보고도 있다(이인정 외, 2021).

의료사회복지사의 직무는 시대적 흐름에 따른 의료 환경의 변화에 능동적으로 대응하는 동시에, 의료사회복지 직무의 고유한 정체성과 가치를 유지하고 강화할 필요가 있다.

2) 의료사회복지사 직무와 역량에 관한 국제적 논의

(1) 미국의 의료사회복지실천 표준

전미사회복지사협회(NASW, 2016)는 의료 현장에서 일하는 사회복지사의 전문적인 역량을 위해 필요한 실천 표준을 제시하였다. 이 실천 표준은 의료사회복지사 고유의 직무와 역할에 대한 주요 지침이 될 수 있다.

의료 현장에서 일하는 사회복지사의 실천 표준은 총 13개로, ① 윤리와 가치, ② 자격, ③ 지식, ④ 문화적 및 언어적 역량, ⑤ 스크리닝 및 사정, ⑥ 케어 계획 및 개입, ⑦ 옹호, ⑧ 다학제 및 다기관 협력, ⑨ 실천 평가 및 질 보장, ⑩ 기록 유지와 비밀 보장, ⑪ 업무량 지속가능성, ⑫ 전문성 개발, ⑬ 슈퍼비전 및 리더십 항목으로 구성된다(NASW, 2016). 의료 현장의 사회복지사는 실천 표준을 준수하며 직무를 수행하여 환자와 가족의 건강과 삶의 질을 향상할 수 있도록 한다.

① 윤리와 가치(ethics and values)

의료사회복지사는 취약하고 억압되거나 빈곤한 사람들의 건강 욕구를 충족하고 질적인 의료서비스가 보장되도록 옹호하는 의무가 있다. 사회복지사의 윤리강령과 일반적인 임상적 생명 윤리는 윤리적 딜레마 상황에서 윤리적 의사결정을 위한 기반이 된다.

② 자격(qualifications)

자격 기준은 의료사회복지 현장에서 사회복지실천을 하기 위한 일정한 자격 요건을 갖추고 이를 취득하고 유지하기 위한 교육을 해야 하고, 지속적인 전문적 개발 활동을 통해 직무에 대한 유능성을 갖추도록 해야 함을 의미한다.

③ 지식(knowledge)

지식 기준은 최신 이론과 근거 기반 실천, 사회복지실천의 질 보장에 관한 내용을 의미한다. 구체적으로 의료사회복지사는 신체 및 정신·행동 건강에 관한 지식, 건강 전달체계 이슈, 의료 현장에서 사회복지사의 역할과 책임, 연구와 평가에 관한 지식을 갖추어야 한다.

④ 문화적 및 언어적 역량(cultural and linguistic competence)

의료 현장에서 일하는 사회복지사가 갖추어야 할 문화적 및 언어적 역량은 매우 다양하게 표현되는 문화적 및 언어적 다양성을 인식하고 인정하는 역량, 문화 간 지식에 기반한 효과적이고 문화적으로 유능한 실천을 수행하는 역량, 조직 내에서 문화적 다양성을 촉진하는 조직 정책을 옹호하는 역량 등이다.

⑤ 스크리닝 및 사정(screening and assessment)

심리사회적 문제에 대한 스크리닝은 응급실, 통증, 정신건강, 가정폭력, 약물 사용, 자해 등 질병의 궤적 전반에 걸쳐 이루어질 수 있다. 심리사회적 · 영적 사정은 의료 현장에서 사회복지실천의 기본적 토대가 되는 과정이다.

⑥ 케어 계획 및 개입(care planning and intervention)

의료사회복지사가 클라이언트의 웰빙과 클라이언트와 가족 중심의 연속적인 건강관리 및 돌봄을 촉진하기 위해 근거 기반의 케어 계획을 수립해야 한다. 케어 계획을 실행할 때에는 치료적 관계 형성과 유지, 문화적으로 민감하고 강점 기반의 접근, 근거 기반 실천의 적용, 경제 · 주거 · 건강 · 지역사회자원 접근의 촉진, 퇴원 후 적절한 케어 수준으로의 전환 보장, 필요시 전문가 의뢰, 비밀보장 등이 중요하게 다루어져야 한다.

⑦ 옹호(advocacy)

의료 현장에 있는 사회복지사는 클라이언트와 클라이언트 지원 체계의 욕구와 관심을 대변하고 개선하기 위해 노력해야 할 책임이 있다. 의료 현장에서 일하는 사회복지사는 건강 불평등의 개념을 이해하고 불리한 상황에 있는 인구의 건강 결과를 개선하기 위해 의료서비스에 대한 접근성을 높이며 서비스 질을 개선할 수 있는 제도적인 변화도 촉진해야 한다.

⑧ 다학제 및 다기관 협력(interdisciplinary and inter-organizational collaboration)

의료 환경에서 일하는 사회복지사는 의료진을 포함한 다양한 전문가와 조직 간의 협력을 촉진하여 환자와 환자 지원 시스템을 효과적으로 지원한다. 의료사회복지사는 의료 환경에서 흔히 볼 수 있는 다양한 팀워크 모델에 능숙해야 한다. 다양한 팀워크 모델은 다학제적 모델(multidisciplinary model: 각 분야의 전문가가 독립적으로 역할을 수행하는 방식), 학제 간 모델(interdisciplinary model: 여러 분야가 협력하여 클라이언트 중심의 공동 목표를 설정하는 방식), 초학제적 모델(transdisciplinary model: 전문가들이 경계를 넘어 협력하여 치료와 연구를 수행하는 방식)로 구분할 수 있다.

⑨ 실천 평가 및 질 보장(practice evaluation and quality improvement)

의료사회복지사는 적절한 도구의 활용, 클라이언트 및 다학제 치료팀으로부터 피드백 요청 및 반영, 과정과 결과 모두 측정, 자기 평가, 사회복지연구 참여, 평가자료의 제공과 적용을 해야 한다.

⑩ 기록 유지와 비밀 보장(record keeping and confidentiality)

의료사회복지 현장에서는 명확하고 간결한 기록과 지속적인 문서화가 중요하며, 의료사회복지사는 클라이언트의 정보에 대한 구두 및 기록의 비밀을 유지해야 한다.

⑪ 업무량 지속가능성(workload sustainability)

질 높은 서비스를 위해서는 의료사회복지사가 적정한 업무량과 범위를 확보하는 것이 필요하다. 이를 위해 의료사회복지사는 자신의 직무를 책임감 있게 옹호해야 한다.

⑫ 전문성 개발(professional development)

전문성 개발 기준은 자신의 전문성 개발을 위해 지속적인 교육과 자격을 유지해 나가는 것을 의미한다.

⑬ 슈퍼비전 및 리더십(supervision and leadership)

슈퍼비전 및 리더십 기준에 따라, 의료사회복지사는 조직 내에서 교육, 행정 및 연구 영역에서 리더로서 역할을 할 수 있어야 한다.

(2) 외국의 의료사회복지사 직무 동향

① 싱가포르의 병원 의료사회복지사 역량

싱가포르의 의료사회복지체계는 우리나라와 유사하다고 알려져 있다. 싱가포르의 급성 치료 중심 병원인 Academic Medical Center에서는 3년 이하의 경력을 가진 '일반 수준의 역량'과 4년 이상의 '고급 수준의 역량'을 개발하였다(Ow Yung et al., 2014). 일반 수준의 역량을 중심으로 살펴보면, 자료수집 및 문서화, 심리사회적 사정, 임상적 개입, 개입 결과 평가, 정책과 실천에 대한 임상적 지식, 의사소통기술과 문화적 역량이 의료사회복지사에게 요구되는 역량이다(김정화, 2024). 세부 내용은 <표 3-2>를 참고하기 바란다.

〈표 3-2〉 싱가포르 Academic Medical Center의 의료사회복지사 역량

일반 수준의 역량	세부 내용
1. 자료수집/문서화 (history taking/documentation)	• 병력, 개인력, 가족력 등에 대한 자료수집, 관찰내용 기록 • 환자와 가족 면담 진행 • 환자의 질병과 관련된 정보를 생애사 순으로 문서화
2. 심리사회적 사정 (psychosocial assessment)	• 건강에 관한 포괄적인 심리사회적 사정 • 환자의 심리사회적 맥락과 위험요인 사정
3. 임상적 개입 (clinical intervention)	• 이론을 적용한 환자 및 가족에 대한 개입 • 가장 적합한 개입 전략을 선택, 임상적 개입계획 실행 • 사례에 대한 모니터링 및 사후관리 • 적절한 자원을 확인하고 활용
4. 개입 결과 평가 (valuating treatment outcomes)	• 개입에 대한 성과지표 선택 • 개입 결과에 영향을 주는 요인 파악 • 환자와 가족과 함께 원하는 성과에 도달하기 위해 협력
5. 정책과 실천에 관한 임상적 지식 (clinical knowledge of policies and practices)	• 사회복지, 사회정책, 병원정책에 대한 깊은 이해 • 최신의 연구 근거 및 정책 변화에 대한 지식 관리 • 지속적인 학습, 다른 사람들과 지식 공유
6. 의사소통기술과 문화적 역량 (communication skills and cultural competency)	• 환자, 가족과 효과적으로 의사소통 • 환자, 가족 및 다른 이해관계자들과 신뢰 관계 형성 • 의료 환경에서 문화적 차이를 다루는 능력 • 서비스 제공을 개선하기 위한 자기 성찰과 문화적 인식

② 캐나다의 신입 의료사회복지사 역량

캐나다의 신입 의료사회복지사에게 요구되는 역량은 우리나라의 의료사회복지 상황에서도 적용될 수 있다(Nicholas et al., 2019). 신입 의료사회복지사가 갖추어야 할 주요 역량은 변화하는 건강 패러다임 및 의료시스템에 대한 지식, 환자 및 가족을 위한 최상의 서비스 제공, 강한 직업윤리 및 자율성, 다학제 간 팀워크를 위한 대인관계기술, 복합적인 역할과 권력 역학 이해, 지속적인 전문성 개발, 자기 성찰 등이었다(표 3-3 참조). 의료사회복지사는 다학제적 팀 안에서 일원으로 일하면서 환자 및 가족을 위한 옹호자 역할을 수행하기 위해 사회적 결정요인을 고려한 접근, 직업윤리, 대인관계 및 문제해결기술, 전문성 개발 노력 등이 강조되고 있다(김정화, 2024).

〈표 3-3〉 캐나다의 신입 의료사회복지사 역량

역량	내용
변화하는 건강 패러다임 및 의료시스템에 대한 지식	• 의학 전문용어와 개념 이해, 보건의료체계에 대한 이해 • 환자 중심 케어 패러다임에 대한 이해 • 변화하는 제도와 법률 지식 • 건강의 사회적 결정요인 이해
환자 및 가족을 위한 최상의 서비스 제공	• 환자 및 가족 중심 치료 및 이론적 토대 이해 • 심리사회적 상태 평가 및 관찰 • 환자 및 가족을 위한 개입 • 환자 퇴원계획 수립 • 사회복지자원 · 서비스에 대한 지식, 지역사회자원 연계
강한 직업윤리 및 자율성	• 자율적인 업무수행능력, 독립적인 의사결정 역량 • 최소한의 감독하에서도 자신감 있게 업무 처리 • 스스로 업무를 조율하고 필요시 도움 요청하는 능력
다학제 간 팀워크를 위한 대인관계기술	• 뛰어난 대인관계기술과 의사소통능력 • 중재자 및 조정자로서의 역량 • 환자 옹호 계획 수립 및 실행을 위한 소통 역량
복합적인 역할과 권력 역학 이해	• 다학제간 팀 내에서 의료사회복지사의 역할 이해 • 의료시스템 내의 복잡한 권력 구조와 직무 관계 파악 • 다른 전문직과의 협업, 갈등해결능력 • 불확실하고 복잡한 상황 속에서 빠른 판단과 대응, 문제해결 역량

역량	내용
책무성과 전문성 개발에 대한 헌신	• 자신의 업무에 대한 책임감 • 지속적인 전문성 개발을 위한 노력 • 스스로 학습계획 수립, 교육이나 훈련에 적극적인 참여
자기 성찰	• 어려운 상황에서의 소통능력 • 슈퍼비전 및 피드백에 대한 개방성, 지속적 개선
역량 개발의 조직적 노력과 서비스 전달 개선	• 조직 차원의 서비스 전달 개선에 기여 • 표준화된 임상 도구와 지침 개발 등에 참여

출처: Nicholas et al.(2019)

③ 미국의 일차 통합 의료 현장에서의 의료사회복지사 역량

미국에서는 일차 의료에 행동·정신 건강과 신체 건강을 통합하는 모델로 변화를 시도하고 있다(Hong, 2024). 통합 보건의료(integrated care) 모델은 주로 지역사회 내 의사, 간호사, 사회복지사, 심리학자 등이 포함되는 다학제적 팀에서 환자 관련한 정보를 공유하고 협력하며 신체와 행동·정신건강을 통합한 치료계획을 수립한다(Sockalingam, 2020). 사회복지사는 행동 건강 전문가, 사례관리자, 지역사회 참여 전문가 등의 역할을 수행한다(Held et al., 2019).

통합 보건의료 환경의 사회복지사가 갖추어야 할 역량은 <표 3-4>와 같다(Horevitz et al., 2013). 의료사회복지사는 특히 팀 접근, 고위험환자 선별과 자원 연계, 환자 및 가족 옹호, 행동·정신건강에 관한 단기 치료적 개입, 윤리적 의사결정과 관련한 직무의 중요성이 높게 보고되었다(Fraser et al., 2018).

〈표 3-4〉 (일차) 통합 의료 환경에서의 의료사회복지사 역량

역량	
환자 스크리닝, 의뢰, 케어 계획 및 조정	• 환자 내비게이션, 위험 계층화, 단계별 케어(stepped-care) • 따뜻한 인계(warm handoff), 비공식적인 의뢰(informal provider consultation) • 스크리닝, 단기개입, 의뢰 및 치료(SBIRT), 문서화
사정 및 평가	• 표준화된 도구를 활용한 사정, 기능평가, 건강의 사회적 결정요인 평가

역량	
개입 (상담 및 치료)	• 동기강화면접, 행동 활성화(behavioral activation) • 문제해결치료, 1차 진료에서의 인지행동치료 / 이완훈련 • 만성질환 관리, 정신건강 약물 관리 • 알코올 및 기타 약물(Alcohol and Other Drug, AOD) 단기 사정 및 개입 • 심리교육, 가족체계에 대한 개입 • 사례관리, 지역사회자원 연계
팀 접근	• 팀 기반 케어, 팀원 간 의사소통 촉진
문화적 역량	• 문화적 다양성 존중, 문화적으로 적합한 서비스로 조정

2. 의료사회복지사의 역할

1) 실천가로서의 역할

의료사회복지사의 실천가로서의 역할은 앞서 소개한 표준 직무에 따라 심리사회적 문제에 대한 실천, 경제적 문제에 대한 실천, 지역사회자원 연계, 퇴원계획 및 재활 상담으로 구분하여 소개하고자 한다. 이 직무 차원들은 실제 의료현장에서 의료사회복지사가 주로 실천하는 업무의 영역이기도 하다.

(1) 심리사회적 문제에 대한 실천

의료사회복지사는 생심리사회적 사정에 기반하여 개입 계획을 수립하고, 환자와 가족을 대상으로 상담, 교육 등을 수행한다. 생심리사회적 사정은 모든 영역의 의료사회복지실천에 기본이 되는 활동으로, 의료사회복지사가 환자 및 가족과의 신뢰 관계 속에서 건강과 관련된 체계적인 정보수집과 전문적이고 종합적인 판단을 통해 개입계획의 근거를 마련하는 과정이다. 다음은 의료 현장에서 의료사회복지사가 주로 행하는 심리사회적 문제 해결을 위한 실천 내용이다.

- 환자의 건강과 연관되는 심리사회적 상태와 영향 요인 평가
- 환자의 건강행동 변화를 촉진하기 위한 동기부여상담과 교육
- 환자와 가족의 디스트레스를 완화하기 위한 상담
- 가족(돌봄제공자)에게 사회적 맥락에서 환자를 돌보고 지원하는 방법 교육
- 가족 구성원들 간의 건강한 의사소통 촉진, 갈등 조정, 가족회의 진행
- 가족(돌봄제공자)의 심리사회적 스트레스 완화를 위한 지지적 상담
- 의사 등 다른 전문가들에게 환자와 가족의 심리사회적 상태 및 소통 방법에 대한 자문

(2) 경제적 문제에 대한 실천

경제적으로 어려운 클라이언트에 대하여 부족한 의료비를 연결하는 사회복지사의 역할은 의료 현장의 타 전문직이 가장 기대하는 역할 중 하나일 것이다. 또 다른 전문직보다 지역사회자원의 전문가인 사회복지사가 가장 잘할 수 있는 일이기도 하다(장수미 외, 2021). 환자들이 호소하는 경제적 문제의 예시를 들어보면 다음과 같다(이송월, 2018).

MRI 검사를 받아야 한다고 하는데, 지원받을 수 있는 곳이 없어요.

수술비가 많이 나오면 치료를 받을 수가 없어요.

중환자실에 오래 있으면 병원비가 많이 나오지 않나요?

투석을 시작하면 평생 받아야 하는데 일도 못 하고 어떻게 하나요?

환자와 가족이 위와 같이 호소하는 경제적 어려움에 대해 의료사회복지사는 환자와 가족의 협력을 격려하고 환자와 가족의 경제적 상황에 대해 면밀하게 검토한다. 또한 환자에게 필요한 치료계획 및 방법에 따른 비용, 간병비 등에 대해 파악한다. 환자의 경제적 욕구가 확인되어 지원이 필요한 경우에는 국가의 의료비 지원제도를 안내하고 연계하게 된다. 국가의 의료비 지원제도에 적

합하지 않거나 충분하지 않은 경우, 방송을 통한 모금이나 스토리펀딩 등 민간 후원기관을 연계하여 환자가 치료를 안정적으로 받을 수 있도록 돕는다. 의료사회복지사는 예상되는 환자의 경제적 어려움에 대응하기 위해 후원자 및 후원기관을 개발하고 관리한다.

(3) 지역사회자원 연계

지역사회자원 연계는 환자의 심리사회적 문제 및 경제적 문제를 해결하기 위해 필요한 지역사회자원을 개발하고 연결하는 역할이다. 예를 들어, 어린 자녀가 있는 부자가정에서 아버지가 입원하여 치료를 받아야 하는데 아버지가 치료를 받는 동안 자녀를 돌볼 수 있는 가족 자원이 없는 경우, 의료사회복지사는 지역사회 내 자녀 돌봄을 위한 기관과 연결하고 자녀가 유치원이나 초등학교 하교 이후 이용할 수 있는 아이돌봄서비스를 연계하여 자녀가 방치되지 않고 아버지가 안정적으로 치료받을 수 있도록 돕는다.

지역사회자원 연계와 관련하여 환자와 가족들이 주로 호소하는 문제는 다음과 같다.

퇴원해서 장애인 등록을 하고 싶은데 어떻게 하죠?

환자를 간병할 가족이, 사람이 없어요.

위와 같은 지역사회자원 연계와 관련된 환자와 가족의 호소에 대하여, 의료사회복지사는 환자와 가족의 욕구와 자원을 세밀하게 탐색한 후 적절한 지역사회자원을 연계하게 된다. 이러한 지역사회자원 연계 업무를 원활하게 수행하기 위하여 의료사회복지팀에서는 사전에 지역사회자원을 조사하여 체계적으로 정리하는 자원목록화 작업을 수행한다.

(4) 퇴원계획

퇴원 과정은 환자의 안전과 치료의 연속성에 잠재적 위험을 초래할 수 있다. 성공적이지 못한 퇴원은 환자와 간병인의 삶의 질을 저하시킬 수 있으며, 재입원으로 이어질 위험도 있다. 병원으로부터 퇴원에 관한 이야기를 들었을 때 환자와 가족은 다음과 같은 어려움을 호소한다(이송월, 2018).

이런 상태로 퇴원하면 제가 어떻게 살아가야 할까요? 한숨만 나오고 막막해요.

치료가 끝나지 않은 것 같은데 퇴원하라고 하니 이해할 수도 없고 불쾌합니다.

퇴원 후에 재발하거나 악화될 것 같아서 불안해요.

치료비를 아직 준비하지 못했어요. 생활비 마련이 어려워요.

집에 가면 돌봐줄 사람도 없고, 혼자 지낼 자신은 없고, 어떻게 해야 할까요?

퇴원 후 갈 곳이 없어요.

의료사회복지사는 먼저 환자와 가족이 무엇 때문에 퇴원에 대한 어려움을 겪고 있는지를 파악해야 한다. 퇴원을 어렵게 만드는 요인은 심리적·경제적·환경적 요인으로 구분할 수 있다. 심리적 측면에서 질병과 장애에 대한 이해 부족, 퇴원 후 펼쳐질 일들에 대한 막막함, 재발 혹은 악화될 것에 대한 불안감이 퇴원의 방해 요소가 된다. 경제적 측면에서는 환자와 가족들이 치료비 준비 부족, 소득활동 중단에 따른 생활비 마련에 대한 걱정을 주로 호소한다. 환경적 측면에서는 퇴원 후 돌봄 제공자의 부재, 안전한 환경 준비의 미흡, 퇴원 후 생활할 곳의 부재가 주요 요인이다.

퇴원계획에서 사회복지사는 환자의 퇴원에 대한 두려움, 불안을 감소시키고 퇴원 과정 및 퇴원 이후 사회복귀를 준비할 수 있도록 상담을 진행한다. 치료가 끝났으나 가정 또는 사회로의 복귀가 어려운 경우, 환자의 신체적 상태와 욕구, 가족의 욕구 등을 고려하여 요양병원, 요양원, 사회복귀시설 등으로의 연계 과정을 지원할 수 있다. 퇴원계획을 위해 사회복지사는 환자의 질병 상태, 질병에 대한 인식, 현재 치료 내용, 향후 치료 계획, 치료 순응도, 퇴원에 대한 반응, 가족지지 정도, 가족의 부양 부담, 주 보호자 및 의사결정자, 경제적 상황 및 문제, 퇴원에 방해가 되는 문제들을 평가하고 이에 따른 상담 및 개입 전략을 수립한다.

(5) 재활 상담

재활 상담 관련하여 환자들이 주로 호소하는 어려움은 다음과 같다.

장애로 다니던 직장에서 일을 못 할 것 같은데 어떡하죠?
이제 더 이상 제가 좋아하는 일들을 못 하겠죠?

재활하면 더 좋아질 수 있을까요? 여기서 더 좋아지지 않으면 어떡하죠?

의료사회복지사는 장애 이후의 삶에 대한 불안감을 다루고, 욕구에 맞는 자원을 연계하는 업무를 수행할 수 있다. 재활 분야에서 환자 상담은 장애와 재활 가능성에 대한 불안감 다루기, 환자가 할 수 있는 것에 초점을 두고 퇴원 준비와 퇴원 이후 생활 계획하기 등을 중심으로 진행한다. 가족 상담에서는 환자의 신체적 상태에 대한 심리적 수용을 돕는 것, 가족들이 환자 보호에 필요한 적절한 역할을 할 수 있도록 돕는 것 등을 다루게 된다. 퇴원 후 치료적 환경 조성과 퇴원 이후 생활을 위한 준비를 돕기 위해 가정방문을 하기도 한다. 또한 환자가 퇴원 이후 지역에서 이용할 수 있는 지역사회복지관, 단기보호시설, 지역 보건소, 생활시설, 주민센터나 후원단체 등을 방문하기도 한다(이준우 외, 2022).

2) 행정가로서의 역할

의료사회복지 행정 차원의 업무는 병원과 부서의 운영 및 관리와 관련된 업무가 포함된다. 의료사회복지사의 활동은 소속된 기관의 운영 지침에 따르는 행위로서, 의료사회복지 활동 및 사업에 관한 기록들을 보관하고 관리하며 보고할 의무가 있다. 의료사회복지 부서에서도 부서 운영 지침이 있으며, 이에 따라 부서를 운영하고 직원을 관리하는 행정적 업무도 소홀히 할 수 없다(권자영 외, 2022). 의료사회복지의 행정적 차원의 업무에는 병원 및 부서의 서비스 질을 향상하기 위한 의료질 향상 활동이 포함될 수 있다. 또한 자원봉사자 관리 업무는 지역사회자원을 연결하는 기능이 있으나 인력 관리라는 차원에서 행정적 업무에 포함하여 소개하고자 한다. 의료사회복지 행정 업무에서 의료질 향상 활동과 자원봉사자 관리 업무를 구체적으로 살펴보면 다음과 같다.

(1) 의료질 향상 활동

의료사회복지사는 양질의 의료서비스를 제공하기 위한 제도에 부응하고 의료사회복지서비스의 질을 향상하기 위한 활동을 수행한다. 의료기관은 「의료법」 제58조(의료기관 인증)에 따라 인증평가를 의무적으로 수행하며, 의료사회복지사 또한 의료사회복지체계 및 질 향상 관련하여 이 인증 기준에 부합하도록 대비한다.

질 향상 활동은 의료기관 의료서비스의 질적 수준이 일정 수준 이상 되도록 보장하고 향상될 수 있도록 지속하여 노력하는 것이다. 첫째, 의료사회복지사가 적정진료심사위원회에 참여하거나 환자 불만 및 고충 관리에 참여하는 병원의 전반적인 질 향상 활동이 있다(윤현숙 외, 2011). 둘째, 의료사회복지 자체의 질 향상을 위한 활동을 하는 것이다. 의료서비스의 질은 구조적 측면, 과정적 측면 및 결과적 측면으로 구분할 수 있는데, 구조적인 측면은 의료서비스가 제공되는 인력, 교육 및 슈퍼비전 체계, 부서 및 의료사회복지사의 독립성 등에 관한 질 향상 활동이 될 수 있다. 과정적 측면은 의뢰 체계, 고위험군 발견 체계, 신속한 내응, 팀 협력 활동 등과 같은 시비스 제공 과정에 관한 질 향상 활동이 포함된다. 결과적 측면에서는 실제 의료사회복지서비스가 수행된 정도, 효과성, 만족도 등을 높이기 위한 질 향상 활동을 하게 된다(김연수 외, 2022). 이와 관련한 세부 내용은 '13장 의료기관 인증제도 및 의료질 향상 활동'에서 다룬다.

(2) 자원봉사자 관리

의료사회복지사는 병원을 이용하는 환자와 가족의 의료서비스 이용을 돕는 자원봉사자를 모집하고 관리 운영하는 역할을 할 수 있다. 자원봉사자 관리의 일반적인 절차는 '자원봉사 운영체계 수립 → 자원봉사자 홍보 및 모집 → 자원봉사 신청자 접수 → 자원봉사자 교육 및 배치 → 자원봉사활동 진행 및 점검 → 자원봉사 종료 및 지속적 개선' 순으로 이루어진다.

① 자원봉사 운영체계 수립

자원봉사자 운영체계 수립은 자원봉사자 관리를 위하여 계획을 세우고 운영 방침을 마련하는 단계이다. 이 단계에서는 자원봉사자 운영의 목표를 명확히 하고 자원봉사자 운영체계를 구축하며, 자원봉사자의 역할과 각 부서별로 필요한 인력의 종류와 규모를 파악하여 배치계획을 세우게 된다(김연수 외, 2022).

② 자원봉사자 홍보 및 모집

운영체계가 마련되면 병원 자원봉사 홍보 및 자원봉사자 모집이 진행된다. 의료사회복지사는 병원이나 자원봉사센터 홈페이지 등에 자원봉사자 모집 공고를 한다. 모집 공고에는 의료기관의 특성, 자원봉사자 운영 목적, 지원 자격, 활동 분야, 접수 및 문의처, 혜택 등을 소개한다. 자원봉사자 모집은 보통 연령을 기준으로 대학생, 성인 등으로 구분하여 이루어지며, 활동 분야의 특수성에 따라 호스피스 자원봉사를 별도로 모집하기도 한다(국립암센터, 2024).

③ 자원봉사 신청자 접수

자원봉사 접수 과정에서는 지원자가 정해진 양식을 작성하고, 면담을 통해 인적사항, 봉사 동기, 희망 역할, 활동 가능 시간, 지원 조건 등을 파악한다. 이 과정에서 자원봉사자의 봉사에 대한 선한 동기를 존중하지만, 진료비 감면 혜택이나 진료 순서 특혜, 특정 단체나 사업을 홍보하기 위한 개인적 목적이나 사적 이익을 위해 봉사하려는 신청자도 있음을 유의해야 한다(김연수 외, 2022).

④ 자원봉사자 교육 및 배치

자원봉사활동이 결정되면 자원봉사교육을 시행한다. 자원봉사 상황과 목적에 따라 집단교육 또는 개별교육으로 진행할 수 있다. 자원봉사자 기본 교육에는 의료기관 이해, 자원봉사 활동 지침, 자원봉사자 역할과 자세 등이 포함되며, 부서 배치 후 자원봉사활동 중에는 의료 정보나 부서에서 필요한 지식 등을 추가로 교육한다.

자원봉사자의 관심사와 가능한 역할에 따라 자원봉사 부서를 결정하고 배치한다. 병원 자원봉사 업무는 접수나 안내데스크에서 정보 제공 및 안내 봉사, 물품 정리나 행정 업무 보조 봉사, 공연이나 이미용 등 특정 재능을 기부하는 봉사 등이 있을 수 있다(윤현숙 외, 2011).

⑤ 자원봉사활동 진행 및 점검

자원봉사활동이 진행되면 자원봉사 시간 등 실적이 누락 없이 잘 기록될 수 있는 체계를 마련한다. 의료사회복지사는 정기적으로 자원봉사활동을 점검하고, 자원봉사 과정에서 문제가 발생하는 경우 문제 해결을 위한 소통과 조정자 역할을 한다. 자원봉사활동의 동기를 높이기 위해 자원봉사자 소통 활동, 나들이, 간담회 등을 기획하여 진행하기도 한다.

⑥ 자원봉사 종료 및 지속적 개선

자원봉사활동이 종료되면, 자원봉사자에게 그간의 활동에 대하여 감사함을 표현하며, 개선이 필요한 사항에 대한 의견을 듣고 반영할 수 있도록 한다. 전반적인 자원봉사자 관리에 대한 지속적인 개선을 위해 의료사회복지사는 자원봉사활동에 대한 점검과 평가 내용을 의료기관과 관련 부서, 자원봉사자들과 공유하여 피드백을 주고받을 수 있도록 한다.

3) 연구 및 교육자로서의 역할

(1) 실습 및 수련 교육

의료사회복지사는 실습생을 지도하고 의료사회복지사 수련과정에 있는 사회복지사를 교육한다. 실습생 및 수련생을 지도하는 일은 예비 의료사회복지사를 양성하는 업무로, 의료사회복지사의 역량을 강화함과 동시에 실천 분야의 발전에 기여할 수 있다는 점에서 의미 있는 일이다.

① 실습 지도

의료사회복지 분야에서의 현장실습은 사회복지서비스가 주된 서비스가 아닌 2차 세팅에서의 실습이기 때문에, 의료사회복지사의 정체성과 다른 전문직과의 팀 협력에 대해 잘 교육할 필요가 있다. 실습은 주로 방학 기간에 이루어지며, 사전에 실습과 관련된 지침과 실습 운영 절차를 마련한다. 실습 관련 지침에는 실습생 선발, 슈퍼바이저 배정, 실습 기간 및 실습 시간, 실습 내용, 실습비, 실습생 권리 보호 방안 등의 내용을 규정한다. 실습 운영 절차는 일반적으로 '현장실습 공고 → 실습 신청 및 실습생 선발 → 실습 계약 → 실습생 오리엔테이션 및 슈퍼바이저 배정 → 실습 지도 → 실습 평가' 순으로 진행된다. 실습이 진행되면 슈퍼바이저뿐만 아니라 팀원들은 실습 계획 내용에 기반하여 슈퍼비전을 충실하게 제공한다.

② 수련 지도

수련 과정은 의료사회복지사 자격을 취득하기 위한 필수 과정으로, 1년간 의료사회복지 현장에서 실제 업무를 수행하며 교육과 슈퍼비전을 받게 된다. 의료사회복지의 수련 대상은 사회복지사 1급을 취득한 자이며, 수련 기간은 1년 이상으로, 당해연도 3월부터 익월 2월까지 이루어진다. 수련기관은 의료사회복지 업무를 수행하는 담당 부서를 갖추고, 수련지도자로서의 자격을 가진 사람이 1인 이상 상시 근무하는 병원급의료기관으로, 보건복지부의 인정을 받은 기관이다. 총 수련 과정은 이론 교육 150시간, 실습 830시간, 학술활동 20시간

(총 1,000시간 이상)으로 구성된다(한국사회복지협회, 2022).

수련기관은 수련생이 자신의 역할을 파악하고 보건의료체계에서 일어날 수 있는 다양한 부담과 위험으로부터 보호받을 수 있도록 한다. 수련지도자는 수련생의 임상사례분석, 프로그램 개발, 행정 업무 등에 대한 슈퍼비전을 제공한다. 수련 지도를 하는 의료사회복지사는 수련 지도 업무가 가중되면서 부담감과 중압감이 크지만, 수련 지도 활동이 성장을 위한 자극이 되고 일에 대한 성취감과 사명감을 높인다고 하였다(정대희 외, 2024). 질 높은 수련 지도를 제도적으로도 보장하기 위해 한국사회복지사협회 및 대한의료사회복지협회 등에서 역량 기반의 의료사회복지사 수련 교육내용 개발, 수련지도자에 대한 역량 강화 교육, 수련 지도에 대한 동기부여체계 논의 등의 노력을 하고 있다.

(2) 의료사회복지 조사 연구

조사 및 연구 업무는 의료사회복지사가 수행해야 할 필수 업무 중 하나이다. 의료사회복지사는 의료서비스에 대한 욕구 조사, 프로그램 효과 검증 연구, 특정 질병이나 건강 문제에 대한 심리사회적 영향 요인에 관한 연구, 환자와 가족의 질병 경험에 관한 심층적인 연구 등을 수행할 수 있다(장수미 외, 2021). 이러한 조사 연구의 결과는 의료사회복지사 '근거 중심의 실천(evidence-based practice)'을 할 수 있도록 하고, 의료사회복지실천에 대한 정당성을 부여한다.

의료사회복지사는 조사 연구를 수행하면서, 환자와 가족에 대한 심리사회적 측면에 대한 이해를 높이고 과학적 근거에 따른 보다 효과적인 의료사회복지 실천을 할 수 있게 된다. 그 과정에서 환자와 가족에 대한 의료사회복지실천의 책무성을 보장할 수 있게 되며, 기관에서 의료사회복지사에 대한 신뢰감이 높아진다. 의료사회복지사는 사회복지 및 건강 관련 학술대회, 워크숍 등에 참석하거나 연구 자료를 발표하는 등 연구 역량을 갖추기 위한 노력을 한다.

4) 팀 협력가로서의 역할

(1) 팀 협력에 대한 이해

병원을 비롯한 보건의료 현장은 의사, 간호사, 약사, 영양사, 작업치료사, 행정직 등 여러 전문 직종이 모여 환자 진료와 치료를 위해 긴밀히 협력하는 공간이다. 각 전문직 집단은 수행하는 일의 영역과 내용이 다르고 각기 나름의 직업적인 규범을 공유하며 의사소통망을 구축한다. 각 집단 내에 위계질서가 존재하며, 집단 간에도 위계 구조가 형성된다(장수미 외, 2021). 의료사회복지사는 병원 내 다양한 위계구조 속에서 다양한 전문직과 상호작용한다. 의료사회복지사는 특정 임상 진료과와 유기적인 팀워크를 이루는 동시에 병원 내 모든 부서와 협력한다.

(2) 팀 협력을 위한 의료사회복지사 역량

의료사회복지사는 병원 내에서 팀 기반으로 일하면서 자신만의 역할을 명확히 하고 이를 효과적으로 전달해야 한다. 의료사회복지사는 의료시스템 내에서 복잡하고 불확실한 상황이 존재하더라도 창의적이고 유연하게 사고하며 팀과 협력적으로 일하면서, 신속하게 환자와 가족을 위한 최선의 결정을 내릴 수 있는 역량이 요구된다(Nicholas et al., 2019).

의료 현장에서 다른 전문가들과 다학제적 팀워크를 이루는 데 필요한 중요한 요소는 다음의 세 가지로 정리할 수 있다.

① 관계적이면서도 단호한 균형 있는 태도

의료사회복지사는 다학제적 팀의 일원으로서, 관계를 중시하는 동시에 자신의 역할을 명확히 하고, 팀 내에서 필요한 결정을 내릴 때는 단호한 태도를 유지해야 한다. 관계적 태도는 팀 내 다른 구성원과의 협력을 중요시하고, 상호존중을 기반으로 신뢰 관계를 형성하는 것을 의미한다. 단호한 태도는 다른 팀원들과의 협력 과정에서 자신의 의견을 명확하게 표현하고, 환자와 가족의 이익을 보호하기 위해 때로는 갈등이 있더라도 필요한 주장을 펼치는 능력을 말한다. 의료사회복지사의 균형 있는 태도는 팀워크를 강화하면서도 환자 중심의 치료 목표를 효과적으로 이끌어 나가는 데 있어 매우 중요하다.

② 팀의 다양한 요소를 통합하고 연결하는 역량

의료사회복지사는 다양한 이해관계자들 간의 소통을 원활하게 하고, 환자에게 제공되는 서비스의 효율성을 높이기 위해 중재자로서 조율하고 조정하는 역할을 많이 담당한다. 이를 통해 환자와 가족이 치료의 일관성을 유지하고, 복합적인 욕구를 체계적으로 충족할 수 있도록 한다.

③ 환자 옹호 역량

환자 옹호는 의료사회복지사가 환자의 권리를 대변하고, 의료시스템 내에서 환자와 가족이 직면하는 불평등 또는 장벽을 해결하기 위해 노력하는 역할을 의미한다. 팀 협력 과정에서 의료사회복지사는 환자와 가족의 권리와 요구를 옹호하고, 불평등이 발생하면 팀 내 전문가들과 소통하여 차별이나 불이익을 최소화하기 위한 노력을 하게 된다. 또한 의료서비스 접근에서 발생하는 경제적 · 문화적 · 언어적 장벽을 최소화하여, 환자가 필요한 의료자원을 공평하게 이용할 수 있도록 돕는다.

CHAPTER 04

의료사회복지정책과 제도

학 · 습 · 목 · 표

1. 의료 분야의 사회보장정책인 건강보험제도, 의료급여제도 및 노인장기요양보험제도를 설명할 수 있다.
2. 의료 현장에서 적용할 수 있는 국가의료비 지원제도와 장애인 의료복지제도를 이해하고 설명할 수 있다.
3. 진료비 지불제도와 의료사회복지 활동에 대한 수가제도를 파악할 수 있다.

1. 의료보장제도

의료보장제도는 국민의 건강권 보장을 위해 제공되는 사회적 안전망이다. 이 절에서는 의료보장제도의 핵심인 국민건강보험과 저소득층의 건강권 실현을 위한 공공부조 역할을 하는 의료급여제도, 고령화사회에 대응하는 노인장기요양보험을 중심으로 살펴본다.

1) 국민건강보험제도

(1) 목적과 의의

국민건강보험제도는 생활상의 질병 · 부상에 대한 예방, 진단과 치료, 재활과 출산, 사망 및 건강 증진에 대하여 보험급여를 실시함으로써 국민 보건을 향상하고 사회보장 증진을 목적으로 시행되는 제도이다(「국민건강보험법」 제1조).

국민건강보험제도는 보험의 원리를 이용하여 의료비 지출 부담을 국민건강보험가입자 모두에게 분산시켜 국민 생활의 안정을 도모하기 위한 사회보험으로, 사보험과는 다른 특성이 있다. 국민건강보험제도는 법률에 따라 가입과 보험료 납부가 의무적이다. 보험료의 부담 능력에 따른 차등 납부, 보험급여의 균등 수혜의 특성이 있다.

〈표 4-1〉 사보험과 사회보험(국민건강보험)의 차이

구분	사보험	사회보험(국민건강보험)
가입방법	임의가입	강제가입
보험료	위험의 정도, 급여수준에 따른 부과	소득수준에 따른 차등 부과
보험급여	보험료 부담 수준에 따른 차등 급여	보험재정 조달규모를 감안한 필요에 따른 균등 급여
보험료 징수	사적 계약에 의한 징수	법률에 의한 강제 징수

출처: 보건복지부(2025)

(2) 연혁

우리나라는 1963년에 「의료보험법」이 제정되며 300인 이상 사업장 조합을 대상으로 시범사업으로 운영되다가, 1977년에 500인 이상 사업장근로자 대상으로 최초로 강제 적용이 되었다. 1979년 공무원 및 사립학교 교직원과 300인 이상 사업장까지 적용이 확대되었고, 1988년에는 5인 이상 사업장까지 적용이 확대되었으며 농어촌 지역의료보험이 실시되었다. 1989년에는 도시지역까지 지역의료보험이 실시되면서, 제도 도입 후 12년 만에 전 국민 대상의 의료보험이 실시되었다.

1997년 「국민의료보험법」의 제정으로 1998년 지역의료보험과 공무원 및 사립학교 교직원 의료보험 간에 1차 조직통합이 이루어졌고, 국민의료보험관리공단이 설립되어 업무를 시작하였다. 1999년 「국민건강보험법」의 제정으로 2000년에는 의료보험조직(국민의료보험관리공단, 의료보험연합회, 139개 직장조합)이 통합되어 국민건강보험공단과 건강보험심사평가원이 운영을 시작하였다. 2003년에는 직장 및 지역가입자 재정을 통합 운영하였고, 2011년에는 국민건강보험을 포함하는 4대 사회보험에 대한 징수통합이 이루어졌다.

(3) 대상

국민건강보험의 대상은 국내에 거주하는 국민으로, 국내에 거주하는 국민은 건강보험 가입자 또는 피부양자가 된다. 다만, 「의료급여법」에 따라 의료급여를 받는 사람, 「독립유공자예우에 관한 법률」 및 「국가유공자 등 예우 및 지원에 관한 법률」에 따라 의료보호를 받는 사람(유공자 등 의료보호대상자)은 제외한다.

가입자는 직장가입자와 지역가입자로 구분되며, 직장가입자는 사업장의 근로자 및 사용자[1)]와 공무원 및 교직원이고, 지역가입자는 직장가입자와 그 피부양자를 제외한 가입자를 말한다. 피부양자는 직장가입자에게 생계를 의존하는 사람으로서 주로 직장가입자의 배우자, 직계존비속, 형제·자매 등이고, 소득 및 재산이 보건복지부령으로 정하는 기준 이하에 해당하는 사람을 말한다.

〈표 4-2〉 국민건강보험 적용 대상

구분		정의	적용 현황 ('24. 12월, 단위: 천 명)
건강보험			51,439
직장	가입자	사업장의 근로자 및 사용자, 공무원 및 교직원	19,884
	피부양자	직장가입자에게 생계를 의존하는 사람	15,887
지역	가입자	직장가입자와 그 피부양자를 제외한 사람(세대주)	15,669
의료급여			1,554
의료보장 전체			52,993

출처: 국민건강보험공단(2025)

1) 「국민건강보험법」 제3조(정의)에 따른 근로자와 사용자의 정의
- 근로자: 직업의 종류와 관계없이 근로의 대가로 보수를 받아 생활하는 사람으로서, 공무원 및 교직원을 제외한 사람
- 사용자: 근로자가 소속되어 있는 사업장의 사업주, 공무원이 소속되어 있는 기관의 장, 교직원이 소속되어 있는 사립학교를 설립·운영하는 자

(4) 급여 내용

건강보험 급여는 의료서비스를 보장하는 현물급여를 원칙으로 이루어지되, 의료비를 상환하는 현금급여를 병행한다. 현물급여는 가입자 및 피부양자의 질병·부상·출산 등에 대한 요양급여 및 건강검진이며, 현금급여는 요양비, 장애인보장구 급여비, 본인부담상한액, 임신·출산 진료비 등이 해당된다.

가입자가 부담하는 보험료는 소득수준 등 부담 능력에 따라서 차등 부과되지만, 급여는 보험료 부담 수준과 관계없이 균등하게 이루어진다. 가입자 또는 피부양자가 요양급여를 받을 때 진료비용의 일부를 본인이 부담하는데, 이는 입원, 외래 진료비와 요양기관 종별에 따라 차등 적용되며, 요양기관이 청구하고 가입자 또는 피부양자가 요양기관에 지불하게 된다.

〈표 4-3〉 진료비의 구성

요양급여 항목		비급여 항목
공단(보험자) 부담	본인 일부 부담	
	전액 본인 부담	
〈국민건강보험 보장〉	〈환자 부담〉	

참조: 건강보험심사평가원 홈페이지(www.hira.or.kr)

① 본인부담상한제도

본인부담상한제도는 중증질환 또는 장기적인 치료로 진료비 부담이 과중한 경우, 일정액을 초과한 본인부담금 중 일부를 되돌려 주는 사업이다. 환자가 1년간(1월 1일~12월 31일) 지출한 요양급여의 본인일부부담금 총액이 소득수준에 따른 개인별 상한액을 초과하는 경우, 그 초과금액을 국민건강보험공단에서 부담한다. 단, 비급여, 선별급여, 전액본인부담, 임플란트, 상급병실 입원료, 추나요법 등은 제외된다.

② 본인일부부담금 산정특례제도

본인일부부담금 산정특례제도는 암, 뇌혈관질환, 심장질환, 희귀질환, 중증난치질환, 결핵, 중증화상, 중증외상, 중증치매질환을 가진 건강보험가입자 및 피부양자에 대하여 요양급여비용총액의 본인 일부부담률을 0~10%로 경감해 주는 사업이다(「국민건강보험법」 제44조, 동법 시행령 제19조 및 별표 2 참조).

③ 차상위 본인부담경감 제도

차상위 본인부담경감 제도는 희귀질환, 중증난치질환·중증질환자, 6개월 이상 치료를 받고 있거나 치료가 필요한 사람 또는 18세 미만 아동 중 세대의 소득인정액이 기준 중위소득의 50% 이하이고, 부양요건을 충족하는 사람에 대해 요양급여비용 중 본인이 부담하는 본인부담금을 경감하여 주는 사업이다.

(5) 재원 및 관리운영체계

건강보험의 재원은 가입자 및 사용자로부터 징수한 보험료와 정부지원금으로 충당되며, 보험료 부과는 직장가입자와 지역가입자가 구분되어 적용된다. 직장가입자는 소득비례 정률제로 부과되며, 지역가입자의 보험료는 가입자의 소득과 재산 등 부과요소에 따라 보험료를 산정하고 경감률 등을 적용하여 세대 단위로 차등 부과한다.

국민건강보험의 관리운영은 보건복지부, 국민건강보험공단, 건강보험심사평가원이 각각의 역할에 따라 수행하고 있다. 보건복지부는 건강보험 관련 정책을 결정하고 제도 전반을 총괄하며, 국민건강보험공단은 건강보험 가입자 자격 관리, 보험료의 부과·징수 및 보험급여비용 지급 등 보험자로서 업무를 수행하고, 건강보험심사평가원은 요양기관으로부터 청구된 요양급여 비용을 심사하고 요양급여의 적정성을 평가한다.

2) 의료급여제도

(1) 목적과 의의

의료급여제도는 건강보험과 함께 국민 의료보장의 중요한 수단이 되는 사회보장제도로서, 생활유지능력이 없거나 생활이 어려운 저소득 국민의 의료 문제를 국가가 보장하는 공공부조제도이다.

(2) 연혁

「의료급여법」의 전신인 「의료보호법」은 1977년 「생활보호법」에서 의료보호에 관한 규정을 분리하여 생활능력이 없거나 생활이 어려운 국민에 대한 의료보호의 내용 및 그 방법을 명확히 규정하고자 제정되었다. 이후 2001년 「의료급여법」으로 개정되면서 연중 기간 제한 없이 의료급여를 받을 수 있도록 하고, 예방 및 재활 등에 대해서도 의료급여를 행하도록 하였다. 다만 2023년에는 의료급여 및 의료급여 비용의 부정수급자에 대하여 부당이득을 전액 환수하도록 제도를 정비하기도 하였다.

(3) 대상

① 지원대상

의료급여의 지원대상은 「의료급여법」 제3조에 따라 「국민기초생활 보장법」에 따른 의료급여 수급권자와 타법에 의한 수급권자를 포함한다. 자세한 지원대상의 정의는 다음과 같다.

의료급여 수급권자(2024. 2. 13. 개정 「의료급여법」 제3조에 근거)

가. **「국민기초생활 보장법」에 따른 의료급여 수급자**: 부양의무자가 없거나 부양의무자가 있어도 부양능력이 없거나 또는 부양을 받을 수 없는 자로서, 소득인정액이 선정기준 이하인 사람

나. 타법에 의한 수급권자: 보건복지부장관이 의료급여가 필요하다고 인정한 사람

- **「재해구호법」에 따른 이재민**
- **「의사상자 등 예우 및 지원에 관한 법률」**에 따라 의료급여를 받는 사람
- **「국내입양에 관한 특별법」에 따라 입양된 18세 미만의 아동**

- **「독립유공자예우에 관한 법률」,「국가유공자 등 예우 및 지원에 관한 법률」** 및 **「보훈보상대상자 지원에 관한 법률」**의 적용을 받는 사람과 그 가족
- **「무형유산의 보전 및 진흥에 관한 법률」**에 따라 지정된 국가무형유산의 보유자(명예보유자를 포함)와 그 가족
- **「북한이탈주민의 보호 및 정착지원에 관한 법률」**의 적용을 받고 있는 사람과 그 가족
- **「5·18민주화운동 관련자 보상 등에 관한 법률」** 제8조에 따라 보상금 등을 받은 사람과 그 가족
- **「노숙인 등의 복지 및 자립지원에 관한 법률」**에 따른 노숙인 등
- 그 밖에 생활유지능력이 없거나 생활이 어려운 사람으로서 대통령령으로 정하는 사람

② 지원 유형

의료급여의 대상자는 1종 수급권자와 2종 수급권자로 나뉜다. 1종 수급권자는 국민기초생활수급자 중 근로무능력가구, 산정특례 등록 희귀난치성질환자 및 중증질환자(암 환자, 중증화상환자만 해당), 시설수급자가 해당된다. 행려환자, 타법 적용자(이재민, 의상자 및 의사자의 유족, 18세 미만의 입양아동, 국가유공자, 국가무형문화재보유자, 북한이탈주민, 5·18 민주화운동 관련자, 노숙인)도 1종 수급권자에 포함된다. 2종 수급권자는 국민기초생활보장대상자 중 1종 수급 대상이 아닌 가구와 타법 수급대상자 중 1종 수급 대상이 아닌 가구 또는 가구원이 된다.

(4) 급여

의료급여제도의 급여 내용은 지원수급권자의 질병·부상·출산에 대해 의료급여기관이 행하는 진찰·검사, 약제·치료재료 지급, 처치·수술, 예방·재활, 입원, 간호, 이송 등이다. 지원대상자는 의료서비스 현물급여인 요양급여를 제공받고, 국가는 이에 대한 의료비를 지원하게 된다. 급여의 범위와 급여 비용은

국민건강보험과 유사하다(보건복지부, 2024). 그 외 요양비[2], 임신 · 출산진료비[3], 장애인보장구, 건강생활유지비[4] 등은 의료급여수급권자에게 직접 현금급여 형태로 지급된다.

의료급여 수급권자의 급여절차는 「의료급여법」 제3조에 따라 제1차 의료급여기관에 의료급여를 우선 신청하여야 하며, 제2차 및 제3차 의료급여기관 진료가 필요한 경우 담당 의사의 진료의견이 기재된 '의료급여의뢰서'로 진료를 의뢰하게 된다. 건강보험의 급여절차는 '의원, 병원, 종합병원'에서 '상급종합병원'으로 2단계인 반면, 의료급여 절차는 의원과 상급종합병원 사이에 한 단계가 늘어난 3단계이다. 의료급여 절차에 의하지 않고 의료급여의뢰서 없이 의료급여기관을 이용한 경우, 소요비용 전액을 본인이 부담해야 한다. 단, 응급환자, 분만, 결핵 질환, 희귀난치성 질환 또는 중증질환으로 등록된 경우, 감염병의 확산 등 법에서 정한 긴급한 예외적 상황에서는 의료급여 단계를 거치지 않고 급여가 제공된다. 의료기관 중복방문, 약물오남용 등으로 건강상의 위해가 발생할 위험이 높은 수급권자 및 급여상한일수 초과자는 수급권자 본인이 자주 이용하는 의원급 기관을 선택하는 것을 원칙으로 한다(보건복지부, 2024).

---

2) 요양비: 수급권자가 긴급하거나 부득이한 사유로 의료급여기관과 동일한 기능을 수행하는 기관에서 의료급여를 받거나 의료급여기관 외의 장소에서 출산한 경우, 그 의료급여에 상당하는 금액을 수급권자에게 요양비로 지급(「의료급여법」 제12조)

3) 임신출산진료비: 출산 전후 산모와 영유아의 건강관리에 소요되는 진료비와 약제 · 치료재료비에 대해 일정 한도 내에서 본인부담액 지원(「의료급여법 시행규칙」 제8조의 2)

4) 건강생활유지비 지원제도: 의료급여 1종 수급권자(본인부담면제자, 급여제한자는 제외)가 외래진료 시 본인부담금으로 사용할 수 있도록 비용 일부(2025년 기준 1인당 월 6,000원 지원)를 지원하는 제도

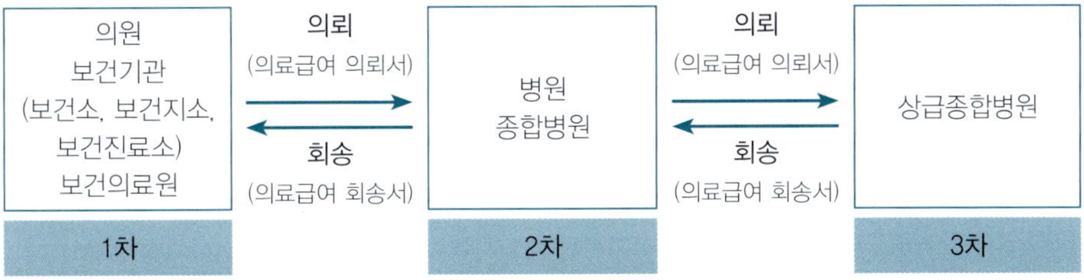

[그림 4-1] 의료급여제도 급여절차: 3단계

출처: 보건복지부(2024)

의료급여 수급권자의 비용 부담은 수급권자 종류와 입원, 외래 등 진료형태 등에 따라 다르다. 1종 수급권자는 입원 시 요양급여에 대한 본인 부담이 없고, 의료기관 외래와 약국에서는 일부 본인부담액이 발생하나 월 일정 금액의 건강생활유지비 지원이 있다. 2종 수급권자는 요양급여에 대해서 본인 일부 부담액이 있다. 1종과 2종 수급권자 모두 비급여 청구분은 본인이 부담하도록 되어 있다.

(5) 의료급여 사례관리

의료급여제도에서는 「의료급여법」 제5조의2(사례관리)에 따라 수급권자의 건강관리능력 향상 및 합리적 의료이용 유도 등을 위해 사례관리 서비스 또한 제공된다. 의료급여 사례관리는 의료급여사례관리사에 의해 이루어지며, 의사, 간호사 등 의료인으로서 일정 자격을 갖춘 사람이 하도록 규정되어 있다. 의료급여사례관리사는 수급권자의 건강관리능력 향상을 위한 교육 및 상담, 의료급여제도 안내 및 의료기관 이용 상담, 의사의 진료와 보건지도 및 약사의 복약지도에 대한 수급권자의 이행 지도의 역할을 수행한다.

(6) 재원 및 관리운영체계

의료급여제도는 공공부조제도로, 재원은 국가의 조세로 이루어진 국고보조금이다. 매년 국회, 기획재정부를 거쳐 보건복지부는 의료급여 예산을 확정하고, 국가보조금 교부 계획에 따라 국가보조금을 시·도에 교부하고, 시·도는 국민건강보험공단에 의료급여비용을 예탁한다. 국민건강보험공단은 국민건강보험심사평가원 심사를 거쳐 청구된 의료급여비용을 의료기관에 지급한다.

의료급여의 관리운영 절차는 <표 4-4>와 같다. 먼저, 시·군·구에서 의료급여 수급권자를 선정하여 수급자의 자격정보를 건강보험공단으로 전송하고, 병의원과 약국 등의 의료기관에서는 급여를 실시하게 된다. 의료기관에서는 제공된 요양급여에 대해 건강보험심사평가원에 비용심사를 청구하고, 건강보험심사평가원은 의료급여비용을 확정하여 의료기관 및 국민건강보험공단에 통보하게 된다. 국민건강보험공단은 의료기관에 의료급여비용을 지급하고, 이후 사후관리가 이루어진다.

〈표 4-4〉 의료급여 관리운영 절차

구분	담당 부서	업무 내용
1. 의료급여 대상자 선정	시·군·구	• 국민기초생활보장 수급자로 선정되면 의료급여 자격 취득 • 타법지원 대상자: 해당부서 통보 또는 신청을 받아 수급자로 선정 • 행려환자는 병의원의 신청을 받아 수급자로 선정
	▼	
2. 공단으로 자료 전송	시·군·구	• 수급자의 자격정보를 국민건강보험공단으로 전송
	▼	
3. 급여 실시	병의원, 약국 등	• 진찰, 검사 등 의료급여 실시 • 진료 후 국민건강건보험공단에 급여일수, 진료유형(입원, 외래) 등 전송
	▼	
4. 비용심사	병의원 등, 심사평가원	• 병의원 등: 국민건강보험심사평가원에 비용심사 청구 • 건강보험심사평가원: 심사를 거쳐 의료급여비용 확정 및 통보
	▼	
5. 비용 지급	건보공단	• 병의원에 의료급여비용 지급
	▼	
6. 사후관리	복지부 시·군·구 건보공단 심사평가원	• 보건복지부: 정책수립, 지도 감독 및 행정처분 등 • 시·군·구: 수급자 관리 • 국민건강보험공단: 의료급여 비용 관리 • 건강보험심사평가원: 의료급여기관 청구진료비 심사 등

출처: 보건복지부(2024)

3) 노인장기요양보험제도

(1) 목적과 의의

노인장기요양보험은 고령이나 노인성 질병 등으로 일상생활 활동을 혼자서 수행하기 어려운 이들에게 신체활동 및 일상생활 지원 등 서비스를 제공하여 노후 생활의 안정과 그 가족의 부담을 덜어주기 위한 사회보험제도이다. 노인장기요양보험제도는 「국민건강보험법」과는 별도로 2007년 4월에 제정되어 2008년부터 시행된 「노인장기요양보험법」에 근거한다.

국민건강보험제도와의 차이

- 국민건강보험: 질환의 진단, 입원 및 외래 치료, 재활 등을 목적으로 주로 병·의원 및 약국에서 제공하는 서비스를 급여 대상으로 함
- 노인장기요양보험: 고령이나 노인성 질병 등으로 인하여 혼자의 힘으로 일상생활을 영위하기 어려운 대상자에게 요양시설이나 재가기관을 통해 신체활동 또는 가사지원 등의 서비스를 제공하는 제도

기존 「노인복지법」상의 노인요양은 국민기초생활보장 수급자 등 저소득층을 대상으로 국가나 지방자치단체가 공적부조 방식으로 제공하는 서비스가 중심이었지만, 「노인장기요양보험법」에 따른 서비스는 소득에 관계없이 심신기능 상태를 고려한 요양 필요도에 따라 장기요양 인정을 받은 자에게 제공되는 보다 보편적인 체계로 운영되는 특징이 있다.

(2) 주요 특징

우리나라 노인장기요양보험의 주요 특징을 정리하면 다음과 같다.

- 사회보험 방식을 기본으로 한 국고지원 부가 방식: 우리나라 노인장기요양보장제도는 사회보험 방식을 근간으로 하되, 일부는 공적부조 방식을

가미한 형태이다.

- 국민건강보험과 독립적이면서, 운영은 일원화: 노인장기요양제도의 도입과 정착을 원활히 하기 위하여 건강보험과 독립적인 형태로 설계되었으나, 그 운영에 있어서는 효율성 제고를 위하여 별도로 관리운영기관을 설치하지 않고 국민건강보험공단이 노인장기요양보험자 관리 · 운영을 함께 수행하고 있다.
- 노인 중심의 급여: '65세 이상의 노인' 또는 '65세 미만의 자로서, 치매 · 뇌혈관성 질환 등 노인성 질병을 가진 자' 중 6개월 이상 혼자서 일상생활을 수행하기 어렵다고 인정되는 자를 그 수급대상자로 한다.

(3) 연혁

정부는 2001년 고령화시대에 대비하여 노인요양보장제도 도입을 발표하고, 2005년「노인장기요양보험법」입법을 추진하여 2007년 4월 국회에서 통과되었다. 2005년부터 2007년까지 3차에 걸친 시범사업을 추진한 후, 2008년 7월부터 노인장기요양보험제도가 시행되었다.

2014년에는 기존 3등급의 장기요양인등급을 5등급 체계로 개편하면서 '치매특별등급'을 신설하였고, 2018년에는 인지지원등급을 신설하여 신체적 기능 상태와 관계없이 치매질환자가 장기요양급여 대상자가 될 수 있도록 개선하였다. 2019년에는 장기요양기관 지정제 및 지정갱신제를 시행하여 장기요양기관 진입기준을 강화하고 부실 기관에 대한 관리가 이루어질 수 있도록 하였다. 2023년에는 장기요양인정 등급 안에 '척수성 근위축 및 관련 증후군(G12), 계통성 위축(G13), 다발경화증(G35) 등의 노인성 질병 종류를 추가하였다.

(4) 대상

건강보험 가입자는 노인장기요양보험의 가입자가 된다. 이는 건강보험의 적용에서와 같이 법률상 가입이 강제되어 있다. 공공부조의 영역에 속하는 의료급여 수급권자의 경우 건강보험의 가입자에서는 제외되지만, 국가 및 지방자치단체의 부담으로 장기요양보험의 적용대상이 된다.

① 장기요양 인정

장기요양보험 가입자 및 그 피부양자나 의료급여수급권자 누구나 장기요양급여를 받을 수 있는 것은 아니다. '장기요양인정'이라는 절차를 거쳐 장기요양급여를 받을 수 있는 권리(수급권)가 부여된다. 노인장기요양급여를 신청할 수 있는 대상자는 소득수준과 관계없이 만 65세 이상 또는 만 65세 미만으로 노인성 질병을 가진 자이다.

대상자는 전국 국민건강보험공단지사(노인장기요양보험운영센터)에 장기요양인정신청서와 의사소견서를 제출하여 장기요양인정의 신청을 하게 되면, 국민건강보험공단에서 신청인에 대한 방문 조사가 이루어진다. 조사 내용은 기본적 일상생활활동(ADL), 수단적 일상생활활동(IADL), 인지기능, 행동변화, 간호처치, 재활영역 각 항목에 대한 신청인의 기능상태와 질병 및 증상, 환경상태, 서비스욕구 등이다. 방문 조사는 간호사, 사회복지사, 물리치료사 등으로 구성된 공단 소속 장기요양 직원이 직접 방문하여 '장기요양인정조사표'에 따라 52개 항목으로 요양인정점수를 산정하게 된다. 장기요양인정점수는 영역별로 자립하기 어려워 도움이 필요한 정도, 증상 여부, 제한 정도 등을 평가하여 산출하게 된다.

〈표 4-5〉 장기요양인정조사 영역과 항목

영역	항목		
신체기능 (12항목)	• 옷 벗고 입기 • 식사하기 • 일어나 앉기 • 화장실 사용하기	• 세수하기 • 목욕하기 • 옮겨 앉기 • 대변 조절하기	• 양치질하기 • 체위 변경하기 • 방 밖으로 나오기
인지기능 (7항목)	• 단기 기억장애 • 상황판단력 감퇴 • 의사소통/전달 장애	• 지시 불인지 • 장소 불인지 • 나이/생년월일 불인지	• 날짜 불인지

영역	항목		
행동변화 (14항목)	• 망상 • 환청, 환각 • 슬픈 상태, 울기도 함 • 불규칙 수면, 주야혼돈 • 도움에 저항	• 서성거림, 안절부절못함 • 길을 잃음 • 폭언, 위협행동 • 밖으로 나가려 함 • 의미가 없거나 부적절한 행동	• 물건 망가뜨리기 • 돈/물건 감추기 • 부적절한 옷 입기 • 대/소변 불결행위
간호처치 (9항목)	• 기관지절개관 간호 • 흡인 • 산소요법	• 경관영양 • 욕창간호 • 암성통증간호	• 도뇨관리 • 장루간호
재활 (10항목)	운동장애(4항목) • 우측상지 • 우측하지 • 좌측상지 • 좌측하지	관절제한(6항목) • 어깨관절 • 팔꿈치관절 • 손목/수지관절 • 고관절 • 무릎관절 • 발목관절	

출처: 보건복지부(2024)

등급판정위원회는 방문조사 결과, 의사소견서, 특기사항 등을 기초로 신청인의 기능상태 및 장기요양이 필요한 정도 등을 등급판정 기준에 따라 심의 및 판정한다. 장기요양등급은 1~5등급 및 인지지원등급으로 구성되며, 등급이 높을수록 신청인의 각 항목별 기능 상태가 낮아 일상생활 자립도가 낮고 장기요양의 필요성이 높음을 의미한다.

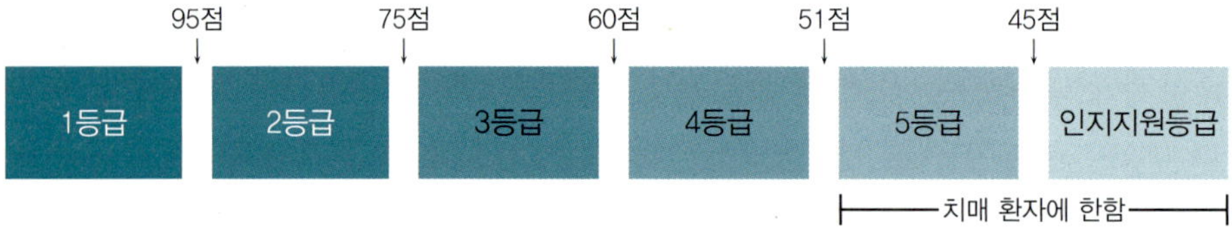

[그림 4-2] 노인장기요양보험의 장기요양등급

② 장기요양의 이용

장기요양인정 절차에 따라 노인장기요양보험의 장기요양급여 수급 대상자는 장기요양인정서에 적힌 '장기요양등급', '유효기간'과 개인별 장기요양이용계획서에 작성된 '장기요양 급여종류 및 내용'에 따라 적절한 장기요양기관을 선택하여 급여계약 체결 후 장기요양급여를 이용할 수 있다.

(5) 급여

장기요양급여는 재가급여, 시설급여, 특별현금급여가 있다. 장기요양급여의 제공기준의 일반원칙은 수급자의 장기요양급여의 종류 및 내용에 대한 선택권을 존중하고 자립생활을 할 수 있도록 지원하여야 하며, 수급자의 심신상태에 따라 적정한 급여를 제공하여야 한다.

장기요양급여는 장기요양급여의 법적인 월 한도액 범위 안에서 제공된다. 재가급여(복지용구 제외)의 월 한도액은 장기요양위원회의 심의를 거쳐 등급별로 보건복지부장관이 정하여 고시하며[5], 시설급여의 월 한도액은 장기요양기관의 각종 비용과 운영현황을 고려하여 등급별로 보건복지부장관이 정하여 고시한 1일당 급여비용에 월간 일수를 곱하여 산정한다.

① 재가급여

재가급여는 집에서 장기요양요원의 방문으로 이루어지는 방문요양, 인지활동형 방문요양(1 ~ 5등급 치매수급자 대상), 방문목욕, 방문간호, 주야간보호, 단기보호 등이 포함된다(「노인장기요양보험법」 제23조).

〈표 4-6〉 장기요양보험 재가급여의 종류와 내용

종류	내용
방문요양	장기요양요원이 수급자의 가정 등을 방문하여 신체활동 및 가사활동을 지원하는 장기요양급여
인지활동형 방문요양	1~5등급 치매수급자에게 인지자극활동 및 잔존기능 유지·향상을 위한 일상생활 훈련을 제공하는 급여
방문목욕	장기요양요원이 목욕 설비를 갖춘 차량을 이용하여, 수급자의 가정을 방문하여 목욕을 제공하는 급여
방문간호	의사, 한의사 또는 치과의사의 지시에 따라 간호사, 간호조무사 또는 치위생사가 수급자의 가정 등을 방문하여 간호, 진료의 보조, 요양에 관한 상담 또는 구강위생 등을 제공하는 급여

5) 재가급여(복지용구 제외)의 월 한도액(2025년 1월 1일 기준): 1등급(2,306,400원), 2등급(2,083,400원), 3등급(1,485,700원), 4등급(1,370,600원), 5등급(1,777,000원), 인지지원등급(657,400원)

종류	내용
주야간보호	수급자를 하루 중 일정한 시간 동안 장기요양기관에 보호하여 목욕, 식사, 기본간호, 치매관리, 응급서비스 등 심신기능의 유지·향상을 위한 교육, 훈련을 제공하는 급여
단기보호	수급자를 월 9일 이내 기간 동안 장기요양기관에 보호하여 신체활동 지원 및 심신기능의 유지·향상을 위한 교육, 훈련 등을 제공하는 장기요양급여

② 시설급여

시설급여는 노인요양시설, 노인요양공동생활가정에서 장기요양급여를 받는 것이다. 노인요양시설 급여는 입소정원 10명 이상인 시설에서 장기 입소한 수급자에게 신체활동 지원 및 심신기능의 유지·향상을 위한 교육·훈련 등을 제공하는 장기요양급여이다. 노인요양공동생활가정은 입소정원이 5~9명으로, 장기 입소한 수급자에게 가정과 같은 주거여건에서 신체활동 지원 및 심신기능의 유지·향상을 위한 교육·훈련 등을 포함하는 장기요양급여를 제공한다.

③ 복지용구 급여

복지용구 급여란, 심신기능이 저하되어 일상생활을 영위하는 데 지장이 있는 노인장기요양보험 대상자에게 일상생활·신체활동 지원 및 인지기능의 유지·기능 향상에 필요한 용구로써 보건복지부장관이 정하여 고시하는 것을 구입하거나 대여하여 주는 것이다(「노인장기요양보험법」 제23조). 급여대상자는 「노인장기요양보험법」에 따라 1~5등급 및 인지지원등급을 받은 수급자 중 시설급여를 제공하는 장기요양기관에 입소하지 않은 자가 해당된다. 이에 복지용구 급여는 기타 재가급여로 포함된다. 복지용구가 필요한 수급자 및 가족 등은 복지용구사업소를 방문하여 이용상담 및 급여가능 여부 조회를 거쳐 복지용구 제공 계약을 체결하고, 수급자는 본인부담률에 따른 본인부담금을 내고 복지용구를 제공받아 사용하게 된다.

④ 특별현금급여(가족요양비)

장기요양급여는 기본적으로 현물급여이나, 수급자가 섬·벽지에 거주하거나 천재지변, 신체·정신 또는 성격 등의 사유로 지정된 시설에서 장기요양급여를 받지 못하고 그 가족 등으로부터 방문 요양에 상당하는 장기요양급여를 받을 때 특별현금급여로 가족요양비를 제공한다.

(6) 재원

노인장기요양보험 운영에 소요되는 재원은 가입자가 납부하는 장기요양보험료, 국가의 부담, 장기요양급여 이용자가 부담하는 본인부담금으로 조달된다.

① 장기요양보험료 징수 및 산정(「노인장기요양보험법」 제8조, 제9조)

장기요양보험 가입자는 건강보험 가입자와 동일하며, 장기요양보험료는 건강보험료액에 건강보험료율 대비 장기요양보험료율(2025년: 0.9182%)의 비율을 곱하여 산정한다. '장기요양보험료율'은 매년 재정 상황 등을 고려하여 보건복지부장관 소속 '장기요양위원회'의 심의를 거쳐 대통령령으로 정하고 있다.

② 국가의 부담(「노인장기요양보험법」 제58조)

국가의 부담은 국민건강보험 가입자에 대한 국고 지원금과 의료급여수급권자에 대한 국가 및 지방자치단체의 부담으로 구분된다.

- 국고 지원금: 국가는 매년 예산의 범위 안에서 해당 연도 장기요양보험료 예상 수입액의 100분의 20에 상당하는 금액을 공단에 지원
- 국가 및 지방자치단체 부담: 의료급여수급권자에 대한 공단 부담 비용과 관리운영비의 전액 부담

③ 본인부담금(「노인장기요양보험법」 제40조)

재가 및 시설 급여비용 중 수급자의 본인부담금(장기요양기관에 직접 납부)이 있다.

- 재가급여: 당해 장기요양급여비용의 100분의 15
- 시설급여: 당해 장기요양급여비용의 100분의 20

「국민기초생활 보장법」에 따른 의료급여 수급자는 본인부담금 전액이 면제되고, 다음에 해당하는 자는 본인부담금의 60%가 감경된다(보건복지부, 2024).

- 「국민기초생활 보장법」 외 타법에 따른 의료급여수급권자
- 「국민건강보험법 시행규칙」 제15조에 따라 국민건강보험공단으로부터 건강보험 본인부담액경감 인정을 받은 자
- 천재지변 등 보건복지부령으로 정하는 사유로 인하여 생계가 곤란한 자
- 「국민건강보험법」 제69조 제4항 및 제5항의 월별 보험료액 0~25 % 이하에 해당하고, 직장가입자는 재산 또한 일정 기준 이하인 자

2. 국가의료비 지원제도

우리나라는 국민건강보험, 의료급여, 노인장기요양보험을 중심으로 의료보장이 이루어지고 있으며, 이에 더하여 생계나 의료적 위기 상황에 대응하기 위해 별도로 시행되고 있는 지원제도들이 있다. 여기서는 다양한 국가의료비 지원제도에 대해 살펴보도록 하겠다.

1) 긴급의료비 지원제도[6)]

(1) 개요

긴급복지지원은 「긴급복지지원법」에 근거하여 갑작스러운 위기 상황으로 생계유지가 곤란한 저소득층에게 생계, 의료, 주거지원 등 필요한 복지서비스를 신속하게 지원하여 위기 상황에서 벗어날 수 있도록 돕는 제도이다. 이 중 긴급의료비 지원은 진료비를 부담하기 어려운 국민을 대상으로 각종 검사, 치료 등

6) 자세한 내용은 매년 발간되는 보건복지부의 '긴급복지지원사업 안내' 자료를 참조

의료서비스를 국가가 지원하는 것이다.

「긴급복지지원법」은 경제 양극화 및 이혼 증가 등 사회변화 속에서 소득 상실, 질병 등 갑작스러운 위기 상황이 발생한 경우, 누구나 손쉽게 도움을 청하고 필요한 지원을 받을 수 있는 제도를 마련하기 위해 2005년 12월에 한시법으로 제정되어 2006년 3월 24일부터 시행되었다. 주 소득원의 사망, 질병, 부상, 사고 등이 발생하거나 부모의 가출 및 행방불명, 천재지변, 화재 등으로 생계가 어려워진 상황을 긴급한 지원이 필요한 위기로 규정한다. 긴급복지지원제도는 선지원 후처리 원칙에 따라 생계, 의료, 사회복지시설 이용 등의 지원을 신속하게 할 수 있도록 한다. 서울시, 경기도 등 일부 지방자치단체에서는「긴급복지지원법」 및 지자체의 조례에 의거하여 서울형 또는 경기도형 긴급복지지원제도를 운영하여 지원대상이나 내용 기준을 지역 상황에 맞게 적용하기도 한다.

(2) 기본 원칙

① 선지원 후처리 원칙

위기 상황에 처한 사람이나 관계인이 지원요청 또는 신고할 경우 긴급지원 담당공무원 등의 현장 확인(요청일부터 후 1일 이내)을 통해 긴급 지원의 필요성을 포괄적으로 판단해 우선 지원(총 72시간 이내 지원할 수 있도록 노력)하고 나중에 소득, 재산 등을 조사해 지원의 적정성을 심사한다.

② 단기 지원 원칙

위기 상황에 처한 사람에게 일시적으로 신속하게 지원하는 것으로, 의료지원은 1회 지원이 원칙이며, 긴급지원심의위원회의 결정에 따라 1회 추가 연장할 수 있다.

③ 타 법률 중복지원 금지의 원칙

다른 법률에 의하여 긴급지원과 동일한 내용의 구호·보호나 지원을 받고 있는 경우에는 긴급 지원이 제외된다.

④ 가구단위 지원의 원칙

가구단위로 산정하여 지원하는 것을 원칙으로 하나, 의료지원 등 가구구성원 개인에게 필요한 경우 개인단위 지원을 한다.

(3) 대상(의료비 지원대상) 및 급여 내용

긴급의료비 지원대상은 수술 또는 입원이 필요한 중한 질병 또는 부상으로 인하여 발생한 의료비를 감당하기 곤란한 사람이다. 의료적 위기 상황이 인정되고, 가구구성원의 소득, 재산, 금융재산의 조건이 모두 충족하는 경우 지원대상이 된다. 소득 기준은 가구 구성원수별 기준중위소득 75% 이하이다. 2025년 기준 300만 원의 범위 내에서 의료서비스 비용 중 본인부담금 및 비급여 항목에 대하여 지원한다.

2) 재난적 의료비 지원제도[7)]

(1) 개요

재난적 의료비 지원제도는 질병 · 부상 등으로 가구의 부담 능력을 넘어서는 의료비가 발생하였을 때, 충분한 치료를 받지 못하는 문제가 발생하지 않도록 건강보험이 보장하지 않는 부분에 대한 의료비를 지원함으로써, 모든 국민의 의료접근성을 보장하고 건강 보호에 이바지하고자 하는 목적을 갖는다(보건복지부, 2024). 이 제도는 2013년 8월, 4대 중증질환에 한해 의료비를 지원하는 한시적 사업으로 시작된 이후, 2018년 1월부터 입원은 모든 질환을 대상으로, 외래는 4대 중증 등 고액의료비 발생 질환으로 대상을 확대하여 6개월간 시범 운영되었고, 2018년 7월「재난적의료비 지원에 관한 법률」공포 후 '재난적의료비 지원제도'가 시행되고 있다.

7) 자세한 내용은 국민건강보험의 '재난적의료비 지원사업' 업무처리지침 자료를 참조

의료비로 인한 가계 부담 완화라는 제도 취지에 맞게 재난적의료비 지원 범위는 지속적으로 확대되어 왔다. 시행 초기에는 제도의 안정적인 적용과 정착을 위해 대한의료사회복지사협회를 중심으로 한 의료사회복지사들의 참여가 있었다. 사각지대 발굴과 지원대상 및 범위 확대를 위해 대상 선정 시 특례구간을 두고, 의료비가 소득에 비해 과다한 경우 일차적으로 의료사회복지사가 평가를 한 후, 이 내용을 포함하여 심의위원회의에서 지원 여부를 결정하였다. 의료사회복지사 평가 단계는 2016년까지 운영되다가 중단되었고, 현재 건강보험공단에서 자체적으로 개별 심사 절차를 두고 지원 기준에 다소 못 미치거나 초과하더라도 지원이 필요한 대상자를 지원하고 있다.

(2) 대상 및 급여 내용

지원대상은 과도한 의료비로 경제적 어려움을 겪는 가구이다. 세부적인 지원 기준을 살펴보면, 먼저 소득 기준은 기초생활수급자, 차상위계층 또는 기준중위소득 100% 이하인 경우이며, 개별심사를 통해 최대 기준중위소득 200%까지 선정이 가능하다(국민건강보험공단, 2024). 재산 기준은 지원대상자가 속한 가구의 주택, 건물, 토지 등 재산 합산한 과세표준액이 7억 원 이하이며(2025년 기준), 가구원수별 건강보험료를 기준으로 지원사업에서 제시된 의료비 부담 수준을 초과하여 의료비를 지불한 환자이다.

지원되는 급여 내용은 입원, 외래 구분 없이 모든 질환을 합산해 지원하며, 연간 180일 이내 5천만 원 한도 내에서 본인부담상한제 적용을 받지 않는 본인부담금의 50~80%이다. 퇴원일(최종 진료일) 다음 날부터 180일 이내에 국민건강보험공단에 신청하거나 입원 중 지원 대상 기준에 충족하면 신청할 수 있다.

3) 공공보건 의료비 지원제도

국가에서 제공하는 보건의료서비스는 지역사회 주민의 질병예방 및 건강수준 향상을 위하여 「지역보건법」 및 기타 관련 법률에 따라 보건소, 보건의료원 등 보건기관에서 제공되는 것으로, 건강 증진, 암관리, 구강보건, 정신건강, 가족건강, 한의약 등의 영역이 있다. 보건의료서비스는 치료, 재활 및 예방적 차원의 의료보장과 함께 암 환자, 임신·출산진료비 및 영유아, 희귀난치성질환과 정신질환 등의 치료비를 직접 지원하기도 한다. 다양한 공공보건 의료비 지원 제도들은 각각 적합한 기준과 대상이 상이하므로, 제도에 대한 이해를 바탕으로 정보를 수시로 파악하고 대상자를 발굴하고 연계하는 것이 필요하다.

① 암 환자 의료비 지원: 성인 암 환자 및 소아암 환자 대상[8)]

② 출산 및 임산부, 영유아, 노인 등 대상자별 신체적·정신적·사회적 건강 증진 도모, 양육 친화적 사회환경 조성

* 고위험 임산부 의료비 지원
* 임신과 출산 진료비 지원, 청소년 산모 임신 출산 의료비 지원사업
* 미숙아 및 선천성 이상아 의료비 지원

③ 희귀질환자 의료비 지원

* 「희귀질환관리법」에 근거하여 의료비 부담이 과중한 희귀질환자에 대해 의료비 지원
* 지원대상
  - 의료 기준: 산정특례 등록 환자 중 의료비 지원 적합성에 따라 결정된 1,338개(2025년 기준) 희귀질환을 진단받은 자(질병관리청 '희귀질환 헬프라인'을 통해 확인 가능)
  - 소득 기준: 환자 가구 중위소득 120% 미만, 부양의무자 가구 중위소득 200% 미만, 4대 질환(혈우병, 고쉐병, 파브리병, 뮤코다당증)은 환자 가구 중위소득 160% 미만, 부양의무자 가구 중위소득 240% 미만

---

8) 성인 암 환자 및 소아암 환자 의료비 지원의 상세한 내용은 '12장 암, 사전돌봄계획과 연명의료, 호스피스, 완화의료'에서 다룸

※ 급여 내용: 요양급여 중 본인부담금, 간병비, 보조기기 구입비, 특수식이 구입비 지원

④ 결핵환자 지원: 입원 격리 치료 명령을 받아 소득을 상실한 입원치료 중인 결핵환자의 부양가족 생활보호비 지원(가구별 생계급여 최저보장 수준)

⑤ 정신질환자 치료비 지원: 초발 정신질환자 및 외래치료 지원을 받은 자 중 기준에 따라 응급입원비와 외래치료비 등을 지원

3. 장애인 의료복지제도

1) 장애인 건강보건관리 추진사업

장애인의 건강권을 보장하기 위해 「장애인 건강권 및 의료접근성 보장에 관한 법률」(이하 「장애인건강권법」)이 2015년에 제정되어 2017년부터 시행되었다. 이 법의 기본이념에서 크게 장애인은 최적의 건강관리와 보호를 받을 권리를 가지며, 장애를 이유로 건강관리 및 보건의료에 있어 차별대우를 받지 않고, 비장애인과 동등한 접근성을 가질 권리를 가진다고 규정한다. 이 법률에 근거하여 장애인 건강보건관리 사업은 지역장애인보건의료센터 설치 확대, 보건소 지역사회중심재활사업 기능 강화, 장애인 건강주치의 사업 등을 중심으로 이루어지고 있다.

(1) 장애인보건의료센터 설치 · 운영

중앙장애인보건의료센터는 「장애인건강권법」 제19조에 따라 장애인 건강보건관리사업의 기획 및 장애인 건강보건 관련 정보 · 통계의 수집 · 분석 및 제공, 지역장애인보건의료센터에 대한 지원 및 평가, 장애인 건강보건 관련 사항 홍보, 장애인 건강보건관리 서비스 제공 인력의 교육 · 훈련 등을 하는 기관이다.

지역장애인보건의료센터는 장애인이 자신이 속한 지역사회에서 자원을 활용하여 건강한 삶을 스스로 영위하고 주체적인 삶을 살아갈 수 있도록 지원할 목적으로 2025년 기준 총 19개소가 운영된다. 지역장애인보건의료센터는 장애인의 의료접근성 및 건강권 증진을 위해 경제적 지원 연계(경제적 접근성), 이동 및 의사소통 지원 및 연계(물리적 접근성), 장애인 건강권 교육 및 장애인 건강관리 역량 강화 교육(심리적 접근성) 등의 사업을 수행한다. 지역장애인보건의료센터 종사자 자격기준은 간호사, 물리치료사 등 보건의료인력과 함께 사회복지사 및 의료사회복지사 자격을 갖춘 자로 규정하고 있다. 지역장애인보건의료센터의 업무와 역할은 보건소의 지역사회중심재활사업, 권역재활병원의 공공재활사업 등과 연계·조정하여 각 사업의 차별성과 효율성을 높일 필요가 있다.

(2) 지역사회중심재활사업

지역사회중심재활사업은 보건의료기관을 중심으로 '지역장애인 중 보건의료 미충족 대상자에 대한 건강보건 행태 개선'과 '재활의료기관 등에서 연계되는 예비장애인에 대한 지역사회 내 사회복귀를 지원하기 위한 사업'이다. 지역사회중심재활사업은 지역사회 통합건강증진사업의 일환으로, 지역사회 장애인의 건강상태 개선 및 자가 건강관리능력 향상을 목표로 전국의 보건소에서 시행하고 있다. 다만, 지역사회중심재활사업은 노인 건강, 금연, 영양관리 등 다른 통합건강증진사업에 비해 우선순위가 낮아 사업의 중요성 및 필요도를 향상하기 위한 정책적 고려가 필요하다는 지적이 있다(호승희, 2024).

(3) 장애인 건강 주치의 시범사업

장애인이 장애인 건강 주치의로 등록 신청한 의사를 일반건강관리 또는 주장애관리 건강 주치의로 선택하여 전반적 건강관리(일반건강관리)나 장애 관련 건강상태(주장애관리) 등을 지속적 · 포괄적으로 관리받도록 하는 사업이다. 건강관리에는 포괄적인 평가 및 계획수립, 교육 상담 등이 포함된다. 장애인의 구강건강관리의 필요성에 따라 장애인 치과 주치의 시범사업도 진행되고 있다. 이는 장애인이 치과 주치의로 등록 신청한 치과의사를 선택하여 포괄평가 및 종합계획 수립, 예방 진료, 구강보건교육 등 포괄적 구강관리서비스를 받도록 하는 것이다.

2) 장애인연금, 장애수당 제도

(1) 장애인연금

장애인연금은 장애로 인하여 근로상실 또는 현저한 감소로 생활이 어려운 중증장애인에게 매월 일정 금액을 연금으로 지급하여 생활안정을 지원하는 사회보장제도이다. 장애인연금 지급대상은 18세 이상의 「장애인연금법」상 중증장애인 중 본인과 배우자의 소득인정액과 재산의 소득환산액을 합산한 금액이 선정기준액 이하인 사람이다.[9)]

지급금액은 기초급여와 부가급여로 나뉜다. 기초급여는 근로능력의 상실 또는 현저한 감소로 인하여 줄어드는 소득을 보전해 주기 위하여 지급하는 급여로, 최고 급여액은 342,510원(2025년 기준)이다. 부가급여는 장애로 인하여 추가로 드는 비용의 전부 또는 일부를 보전해 주기 위하여 부가된 급여이다. 대상자는 18세 이상 장애인연금 수급자 중 국민기초생활보장 수급자와 차상위계층, 차상위 초과자이며, 대상 기준에 따라 50,000원~432,510원(2025년 기준)까지 부가급여액의 차이가 있다.

---

9) 장애인연금 선정기준액은 2025년 단독가구 138만 원, 부부가구 220.8만 원이며, 상세한 지급대상 기준은 복지로 홈페이지(www.bokjiro.go.kr)에서 확인할 수 있음

(2) 장애수당

장애수당은 「장애인복지법」 제49조 및 동법 시행령 제30조에 따라 제공된다. 장애수당은 「장애인연금법」상 중증장애인이 아닌 18세 이상의 국민기초생활수급자 및 차상위인 등록 장애인에게 월 6만 원을 지급(보장시설 수급자 월 3만 원)한다. 또한, 18세 미만의 등록장애인 중 국민기초생활보장 수급자 및 차상위 계층에 대해서는 장애아동수당이 지급된다.

장애인연금과 장애수당을 비교하면 다음의 표와 같다.

〈표 4-7〉 장애인연금과 장애수당

구분		장애인연금		장애수당
		기초급여	부가급여	
목적		근로능력의 감소에 따른 소득 보전	장애로 인한 추가 비용 보전	장애로 인한 추가 비용 보전
지급 대상	장애 정도	「장애인연금법」상의 중증장애인	「장애인연금법」상의 중증장애인	「장애인연금법」상의 중증장애인에 해당되지 않는 자
	소득 기준	선정기준액 이하	선정기준액 이하(국기초, 차상위, 차상위초과자)	국기초 수급자 및 차상위

출처: 보건복지부(2025)

(3) 국민연금 내 장애연금

국민연금 내 장애연금은 국민연금 가입 중에 발생한 사고나 질병으로 인해 완치 후에도 신체 또는 정신상의 장애가 남는 경우 장애가 존속하는 기간 동안 지급되는 연금급여이다. 국민연금공단에서 규정한 장애급수(1~4급)에 따라 연금 또는 일시보상금을 지급한다. 장애등급은 질병이나 부상의 완치일을 기준으로 노동력의 손실 또는 감소 정도에 따라 나뉘며, 완치되지 않은 경우에는 초진일로부터 1년 6개월이 경과되는 날의 다음 날을 기준으로 장애등급이 결정된다(국민연금공단, 2024).

4. 진료비지불제도와 의료사회복지 활동 수가

1) 진료비지불제도의 개념과 유형

진료비지불제도는 의료기관에서 수행한 진료에 대한 보상으로 의료서비스 제공자에게 비용을 보전해 주는 것이다. 진료비지불제도에 따라 의료의 질, 의료비, 진료비 심사 및 관리방식이 영향을 받는다. 진료비지불제도의 유형은 크게 행위별수가제, 포괄수가제, 인두제 등으로 구분할 수 있다. 대체로 한 나라의 지불제도는 지불제도의 한 유형에 속하기보다는 그 나라의 실정에 맞게 변형된 것이나 혼합된 형태로 존재한다(장수미 외, 2021).

(1) 행위별수가제(fee-for-service)

- 개념: 진료에 소요되는 약제 또는 재료비를 별도로 산정하고, 의료인이 제공하는 진료행위 하나하나마다 항목별로 가격을 책정하여 진료비를 지급하는 제도이다. 가장 일반적인 진료비 지불방식이며, 시장 접근적인 방법이다.
- 장점: 의료인이 제공하는 시술내용에 따라 값을 정하여 의료비를 지급하기 때문에 전문의의 진료방식에 적합하다. 의료인의 의료장비 및 기술의 개발에 경쟁적인 유인책을 제공할 수 있기 때문에 최신의 고급 의료서비스의 개발에 기여한다.
- 단점: 원가 산정 및 전문 의료행위의 가치부여 수준 결정 등 적정 수가 수준을 정하는 것이 쉽지 않고, 의료 제공량을 증가시키고 항목과 비용을 올리게 되는 경향이 있다. 의료공급자 입장에서는 청구 절차가 복잡하고 비용이 많이 들며, 보험자 입장에서도 진료비 지급과 감독·모니터링 과정에 많은 비용이 소요되어 관리 측면에서 비용 부담이 있다.

(2) 포괄수가제(bundled-payment, Diagnosis-Related Group)

- 개념: 환자가 어떤 질병의 진료를 위하여 입원했는가에 따라 질병군(또는 환자군)별로 미리 책정된 일정액의 진료비를 지급하는 제도이다.
- 우리나라 현황: 우리나라에서는 2012년 7월부터 시행되었으나, 모든 질병을 포괄하는 것은 아니고, 일부 질병에 한한다. 해당 질병은 안과(백내장수술), 이비인후과(편도수술 및 아데노이드 수술), 외과(항문수술, 탈장수술, 맹장수술), 산부인과(제왕절개분만, 자궁 및 자궁부속기 수술(악성종양 제외)이 포함된다.
- 장점 및 단점: 불필요한 진료행위와 환자의 진료비 부담이 줄어들고, 진료비 계산을 둘러싸고 병 · 의원과 이견이 없는 대신, 의료서비스의 질 저하의 우려, 조기퇴원 및 고위험 환자의 기피 현상이 발생할 수 있다.

(3) 인두제(capitation)

- 개념: 문자 그대로 의사가 맡고 있는 환자 수, 자신의 환자가 될 가능성이 있는 일정 지역의 주민 수에 일정 금액을 곱하여 이에 상응하는 보수를 지급하는 방식이다.
- 장점: 의료의 남용 감소, 행정적 업무의 절차 간편, 의료 비용이 상대적으로 저렴, 예방에 관심이 증대, 의료의 계속성 보장의 장점이 있다.
- 단점: 서비스 양의 최소화 가능성, 신의료기술의 적용 지연 가능성, 환자의 선택권이 제한되며, 고도의 전문의에게는 적용이 어렵다.

우리나라는 기본적으로 행위별 수가제를 채택하고 있고, 수가제도 보완 및 의료자원의 효율적인 활용을 위하여 질병군별 포괄수가제(DRG)와 정액수가제(요양병원, 보건의료기관 등)를 병행하고 있다. 2012년부터는 행위별수가제와 포괄수가제를 혼합한 신포괄수가제가 시범 적용되고 있다. 수가체계는 1977년 의 · 치과 수가 제정을 시작으로, 한방 수가(1984년), 약국 수가(1989년)

가 제정되어 2021년 기준, 총 4편 12부 30장으로 구성되어 8,933항목에 이른다(건강보험심사평가원, 2024). 이 중 사회복지사 관련 수가는 정신의료, 재활의료, 호스피스 수가 등이 있다. 최근에는 지역사회 통합돌봄의 일환으로 요양병원 퇴원지원 및 급성기 의료기관 시범사업에서 지역사회연계 수가가 신설되는 등 의료사회복지와 연관된 보험수가가 확대되고 있다.

2) 의료사회복지 활동 수가 제도

(1) 정신의학적 사회사업

정신의학적 사회사업(분류번호 아-11) 부문은 1977년에 건강보험급여로 인정되었다. 정신요법료 중 개인력조사, 사회사업지도, 사회조사, 가정방문의 4개 항목으로 사회복지사가 직접 실시한 경우에만 산정한다. 개인력 조사는 치료기간 중 1회만 허용되며, 사회사업지도, 사회조사, 가정방문은 주 1회 치료 기간 중 2회 이내 수가를 청구할 수 있다(임정원 · 김민영, 2017).

(2) 재활의학적 사회사업

재활의학적 사회사업 수가는 1994년, 재활 및 물리치료 실시기관 인정 등 기준에 따라 개인력조사, 사회사업 상담, 가정방문 3개 항목에 대하여 정신의학적 사회사업 수가와 동일하게 인정되었다. 이는 재활의학적 치료목적으로 사회복지사가 직접 실시한 경우에 한하여 산정하며, 개인력조사는 치료기간 중 1회만, 사회사업상담과 가정방문은 각각 주 1회 산정하되, 치료기간 중 2회 이내 가능하다.

(3) 호스피스완화의료 및 연명의료중단 등 결정

호스피스 건강보험 수가 추진은 2005년 호스피스완화의료 지원사업이 시작된 이후 완화의료 건강보험 수가 시범사업(2009년)으로 진행되었고, 2015년

7월, 입원형 호스피스 건강보험 수가가 적용되었다. 2016년 「연명의료결정법」 제정과 함께 가정형 호스피스 건강보험 수가 시범사업이, 2017년에는 자문형 호스피스 건강보험 수가 시범사업이 시작되었다. 이후 2020년 9월 입원형, 가정형, 자문형 호스피스 활동에 대한 수가가 마련되었다(건강보험심사평가원, 2024).

전인적 관리가 필요한 완화의료의 특성을 고려하여 입원일당 정액수가를 적용하고, 의사, 간호사, 사회복지사가 환자의 신체적 · 정신적 · 사회적 지지를 위해 실시한 전인적 돌봄 상담과 임종관리 등은 별도 급여로 산정하고 있다. 사회복지 업무를 전담하는 사회복지사가 1명 이상 상근하는 경우, '환자 수 대 사회복지사 수의 비'가 12:1 이하인 경우(1등급)와 12:1 초과인 경우(2등급)로 구분하여 등급별로 정액수가를 가산하여 산정한다.

2022년부터는 「연명의료결정법」 제14조에 따라 의료기관윤리위원회를 운영하는 기관에 소속된 의사, 간호사, 1급 사회복지사 중 1명 이상이 연명의료결정제도 교육을 수료한 경우에 한하여 '연명의료중단 등 결정 급여수가' 산정이 가능하도록 인력 기준 및 급여산정 기준이 마련되었다. '말기환자 상담료'는 연명의료결정중단 등 결정과 관련된 제도 안내 및 상담 등을 의사 또는 의사의 지도감독하에 간호사 또는 1급 사회복지사가 제공하고 정보처리시스템에서 권고하고 있는 별도 서식을 작성 · 등록 완료한 경우 산정할 수 있다.

(4) 퇴원지원 및 지역사회 연계관리

지역사회에서 주거 · 의료 · 요양 · 돌봄서비스 통합돌봄 제공 기반을 구축하는 지역사회통합돌봄(커뮤니티케어) 기본계획(2018. 11. 20.)에 따라 퇴원 후 환자의 안정적 지역사회 복귀를 지원하도록 환자지원체계가 마련되었다. 지역사회 연계관리료는 의사, 간호사, 사회복시사로 구싱된 '환자지원팀'이 환지의 의료 · 사회경제적 욕구를 포괄적으로 파악하여 지역사회자원을 연계하는 활동에 수가를 책정한 것으로, 요양병원(2019)에 이어 급성기병원 시범사업(2020)에서 시행하고 있다(권자영 외, 2022).

5. 의료사회복지제도와 의료사회복지사의 역할

경제적으로 어려운 상황에 놓인 환자 가구에 의료비 지원을 연계하는 것은 의료사회복지사에게 기대되는 핵심 역할 중 하나이다. 의료사회복지사는 환자와 가족에게 다양한 사회복지제도를 안내하고, 이를 효과적으로 활용할 수 있도록 지원한다. 이를 위해 의료사회복지사는 국민의 건강권 보장을 위한 의료보장제도의 기본 구조를 깊이 이해하고, 각 제도의 자격 기준, 급여 내용 및 전달체계를 최신의 정보를 바탕으로 정확히 파악해야 한다.

앞서 설명한 국민건강보험, 의료급여제도, 노인장기요양보험, 국가의료비 지원, 장애인연금 및 수당 등 다양한 의료사회복지제도 외에도, 후원단체 및 재단 등 민간기관에서 운영하는 의료비 지원제도들이 존재한다. 공공 및 민간 지원제도를 연계하는 과정에서 의료사회복지사는 환자 및 가족의 문제 상황과 욕구에 가장 적합한 자원을 발굴하고, 각 제도의 지원 내용과 절차에 맞게 연계할 수 있는 역량이 요구된다.

이와 더불어, 병원과 지역사회에서 의료사회복지사의 역할이 지속적으로 확대됨에 따라, 수행한 활동에 대한 적정한 수가 인정을 받을 수 있도록 다양한 영역에서 의료사회복지서비스 수가 개발과 적용을 추진하려는 노력이 필요하다.

PART 02

의료사회복지실천 이론과 적용

CHAPTER 05

의료사회복지실천의 과정과 개입

학 · 습 · 목 · 표

1. 의료사회복지실천 과정에 따른 과업과 사회복지사의 역할에 대해 설명할 수 있다.
2. 의료사회복지실천 방법에 대해 이해하고 설명할 수 있다.
3. 의료사회복지의 실천 현장에서 활용되는 기록양식을 이해하고 작성할 수 있다.
4. 의료사회복지 실천 현장에서 발생 가능한 윤리적 딜레마에 대해 이해한다.

의료사회복지의 실천과정은 병원 및 지역사회에서 환자와 가족의 심리사회적 문제를 예방하고 완화하며, 가능한 자원을 활용하여 욕구를 충족하고 문제를 해결하도록 지원하는 것을 목표로 한다. 이를 위해 의료사회복지사는 주로 병원 세팅에서 의료팀과 협력하며 다양한 역할을 수행한다. 이러한 과정을 통해 환자의 삶의 질을 향상시키고 의료적 결과를 개선하는 데 기여한다. 이 장에서는 의료사회복지 현장에서 실천과정별 사회복지사의 주요 역할과 과업에 대해 학습하고, 실천개입을 위해 활용하는 전문 개입방법에 대해 알아보고자 한다. 또한 보건 및 의료 현장에서 사용되는 기록과 윤리적 이슈에 대해서도 살펴보도록 하겠다.

1. 의료사회복지실천 과정

의료사회복지의 실천과정은 크게 초기, 중간, 종결 단계로 구분할 수 있다. 초기 단계는 클라이언트와의 관계 형성을 바탕으로 접수와 정보수집, 초기 사정,

목표설정과 계획을 수립하는 단계이다. 중간 단계에서는 초기 단계에서 이루어진 사정과 개입계획을 바탕으로 클라이언트와 의료사회복지사가 동의한 목표를 향해 실행해 나가고 목표 달성을 점검한다. 마지막으로 개입의 효과성을 평가하고 사례를 종결한다. 각 단계에서 고려해야 할 구체적인 내용을 보다 자세히 살펴보도록 하겠다.

1) 초기 단계

초기 단계는 의료사회복지사가 처음 환자와 가족을 대면하여 등록하고 필요한 정보와 자료를 수집 · 사정하여 개입 목표와 계획을 수립하는 단계이다. 초기 단계에서는 의료사회복지사와 환자 및 가족 간의 긍정적인 신뢰 관계를 수립하는 것이 매우 중요하다. 의료사회복지사는 질병으로 인해 발생할 수 있는 환자와 가족의 걱정, 두려움, 욕구 등을 탐색하고 이에 대해 감정이입과 사려 깊은 반응을 해 줌으로써 환자와 가족이 서비스 과정을 준비할 수 있도록 돕는다(한인영 · 최현미, 2002). 첫 만남에서 클라이언트는 의료사회복지사의 역할과 서비스에 대한 인식이 낮을 수 있으므로 의료사회복지사의 역할과 기능, 다른 전문가(의사 등)와의 팀 협력, 제공 가능한 서비스 등에 대해 간략하면서도 명료하게 설명하는 것이 좋다.

(1) 접수

환자 및 가족이 의료사회복지사를 처음 만나게 되는 경로는 크게 의료진의 의뢰(consultation), 환자 또는 가족의 자발적 신청, 지역사회로부터의 의뢰, 스크리닝 및 아웃리치 등이 대표적이다. 보통 의료진으로부터의 의뢰 및 환자 또는 가족의 자발적 신청이 많은 빈도를 차지하며, 아웃리치를 통한 스크리닝은 비교적 소극적인 편이다.

① 의료진의 의뢰(consultation)

의료사회복지사는 너무 늦지 않은 적절한 시기에 의뢰가 이루어질 수 있도록 하기 위해 사전에 의료진이 사회복지사의 역할을 충분히 인지할 수 있도록 홍보하고 소통하는 것이 필요하다. 의료진으로부터 의뢰되는 내용은 보통 환자의 심리사회적 문제 및 치료를 위한 경제적 지원, 퇴원계획 상담 또는 지역사회자원 연계 등을 포함한다.

② 환자 또는 가족의 자발적 신청

병원 내 비치된 홍보물이나 게시판의 안내, 의료진으로부터의 조언 등을 통해 환자 또는 가족이 자발적으로 의료사회복지사를 찾아오는 경우이다. 대부분 경제적 지원 또는 국가 공공 지원에 대한 욕구로 찾아오게 되는데, 이 경우 본인이 원하는 단순 서비스 지원 외 상담 등 다른 서비스나 개입은 부담스러워하는 경우가 많으므로 클라이언트와의 관계 형성 및 의료사회복지사의 역할과 기능을 명료하게 설명하는 것이 도움이 된다.

③ 지역사회로부터의 의뢰

최근 지역사회통합돌봄 등 지역 내 공공·민간기관의 돌봄 기능이 정책적으로 강화되면서 위기 환자를 의료기관에 직접 의뢰, 연계하는 경우가 확대되고 있다. 지역사회기관은 적절한 치료 및 의료 지원을 받지 못하고 방치되고 있는 위기 사례를 발견하게 될 때 의료기관의 사회복지팀으로 사례를 연계, 의뢰하게 된다.

④ 스크리닝 및 아웃리치

치료비 마련을 위한 경제적 지원 외에 클라이언트가 의료사회복지에 대해 인식하거나 자발적으로 찾아오는 경우가 드물기 때문에 스크리닝과 아웃리치는 중요한 개입 방법 중 하나이다. 하지만 「개인정보 보호법」 및 비밀보장 원칙에 근거할 때 일반 환자에 대한 의무기록에의 접근은 용이하지 않으므로 스크리닝의 어려움이 있는 것 또한 사실이다. 이에 서울대학교병원은 공공보건의료 활동의 질 향상 및 사회복지서비스가 필요한 중증·희귀난치 취약환자를 보다 적극적으로 발굴하기 위해 입원환자 중 취약 계층 환자를 전산으로 자동 스크리닝하는 시스템을 구축하여 다양한 정보 및 서비스를 지원하였다(표 5-1 참조).

〈표 5-1〉 서울대학교병원 의료·복지 통합돌봄 취약 계층 스크리닝 체계 구축

사각지대 ZERO – 의료·복지 통합돌봄 취약 계층 스크리닝 체계 구축

▶ 필요성

1. 국가 중앙병원으로서 공공보건의료 활동의 질 향상을 위한 노력이 중요함
2. 공공병원의 선도적 역할을 위해 사회복지서비스가 필요한 중증·희귀난치 취약환자를 보다 적극적으로 발굴할 수 있는 시스템이 필요함

▶ 활동

1. 타 병원 벤치마킹
2. 입원환자 중 취약 계층 환자를 전산으로 자동 스크리닝하는 시스템 구축
   ※ 본 팀에서 규정한 자동 스크리닝 대상 취약 계층 조건(아래 조건 모두 충족 시 스크리닝 대상)
   ① 의료급여 1종, 2종, 의료급여 장애인
   ② 노인(만 65세 이상)
   ③ 중증질환/희귀질환 등 산정특례 등록자
   ④ 외래에서 입원 지시가 난 환자
   - 스크리닝된 환자는 사회복지사가 상담 진행 후 심리적·진료비 지원 연계
   - 의료진·환자용 홍보자료 제작 및 배포

한편, 아웃리치는 환자와 가족이 있는 곳을 직접 찾아가 서비스가 필요한 클라이언트를 적극적으로 발굴하여 서비스를 제공하는 것을 의미한다. 의료사회복지현장에서의 아웃리치는 지역사회 공개강좌, 복지기관 연계활동, 무료검진 등을 통해 이루어지기도 하며, 병실 내 입원환자들에게 의료복지 서비스에 대해 홍보하면서 발굴되기도 한다.

(2) 정보 수집

의료진으로부터 의뢰 또는 지역사회로부터 의뢰를 받은 경우 의료사회복지사는 정보수집을 진행한다. 정보 수집을 위한 면담 전 사회복지사는 '차트 리뷰(chart review)' 또는 주치의 및 의뢰인과의 면담을 통해 의료적인 상황 및 타 전문직군의 개입 상황 등에 대해 사전정보를 수집하고 면담에 임하는 것이 좋다. 이 경우 클라이언트는 앞서 진행된 면담과 중복된 답변을 하지 않아도 되며, 사회복지사는 클라이언트와의 면담 시 추가적으로 확인해야 할 정보에 대해 미리 체크할 수 있다. 이와 같이 초기에 가능한 한 많은 정보를 획득하는 것은 이후 과정에 큰 도움이 된다. 정보는 환자 및 보호자의 진술과 의무기록을 포함한 행정서류 등을 통해 얻을 수 있다.

수집해야 할 자료

- 인구사회학적 특성(성별, 연령, 학력, 직업, 종교, 결혼 여부 등)
- 과거병력 및 현재 의료적 상태, 치료순응도(병식, 치료의지, 치료에 대한 기대)
- 질병에 대한 심리적 반응(부정, 분노, 우울, 수용 등)
- 개인력 및 가족력
- 사회보장 형태 및 경제적 상황(주거, 수입, 저축 및 부채, 사보험 등), 치료비 마련 계획
- 장애등록 여부
- 이전 사회복지서비스를 받은 경험
- 주 보호자 및 사회적 지지체계(가족, 친구, 직장 등)

(3) 초기 사정

정확한 사정은 효과적인 사회복지실천의 핵심이다. 사정은 클라이언트가 당면한 상황과 맥락의 의미를 찾고, 클라이언트의 특징적인 상황을 정리하여 적절한 개입으로 이끌 수 있도록 하는 사고 과정이다. 의료사회복지사는 클라이언트의 현재 관심사와 이에 영향을 미치는 요인, 문제를 완화할 수 있는 자원,

그리고 해결하는 방법을 다차원적으로 파악하기 위한 노력을 기울여 사정하고 클라이언트와 협력 관계를 구축할 수 있도록 한다.

의료사회복지사는 클라이언트의 질병에 대한 신념, 욕구, 서비스 선호 등을 탐색하기 위해 다음의 질문을 활용할 수 있다(Gehlert & Browne, 2011).

- 문제의 원인이 무엇이라고 생각하십니까?
- 문제가 어떻게 시작(발생)되었다고 생각하십니까?
- 질병이 당신에게 어떤 영향을 미친다고 생각하십니까?
- 질병이 얼마나 심각하다고 생각하십니까?
- 어떤 종류의 치료를 받을 것으로(받아야 한다고) 생각하십니까?
- 단기 또는 장기 치료 중 어떤 치료가 필요하다고 생각하십니까?
- 질병에 대해 가장 두려워하는 것은 무엇입니까?
- 치료를 통해 가장 기대되는 결과는 무엇입니까?

사정은 주로 초기에 이루어지지만 클라이언트의 상황 또는 환경의 변화에 따라 실천과정 내에서 지속적으로 이루어질 수 있다. 무엇보다 환자의 의료적·경제적·심리사회적 측면의 다차원적 사정이 필수적이다. 의료 환경에서 사회복지사는 클라이언트가 질병으로 인해 또는 질병과 관계없이 정서적·사회적 또는 정신건강의 어려움을 가지고 있는지 사정할 필요가 있다. 의료사회복지사는 클라이언트와 그 가족이 가진 정신건강 문제의 본질과 경제적·심리사회적 측면을 이해하고 필요한 서비스를 제공하기 위해 감별 평가를 진행할 필요가 있다.

(4) 목표설정 및 계획수립

정보수집 및 사정이 끝나면 의료사회복지사는 환자 및 가족과 협의하여 장·단기 목표를 설정하고 계획을 수립하여 계약을 한다. 일부 장기입원을 제외하고는 의료사회복지사와 환자는 면접할 수 있는 기회와 시간이 충분하지 않은 경우가 많으며, 심지어 접수부터 목표설정 및 계획이 모두 첫 번째 면담에서 이루어져야 하는 경우도 발생한다. 따라서 의료사회복지사는 환자와 함께 도달해야 할 목표와 수행해야 할 과업에 대해 신속하게 수립하고 합의해야 한다.

① 목표설정

목표는 반드시 클라이언트와 함께 설정하여야 한다. 이를 통해 목표가 클라이언트에게 의미가 있는지, 그리고 목표를 달성하기 위해 취해야 하는 행동이 명확한지 확인하는 과정을 클라이언트와 함께 할 수 있으며, 목표가 현실적인지, 시간 내에 달성할 수 있는지 평가할 수 있다.

의료사회복지사는 사정을 통해 클라이언트의 욕구, 강점과 취약점, 장애물 등을 포괄적으로 파악한 후 진단과 치료계획 등을 함께 고려하여 목표를 설정한다. 보통 건강 회복은 대부분의 클라이언트에게 공통된 목표가 된다. 따라서 클라이언트가 자신의 의료적 상태에 대한 이해를 높이고 치료에 대한 순응도를 향상시키는 것은 '회복'이라는 궁극적 목표의 하위목표이자 단기목표로 설정할 수 있다. 각 목표는 성취 가능한 작은 단위의 목표로 세분화하여 개입으로 연결할 수 있으며, 설정된 목표는 개입 과정에서 달성되었는지 확인할 수 있도록 측정 가능한 형태로 설정하는 것이 좋다. 또한 목표는 가능한 한 구체적이고 행동적인 용어로 기술하도록 한다.

보건 및 의료 현장에서 사회복지실천의 목표는 때때로 특정 진단과의 관계성을 고려해야 할 수 있다. 예를 들어, 당뇨병, 뇌전증, 다발성 경화증과 같은 진단은 진단 자체보다 그 진단으로 인한 증상과 치료 과정이 자녀를 돌보거나 직장 업무를 수행하는 등 환자의 사회적 기능에 어떠한 영향을 미치는지 중요하게 고려되어야 한다. 따라서 목표 설정 시 진단 및 증상에 대한 클라이언트의 대처 능력과 일상생활에 미치는 영향을 현실적으로 평가하고 필요한 지원을 개발하는 것 또한 포함하여야 한다.

② 계획수립

계획은 사정에 기반한 개입의 목표가 설정되면 실행을 위한 구체적인 사항을 협의하는 과정이다. 계획단계에서 의료사회복지사는 가능한 전략과 기술, 활용 가능한 자원을 다양하게 고려하는 것이 중요하다(한인영·최현미, 2002). 또한 계획 과정에서 개입 수준도 고려하여야 하는데, 미시-중간-거시 수준의 개입 계획을 모두 고려하여야 한다(Kirst-Ashman & Hull, 2009). 예를 들어, 퇴원을 앞둔 뇌졸중 노인의 일상생활 수행능력 강화라는 목표를 설정한 경우, 미시체계 수준에서 가족의 돌봄, 중간체계 수준에서 주간보호센터의 이용, 거시체계 수준에서 장기요양보험제도 이용 등을 고려할 수 있다.

계획 단계에서의 핵심은 목표 달성을 위한 방법의 구체화, 그리고 행동과정의 선택으로, 이 내용들은 대개 계약의 형태로 표현된다(엄명용 외, 2020). 계약은 표적문제와 목표를 결정한 후 의료사회복지사 및 클라이언트 서로의 과업과 구체적인 실천 행동, 추후 면담의 빈도와 장소 등 개입의 구조 등도 포함하며 보통 구두 또는 서면으로 진행한다.

2) 중간단계

실행은 목표 및 계획단계에서 수립된 과업을 직접 수행해 나가는 과정이다. 강점 및 권한부여 기반의 개입은 목표를 향해 나아가는 환자와 그 가족의 실행 노력을 더욱 효과적으로 견인할 수 있다. 실행 단계에서 의료사회복지사는 다음과 같은 역할을 수행한다.

첫째, 의료사회복지사는 환자와 가족이 희망적인 태도를 유지하도록 돕는다. 사회복지사는 아무리 심각한 진단을 받은 환자라 할지라도 자신의 삶의 질을 향상시키기 위한 강점을 가지고 있음을 상기시켜 줄 수 있다(Sullivan, 2012).

둘째, 의료사회복지사는 환자가 스트레스를 감소시키며 개인적·환경적 장애물에 대처할 수 있도록 대처기술을 향상시킬 수 있도록 원조한다. 또한 스트레스로 인해 발생하는 부정적 감정을 다룰 수 있도록 도움으로써 환자 스스로 목표를 향한 과업을 수행해 나갈 수 있도록 지원한다(한인영 · 최현미, 2002).

셋째, 지역사회와 가족에 직 · 간접적으로 개입하여 클라이언트의 환경적 강점을 강화하고, 클라이언트가 자원의 유용성을 인식하고 활용함으로써 자신에게 수반되는 생활의 어려움을 해결할 수 있도록 돕는다.

실행 단계에서 때때로 환자들은 치료에 진전이 없거나 어려움이 있을 때 좌절하고 낙심하면서 문제 해결에의 동기를 잃기도 한다. 이때 의료사회복지사는 노력에 대한 칭찬과 격려, 노력을 지속하였을 때 얻을 수 있는 효과의 강조 등을 통해 환자와 가족에게 동기를 부여할 수 있다.

최근에는 의료 영역에서 영적 신념(spiritual beliefs)이 고려된 활동의 중요성도 부각되고 있다. 기도, 명상, 신앙 등의 영적 신념과 활동이 스트레스 감소, 혈압 및 코르티솔 감소, 만성 통증 관리 및 개선, 우울증 감소 등 다양한 긍정적 건강 결과로 이어질 수 있다는 연구 결과들이 발표되고 있어(Walsh, 2004), 의료사회복지영역에서도 영성에 대한 관심을 가지고 실천에의 적용을 시도해 보는 것도 좋을 것이다.

이 외 각 질환별 개입과정 및 고려해야 할 사항에 대해서는 3부의 '의료사회복지실천 영역'에서 보다 자세히 다루도록 하겠다.

3) 종결 단계

(1) 평가 및 종결

평가는 실천의 각 단계에서 진행하기도 하나, 대개 종결 시 목표에 따른 개입 및 성취의 정도를 과학적으로 점검하는 것으로 진행된다. 클라이언트와 사회복지사는 상호 동의하고 진행해 온 실행의 노력이 목표를 달성하는 데 얼마나 효과적이었는지, 목표가 어느 정도 달성되었는지 등을 함께 점검하고 인식함으로써 향후 더 나은 변화를 위한 동기를 향상시킬 수도 있다(Miley et al., 2017). 사회복지사가 자신의 개입과정과 성과, 업무를 평가하는 것은 전문직으로서

행해야 할 책무이기도 하다. 특히 다학제적 팀으로 일하는 의료 현장에서 사회복지서비스에 대해 갖는 이해관계는 각기 다를 수 있으므로 평가를 통해 사회복지서비스의 효과성을 검토하고 공유하는 것은 전문직으로서의 사회적 승인을 높이는 데도 중요한 역할을 한다고 볼 수 있다(최혜지 외, 2013).

종결은 여러 가지 상황에서 다양하게 나타날 수 있는데, 의료사회복지 실천 현장에서의 대표적인 경우를 살펴보면 다음과 같다.

① 입원환자의 퇴원으로 인한 종결

의료사회복지 실천 현장에서 입원 기간에만 제공되는 사회복지서비스는 시간제한이 있는 일정 기간에 한해 제공되는 서비스 종결의 대표적인 예이다. 이 유형의 종결은 예측 가능하기 때문에 사회복지사와 클라이언트 모두 종결에 대한 충격을 최소화할 수 있으며, 종결에 대한 감정을 정리할 시간도 가질 수 있다(Hepworth & Larsen, 1986; 양옥경 외, 2018 재인용). 그러나 퇴원 전까지 문제가 해결되지 않았다고 느끼는 경우, 클라이언트는 서비스 진행 도중 중단된다고 생각할 수 있다. 사회복지사는 의료세팅의 특성상 가지는 한계에 대해 클라이언트에게 잘 설명하여 불안감을 감소시켜 줄 수 있으며, 퇴원 후 사후관리에 대한 안내 및 지역사회 기관 연계 등을 진행할 수 있다.

② 일방적인 또는 계획되지 않은 종결

때때로 클라이언트는 여러 가지 이유로 서비스 과정에서 비자발적인 모습을 보이거나 개입과정 중 나타나지 않기도 하는 등 저항을 보이며, 종국에는 종결되기도 한다. 이 경우 클라이언트가 보이는 저항의 의미와 원인에 대해 파악하고 클라이언트에게 종결에 대해 신중히 생각하도록 권할 수 있다. 클라이언트의 일방적인 종결에는 여러 이유가 있을 수 있다. 자신의 심리적·경제적 상황이 노출되는 것을 부담스러워하는 경우, 의료사회복지사의 역할과 의료사회복지 서비스의 필요성에 대해 충분한 이해가 부족한 경우, 자신의 문제가 이미 해결되었다고 비현실적으로 생각하여 더 이상의 진행이 필요 없다고 생각하는 경우 등이 이에 해당한다. 이런 경우 사회복지사는 종결하더라도 그동안의 과정에서 이루어 낸 성과와 앞으로 지속적으로 해결해야 할 문제가 무엇인지에 대해 상담하며, 필요한 경우 의료사회복지사를 다시 찾아올 수 있음을 설명해 주는 것이 좋다.

계획되지 않은 종결의 또 다른 사례로는 클라이언트의 사망으로 인한 종결이 있을 수 있다. 클라이언트의 사망으로 인한 종결의 경우, 사회복지사는 가족이나 보호자의 정서적 충격에 대해 고려하며 위로와 지지를 제공하고 필요한 경우에는 장례 관련 사회복지서비스(예: 사별 상담, 유가족 자조모임 등)에 대한 정보를 제공할 수 있다. 유가족 외 담당 사회복지사의 정서적 상태에 대해서도 고려가 필요하다. 클라이언트의 사망은 초심자에게는 특히 더 정서적으로 어려운 경험일 수 있다. 사회복지사는 슬픔이나 무력감 등 자신의 정서적 상태에 대해 인식하고 동료들과 감정을 나누거나, 필요한 경우 슈퍼바이저 또는 전문가의 상담을 받는 것도 도움이 될 수 있다.

(2) 사후관리

사후관리(follow-up)는 클라이언트나 가족이 서비스 종료 후에도 심리사회적으로 잘 적응할 수 있도록 지원하기 위한 과정이다. 서비스가 종료되었다고 해서 사회복지사의 역할이 완전히 끝나는 것이 아니라, 필요시 추가적인 지원과 타 기관 연계 등이 제공되어야 한다. 이러한 사후관리를 통해 클라이언트와 가족은 종결 후에도 안도감을 가질 수 있으며, 퇴원 후 직면할 수 있는 위기 상황을 예방할 수 있다.

사후관리는 일정기간 동안의 전화상담이나 외래 방문 시 대면상담 등을 활용한 시속적인 모니터링으로 진행힐 수 있으며, 필요시 치료 유지, 생활 및 주거 지원 등과 관련된 정보를 제공하고 기관을 연계하며 자기 관리를 독려한다. 병원의 서비스에 따라 퇴원 후 환자 및 가족을 위한 질환 관련 캠프나 정서지원 프로그램을 운영하여 이에 대한 정보를 제공하고 참여를 독려하기도 한다. 사회복지사는 다양한 자원의 연계를 통해 클라이언트가 치료 후 지역사회 적응에 필요한 서비스를 꾸준히 받을 수 있도록 지원할 수 있으며, 이를 통해 의료사회복지 실천의 지속성과 효과성을 높일 수 있다.

2. 의료사회복지실천 방법 및 기록

1) 개입 방법

(1) 상담

질병을 가진 환자와 가족은 진단 및 치료로 인하여 심리정서적 문제, 사회적 역할의 변화, 경제적 부담감 등 여러 가지 어려운 상황에 처하게 된다. 이때 환자와 가족의 심리사회적 적응과 대처를 위해 의료사회복지사는 상담을 실시함으로써 환자의 치료와 회복, 사회적응을 도울 수 있다.

환자가 의뢰되었을 때 의료사회복지사는 환자의 진단, 치료 과정 및 질병관리와 관련된 심리사회적 어려움을 사정하게 된다. 또한 환자의 치료 및 재활과정에 걸쳐 일상생활에서 실천되어야 할 자기관리, 환자 및 가족의 역할, 스트레스를 관리하는 방법 등에 대해 상담할 수 있다. 예를 들어, 암으로 인해 환자와 가족은 두려움, 불안, 무기력 등을 경험하게 되고 가족 간 대화가 단절되거나 갈등이 발생해 서로에게 상처를 주기도 한다. 이런 경우 의료사회복지사는 서로 이해하고 대화하며 도울 수 있는 의사소통기술, 스트레스 관리 등에 대해 가족상담을 제공함으로써 가족 구성원 간 이해를 통한 해결방법을 제시할 수 있다. 특히 환자의 주 보호자는 간병으로 인해 소진되거나 우울, 불안 등 부정적 심리상태에 놓일 수 있으므로 정서적 지지 상담이 반드시 필요하다.

때로는 환자가 질병을 부인하거나 심각성을 인정하지 못하고 치료를 거부하거나 지연하기도 하며, 경우에 따라 약을 중단하기도 한다. 또한 만성질환으로 인해 우울감이 심해지거나 감정조절이 잘 되지 않아 가족들과 갈등을 일으키기도 한다. 이런 경우 적절한 상담이 도움이 된다.

상담의 유형은 대상에 따라 개인상담 및 가족상담으로 구분할 수 있으며, 상담의 방식에 따라 대면상담 및 비대면상담으로 구분할 수 있다. 비대면상담의 경우 유선상담이 주를 이루나, COVID-19 이후 Zoom을 이용한 상담, 인터넷 상담 등 다양한 형태가 활용되고 있다. 최근에는 온라인을 통한 민간 중심의 환자 상담 및 심리치유 컨설턴트 상담도 운영되고 있다.

(2) 교육

의료사회복지사는 환자 및 그 가족에게 개별 또는 집단을 통해 질병과 관련한 지식 및 다양한 대처기술을 가르칠 수 있다. 이러한 교육은 초점이 되는 질병이나 치료 특성에 따라 환자 및 가족의 요구에 맞는 내용을 개발하는 것이 중요하며, 교육의 주체는 의사, 간호사, 의료사회복지사, 영양사, 약사, 운동처방사 등 다양한 전문직이 팀이 되어 교육을 진행하는 다학문적 팀 교육이 효과적인 것으로 밝혀지고 있다. 의료사회복지사는 환자 및 가족 대상의 교육 시 정직하고 현실적인 정보를 바탕으로 이해할 수 있는 쉬운 용어로 전달해야 하며(Meade et al., 2004, 한인영 외, 2013 재인용), 리플릿이나 소책자 등 교육자료를 활용하는 것은 교육효과를 극대화할 수 있다.

의료사회복지사가 담당하게 되는 교육의 주요 내용은 다음과 같다.

- 질병에 대한 이해, 질병관리 및 대처방법
- 스트레스 관리 및 환자와 가족의 심리사회적 적응
- 장애등록 정보 및 각종 재활정보의 안내

가족 대상의 교육은 주로 다음과 같은 주제로 진행될 수 있다.

- 환자의 질병, 증상 및 기능에 대한 의학적 이해

- 증상별 대처방법과 간호방법
- 부양자의 건강 및 스트레스 관리기법
- 지역사회의 이용 가능한 자원 정보 제공 및 연계

다음의 <표 5-2>는 서울대학교병원 의료사회복지팀에서 제공하는 집단교육의 예시이다.

〈표 5-2〉 집단교육의 예시

진료과	주제	내용
암병원	암 환자와 가족의 대화기술	암 환자와 가족 간 의사소통방식 점검 및 효과적인 의사소통기술 교육
	암 환자의 생활관리와 사회복지정보	암 환자 및 보호자의 삶의 질 향상을 위한 관련 국가지원제도, 경제적 지원, 사회적 자원 활용 등의 정보 제공
정신건강의학과	정신건강의학과 병동 프로그램	사회기술 증진을 위한 사회기술훈련, 감정 탐색 및 표현을 위한 집단치료, 연극적 매체를 활용하여 자기표현력을 향상하기 위한 연극요법 등
소아청소년과 : 내분비분과	소아비만 및 대사증후군 예방교육	소아비만과 가족, 비만 아동의 심리사회적 어려움, 가족의 협조, 행동수정치료 교육(※ 소아내분비팀에서 진행하는 외래교육)
	소아당뇨 환아 입원 프로그램	당뇨병 관리와 생활 과정에서 발생하는 어려움과 그에 대한 해소 방법을 서로 공유하며 새로운 관계를 형성하고 당뇨병 관리에 대한 자신감과 희망을 갖도록 하는 소그룹 상담 프로그램(※ 소아내분비팀에서 진행하는 입원교육)

출처: 서울대학교병원 의료사회복지팀 홈페이지(https://www.snuh.org/reservation/meddept/SS/mainIntro.do#a4)

(3) 자문

자문은 권위와 자격, 능력을 갖춘 사람에게 의견이나 조언, 정보를 구하는 것으로, 의료사회복지에서 자문은 의료사회복지사가 환자와 가족, 타 의료진 및 기관에 제공하는 조언이나 정보를 의미한다. 의료사회복지에서 자문의 예시는 다음과 같다.

- 심리사회적 문제 상담 및 지도
- 경제적 문제 상담 및 평가
- 진료비 부담 능력 평가
- 입원 전 경제적 문제 평가
- 지역사회 지원 정보 제공 및 연결
- 여가지원 프로그램 제공

(4) 자조집단

환자 및 가족으로 구성된 자조집단은 동일한 어려움을 가진 상호 간의 높은 정서적 지지와 자원, 정보를 교환할 수 있다는 점에서 큰 도움이 된다. 최근에는 각 병원에서 자체적으로 조직하여 운영하는 온라인 자조모임도 활성화되어 있다. 예를 들어, 삼성서울병원의 경우 유방암센터에서 운영하는 유방암 환자 자조모임 '산샘둥지', 소아청소년과에서 운영하는 소아암 환아 부모모임 '참사랑회' 등은 오프라인 모임과 인터넷 카페를 통해 활발한 활동을 하고 있다.

최근 소비자 중심으로 조직된 온라인 커뮤니티는 넓은 의미에서 자조집단의 역할을 수행한다. 때때로 환자 및 가족은 병원에서 제공하는 자료나 공식적인 정보보다 질병과 관련한 온라인 커뮤니티에 더 큰 신뢰를 느끼기도 한다. 온라인 커뮤니티는 단순한 정보의 장을 넘어 환자 및 가족의 질병 관련 직접적 경험에 기반하여 구성원에게 정서적 안정과 연대감을 제공함으로써 공감과 신뢰 형성의 공간으로 작용한다. 그러나 이 경우 검증되지 않은 치료 요법이나 상업적 글이 포함되는 경우도 많아 환자 및 가족들이 온라인 커뮤니티를 이용하는 경우 이러한 단점을 반드시 주의해야 함을 교육할 필요가 있다.

(5) 지역사회 자원 및 네트워크 연계

최근 급변하는 보건 및 복지환경으로 인해 의료사회복지사의 자원 개발 및 연계의 역할이 더욱 강조되고 있다. 저출산 및 고령인구의 급증, 질병 양상의 변화와 함께 병원 또한 조직 및 인력 감축 등 병원재구조화(restructuring)가 가속되고 있으며, 국가적 공공정책 또한 커뮤니티케어 등 지역사회보호 중심으로 변화하고 있다. 이러한 변화의 흐름 속에서 의료사회복지사의 역할 또한 단순한 자원 연계를 넘어 의료-복지의 통합사례관리자의 역할이 강조되고 있다.

보건 의료 현장에서 발굴된 환자 및 가족에게 다양한 지역사회자원을 연계하고 연속적·포괄적 서비스를 제공받을 수 있도록 지원하는 것은 질병으로부터 발생할 수 있는 사회적 어려움 및 빈곤의 악순환을 끊을 수 있는 기회이자 질병의 회복을 넘어 일상의 회복을 견인할 수 있는 계기가 된다.

2) 기록

기록은 클라이언트의 문제와 관계된 모든 사항과 전문가가 수행한 모든 개입 행위 및 과정을 기술한 문서로, 클라이언트 및 그 가족에 대한 정보, 사정, 서비스의 목적과 활동을 비롯한 서비스 전달 과정 및 개입, 평가 및 사후관리까지 모든 것을 포함한다.

의료사회복지 실천에서의 기록이란, 환자의 진단과 치료, 회복, 사회복귀, 재활, 삶의 질 유지와 향상 등과 관련하여 전문가로서의 자격과 권한으로 실시한 의료사회복지 실천 행위를 관계 법령과 직업윤리에 따라 기록한 모든 문서라고 할 수 있다(이송월, 2022). 의료 현장에서 사회복지실천 기록은 타 전문직과의 소통에 활용되고 의료사회복지사의 책무성을 입증하는 역할을 하기도 하며, 연구조사 및 통계 자료로 활용할 수도 있다. 최근 의료 현장에서는 의뢰 및 회신, 과정기록 등 대부분의 기록을 전산시스템을 이용한 '전자의무기록(Electronic Medical Record, EMR)'을 활용하고 있으며, 이 외 후원기관 및 지역사회복지서비스 의뢰서 등 외부기관 연계를 위한 별도의 양식을 구축하여 활용하기도 한다. 병원정책에 따라 각 문서의 의무기록 포함 여부는 달라질 수 있다.

(1) 기록의 목적

기록의 일차적인 목적은 사회복지사의 책무성(accountability) 향상이라고 할 수 있다. 사회복지사는 자신이 제공한 서비스 및 그 과정을 기록함으로써 실천과정에서 확인되는 클라이언트의 욕구 및 특성을 기술하고 정보 수집을 통한 사정의 결과와 개입 방향을 분석하여 문서화한다. 또한 이용 가능한 자원을 확인하고 평가하며 실천과정에서 발생하는 의사결정과 행동수행에 대한 사회복지사의 전문적 판단의 근거와 클라이언트의 역할을 명확히 한다. 이러한 결정과 행동의 근거를 제시하는 것은 책무성 실천에 특히 중요하다(장수미 외, 2017).

기록은 또한 다양한 전문직 간 의사소통에 도움이 된다. 일반적으로 의료 현장에서 의사, 간호사, 사회복지사, 임상심리사 등 다양한 전문직이 팀으로 협력하는 경우, 기록을 통해 환자의 상태 및 상황에 대한 이해를 증진하고 전문직 간의 상호 교류를 촉진함으로써 전문직 간의 협력이 원활히 이루어지도록 돕는다.

사회복지기록은 실습생 및 수련생의 교육, 훈련을 위한 도구로도 활용된다. 의료사회복지사는 실습 및 수련 지도 시 기록을 바탕으로 활동에 대한 지도감독 및 자문을 제공하게 된다. 이 외에도 다양한 평가와 질 관리의 도구로 기록을 활용하는데, "좋은 기록은 좋은 실천의 일부"라는 표현이 있듯이 기록에 의해 개입 및 과정의 전문성이 평가될 수 있다.

(2) 기록의 구성요소

의료사회복지현장에서의 기록은 보통 초기면접기록, 사회환경조사, 과정기록, 종결기록, 사후지도 등으로 구성되며, 기록의 명칭은 기관에 따라 다를 수 있다. 각 기록에서 포함해야 할 자세한 내용은 다음과 같다(이송월, 2022).

① 초기면접기록(Intake Sheet)

- 일반적 정보: 이름, 나이, 직업, 결혼 여부, 종교, 학력, 의료보장 등

- 사례개시일, 의뢰자, 의뢰경위 및 사유, 주요문제, 정보 제공자 등

② 사회환경조사(Social Study)

- 병력: 진단명, 현재 상태, 치료 과정, 예후, 질병관리행동 등
- 개인력: 개인의 발달단계, 발달단계상 과업(학업, 직업, 결혼 등), 질병이 과업 유지에 미치는 영향 여부, 병전 성격, 질병에 대한 심리적 반응, 발병 전후의 심리상태 변화, 질병에 대한 insight, 질병관리 동기, 환자의 욕구 등
- 가족력: 가족 구성원과 가족의 역동, 가계도, 질병관리에 대한 가족의 이해와 협조 정도, 주 의사결정자, 중요한 타인(가족 또는 사회적 관계) 등
- 경제력: 치료유지 가능 여부, 주 수입원, 진료비 발생 정도, 주거, 부채, 금융재산, 사보험 보장 여부 등
- 사정: 심리사회적 문제, 경제적 문제, 질병에 대한 병식(insight) 정도, 퇴원계획, 지역사회자원 연계, 재활, 강점, 문제해결능력, 스트레스 또는 문제에 대한 대처방식, 현재 이용하고 있는 서비스
- 개입 목표 및 개입 계획

③ 과정기록(Progress Note)

- 환자 및 가족과의 면담 내용(대면상담, 전화상담 등 사회복지사가 활동한 제반 내용 포함)
- 의료진 및 지역사회기관과의 팀 접근 내용

④ 종결기록(Conclusion note)

- 개입 내용에 대한 요약
- 개입결과(성취 또는 미성취 및 그 이유)

⑤ 사후지도(Follow-up)

- 종결 이후 추후상담 내용 기재(외래상담, 전화 또는 가정방문을 통한 사후지도, 외부기관 의뢰 기록 등)

(3) 기록의 유형

사회복지실천 현장에서 활용하는 기록의 유형은 기관의 특성과 요구에 따라 다양하다. 여기에서는 의료사회복지실천 영역에서 주로 활용하는 문제중심기록과 요약기록을 대표적으로 살펴보도록 하겠다.

① 문제중심기록

문제중심기록은 의학 및 보건 분야에서 학제 간 협력을 증진시키기 위해 개발된 유형으로, 의료 현장에서 주로 활용되고 있다. 문제중심기록은 문제 중심으로 구성되고, 문제의 영역을 밝히며 각각의 문제를 해결하기 위한 개입계획을 기록한다. 다학문적 전문가 팀이 통일된 공통양식으로 문제중심기록을 활용하기 때문에 전문직 간 의사소통에 용이하고 각 분야별 치료 계획을 동일한 기록지에 기록함으로써 상호 점검할 수 있다는 측면에서 유용하다.

문제중심기록의 일반적 구성은 다음과 같다.

- 데이터베이스: 성, 연령, 결혼 여부, 지능, 재정, 검사결과, 중요한 인물 등
- 문제목록: 초기 호소문제, 관련 전문가의 사정내용 등
- 계획과 목표: 규명된 문제와 관련된 계획과 목표
- 진행 및 결과기록: 실행된 것과 결과에 대한 노트

일반적으로 의료 및 사회복지 분야에서는 문제중심기록 양식으로 SOAP (Subjective information, Objective information, Assessment, Plan) 기록 양식을 사용하는데, 최근 일부 의료기관 및 실천 분야에서는 SOAP-I 또는 SOAIP 형태로 개입(Intervention) 항목을 추가하여 사용하기도 한다. 이 형식은 기존 SOAP 양식에 의료사회복지사나 의료진이 실제로 수행한 개입 내용을 명확히 기록함으로써 팀 내 치료 및 개입과정에 대한 소통을 원활하게 하는 데 도움이 된다. 문제중심기록은 위와 같이 의료 현장에서 매우 유용하게 활용되나 클라이언트의 강점보다는 문제를 강조하는 등 생의학적 관심에 초점을 두며, 문제의 사정

이 부분적으로 이루어지며 지나치게 단순화하기 때문에 클라이언트의 능력과 자원을 덜 중요시하는 단점도 있다.

문제중심기록의 예시

- S(Subjective information): 환자 또는 보호자가 제공하는 주관적 정보. 기본적인 자료, 클라이언트가 느끼는 자신의 상황에 대한 인식과 감정 등
  예 "입원 기간 동안에 아이들을 돌봐 줄 사람이 없어요",
  "환자가 지속적인 경제적 어려움을 호소함"
- O(Objective information): 의학적 진찰 및 관찰, 임상검사 소견, 검사, 전문가의 면담 및 관찰 등에서 얻어지는 객관적 · 체계적 정보
  예 밤에는 남편이 자녀를 돌보고 있으나 낮에 자녀를 돌봐줄 사람이 없는 것에 대해 매우 불안해하고 있음. 환자는 한 달 이상 입원해야 하는 상황임.
  기초생활수급자 및 차상위 신청한 경험 없음.
- A(Assessment): 주관적 · 객관적 정보를 기반으로 추론된 의사의 진단 또는 사회복지사의 사정, 해석
  예 자녀 돌봄을 위한 보육서비스 및 비용 문제 해결을 위한 대안 필요함.
  의료비 부담으로 인해 치료 지속이 어려울 가능성이 높음.
- P(Plan): 확인된 문제에 대한 앞으로의 치료 및 교육, 개입 계획
  예 자녀를 돌봐 줄 수 있는 지역사회자원 탐색 및 연계,
  긴급의료비 지원 신청 및 기초생활수급자 신청 대상 여부 검토
- I(Intervention): 의료진 또는 의료사회복지사가 개입을 수행한 내용
  예 야간까지 보육서비스가 제공될 수 있는 국립 어린이집 정보 제공 및 연결,
  ㅇㅇ재단 의료비 지원 신청 서류준비를 위해 환자 및 가족에게 준비 요청함

② 요약기록

사회복지실천에서 가장 흔히 활용되는 기록의 형태로, 의료 현장에서 자문과 회신에 주로 활용된다. 요약기록은 일반적으로 클라이언트와의 면담이나 서비스 또는 개입 등에 대해 간단히 기록하는 방식이다. 이 방식은 사례가 지속되면서 시간에 따른 변화나 전체 서비스 과정을 파악하기에 용이하며, 중요하다고

판단되는 사항을 위주로 작성할 수 있는 융통성이 있는 반면, 작성자 역량에 따라 기록이 지나치게 단순화되거나 장황하게 작성될 수 있다는 단점이 있다.

요약기록의 예시

2025. 2. 17. #1 초기면담

2. 16. 외과 간호사 이ㅇㅇ가 의뢰하여 오늘 첫 면담을 실시함. 박ㅇㅇ은 교통사고를 당해 한 달 이상 입원 치료가 필요한 상황이나 입원 기간 동안 아들(4세)과 딸(2세)을 돌봐줄 사람이 없어 걱정하고 있으며, 심리적으로도 불안한 상태임. 입원 기간 동안 자녀를 돌봐 줄 서비스나 정보에 대해 도움을 요청함.

2025. 2. 19. #2 면담

병실에서 두 번째 면담 실시함. 클라이언트 거주 지역 근처에 있는 24시간 보육시설에서 아이들을 맡아 줄 수 있음을 전달하였으며, 비용은 병원 후원회와 연계하여 지원하기로 함. 클라이언트는 무척 기뻐하였으며, 아이들에 대한 죄책감이 조금 덜어졌다며 감사함을 전함. 그러나 남편과의 갈등, 시댁과의 마찰에 대해 이야기하며 많이 우는 모습을 보였으며, 퇴원 후 생활에 대해서도 걱정하며 상담을 원하여 2. 22.에 세 번째 면담을 실시하기로 함.

3. 실천 현장과 윤리적 이슈

윤리란 사물의 이치나 어떤 행동이 도덕적으로 올바른가에 관한 질문과 관련된 것으로, 전문가에게 있어 윤리란 전문가 역할을 수행하는 데 수반하는 특수한 의무를 의미한다(한인영 · 최현미, 2002).

르웬버그와 돌고프(Lowenberg & Dolgoff, 1988)는 윤리적 딜레마 상황에서 문제를 분석하고 해결하는 방법과 절차를 다음의 5단계로 설명하며 그 과정에서 사회복지사가 수행해야 할 과업을 구체적으로 제시하고 있다(황성철, 1996 재인용).

첫째, 당면한 윤리적 문제의 본질을 파악한다. 이 문제의 관련 당사자는 누구인지 규명하고 그들의 권리, 가치, 의무가 서로 연관되어 있으며 문제의 본질을 규명하기 위해 필요한 정보를 확보하는 것이 필요하다. 둘째, 당면한 윤리적 문제의 해결을 위한 적합한 윤리적 기준을 설정하는 것이 중요하다. 이는 윤리적 의사결정의 도덕적 근거를 확인하는 작업이다. 셋째, 관련 당사자 상호 간의 이해관계가 상반될 때, 누구의 이익이 일차적으로 보호되어야 하는가에 대한 의사결정이 필요하다. 넷째, 당면한 윤리적 문제 해결의 기준이 마련되었다면 어떤 우선순위에 따라 의사결정을 할지 정한다. 일반적으로 생명 존중과 일차적 생존 욕구의 충족이 자기결정 또는 자율성보다 우선시된다. 마지막으로 다른 윤리적 결정을 내렸을 때 발생 가능한 결과는 무엇인지 심각하게 고려해서 평가한다. 이 외 돌고프와 동료들의 '윤리원칙 스크리닝(Ethical principles screen)'은 윤리적 의사결정의 위계원칙이라고도 불리며 사회복지 실천 현장에서 발생할 수 있는 윤리적 딜레마를 해결하기 위한 가이드를 제공한다(그림 5-1 참조).

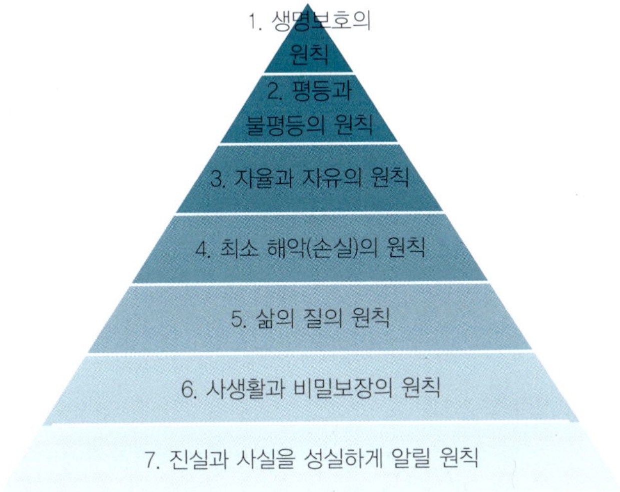

[그림 5-1] 윤리원칙 스크리닝

출처: Dolgoff, Loewenberg, & Harrington(2005)

의료사회복지사협회는 사회복지사협회 윤리강령 준수를 원칙으로 하고 있으며, 별도의 의료사회복지사 윤리강령을 따로 명시하지는 않고 있다(대한의료사회복지사협회, 2022). 다음으로 보건 및 의료 현장에서 의료사회복지사가 빈번히 마주치는 윤리적 딜레마에 대하여 살펴보도록 하겠다.

1) 비밀보장

의료사회복지사는 기관 내 명시된 '환자의 권리' 및 '사회복지사 윤리강령'에 근거하여 환자의 비밀보장 권리를 보장한다. 비밀보장은 의료사회복지사를 포함한 보건 및 의료 현장에서 근무하는 전문 인력 전체에게 중요한 윤리적 이슈이다. 의료사회복지사는 사회복지사 윤리강령 외에도 의료기관 종사자로서 「의료법」 제19조 및 제21조에 근거한 비밀보장의 의무를 지니고 있다.

비밀보장은 기록에 있어서도 지켜져야 한다. 의료 현장에서 기록에 포함된 정보는 클라이언트의 소유와 다름없으므로 기관은 클라이언트의 기록을 안전하게 보관·관리해야 할 책임이 있다. 한편, 환자의 의무기록은 진료 및 임상 연구 등 여러 가지 목적에서 큰 도움이 되지만, 이때 환자의 동의 없이 부당하게 정보가 노출되지 않도록 철저히 유의해야 한다.

사회복지사 윤리강령 – II.사회복지사의 클라이언트에 대한 윤리기준

1. 클라이언트와의 관계

4) 사회복지사는 클라이언트의 사생활을 존중하고 보호하며, 직무 수행과정에서 얻은 정보에 대해 철저하게 비밀을 유지해야 한다.

「의료법」 제19조(비밀누설 금지)

① 의료인이나 의료기관 종사자는 이 법이나 다른 법령에 특별히 규정된 경우 외에는 의료·조산 또는 간호업무나 제17조에 따른 진단서·검안서·증명서 작성·교부 업무, 제18조에 따른 처방전 작성·교부 업무, 제21조에 따른 진료기록 열람·사본 교부 업무, 제22조 제2항에 따른 진료기록부 등 보존 업무 및 제23조에 따른 전자의무기록 작성·보관·관리 업무를 하면서 알게 된 다른 사람의 정보를 누설하거나 발표하지 못한다. <개정 2016. 5. 29.>

「의료법」 제21조(기록 열람 등)

② 의료인, 의료기관의 장 및 의료기관 종사자는 환자가 아닌 다른 사람에게 환자에 관한 기록을 열람하게 하거나 그 사본을 내주는 등 내용을 확인할 수 있게 하여서는 아니 된다.

③ 제2항에도 불구하고 의료인, 의료기관의 장 및 의료기관 종사자는 다음 각 호의 어느 하나에 해당하면 그 기록을 열람하게 하거나 그 사본을 교부하는 등 그 내용을 확인할 수 있게 하여야 한다. 다만, 의사·치과의사 또는 한의사가 환자의 진료를 위하여 불가피하다고 인정한 경우에는 그러하지 아니하다.

(중략)

2) 클라이언트의 자기결정권

클라이언트의 자기결정권은 모든 사회복지영역에서 공통적으로 추구하는 핵심 규범이며, 특히 임파워먼트의 강조와 더불어 그 중요성은 더욱 강조되고 있다. 보건 및 의료 현장의 클라이언트 역시 모든 의료와 관련된 결정과정에서 자기결정권이 보장되어야 하며, 환자는 자신이 원하는 치료방법을 선택할 수 있는 자율성이 존중되어야 한다.

그러나 의료 및 정신건강 영역에서는 질병이라는 특수성으로 인해 클라이언트의 사고 및 판단능력에 대한 논쟁으로 자기결정의 제한에 대한 윤리적 딜레마가 발생하기도 한다. 클라이언트의 자기결정은 어떤 상황에서도 반드시 지켜져야 하는 절대적 권리가 아닌 특정 조건에서는 그 범위와 실현 정도가 어느 정도 제한되거나 축소될 수 있는 조건부 규범이기 때문이다(김기덕·장은숙, 2008). 이때 의료사회복지사는 질병으로 인해 정신적 판단능력이 저하된 클라이언트는 자기결정능력 또한 저하된다고 보는 무능력 논리에 반대로 자기결정능력이 떨어지는 사회적 약자로서의 클라이언트는 자기결정 권리가 언제든 침해될 수 있는 취약한 위치에 처할 수 있기 때문에 오히려 더욱 적극적인 보호와 지지를 제공할 수 있어야 한다는 점을 유념해야 한다.

의료 현장에서는 적극적인 치료 또는 연명의료의 거부 등 치료 거부로 의료진으로부터 의뢰되는 사례가 발생하기도 한다. 이때 의료사회복지사는 자기결정의 권리와 치료결과로써의 건강에 대해 고민하게 된다. 보건 및 의료 현장 내에서 의료사회복지사의 근본적 의무는 타 의료진과 동일하게 클라이언트의 건강과 적절한 치료이기에, 일반적으로 한 사람의 인간이 갖는 자기결정의 권리와 동일한 수준이기 어렵다. 일반적으로 '치료'라는 선택지와 관련하여 환자에 비해 전문가가 더 많은 지식을 가지고 있다는 판단에 기인했을 때, 무엇이 환자의 치료에 있어 최선인지 가장 잘 알고 있다고 여겨지는 의사의 권위가 더 존중될 수밖에 없다(정규원, 2002). 그러나 이 경우조차도 자신의 치료 및 생명에 대해 판단할 수 있는 최종 결정권은 클라이언트에게 있는 것으로 간주할 때, 의료사회복지사는 클라이언트의 결정에 도움이 될 수 있는 정보를 충분히 제공하고 필요 자원을 연계하는 등 최종 결정을 돕는 데 주력해야 한다.

3) 클라이언트의 이익과 기관의 이익에 대한 의무

의료사회복지사는 자신이 소속되어 있는 기관의 성장과 발전에 공헌해야 하는 의무와 기관의 정책과 절차를 준수하고 권위체계에 따라야 할 의무를 지니고 있다(황성철, 1996). 의료 현장에서 클라이언트의 이익과 기관의 이익에 대한 윤리적 딜레마는 퇴원계획 수립 시 발생할 수 있다. 퇴원계획을 수립하는 배경에 있어 의료사회복지사는 클라이언트의 이익을 대변해야 하는 한편 조직의 구성원으로서 비용효과 강조라는 기관의 이익을 동시에 고려해야 하는 입장에 처하게 된다. 이때 의료사회복지사는 환자의 제한적인 현실적 조건이 존재하지만 그 안에서 클라이언트의 상황을 면밀히 살피고 환자와 그 가족에게 최선의 서비스를 제공할 수 있도록 전문성을 발휘해야 한다(김언수 외, 2017).

의료 환경은 환자의 생명과 건강, 치료 등과 관련하여 환자, 가족, 의료진, 기관과의 관계가 개입되기 때문에 윤리적 딜레마가 자주 발생할 수 있다. 따라서 의료사회복지사는 윤리적 문제를 인식하고 적절하게 대응하기 위한 윤리적 민감성을 향상시키는 것이 필수이다. 윤리적 민감성은 '전체 윤리적 결정과정의 시작 단계부터 요구되는 요소로, 개인이 당면한 상황에 윤리적 이슈가 존재하는지를 파악하고 그 상대적 중요성을 결정할 수 있는 능력'으로, 타고나는 것이 아니라 습득하고 개선될 수 있는 것이기에 경험과 훈련이 중요하다(최명민, 2008). 의료사회복지사는 실천 현장에서 환자의 권리를 보호하고 기관 내 윤리적 문화를 조성하는 데 중요한 역할을 해야 하는 전문직으로서, 윤리적 갈등 상황에 대한 민감성을 향상시키려는 노력을 지속해 나가야 할 것이다.

CHAPTER 06

의료사회복지 실천모델 1

학 · 습 · 목 · 표

1. 의료사회복지 실천의 기반이 되는 생태체계모델, 생애과정 관점, 사례관리모델의 기본 개념에 대해 설명할 수 있다.
2. 각 의료사회복지 실천모델의 주요 원칙과 방법을 이해하고 실천 현장에의 적용을 논의할 수 있다.

생태체계모델은 개인의 행동이 다양한 환경체계와 상호작용에 의해 영향을 받는다는 것에 초점을 둔 모델로, 환자 개인뿐만 아니라 환자와 가족을 둘러싸고 있는 다양한 환경적 요인을 이해하고 지원하는 데 도움을 준다. 생애과정 관점은 최근 건강, 질병, 사망률 등 건강 및 의료 영역의 연구를 위한 프레임으로 주목되고 있다. 이 관점은 역사적 시간과 사회적 맥락, 시간의 흐름에 따른 개인과 집단 건강 실천의 변화 관계를 통합적으로 입증함으로써 공중보건 및 의학, 사회학, 심리학 분야에서 생애 전반에 걸친 건강 및 건강행동을 연구하는 데 점점 더 많이 활용되고 있다. 사례관리모델은 의료 및 사회적 차원의 복합적 욕구를 가진 환자를 대상으로, 사회 적응력을 강화하기 위해 서비스 계획을 수립하고 자원을 연결하며, 맞춤형 서비스를 제공하는 것을 목표로 한다. 이 장에서는 의료사회복지실천의 기반이 되는 실천모델들의 발달 배경과 기본 개념, 주요 원칙 및 실천 현장에의 적용에 대해 학습함으로써 보건 현장에서 타 전문직과 차별화되는 의료사회복지 실천의 전문성에 대해 이해해 보고자 한다.

1. 생태체계모델

1) 배경

생태체계모델은 개인의 발달이 주변 환경(예: 가족)부터 넓은 사회 구조(예: 문화 등)에 이르기까지 일련의 상호 연결된 환경체계에 의해 영향을 받는다고 주장한다(Bronfenbrenner, 1979). 이는 브론펜브레너가 인간발달을 분석하고 설명하면서 생태학적 관점과 일반체계론적 관점을 결합시킨 것으로, 인간과 환경 사이의 상호작용 및 상호보완을 강조하는 사회복지 실천 분야 전반에서 가장 영향력 있고 포괄적인 시각을 가진 모델이다.

생태체계적 관점은 질병을 가진 개인과 그 개인을 둘러싸고 있는 환경체계 간의 상호 교류 및 공유 영역에 대한 분석에 특히 유용하다. 생태체계적 관점에서 볼 때 개인의 환경을 몇 가지 체계로 나누어 볼 수 있는데, 각 체계는 더 높은 체계와 지속적으로 상호작용을 하기 때문에 다양한 차원으로 구분하여 볼 수 있다. 생태체계적 관점은 개인적 요인뿐만 아니라 환경적 요인을 동시에 고려하며, 개인과 환경을 개별적으로 보지 않고 관계성을 중요시한다. 생태체계적 관점에서 질병을 가진 개인의 적응을 이해하고자 할 때, 개인뿐만 아니라 개인이 상호작용하는 가족, 학교, 직장, 지역사회 및 문화나 법률과 같은 외적 체계들과의 상호작용을 고려할 수 있다(김연수 외, 2017).

사회복지실천에서 실천 영역과 관계없이 가장 널리, 가장 중요하게 다루고 있는 관점 중 하나가 생태체계적 관점이라 할 수 있다. 이는 '상황 속의 인간', '환경 속의 인간'이라는 주요한 사회복지의 관점을 기반으로 하고 있는 것으로, 의료 및 보건 현장에서 의료사회복지를 타 전문직과 본질적으로 구분해 주는 핵심 관점이기도 하다. 생태체계모델의 관점에서 의료사회복지사는 의료모델의 관점을 갖고 있는 타 전문직보다 가족과 더 의사소통하고 상호작용하며 일함으로써 보다 효과적으로 가족과 함께 일할 수 있다.

생태체계적 관점은 클라이언트를 환경과의 관계 속에서 파악하도록 하기 때문에 의료사회복지사는 사례에 생태체계적 관점을 적용함으로써 환자가 가진 다양한 욕구를 충족시키기 위해 어떠한 환경과 관계를 맺고 상호작용을 하고 있는지, 문제 해결을 위해 어려움을 악화시키는 또는 해결에 도움을 주는 환경을 탐색하는 데 초점을 맞출 수 있다.

2) 기본개념

생태체계모델에서는 개인 요인, 개인 간 상호작용, 기관/제도, 지역사회와 공공정책 등 체계를 중요하게 고려하며, 이러한 체계들의 변화와 상호작용이 개인의 행동에 변화를 가져올 것이라 본다. 생태체계모델은 환경을 미시체계(microsystem), 중간체계(mesosystem), 외체계(exsosystem), 거시체계(macrosystem), 시간체계(chronosystem)의 5가지 체계로 설명한다. 각 체계는 서로 상호의존적으로 연결되어 있으며, 개인의 성장과 행동에 다양한 수준의 환경적 영향을 미친다(그림 6-1 참조).

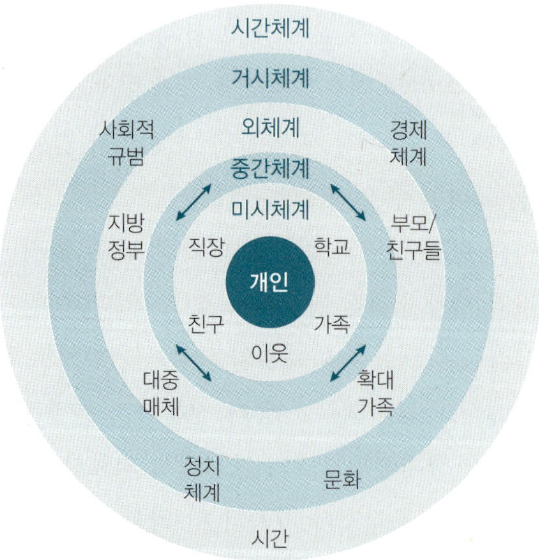

[그림 6-1] 브론펜브레너의 생태체계모델

출처: simply psychology.

(1) 미시체계(microsystem)

미시체계는 한 개인이 직접 접하는 가장 밀접한 상호작용이 일어나는 체계이다. 예를 들어, 가족, 학급, 친구, 직장, 동료, 이웃, 종교 등이 포함된다.

(2) 중간체계(mesosystem)

중간체계는 미시체계와 미시체계 간의 관계로, 미시체계들의 체계라고도 할 수 있다. 대표적인 예로 부모와 교사와의 관계, 가정과 직장 등이 포함된다. 미시체계들의 상호작용은 한 미시체계에서 일어나는 일이 다른 미시체계에 영향을 미칠 가능성을 의미한다. 예를 들어, 학교에서 친구와 다툰 청소년이 귀가 후 가정에서 부모와 부정적인 의사소통을 하게 될 수 있다.

(3) 외체계(exsosystem)

개인이 직접 관련된 것은 아니지만 어떤 사회적 환경에서 발생하는 현상이 개인에게 직·간접적으로 영향을 줄 수 있는 경우, 그 사회적 환경을 외체계라고 한다. 예를 들어, 부모의 직장 환경이나 출퇴근 시간, 직장에서의 업무량 등은 자녀가 그 직장을 직접 가 보거나 어떤 일들인지 알지 못하더라도 간접적으로 아동에게 영향을 미칠 수 있다.

(4) 거시체계(macrosystem)

거시체계는 특정 사회나 문화의 광범위한 환경적 맥락을 포함하는 것으로, 문화적 가치와 신념, 사회적 정책, 경제적 환경, 역사적 요인 등 사회의 전반적인 구성과 관련되어 있다.

(5) 시간체계(chronosystem)

미시체계, 중간체계, 외체계, 거시체계는 고정되어 있는 것이 아니라 시간의 흐름에 따라 역동적으로 변화한다고 본다. 시간체계는 시간의 차원으로 생애 전반에 걸쳐 일어나는 변화와 사회역사적 환경의 변화를 포함한다.

(6) 생태도의 활용

생태체계모델에 기반한 사정도구인 생태도(eco-map)는 사회복지실천 분야 전반에서 활용되고 있으며, 특히 의료 현장에서도 생태도를 통해 환자 및 가족의 관계, 환자와 상호작용하는 대인관계 및 역동, 주요 환경에의 욕구, 자원의 흐름, 유용한 자원 등을 파악하고 시각화할 수 있어 실천 과정에서 유용한 도구로 활용되고 있다.

생태도는 복잡한 광범위한 관계들을 하나의 그림으로 압축할 수 있기 때문에 많은 정보를 빠르게 이해하는 데 유용하며, 특히 클라이언트와 함께 생태도를 작업하는 것은 클라이언트가 인식한 개인과 조직, 환경 간의 관계와 우선순

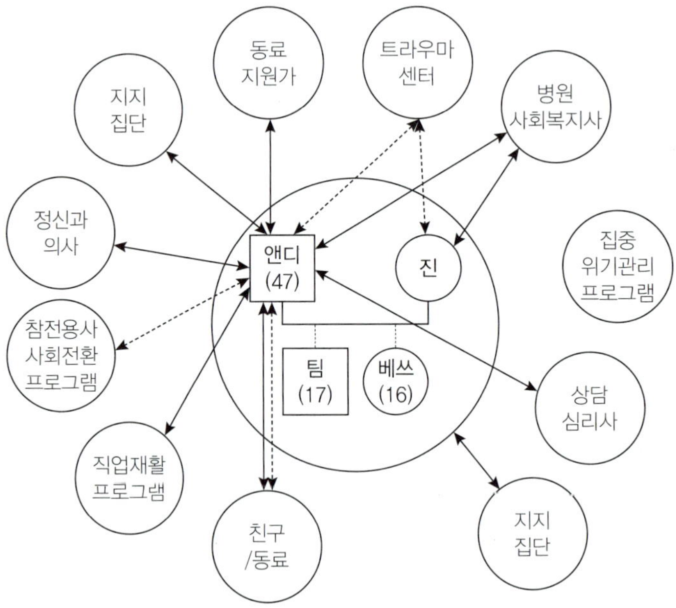

[그림 6-2] 생태도 예시

출처: McCoyd, Lee, & Kerson(2016)

위를 이해하는 데 도움이 된다(McCoyd, Lee, & Kerson, 2016). 생태도에서 가장 큰 중심의 원에는 일반적으로 클라이언트의 핵가족이 포함되며, 관계와 에너지의 흐름은 선의 모양과 화살표로 표현한다. 생태도는 실천 과정 동안 정기적으로 업데이트될 수 있으며, 시간이 흐름에 따라 변화된 생태도를 비교하며 평가에 활용할 수도 있다(그림 6-2 참조).

3) 실천에의 적용

생태체계모델은 의료사회복지 현장에서 사정 및 개입의 전 과정에 유용하게 활용될 수 있다. 의료사회복지 현장에서 생태체계적 관점은 특정 대상이나 특정 문제에 대해 이해하고 그 영향요인을 파악하는 데 있어 분석틀로 활용할 수 있다. 효과적인 사정을 위해 의료사회복지사는 체계에 따른 다차원적 고려를 할 수 있으며, 환자와 그 가족이 상호작용하는 수많은 체계와 건강의 상호 영향을 효율적으로 고려할 수 있다. 환자의 질병으로 인해 가족 구성원의 역할이 변화될 수 있으며(질병으로 인한 환자의 일상 및 자기관리기술의 저하는 가족 구성원에게 돌봄의 역할을 가져옴), 반대로 가족 내의 부정적인 관계나 가족 내부 또는 모의 부재, 가족 구성원의 바람직하지 않은 행동(아버지의 알코올 중독 또는 청소년 자녀의 비행 등) 등이 환자의 질병 관리에 영향을 미칠 수도 있다.

거시적 차원에서 사회적 · 정치적 · 경제적 시스템은 건강행동과 건강을 지원하는 자원에 대한 접근에 영향을 미친다. 예를 들어, 지리적으로 가까운 의료서비스를 받을 수 없거나 응급의료 서비스를 받을 수 없는 경우 건강을 체계적으로 관리하거나 응급상황에 대처할 수 없다. 또한 부적절한 사회정책으로 인한 불완전한 의료시스템은 사회적으로 위험한 질병의 발병을 유발하고 감염병 등에 대처하기 어려워 확산을 유발할 수 있다. 교통체증, 오염, 소음 등 산업화, 도시화로 인한 환경의 변화는 스트레스부터 암에 이르기까지 다양한 건강의 위험을 유발한다.

이와 같이 건강과 의료서비스는 개인 차원을 넘어 그 개인을 둘러싸고 있는 다양한 상황적 맥락과 환경 시스템의 복합적 영향을 받는다. 따라서 생태체계적 관점에서 의료사회복지는 개인과 공공 모두의 건강을 강화하고 유지하기 위해 개인, 가족, 지역사회, 사회를 지원하는 포괄적 개념으로도 볼 수 있다.

2. 생애과정 관점

1) 배경

생애과정 관점은 인간의 삶을 고정된 단계로 보지 않고, 시간과 사회적 맥락 속에서 변화하는 과정으로 이해하는 이론이다. 생애과정(life course)은 태어나서부터 각 성장단계를 거쳐 죽음에 이르는 일련의 개인적인 삶의 변화 과정을 의미한다. 사람의 인생은 그 사람이 겪은 중요한 일들과 사회적 사건이 서로 영향을 주고받으며 만들어지기 때문에, 이를 통해 개인의 삶을 이해하고자 하는 것이 생애과정 관점이다(Elder & Shanahan, 2006). 생애과정은 생애주기(Life cycle)와 혼용되어 사용되기도 한다. 생애과정은 출생에서 죽음에 이르기까지의 사회적 경로에 초점을 두며, 특정 생애 단계의 이행, 참여 및 지위 유형에서의 변화 등에 초점을 두는 반면(Kruger, 2003), 생애주기는 생애에서 나타나는 사건의 배열을 묘사하는 것으로, 보통 세대 간의 재생산 과정에서 사용되는 개념이라 할 수 있다(문혜진, 2010).

개인 삶의 중요한 사건과 사회적 요인의 상호 영향의 대표적인 예로, 1980년 영국의 사회경제적 지위 격차에 따른 유병률과 사망률의 차이를 발표한 블랙 보고서의 출간을 들 수 있다. 이 보고서의 발표 후 사회경제적 지위가 건강 불평등에 미치는 영향에 대한 논의가 활발히 진행되기 시작하였다(윤수경, 2019). 당시의 연구는 교육 수준, 소득 수준, 경제 활동 참가 여부와 같은 사회경제적 지위가 개인의 건강과 관련이 있음에 초점이 맞춰졌는데, 아동기의 사회경제적 지위가 이후 성인기 건강에 영향을 미치는 요인으로 주목받기 시작하면서 많은 학자들에 의해 생애 초기의 사회경제적 상태가 전 생애에 걸쳐 건강에 영향을 미친다는 주장이 뒷받침되었다(Becker, 1993; Gilman et al., 2002).

이와 같이 생애과정 관점(Life-Course Perspective, LCP)은 건강 및 의료 영역에 있어 영유아기 및 아동기에서부터 청소년기, 성인기를 거쳐 노년기에 이르기까지 생애과정에서 노출되고 경험된 사건들이 질병 위험과 사회경제적 위치에 어떻게 영향을 미치는지 연구함으로써 사회경제적 요인과 건강 불평등을 설명하는 틀을 우리에게 제공해 준다(Kuh et al., 2003).

2) 기본개념

생애과정 관점은 인간의 행동과 통제력을 중요하게 바라본다. 이 관점에서 사람들은 단순히 환경에 의해 결정되는 것이 아니라, 스스로 선택하고 행동하여 삶을 변화시킬 수 있다. 예를 들어, 어려운 가정환경에서도 교육을 통해 사회적 이동을 이루어 내는 경우를 볼 수 있다. 즉 생애과정 관점에서는 개인이 단순히 사회의 영향을 받기만 하는 존재가 아니라, 오히려 스스로 목표를 세우고 선택을 하면서 사회 구조를 형성하고 영향을 주는 주체적인 행위자라고 본다. 개인은 스스로 계획을 세우고 선택할 수 있는 능력이 있으며, 적극적이고 자기 통제적인 과정을 거쳐 사회적 관계를 선택하고 참여하게 된다(Clausen 1991). 그러나 개인이 어떠한 선택을 할 수 있는 능력은 기회와 제약에 따라 달라지기도 한다. 엘더(Elder, 1974)는 가족과 개인이 자원이나 사회적 변화에 대응하며 기대와 행동을 수정하는 통제의 개념을 설명하였다. 예를 들어, 대공황 당시 가족이 지출을 줄이고 가족의 소득원을 확대하면서 경제적 어려움에 대한 통제력을 어느 정도 회복했다는 것을 발견하였다. 이런 식으로 가족과 개인은 생애과정의 사건과 경험을 구성·협상·탐색할 수 있다.

또한 생애과정 관점은 과거가 미래를 형성하는 방식에 대해 설명해 준다. 즉 인생 초기의 결정, 기회 및 조건이 이후의 결과에 영향을 미친다는 측면에서 과거는 현재와 미래를 형성할 수 있는 잠재력을 가진다고 간주한다. 이는 세대 수준 또는 개인-가족 수준 등 다양한 수준에서 발생할 수 있다. 예를 들어, 한 세대는 자신의 인생 역사를 형성한 역사적 상황의 반향을 다음 세대로 전달할 수 있다(예: 페미니즘 운동을 통해 살아감). 또한 이전의 인생 사건과 행동이 발생하는 삶의 순간(예: 중퇴, 가정폭력 목격)은 개인과 그 가족에게 연쇄 반응으로 나타날 수도 있다(예: 빈곤의 재생산, 가정폭력의 순환). 다시 말해, 과거는 사회경제적 지위, 정신 건강, 신체 기능 및 결혼 패턴과 같은 후기 인생 결과에 상당한 영향을 미칠 수 있다는 것이다. 삶의 시간 동안 누적되어 온 이점이나 불이익에 대해 인식하는 것을 생애과정의 장기적 관점이라고 볼 수 있는데, 이는 삶의 후반부에서 나타나는 사회적 불평등을 이해하고 효과적인 사회정책과 프로그램을 만드는 데 활용될 수 있다(O'Rand, 1996).

다음으로 생애과정 관점을 특징짓는 주요 개념과 모델에 대해 설명해 보고자 한다(Bengton & Allen, 1993).

(1) 생애과정 관점의 주요 개념

① 궤적(Trajectories)

궤적은 개인이 장기간에 걸쳐 특정한 삶의 영역에서 경험하는 연속적인 변화와 패턴을 의미한다. 건강의 측면에서 보면 어린 시절의 건강 상태는 청년기의 건강 습관과 연결되며, 이는 중년기의 만성질환 여부에 영향을 미친다. 예를 들어, 아동기에 인스턴트 섭취를 즐기던 식습관은 청년기에도 편식의 식습관으로 이어져 중·노년기에 다양한 질환을 발생시킬 수 있다.

② 전환(Transitions)

한 상태에서 다른 상태로 바뀌는 과정으로, 졸업 또는 결혼과 같이 예측 가능할 수도 있으며, 실직이나 질병과 같이 갑작스럽게 발생할 수도 있다. 전환은 앞서 설명한 '궤적'을 변화시키는 계기가 된다. 예를 들어, 결혼(전환)은 가족 궤적을 변화시키고, 출산(전환)은 부모 역할의 궤적을 새롭게 발생시킨다.

궤적을 따라 진행되는 과정에서 일부 전환은 연령에 적합하다고 볼 수 있는 반면, 다른 전환은 너무 이르거나 너무 늦게 발생하기도 한다(Hagestad & Neugarten, 1985). '연령 외 전환(off-age transition)'은 매우 어린 나이(예: 15세)에 집을 떠나거나 십대 부모가 되는 것을 예로 들 수 있다. '전환 역전' 또는 '역전환'의 가능성도 있는데, '전환 역전'의 예로는 젊은 성인이 집을 떠난 후 돌아오는 경우를 들 수 있으며, '역전환'은 다른 역할 및 지위의 삶의 변화(예: 부모가 되면 조부모가 됨)로 인해 발생하는 경우이다.

③ 전환점(Turning points)

'전환점'은 개인의 생애 궤적을 근본적으로 변화시키는 중요한 사건이나 경험을 의미한다. 삶에서 단순히 상태가 바뀌는 '전환'과는 달리 개인의 방향성을 바꾸거나 새로운 경로로 이동하게 만드는 결정적 지점을 뜻한다. 예를 들어, 개인은 성장 과정에서 출생, 교육, 취업, 결혼, 은퇴 등 중요한 전환점을 경험한다.

'전환점'은 같은 경험이더라도 각 개인이 그것을 전환점으로 인식하는지 '주관적 의미(subjective meaning)'가 매우 중요하다. 같은 '취업'이라 할지라도 어떤 사람에게는 삶을 새롭게 시작하는 기회가 될 수도 있지만(전환점), 어떤 사람에게는 졸업 후 이어지는 단순한 변화(전환)에 그칠 수도 있다. 이러한 전환점은 단순한 변화가 아닌 장기적으로 삶의 방향에 영향을 미치는 사건이며, 개인의 선택뿐 아니라 경제 위기 등 사회적 · 역사적 환경과 관련되기도 한다.

④ 문화와 맥락의 영향(Cultural and contextual influences)

생애과정 관점에서 개인의 삶은 단순히 개인의 선택이나 생물학적 발달에 의해 결정되는 것이 아니라 문화적 · 사회적 · 역사적 맥락 안에서 형성된다고 본다. 각 사회의 가치관, 전통, 제도는 개인에게 깊이 영향을 줌으로써 생애과정을 형성하는 데 중요한 역할을 한다.

문화적 영향으로는 각 문화권이 가지는 사회적 기대와 규범, 가족 구조와 가치관, 성별 및 연령에 대한 역할기대 등이 해당되며, 건강 측면에서는 질병을 바라보는 관점이나 태도 등이 해당된다. 예를 들어, 어떤 문화에서는 가족의 부양이 중요한 가치이지만 다른 문화권에서는 개인주의적 경향이 강할 수 있다. 한편, 맥락의 영향으로는 역사적·사회경제적 정책 및 제도 등의 영향을 들 수 있다.

⑤ 삶의 타이밍(Timing in lives)

삶의 타이밍은 개인이 특정한 삶의 사건이나 전환을 언제 경험하는지가 생애과정에 중요한 영향을 미친다는 개념이다. 다시 말해, 같은 사건이라도 어느 타이밍에 발생하느냐에 따라 그 의미와 결과는 달라질 수 있다. 예를 들어, 교육과 취업의 경우, 일반적 시기인 20대 초반에 대학을 졸업하는 경우와 30대 중반에 졸업하는 것은 직업 경로에 다른 영향을 미칠 수 있을 것이다. 건강의 경우, 젊은 시기부터 건강관리를 해 온 사람은 노년기에도 더 나은 건강상태를 유지할 가능성이 크나, 중년 이후에서야 건강관리를 시작한 경우는 그 효과가 제한적일 수밖에 없다.

삶의 타이밍은 '개인 시간', '세대 시간', '역사적 시간'의 세 가지 유형으로 설명될 수 있다(Price, McKenry, & Murphy, 2000). '개인 시간'은 연대순의 연령을 의미한다. 유년기, 청소년기, 노년기와 같은 삶의 시기가 사회에서의 지위, 역할, 권리에 영향을 미친다는 개념이다(Hagestad & Neugarten, 1985). '세대 시간'은 사람들이 나이에 따라 그룹화되는 연령대 또는 코호트를 말한다. 예를 들어, 1946년에서 1964년 사이에 태어난 사람들은 종종 '베이비붐 세대'라고 불린다. 마지막으로 '역사적 시간'은 사회적 또는 대규모 변화나 사건과 이러한 변화가 개인과 가족에게 미치는 영향을 뜻한다. 여기에는 정치 및 경제적 변화, 전쟁, 기술 혁신(예: 인터넷을 통한 정보 접근) 등이 포함된다.

⑥ 연결된 삶(Linked lives)

개인의 삶은 가족, 친구, 지역사회 등과 서로 연결되어 영향을 주고받는다. '연결된 삶'은 삶이 여러 수준에서 상호 연결되어 상호의존적이라는 개념이다.

가족 구성원 간의 연결된 삶의 예시로, 부모의 실직은 자녀의 교육 기회에 영향을 줄 수 있다. 또 거시적 수준의 사건이 개인의 행동과 연결되어 영향을 미칠 수도 있는데, 전쟁과 같은 사건은 개인의 군입대 같은 행동과 연결된다.

또한 가족 구성원은 삶의 계획 및 삶의 사건이 발생하는 타이밍과 관련된 문제에 따라 자신의 삶을 동기화하거나 조정할 수도 있다. 이는 때때로 긴장과 갈등을 유발할 수 있는데, 특히 개인의 목표가 집단으로서의 가족의 요구와 다를 때 발생한다. 예를 들어, 성인 자녀의 개인적 전환 타이밍(예: 결혼 시기)이 노령 부모의 요구와 상반되거나 방해될 때 문제가 발생할 수 있다(Hareven, 1996).

⑦ 적응 전략(Adaptive strategies)

적응 전략은 개인이 생애 전반에 걸쳐 변화하는 환경, 사회적 기대, 신체적·심리적 변화에 대응하는 방식을 의미한다. 개인은 자신이 처한 환경과 상황에 따라 적절한 결정을 내리고 대처하게 되는데, 이러한 적응 전략은 발달단계에 따라 달라지며, 가족, 또래집단, 사회적 규범 등 사회적 맥락의 영향을 받는다(Wethington, 2005).

〈표 6-1〉 생애과정 관점의 주요 개념 구분

개념	정의	예시
궤적 (Trajectories)	시간에 따른 안정적인 행동 또는 건강 패턴	담배 사용, 만성 질환
전환 (Transitions)	사회적 역할이나 책임의 변화	이혼, 첫 아이의 출생, 직무 책임의 변화
전환점 (Turning points)	지속적인 사회적 역할의 주요 변화인 전환 궤적: 인생은 다른 방향으로 나아감	진로에 영향을 미치는 교육적 결정
문화와 맥락의 영향 (Cultural and contextual influences)	변화와 적응 과정을 형성하고 제약하는 사건과 외부 효과	대공황, 인종, 성별, 아동기에 영향을 미치는 이웃 요인
삶의 타이밍 (Timing in lives)	생애과정의 연령 또는 단계와 사건 또는 전환 시기 간의 상호작용	대공황 같은 주요 사건 당시의 나이: 첫 아이가 태어날 때의 나이

개념	정의	예시
연결된 삶 (Linked lives)	한 사람의 발전이 다른 사람의 존재, 영향 또는 발전에 미치는 영향	배우자가 상대방의 건강행동에 미치는 영향
적응 전략 (Adaptive strategies)	사람들이 건강이나 삶의 질을 개선하기 위해 내리는 의식적인 결정 또는 외부 변화에 적응하기 위한 의사결정 방식을 설명하는 사회적 규범	건강행동의 변화: 위험에 대한 조치, 부인, 회피 또는 재평가와 같은 개별 대처 전략

출처: Wethington(2005)

(2) 생애과정 관점의 모델

생애과정 관점은 생애 초기의 조건이 이후 사회적 환경 속에서 어떻게 건강에 영향을 주는가에 대해 여러 모델로 설명하고 있다. 자세히 살펴보면 다음과 같다(이현주 · 정은희, 2016).

① 잠재적/민감 시기 모델(latency/sensitive periods model)

잠재적/민감 시기 모델은 인간 발달과 건강에 영향을 미치는 특정 시기가 있다는 점에 주목한다. 특히 생애 초기의 환경은 독립적으로 건강에 영향을 미친다고 보는데, 태아기, 유년기 등 특정 시기에 위험요인에 노출되어 건강 또는 신체상의 발달이 충분히 이루어지지 않은 경우, 성인기의 장애로 이어질 수 있다는 것이다(윤수경, 2019). 예를 들어, 태아기의 영양 부족은 성인기의 심혈관 질환 위험을 증가시키며, 영유아기의 정서적 방임은 이후 정신건강 문제 발생 가능성을 증가시킬 수 있다. 또한 청소년기의 사회적 소외는 성인기의 사회참여와 자립능력을 저하시킬 수 있다. 이와 같이 특정 시기에 발생한 영향은 이후 회복이 어렵거나 완전히 극복되지 않을 수 있지만, 반대로 영양, 보살핌, 교육 등 환경요인을 통해 이 시기를 잘 활용하면 건강 격차를 예방하거나 줄일 수도 있다.

② 위험 축적 모델(accumulation of risk model)

위험 축적 모델은 생애 초기의 위험요인이 또 다른 위험을 야기하면서 불이익이 누적되어 이후 건강에 부정적 영향을 주거나 건강상의 불평등으로 나타난다고 보는 것으로, 누적모델이라고도 한다(Conroy, Sandel, & Zuckerman, 2010). 질병의 위험요인이나 보호요인은 생애과정에 걸쳐 축적되는데, 이러한 요인들은 건강에 독립적으로 영향을 주기도 하지만 동시에 이후의 전반적인 삶의 경험과 환경에 서로 연결되어 장기적인 영향을 미치고, 그로 인한 불이익이 성인기 및 노년기에 이르러 누적 효과를 보인다. 예를 들어, 부정적 환경에의 노출이 축적되어 나중에 만성질환의 위험성을 높이고 직·간접적으로 건강상태를 악화시키는 위험요인으로 작용할 수 있다(윤수경, 2019). 이 모델은 건강에 있어 어떤 민감한 특정 시기가 있다기보다 생애과정에 걸친 낮은 사회경제적 지위와 그에 따른 경험에 의해 건강상의 불이익이 지속적으로 부정적인 작용을 한다고 본다.

③ 사회적 경로 모델(social pathway model)

이 모델은 생애 초기의 생활 및 환경이 성인기의 사회적 환경에 영향을 주고, 이것이 성인기 이후 상황과 연결되며 건강에 영향을 준다고 설명한다. 그러나 생애 초기의 조건이 성인기 이후 건강에 직접적인 영향을 준다기보다는 생애 초기의 사회경제적 지위가 성인기 이후의 사회경제적 지위에 영향을 미치고 연결됨으로써 건강에도 영향을 준다는 것이다. 예를 들어, 취약 계층의 아동은 건강의 보호요인이 될 수 있는 교육을 받을 기회가 낮아지고, 이는 다시 성인기에 더 나은 직업을 가질 기회를 낮추면서 건강에도 영향을 미칠 수 있다.

④ 사회적 이동 모델(social mobility model)

이 모델은 생애 초기의 사회경제적 지위의 효과가 이후 연결되는 환경에 의해 수정될 수 있다고 가정한다. 즉 낮은 사회경제적 지위에서 높은 사회경제적 지위로 이동하거나 그 반대의 이동에 따라 생애 초기 환경의 건강에 대한 영향력이 달라질 수 있다는 것이다.

생애과정에 대한 위의 모델들은 동시에 발생할 수도 있는데, 예를 들어 아동기의 위험요인이 이후 건강에 직접적 영향을 줌과 동시에 다른 위험을 발생시키며 축적된 영향도 줄 수 있다. 이러한 모델들은 서로 경쟁적인 것이 아니라 연결되고 보완되면서 생애과정의 사회경제적 지위와 건강의 관계를 설명해 주고 있으며(Pudrovska & Anikputa, 2014), 우리가 건강과 관련된 서비스를 제공하는 데 고려하고 개입해야 할 요소에 대한 지침을 제공한다.

3) 실천에의 적용

생애과정 관점은 타 모델에 비해 비교적 최근 모델로, 최근 몇 년 동안 가족(Huinink & Feldhaus, 2009), 조직(King, 2009), 사회운동(Della Porta, & Diani, 2006) 등 다양한 사회적 상황의 경로를 이해하는 데 활용되고 있다. 건강 및 의료 영역에서 또한 건강행동과 결과에 대한 종단연구, 약물중독자의 평생약물사용 패턴을 이해하는 데 유용한 관점으로 제안되고 있다(Hser, Longshore & Anglin, 2007). 이 밖에도 생애과정 관점에서 사회경제적 지위의 영향력이 건강에 미치는 영향과 메커니즘을 검증하는 것은 건강 불평등을 감소시키기 위한 전략의 근거와 개입의 시점에 대한 정보를 얻을 수 있다는 점에서 매우 중요하다(윤수경, 2019).

국외의 몇몇 연구에 의하면, 부모의 사회경제적 지위, 즉 부모의 교육 수준이 낮거나 부모가 기술직 또는 저숙련 노동자인 경우, 아동기의 낮은 사회경제적 지위에 영향을 미치며, 이는 이후 아동이 성인기에 도달했을 때 우울에 부정적 영향을 미치는 것으로 나타났을 뿐 아니라(Danse et al., 2009; Lynch et al., 1997), 노년기 우울에까지 영향을 미치는 것으로 검증되었다(김지현·한지나, 2014). 이러한 연구결과는 성인기 이후의 신체·정신건강의 증진을 위해 아동기의 사회경제적 불평등을 해소하기 위한 정책적 노력이 필요함을 시사한다.

3. 사례관리

1) 배경

사례관리는 사회복지 개입의 대표적인 주요 전략 중 하나로, 1950년대 이후 미국의 탈시설화 영향으로 지역사회보호가 강조되면서 대두되었다. 우리나라에서는 1980년대 후반 지역사회 중심의 재가복지영역에서의 사례관리를 시작으로, 1990년대 중반부터 정신건강영역, 의료급여대상, 공공기관 등의 영역으로 사례관리가 확대·시행되었다.

의료사회복지실천은 전통적으로 의료기관 및 현장에 국한된 실천으로 시작되었으나, 오늘날에는 지역사회기반의 건강 및 요양돌봄 실천이 다양해지고, 지역사회기관과의 연계가 활발해지면서 의료사회복지사의 역할 또한 단순한 상담이나 교육, 자원연결 등의 단편적 개입을 넘어 사례관리의 중요성까지 매우 강조되고 있다. 특히 우리나라는 초고령화로 인해 의료비 증가 및 돌봄 문제가 가속화되었고, 정부는 이에 대응하기 위하여 2012년 공공사례관리의 도입과 2018년 '지역사회통합돌봄 기본계획'의 발표, 2024년 '「의료·요양 등 지역돌봄의 통합지원에 관한 법률」 제정' 등 사례관리에 대한 제도적 지원을 확대하였다.

2) 기본개념

사례관리란, "복합적이고 다양한 욕구가 있는 클라이언트와 그 가족의 사회적 기능회복을 돕는 통합적 실천 방법"을 의미한다(한국사례관리학회, 2016). 사회복지실천에서의 사례관리는 생태체계관점과 강점관점을 기반으로 한다.

사례관리에서 생태체계관점을 이론적 기반으로 활용하면서 개인과 환경은 서로 분리할 수 없는 존재로 바라본다. 개인과 환경의 상호 관련성을 강조하는 생태체계적 관점에 근거함으로써 클라이언트를 둘러싸고 있는 환경체계에 대한 차별화된 사정이 가능하고, 클라이언트를 총체적으로 이해할 수 있게 된다. 또한 다양한 체계 간의 관계와 상호작용 영향에 주목하여 문제 해결을 위한 변화를 이끌어 낼 수 있다. 이 외에도 클라이언트와 환경 간의 적합성을 증진시키기 위한 개입방법을 모색하며 공식적 · 비공식적 자원을 탐색할 수 있게 한다.

사례관리에서 강점관점을 적용하는 것은 사례관리 과정에서 개인, 가족, 지역사회가 지닌 결핍과 어려움뿐만 아니라 클라이언트가 지닌 잠재력과 기술에 주목하고 접근하는 것을 가능하게 한다. 사례관리자는 강점관점의 실천원리를 적용하기 위해 클라이언트가 어떤 변화를 원하는지 가능성과 전망에 대해 질문하고, 성장과 변화에 대한 기대를 갖도록 지원한다.

한편, 사례관리는 치료적 측면에서 질병 또는 기능상실로 인한 클라이언트의 정서적 문제를 다루는 개입방법으로 정의되기도 한다. 이 관점에서 사례관리는 클라이언트와 사례관리자와의 치료적 관계를 바탕으로, 클라이언트의 정신내적 · 대인 관계적 · 환경적 개입이 상호 간에 연합하는 것을 뜻한다(양옥경 외, 2018). 같은 관점에서 사례관리가 서비스 연계 또는 단순 서비스 조정만으로 제한되는 것이 아닌 클라이언트가 자존감을 회복하고 새로운 대처기술을 습득할 수 있도록 변화를 지원하는 직접적 · 치료적 서비스를 포함한 클라이언트 중심의 임상사례관리(clinical case management)의 개념도 사용되었다(배민진, 1995).

(1) 사례관리의 목적 및 기능

사례관리의 목적은 클라이언트의 다양하고 복합적인 욕구를 충족시키기 위해 체계적 · 지속적으로 서비스를 제공하고 자원을 연계함으로써 사회적 기능과 자립을 극대화하는 데 있다. 엄명용 외(2020)는 여러 학자들이 제시한 사례관리의 주요 목적과 원칙을 다음과 같이 정리하였다.

① 보호의 연속성: 사례관리의 대상은 만성적이고 복합적인 욕구를 지니고 있는 경우가 많으며, 때로는 장기적인 보호와 지원이 필요한 경우가 많다.

때문에 다양한 욕구를 충족하기 위한 포괄적 서비스를 시간의 경과에 맞추어 지속적으로 제공해 주어야 한다.

② 클라이언트의 역량강화: 사례관리는 궁극적으로 클라이언트가 자신의 삶을 스스로 살아갈 수 있도록 역량을 강화하는 것을 목적으로 한다. 이를 위해 클라이언트의 강점에 기반한 서비스를 제공한다.

③ 서비스의 통합성: 지역사회 및 기관의 자원과 서비스를 통합적으로 확보함으로써 서비스 파편화 및 중복을 감소시키고 서비스 간 상호작용을 촉진한다.

④ 서비스 접근성 향상: 대상자의 서비스 접근성을 저해하는 다양한 장애물을 최소화하기 위해 자원 개발 및 연계, 자원 활용 역량 강화, 찾아가는 서비스 등 적극적인 방법을 중시한다.

⑤ 사회적 책임의 제고: 사례관리 서비스에 대한 책무성을 향상시키기 위해 팀접근, 통합사례회의 등을 활용한다.

⑥ 평가의 중요성: 사례관리에 대한 성과와 효율성을 확인할 수 있는 평가는 중요하다. 이때 평가는 성과평가와 과정평가를 포함한다.

사회복지사는 사례관리 업무를 수행하면서 클라이언트에 대한 옹호 역할부터 자원이나 정보를 제공하는 역할, 클라이언트가 주요 상호작용하는 환경체계와의 소통, 서비스 조정, 타 기관과의 중개, 클라이언트 및 가족대상의 교육, 클라이언트를 위한 협상부터 자문, 위기관리 등 다양한 역할을 동시에 수행한다(김희수·최선희, 2019). 이에 더하여 건강 및 보건 영역의 사례관리는 장기보호를 위한 계획을 수립하고 자원을 연계하기 위해 지역사회에 기반한 조직 및 기관이 필요로 하는 서비스를 제공하고 의료체계 내에서 활용 가능한 서비스를 지원한다(Netting et al., 1990).

때때로 병원기반 사례관리는 단순히 퇴원계획과 혼동되기도 하는데, 이는 구분되어야 한다. 퇴원계획과 달리 사례관리자는 좀 더 장기적인 지원을 담당하며, 퇴원 후 지역사회 복귀 시 필요한 자원을 연계하고 서비스를 제공하기 위한 계획을 수립하는 것이다. 그러나 미국과 달리 우리나라는 의료사회복지사가 퇴원계획가와 사례관리자의 역할과 업무를 동시에 수행하고 있는 것으로 보여진다(강흥구, 2014).

(2) 사례관리 실천과정

사례관리 실천과정의 구분은 학자마다 다를 수 있으나 공통적으로 접수 및 초기과정, 사정, 목표 및 계획수립, 실행 및 모니터링, 평가 및 종결의 5단계를 포함한다(그림 6-3 참조). 단계별 사례관리자가 수행해야 할 과업에 대해 간략히 살펴보면 다음과 같다.

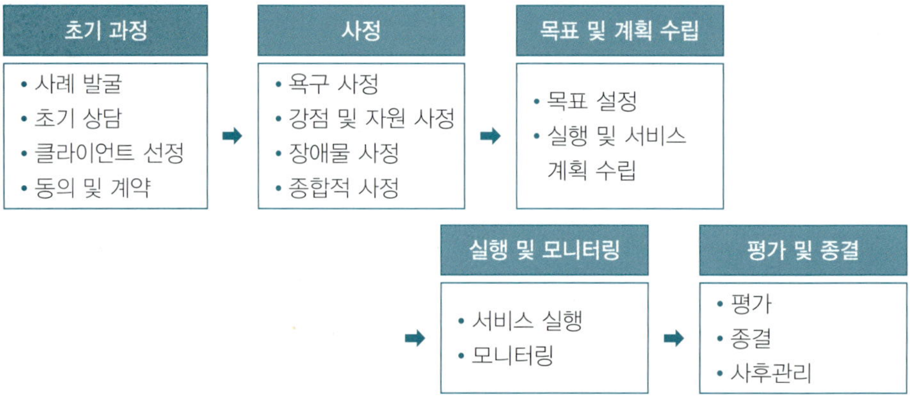

[그림 6-3] 사례관리의 과정

① 초기과정: 첫 단계인 초기과정에서는 사례발굴을 포함하여 접수(intake) 및 초기 상담을 실시하게 된다. 초기 상담단계에서는 관계 형성, 정보수집을 통해 클라이언트의 적격 여부를 확인하고 클라이언트를 선정하게 된다. 클라이언트로 선정되면 동의를 거쳐 계약을 진행하게 되는데, 이 과정에서 클라이언트에게 사례관리과정에 대해 안내함으로써 클라이언트가 향후 욕구 사정 및 문제 해결을 위해 진행되는 종결까지의 전체 과정에 대

해 인지할 수 있다.

② 사정: 사정(assessment)은 클라이언트의 신체적·심리적·사회적 건강과 기능을 비롯하여 다차원적 욕구, 주변 환경과 지지체계, 강점과 장애물 등을 구체화함으로써 종합적으로 확인하는 과정이다. 사정단계에서 사례관리자는 클라이언트의 욕구사정과 자원사정을 반드시 수행하여야 하는데, 욕구사정은 클라이언트에게 제시된 욕구를 확인하는 것이며, 자원사정은 클라이언트의 강점과 자원, 장애물을 파악하는 것이다. 사례관리자는 사정 과정에서 클라이언트와 관련 체계를 참여시켜야 하며, 사정을 통해 사례관리자는 욕구충족을 위해 어떻게 클라이언트의 강점과 역량을 강화하여 욕구 충족을 지원할 수 있을지 계획을 수립할 수 있다(최혜지 외, 2021).

③ 목표 및 계획수립: 사례관리자는 사정결과에 근거하여 개별화된 목표를 설정하고 서비스 계획을 수립한다. 이때 목표는 명료하고 실현 가능한 것이어야 하며, 클라이언트의 욕구에 부합하는 것이어야 한다(최혜지 외, 2021). 서비스 계획은 자원체계와의 협력에 기반하여 서비스 제공자, 기관, 달성방법 및 시간계획을 제시하며, 이러한 계획 역시 클라이언트와 합의되어야 한다(한국사례관리학회, 2016).

④ 실행 및 모니터링: 실행은 클라이언트에게 필요한 서비스를 연결, 배치하고 개입을 통해 서비스를 제공하는 과정이다. 사례관리 목표를 달성하기 위해 사례관리자는 서비스 계획에 따라 상담, 교육, 자원 연계 등을 제공하는 직접실천이나 대상자에게 필요한 서비스를 지역사회 기관에 의뢰, 요청하는 간접실천을 제공할 수 있다(엄명용 외, 2020). 실행 후에도 계획에 따라 서비스가 잘 제공되고 있는지, 어려움은 없는지 등을 모니터링하는 것이 필요한데, 클라이언트의 욕구와 처한 환경이 상황에 따라 항상 변화될 수 있기 때문에 이 과정은 필수적이다.

⑤ 평가 및 종결: 사례관리에 있어 평가는 클라이언트에 관한 서비스와 개입계획에 관한 평가, 목적 달성에 관한 평가, 사례관리 서비스의 전반적인

효과성에 관한 평가, 클라이언트의 만족도에 관한 평가 등을 포함한다(양옥경 외, 2018). 이러한 평가 결과에 따라 남아 있는 문제를 해결하기 위해 사정 및 개입단계로 환류하거나 타 기관에 의뢰할지 또는 사례관리를 종결할지 등의 여부를 결정하게 된다. 종결 시에는 클라이언트의 종결에 대한 감정을 다루며 사후관리계획을 수립하게 되는데, 보통 종결 후 6개월 이내로 유선, 방문 등을 통해 진행한다.

보건 및 의료 현장에서의 사례관리 또한 일반 사회복지실천 현장의 사례관리 과정과 다르지 않다. 다만 병원이라는 장소 및 입원이라는 기간제한적인 상황의 특수성을 고려해야 할 경우, 문제를 파악하고 계획을 수립, 적절한 서비스를 연계하는 과정에 여러 가지 상황적 제한이 있을 수 있음을 고려해야 한다. 이 경우 단기(예: 퇴원계획, 경제적 지원, 심리상담) 및 중기(예: 지역사회 적응 등) 개입 계획을 구분하여 수립하는 것이 도움이 되며, 병원 내 의료진 및 외부기관(지자체, 지역사회 복지기관 등)과 협력방안을 논의하여 진행하는 것이 필요하다.

3) 실천에의 적용

국내에서는 2000년대 중반부터 국가 차원에서 공공부문 사례관리를 위한 제도적 노력이 확대되어 왔다. 여기에는 보건의료 취약 계층 및 의료수급권자, 정신질환자 등 의료 및 건강영역의 대상자를 위한 문제영역별 사례관리체계도 포함된다. 공공부문 사례관리사업 중 의료 및 건강영역 대상자를 위한 주요 사례관리 제도를 간략히 소개하면 <표 6-2>와 같다.

〈표 6-2〉 공공부문 사례관리사업: 의료 및 건강영역 관련 제도

1. 방문건강관리

- **관련 법령 :** 「지역보건법」 제11조 제1항 제5호 사목(보건소의 기능 및 업무)
- **사업 목적 :** 지역주민의 자가건강관리 능력 향상 및 허약 예방 등을 통한 건강수준 향상
  - 목표: ① 금연, 절주, 식생활, 신체활동 등 건강행태 개선, ② 고혈압, 당뇨 등 만성질환 관리율 향상 및 합병증 예방, ③ 노인의 허약(노쇠)속도 지연
- **사업 대상 :** 건강관리서비스 이용 및 접근이 어려우면서, 건강관리가 필요한 지역사회 주민
  - 방문건강관리 서비스가 필요한 대상: ① 흡연, 잦은 음주, 불규칙적인 식생활, 신체활동 부족 등 건강행태 개선이 필요한 자 ② 고혈압, 당뇨, 비만 등 만성질환 위험군 또는 질환군 ③ 노인 중 허약(노쇠) 예방 및 관리가 필요한 자
  - 우선순위 고려 대상: ① (연령 기준) 만 65세 이상 노인 ② (경제적 기준) 기초생활보장수급자, 차상위 계층 등 ③ (사회적 특성) 독거노인, 다문화 가족, 한부모 가족, 조손가족, 북한이탈주민, 중·장년 고독사 위험군 등 ④ (건강 특성) 관리되지 않는 만성질환자 및 만성질환 위험군, 장애인, 재가암환자 등
  - 제외기준: 이미 질병 및 기능상태가 악화된 노인 장기요양등급 판정 등급자(1~5등급)는 제외(단, 인지 지원 등급자는 포함)
  - * 다만, 노인 의료·돌봄 통합지원 시범사업 지역에 한해 이용일시를 달리하는 경우, 노인 장기요양등급자에 대해 서비스 제공이 가능
- **주요 사업내용**
  - (건강상태 스크리닝) 신체계측 및 건강면접조사 등을 통한 대상자의 건강행태 및 건강위험 요인 파악 및 대상자 맞춤 건강관리 서비스를 위한 계획수립 기준 마련 등
  - (건강관리 서비스) 스크리닝 결과 군분류별 기본 건강관리(계절별 주요 건강관리사항 교육, 개인별 생활습관 상담, 건강생활실천을 위한 동기부여 및 교육, 가족대상 교육 등), 만성질환 예방 및 관리(고혈압, 당뇨, 비만 등 주요 만성질환으로 이환예방 및 증상관리, 합병증 예방을 위하여 건강행태 개선 및 만성질환 관리 역량 제고), 생애주기별 및 특성별 관리 실시(노인 대상 허약예방 및 관리, 임산부·신생아 및 영유아의 건강관리, 다문화가족 및 북한이탈주민 건강관리, 장애인 재활관리, 중장년 고독사 위험군 등)

- (보건소 내·외 자원 연계) 보건소 내 금연클리닉 등 건강증진사업 등, 보건소 외 읍·면·동 찾아가는 보건복지 서비스 등 자원 연계를 통하여 효과적·효율적 건강관리 실현

2. 의료급여 사례관리

- **관련 법령:** 「의료급여법」 제5조의2(사례관리)
- **사업 정의:** 의료급여 수급자의 삶의 질 향상과 적정 의료 이용을 목적으로 수급자의 욕구를 사정하고 건강 상담, 필요한 정보 제공, 모니터링 등을 수행하는 일련의 과정
- **사업 목적:** 수급자의 자가 건강관리능력 향상, 합리적 의료이용 유도, 지지체계 구축을 통하여 건강한 삶의 질 향상과 의료급여 재정 안정화에 기여
- **사업 대상**

(1) 시·도

- 요양병원 신규 입원자
- 관외(시도 기준) 요양병원입원자

(2) 시·군·구

- (신규수급자) 의료급여수급권 최초 취득자 및 재취득자
- (다빈도 외래이용자) 질병 대비 다빈도* 외래 의료이용자로 동일상병에 대해 여러 의료기관 방문, 약물중복처방 등 비합리적 의료이용이 확인되는 대상자

* 연간 급여일수 700일 이상자

- (장기입원자) 장기입원자(동일상병으로 1회당 31일 이상 입원한 자), 입원관리 대상자(1일 이상 반복 입·퇴원한 입원자, 숙식 목적으로 입원한 자 등)
- (연중관리 대상자) 다빈도 외래이용자 또는 장기입원자 등 중에서 단기간의 사례관리 수행보다는 지속적인 상담, 모니터링 등이 필요한 대상자

- **사업 내용**
  - 수급자권자의 건강관리능력 향상을 위한 교육 및 상담
  - 적정 의료이용 유도 등을 위한 의료급여제도 안내 및 의료기관 이용 상담
  - 필요 서비스 연계, 모니터링 등

3. 중독사례관리

- **관련 법령:** 「정신건강증진 및 정신질환자 복지서비스 지원에 관한 법률」 제15조의3 (중독관리통합지원센터의 설치 및 운영)

*「정신건강증진 및 정신질환자 복지서비스 지원에 관한 법률」 및 정신건강사업안내에서 정하지 아니한 사항은 지방자치단체의 자체 조례 및 지침, 기타 관련 근거 준수 가능

- **사업 목표 :** 지역사회 중심의 통합적인 중독관리 체계 구축을 통해 중독자 조기발견 상담 치료 재활 및 사회복귀를 지원하여 안전한 사회환경 조성 및 국민의 정신건강 증진 도모
- **사업 대상**
  - 지역사회 내 알코올 및 기타중독에 문제가 있는 자
  - 중독자와 그 가족 등 지역주민
  - 기타 중독 관련 상담 및 재활훈련서비스가 필요한 자
- **사업 내용**
  - (중독 조기발견 및 단기개입 서비스) 알코올문제(기타 중독문제) 신규발견 및 이용체계 구축, 고위험 음주군 조기발견 및 단기 개입 서비스
  - (중독질환 관리 및 가족지원) 지역 내 의료기관 및 유관기관(방문보건팀, 주민센터, 복지관, 읍 · 면 · 동 찾아가는 보건복지팀)과의 신규발견 및 등록체계 활성화, 전문적인 사례관리 및 재활 서비스 제공
  - (중독예방 및 교육) 취약 계층 알코올문제 교육사업, 인식개선 및 홍보사업, 기타(아동청소년, 직장인, 지역주민 등) 예방지원사업
  - (지역사회안전망 조성) 중독질환자에 대한 치료재활, 서비스 전달체계, 보건 · 복지, 법무체계 등 지역 인프라 구축, 대상자 및 서비스 연계 · 의뢰
  - (지역진단 및 기획) 지역사회 진단 및 연구, 지역 특성에 따른 특화 서비스 기획, 자원 조정 및 중재

4. 정신건강사례관리

- **관련 법령 :** 「정신건강증진 및 정신질환자 복지서비스 지원에 관한 법률」 제15조(정신건강복지센터의 설치 및 운영)

  *「정신건강증진 및 정신질환자 복지서비스 지원에 관한 법률」 및 정신건강사업안내에서 정하지 아니한 사항은 지방자치단체의 자체 조례 및 지침, 기타 관련 근거 준수 가능
- **사업 목표 :** 중증 정신질환자의 정신과적 증상관리 및 악화를 방지하고 지역사회 내 안정적 안착과 대상자들의 삶의 질 향상 도모

- **사업 대상 :** 지역사회 내 중증 정신질환자 및 정신건강 증진이 필요한 위험군·지역 주민
- **사업 내용**
  - 중증정신질환자의 요구에 따른 개별서비스 계획수립 및 서비스 제공
  - 등록 중증정신질환자에 대한 주기적인 사례회의 실시
  - 등록 중증정신질환자에 대해 지역 보건·복지 자원 연계를 통한 요구도 반영 필요
  - 사례관리 기반으로 제공되는 재활서비스로, 지역사회자원 연계를 통한 주간재활 프로그램 (사회적응훈련, 약물증상관리, 직업재활, 기타재활 등) 운영

출처: 보건복지부·한국사회보장정보원(2024)

이 외 보건 및 의료 현장에서의 사례관리모델 적용 사례로는 '서울시 병원기반사례관리 시범사업'이 대표적이다. 이 사업은 서울시정신건강복지센터가 2018년부터 2년여간 중증정신질환자의 퇴원 후 초기 치료중단을 예방하고 지역사회 적응을 촉진하기 위해 병원기반 사례관리팀을 신설하여, 서울 동북부 소재 의료기관 7곳과 협력체계를 맺고 전문 사례관리를 실시한 사업이다. 의뢰된 중증정신질환자에게는 입원초기부터 퇴원 후 3개월까지 1:1로 정신건강전문요원이 사례관리자로 매칭되며, 사례관리자는 주 1회 이상 가정방문, 대면상담, 정신건강교육, 가족개입을 수행하고 월 1회 주치의-사례관리자 간 사례회의를 통해 집중사례관리를 제공하였다. 이 사업은 환자가 입원 시부터 지역사회 기반 사례관리에 참여하여 개별화된 퇴원계획을 수립하고 퇴원 후 지역사회에 잘 적응하여 생활할 수 있도록 집중사례관리를 지원함으로써 성공적인 치료유지 및 사회적응을 촉진하였다는 점에서 의의가 크다(그림 6-4 참조).

지역사회 내 사례관리 전문가들이 심리사회적 문제 해결을 포함한 기초적 수준의 질병 예방을 위한 지식과 기술을 갖춘다면 사례관리를 수행하며 건강증진을 위한 구체적 방안을 제시할 수 있다. 예를 들어, 지역사회 내 사회복지사들은 음주, 흡연, 신체활동 부족, 잘못된 식이습관 등을 가지고 있거나 고혈압, 당뇨와 같이 다양한 합병증을 유발할 수 있는 질환을 가진 주민들을 종종

만날 수 있기 때문에 예방 및 질병 관리 차원에서 건강 및 질병예방과 관련된 사례관리는 직접적 건강 증진 효과를 가져올 수 있을 것이다(최권호, 2015).

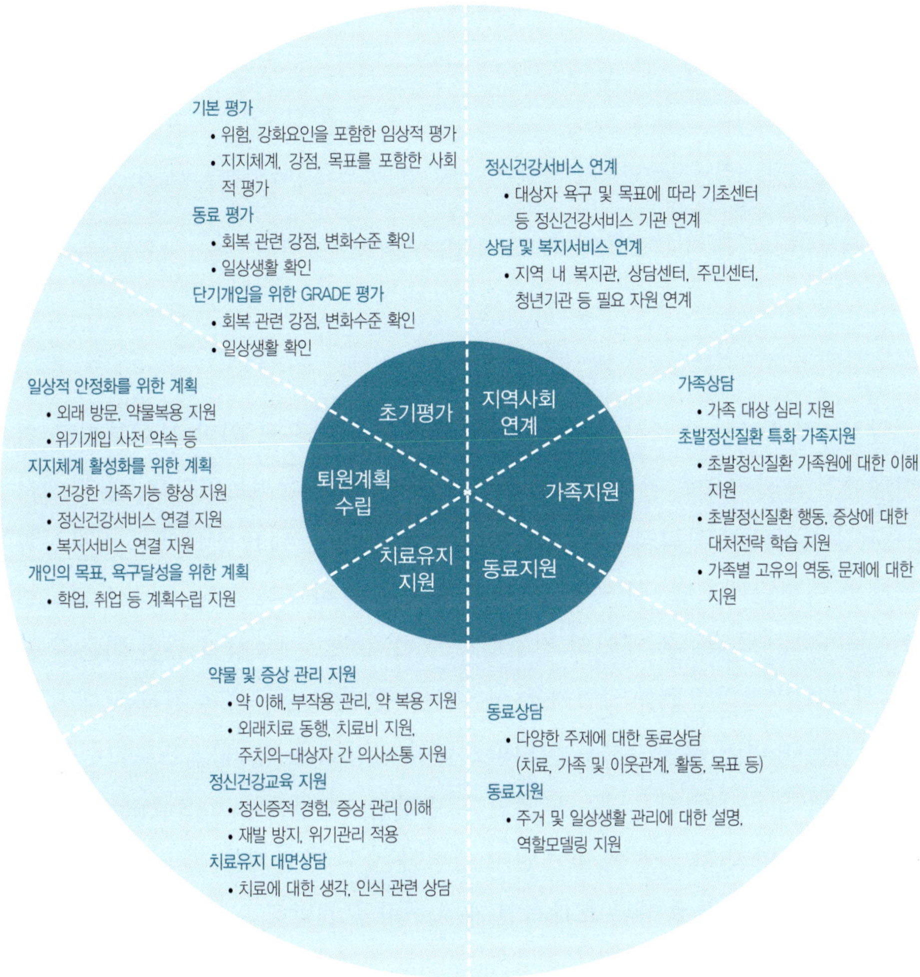

[그림 6-4] 서울시 병원기반사례관리사업체계도

출처: 김은영 외(2006)

CHAPTER 07

의료사회복지 실천모델 2

학 · 습 · 목 · 표

1. 의료사회복지 실천의 기반이 되는 건강신념모델, 변화단계모델, 위기개입모델의 기본 개념에 대해 설명할 수 있다.
2. 각 의료사회복지 실천모델의 주요 원칙과 방법을 이해하고 실천 현장에의 적용을 논의할 수 있다.

앞서 6장에서는 의료사회복지실천의 지식적 기반으로 일반 사회복지 실천 현장에서 포괄적으로 활용되는 이론 및 모델에 대해 살펴보았다면, 본 장에서는 건강 분야에서 직접적 개입에 주로 적용할 수 있는 대표적 모델로 건강신념모델과 변화단계모델, 위기개입모델에 대해 학습하고자 한다. 건강신념모델(Health Belief Model)은 개인의 건강행동을 이해하고 예측하기 위한 이론적 틀로, 사람들이 건강행동을 실천하는 이유와 건강 관련 행동을 실천하는 데 영향을 미치는 요인이 무엇인지를 설명함으로써 건강교육 및 개입 프로그램을 설계하는 데 유용하게 활용되는 모델이다. 변화단계모델(Transtheoretical Model)은 건강행동의 변화 과정에서 개인이 경험하는 여러 단계를 설명함으로써 개인의 행동변화 과정에 따른 효과적인 개입 전략을 개발하는 데 도움을 준다. 마지막으로 위기개입모델(Crisis Intervention Model)은 질병으로 인해 갑작스럽고 예기치 못한 위기에 처한 환자와 가족의 기능 회복을 위해 신속하게 평가하고 지원하는 데 중점을 둔다.

1. 건강신념모델

1) 배경

건강신념모델(Health Belief Model, HBM)은 1950년대 미국 공중보건국의 사회심리학자들에 의해 개발된 모델로, 계획된 행동이론(Theory of Planned Behavior)과 함께 사람들의 예방행동의 예측에 있어 다양한 질병에 매우 폭넓게 적용되어 온 강력한 사회인지모델이다(Conner & Sparks, 1995; Janz & Becker, 1984). 이 모델은 특히 시민들이 면역주사나 결핵 퇴치를 위한 검사와 같은 각종 질병 예방 및 방지 프로그램을 이용하지 않는 이유에 대해 연구하면서, '사람들이 어떻게 건강행동을 하는지'에 대한 예측요인을 확인하기 위해 발달되었다(Rosenstock, 1974). 다시 말해, 사람들이 건강 관련 행동을 선택하는 데 있어 중요한 것은 믿음과 신념임을 강조한다. 예를 들어, 금연이나 식습관 조절, 운동, 정기검진 등 어떤 건강행동을 증진시키는 것은 그 행동을 하지 않았을 경우 발생할 수 있는 질병이나 고통, 그에 따른 위기 등 부정적 결과를 인식할 때 가능하다는 것이다.

건강신념모델은 사람들이 건강행동을 취하는 것을 '질병에 대한 지각'과 관련이 있다고 보며, 이를 몇 가지 핵심 요소로 설명한다. 초기의 건강신념모델은 지각된 민감성, 지각된 심각성, 지각된 이점, 지각된 장애물, 행동의 계기를 주요 요소로 건강행동의 예측요인을 설명하였으며, 여기에 벡커(Becker, 1974)가 긍정적 측면에 영향을 주는 요인으로 일반적인 건강에 대해 관심을 나타내는 '건강 동기(Health motivation)'의 개념을 새롭게 추가하였다. 또한 사회심리학자들은 사회인지이론의 '자기효능감' 개념을 포함시켜 사람들의 신념, 가치, 태도와 건강 증진 행동과의 관계를 살펴보았다. 이러한 개념은 만성질환이나 지속적 관리가 필요한 행동이 필요할 때에 더 중요하다고 설명하였다(Rosenstock, Stretcher, & Becker, 1988).

이후에도 모델의 수정과 확장을 통해 질병이 없는 사람들의 예방적 차원의 건강행동뿐 아니라 의료시설의 이용, 진단과 치료, 의학적 처방의 이행 등 건강행동 전반을 예측하는 모형으로 발전하였다(Rosenstock, Stretcher, & Becker, 1994). 또한 건강 관련 행동과 환자역할행동[1]에 대한 이해를 증진시키고 보건교육 개입의 측면에서 의미 있는 발전을 가져왔다(Chen et al., 2019). 건강신념모델을 적용한 건강행위에 대한 연구로는 암, 심장질환, 결핵 등 예방을 위한 건강행동(Haefner & Kirscht, 1970), 유방암 자가 검진에 대한 연구(Champion, 1985; 김미경, 1990; 이영휘 & 이은현, 2001) 등이 있다.

2) 기본개념

로젠스탁(Rosenstock, 1974)은 개인이 질병을 예방하기 위해 물리적인 환경보다 주관적인 인식을 통해 예방행위를 수행한다고 해석했으며, 개인의 질병 예방행위를 설명하기 위해 크게 두 가지 주요 신념을 제시하였다.

첫 번째 신념은 '지각된 위협(perceived threat)'으로, 질병의 위협이나 위험 정도에 대한 개인의 인식 및 평가를 의미한다. 이 개념은 지각된 민감성(perceived susceptibility)과 지각된 심각성(perceived seriousness)의 두 가지 하위요인으로 구성된다. 지각된 민감성은 질병에 걸릴 가능성에 대한 개인의 주관적 인식 또는 신념을 의미한다. 예를 들어, 사람들이 자신 스스로 암에 걸릴 가능성이 있다고 믿는 것이다. 지각된 심각성은 질병에 걸리거나 질병에 대한 치료를 받지 않았을 때 얼마나 심각한 결과를 초래할 것인지에 대한 개인의 주관적 인식을 뜻한다. 즉 암에 걸릴 가능성이 있는데 암에 걸린 채 치료를 받지 않고 있다면 사망, 장애(신체적 결과) 또는 실직(사회적 결과) 등에 이를 수도 있다고 생각하는 것이다.

---

1) 환자역할행동은 아직 진단을 받지 않은 사람들이 취하는 질병행동과 달리, 일단 증상들에 대한 진단이 내려지고 자신이 아픈 것으로 믿게 되면 회복하기 위해 하는 행동을 말한다(한국심리학회, 2014).

두 번째 신념은 '행동적 평가(behavioral evaluation)'로, 예방행위나 건강행위에 수반되는 결과에 대한 개인의 인식을 의미한다. 이 신념은 지각된 이점(perceived benefits)과 지각된 장애(perceived barriers)로 구성된다(Rosenstock, Strecher, & Becker, 1994). 지각된 이점이란, 질병의 위험을 감소시킬 수 있는 의학적인 권고나 제안된 조치의 효과에 대한 개인의 인식을 의미한다. 예를 들어, 금연으로 담뱃값을 저축할 수 있다거나 의사의 권고 사항을 이행함으로써 만족감을 높이는 것, 금연을 함으로써 폐암에 대해 걱정하는 가족을 기쁘게 하는 것 등 여러 이점을 지각하는 것은 건강행동 결정에 영향을 미칠 수 있다(권자영 외, 2022). 지각된 장애는 어떤 건강행동을 수행했을 때 발생 가능한 부정적 결과로, 건강행동을 수행하는 데 장애가 되는 요인이다. 개인은 건강행동에 대한 긍정적 결과 외에 부정적 효과를 함께 비교하게 된다. 예를 들어, 절주를 하면 사회생활이나 대인관계가 어려울 수 있다고 생각하거나, 건강검진을 하는 데 비용이 지나치게 많이 든다고 생각하는 것 등이다.

로젠스탁과 동료들(Rosenstock, Stretcher, & Becker, 1988)은 추후 모델 설명력을 높이기 위해 사회학습이론(social learning theory)을 기반으로 개인이 스스로의 동기, 사고과정, 감정과 행동을 통제할 수 있다고 믿는 신념의 정도인 '자기효능감(self-efficacy)'을 추가하여 기존 모델을 확장하였다. 예를 들어, 어떤 개인이 단주를 하겠다는 건강행동을 하기 위해서는 자신이 단주를 할 수 있을 것이라는 자기효능감이 있어야 한다는 것이다. 자기효능감은 건강을 위해 필요한 행동을 수행해 낼 수 있다는 확신을 의미하는 효능기대와 제안된 행동이 위험을 예방하기 위한 건강상의 바람직한 효과를 나타낼 것을 기대하는 효과기대로 구성된다(Witte & Meyer, 2001; 김영희 외, 2017 재인용).

이 외에도 건강신념모델에는 개인의 건강행위를 자극하는 변인인 행동 단서(cue to action), 인구통계학적 변인(성별, 연령 등)과 사회심리학적 변인(성격, 또래 집단으로부터의 압박감 등)이 있다(Abraham & Sheeran, 2005). 행동 단서는 어떤 건강 증진 행동을 받아들이기 위해 의사결정에 중요한 단서 또는 신호로, 내

부요인(통증, 증상 등)과 외부요인(질병에 대한 미디어, 주변 사람들의 질병, 타인의 조언 등)이 있다.

종합해 보면, 건강신념모델은 개인의 지각된 민감성과 심각성, 이점의 정도가 높을수록, 그리고 지각된 장애물이 낮을수록 건강행동을 할 가능성이 높다고 가정하고 있으며, 여기에 자기효능감이 포함될 때 더욱 효과적인 행동개입이 가능하다. 국내의 건강신념모델 연구에 대한 메타분석 결과에 의하면, 전통적인 건강신념모델의 4가지 주요요소보다 자기효능감이 건강행동에 미치는 영향이 훨씬 크게 나타나 민감성, 심각성, 이점, 장애물 등 행동에 대한 신념이 구체적인 행동으로 이어지기 위해서는 자기효능감과 같은 요소가 중요한 역할을 하고 있음을 알 수 있다(이병관 외, 2014).

〈표 7-1〉 건강신념모델의 개념

차원	개념	설명
행동	개인행동	무증상 단계에서 질병을 예방하거나 발견하기 위해 자신이 건강하다고 믿는 사람이 수행하는 모든 활동
	행동의 단서	건강행동을 유발할 수 있는 내부 또는 외부 요인
개인의 신념	지각된 민감성	질병이나 질병에 걸릴 가능성에 대한 믿음
	지각된 심각성	질병이나 상태의 심각성에 대한 믿음, 결과 포함
	지각된 이점	건강행동 채택의 긍정적인 측면에 대한 의견
	지각된 장애물	행동 수행의 장애물에 대한 신념과 건강행동 채택의 부정적인 측면
	자기효능감	권장된 건강행동을 수행할 수 있다는 믿음
수정 요인		인구통계학적, 구조적, 심리사회적 요인

출처: Champion & Skinner(2015)

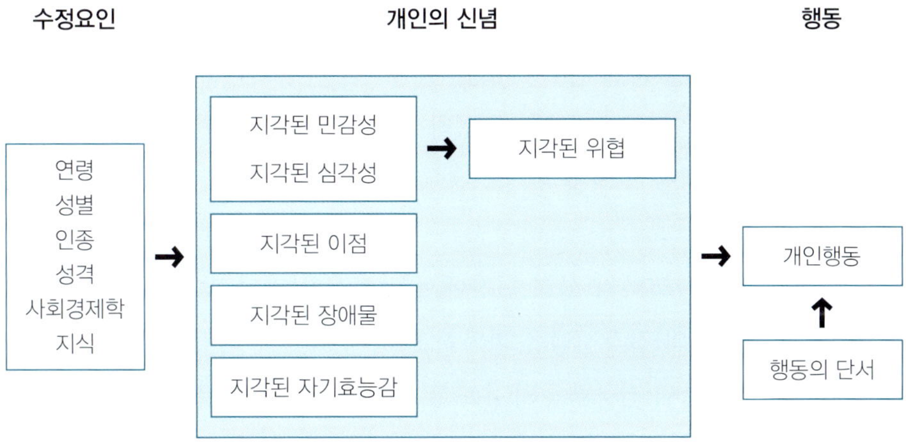

[그림 7-1] 건강신념모델의 구성요소

출처: Champion & Skinner(2015)

3) 실천에의 적용

건강신념모델은 일반인의 질병 예방행위를 예측하기 위해 발달한 모델로, 질병예방행동의 이해뿐만 아니라 건강검진, 위생습관, 건강 증진을 위한 운동 참여 등 다양한 건강행동 및 건강 증진 상황에 활용되고 있다. 예를 들어, 정신과 외래 환자의 약물 복용 순응도를 이해하기 위한 연구(Kelly, Mamon, & Scott, 1987), 인플루엔자 합병증에 걸릴 위험이 높은 개인의 인플루엔자 예방 접종(Larson, Bergman, Heidrich, Alvin, & Schneweiss, 1982), 유방암 및 자궁경부암 검진 행동(Ko, Sadler, RyuJin, & Dong, 2003; Tanner-Smith & Brown, 2010), 낮은 사회경제적 지위를 가진 어머니들이 비만 자녀를 위한 체중 감량 요법(Becker, Maiman, Kirscht, Hafefner, & Drachman, 1977) 등이 있다.

이 모델은 COVID-19나 독감 등 감염병 예방 캠페인 등 예방활동을 독려하기 위한 메시지의 활용에 유용하다. 건강 관련 캠페인을 기획하는 과정에서 어떠한 요소로 사람들로 하여금 건강행동을 촉진하게 할 수 있을 것인지, 바람직한 건강행동을 하는 데 장애요인은 무엇인지 고려하여 반영할 수 있다. 예를 들어, COVID-19는 누구나 걸릴 수 있고 고위험군은 특히 위험하다는 메시지를 전달할 수 있으며(지각된 민감성), 감염되면 중증으로 진행될 수 있고(지각된 심각성), 백신 접종을 하면 감염 예방뿐만 아니라 감염되더라도 중증으로 진행되는 것을 막을 수 있음을 강조할 수 있다(지각된 이점). 또한 백신 접종이 걱정된다면 전문가 상담을 도와줄 수 있는 연락처를 안내할 수도 있다(지각된 장애물의 해결).

이 외에도 의료사회복지 실천 현장에서 만성질환 관리 및 정신건강 지원을 위한 상담 시 환자의 건강신념을 파악하고 장애 요인을 해결하며 자기효능감을 강화시켜 줌으로써 건강행동의 유도 및 촉진에 효과적으로 활용될 수 있다.

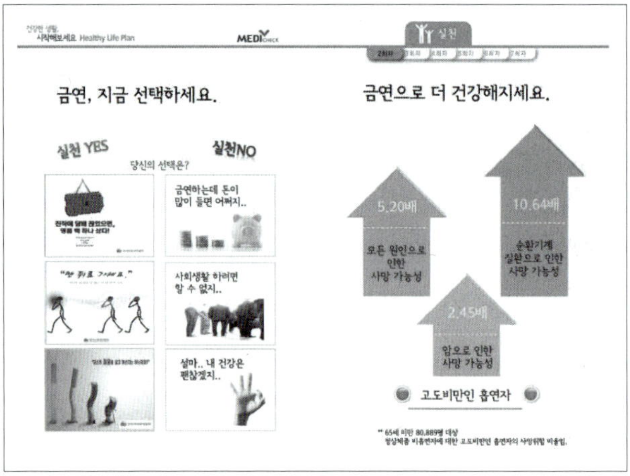

[그림 7-2] 건강신념모델을 적용한 금연 캠페인 홍보물

출처: 한국건강관리협회(www.kahp.or.kr)

2. 변화단계모델(단계적 변화모델)

1) 배경

변화단계모델은 1979년 프로차스카와 디클레멘테(Prochaska & DiClemente)가 개발한 모델로, 범이론모델(Transtheoretical Model, TTM)로도 불린다(Prochaska & DiClemente, 1993). 초기에 학자들은 금연 임상 시험에 참여하는 흡연자의 행동변화를 관찰하던 중 금연에 성공한 사람들과 실패한 사람들의 차이를 단순히 구분하는 것이 아니라 시간이 흐름에 따라 점진적으로 변화하는 과정이 있다는 것을 발견하였다. 이들은 성공 사례와 흡연자 모두가 비슷한 패턴으로 금연하지 않는다는 점을 분석하게 되면서, 사람들이 단순히 의지만으로 행동을 바꾸는 것이 아니라 여러 단계의 과정을 거친다는 점을 발견하며 이를 이론화하여 1983년 변화단계의 5단계 모델을 발표하였다. 이 모델은 행동변화의 단계를 강조한다는 점에서 변화단계모델로 부르며, 이 모델에 다양한 이론이 적용될 수 있다는 점을 고려하여 초이론적 모델(Transtheoretical Model, TTM) 또는 범이론적 모델이라고 부른다.

변화단계모델은 개인의 행동변화의 과정에 대해 단계적으로 변화 단계들을 제시함으로써 정적 과정만을 제시하는 다양한 이론적 관점을 모아 개인의 행동변화 과정이 단계적이고 순환적인 동적 과정이라는 하나의 통합적인 틀을 제공하였다는 강점이 있다(박현용 외, 2018).

변화단계모델은 의료 현장에서 질병을 극복하는 환자들의 행동변화에서 나타나는 일련의 유사한 단계와 과정의 분석 및 개입에 적용되고 있으며, 사회복지를 비롯한 다양한 학문적 분야에 활용되면서 행동변화이론의 대표적 모델 중 하나로 알려져 있다.

2) 기본개념

이 모델은 건강과 관련된 행동변화를 이끄는 5단계와 변화를 이끄는 10가지 인지행동적 활동이 있다고 본다. 이를 통해 개인이 어떻게 문제행동을 수정하고 어떤 방식으로 긍정적인 행동을 하게 되는지 설명하는데, 이 과정에서는 개인의 의사결정에 초점을 둔다는 점에서 '의도적 변화'와 관련된 모델이라고도 한다.

이 모델은 건강과 관련된 행동변화를 유도하기 위해서 개인의 변화 동기를 통해 단계적으로 이끌어 내야 하며, 이분법적인 구분이 아니라 통합적인 관점에서 바라보아야 한다고 하였다. 다시 말해, 어떠한 행동을 수용(adoption)하거나 유지(maintenance)하기 위해서는 동기적 · 인지적 요인 등이 종합적으로 고려되어야 한다는 것이다(박하늬 외, 2022). 변화단계모델에 있어 각 단계는 기간의 차이는 있을 수 있지만 일시적인 사건에 의한 갑작스러운 변화이기보다는 나선형의 단계적 과정이라고 볼 수 있다(Prochaska et al., 1992).

(1) 변화단계모델의 주요 단계

각 단계는 숙고전, 숙고, 준비, 행동, 유지, 종결의 6단계로 구성되어 있다. 종결단계는 원래 초기 모델에 포함되어 있지 않았으나, 프로차스카와 디클레멘트(Prochaska & Diclemente, 1992)가 연구를 발전시키면서 새롭게 추가된 개념으로, 재발의 유혹이 없으며 완전히 변화되었음을 신뢰하는 단계이다(Prochaska et al., 2008). 초기 5단계 모델에서는 마지막 유지 단계에서 행동의 변화가 지속되면 성공적으로 변화가 이루어진 것으로 간주하였다. 이후 연구를 발전시키면서 금연이나 약물 중독 등 일부 행동의 변화는 유지단계를 넘어 더 영구적인 변화로 이어질 수 있다는 점이 밝혀졌다. 즉 '유혹이 완전히 사라지고 재발 가능성이 거의 없는 상태'를 설명하기 위해 종결단계 개념이 추가되었다(Prochaska et al., 2008).

각 개인은 변화하는 행동, 환경, 개인 자신에 따라 다양한 속도로 각 단계를 통과한다. 어떤 단계도 특정 시간이 적용되지 않으며, 각 변화 단계는 진행이 아니라 이전 단계로 되돌아가기도 한다. 때때로 사람들은 각 단계를 왔다 갔다 하기도 하나 일반적으로는 단계를 건너뛰지 않고 이 순서를 거친다. 프로차스카 외(Prochaska et al., 2008)가 설명한 변화단계모델의 각 주요단계를 자세히 살펴보면 다음과 같다.

① 숙고전 단계(precontemplation)

이 단계의 사람들은 변화에 대한 인식이 없거나 동기가 부족한 상태이다. 숙고전 단계에 있는 사람들은 가까운 미래(보통 향후 6개월 이내)에 어떤 행동도 변화시킬 의사가 없다. 숙고전 단계에 있는 사람들은 자신의 행동 문제를 인지하지 못하는 모습을 보인다. 사람들은 자신의 행동 결과에 대한 정보가 없거나 부족하기 때문에 이 단계에 머물러 있을 수 있다. 또는 여러 차례 변화를 시도하였지만 변화에 대한 자신의 능력에 대해 사기가 떨어져 있을 수도 있다. 숙고전 단계에서 개인은 자신의 행동을 합리화하고 변화를 강요하려는 노력에 직면하면 방어적인 태도를 취하기도 한다. 예를 들어, 숙고전 단계의 흡연자는 금연을 고려하거나 생각하지 않고 있다.

② 숙고 단계(contemplation)

숙고 단계는 현재의 행동에 대한 문제를 인식하고 그 문제를 어떻게 해결할지 심각하게 고민해 본 적은 있으나 아직 변화를 위한 행동으로 옮기지는 않은 단계이다. 이 단계에 있는 개인은 자신의 행동이 가져올 수 있는 결과와 미래의 변화 가능성에 대해 생각한다. 숙고전 단계보다 새로운 정보에 더 개방적이고 변화의 장점에 대해 인식하지만 변화의 부정적인 측면 역시 잘 인식하며 양가적 감정을 느낀다. 예를 들어, 이 단계에 있는 흡연자는 "흡연이 문제가 있다는 것을 잘 알고 있다. 아마 담배를 끊긴 끊어야 할 것 같다."라고 말하기도 한다. 이 단계에서 사람들은 보통 6개월 이내에 변화를 시도한다.

③ 준비 단계(preparation)

준비 단계는 변화를 위한 계획을 세우는 단계이다. 준비 단계에 있는 개인은 행동을 변화하려는 의도가 있거나 행동을 변화하기 위한 움직임을 보이기 시작한다. 보통 30일 이내에 행동을 취할 준비 또는 행동변화를 위한 몇몇 행동 조치를 시작한다. 이 단계에서 개인은 변화의 긍정적인 측면이 부정적인 측면보다 크다는 것을 인식하고 있으며, 자신에게 도움이 될 수 있는 정보를 적극적으로 탐색한다. 예를 들어, 금연 교육에 참여하거나 상담사와 상담하기도 한다. 그러나 이 단계에서 계획이 제대로 수립되지 않으면 미래에 더 큰 어려움을 겪을 수 있으며, 이는 재발로 이어질 수도 있다.

④ 행동 단계(action)

행동 단계는 실제로 행동을 변화시키는 단계이다. 이 단계에서 개인은 자신의 행동을 변화시키는 데 적극적으로 참여한다. 지난 6개월 동안 사람들은 행동 방식을 구체적으로 수정하며, 이를 위해 타인 또는 전문기관으로부터 도움을 받을 수 있다. 이 단계의 사람들은 변화의 과정을 주도하는 개인의 의지력이 있다고 믿기 때문에 자신감이 있다. 단기적으로 긍정적 변화의 강화는 종종 개인의 변화에 대한 동기를 유지하기 위해 이루어진다. 개인은 행동변화로 가는 여정에서 잠재적인 도전과제를 극복하기 위해 계속 계획하고 있다. 이 단계에서 발생하는 행동은 행동변화와 동일시하는 경우가 많으나, 이는 5단계 중 하나의 단계에 불과하다. 다시 말해, 이 단계에서 모든 행동 수정이 행동변화로 간주되는 것은 아니며, 전문가들이 질병의 위험을 줄이기에 충분하다는 동의 기준에 도달하는 것이 중요하다. 이 단계에서 흡연자는 아직 담배를 끊지는 않았지만 명시적인 담배 수 감소가 나타나거나 저타르 담배로 전환하는 등의 행동변화를 나타낸다. 행동 단계는 재발에 대한 경계가 중요한 단계이기도 하다.

⑤ 유지 단계(maintenance)

유지 단계는 변화된 행동을 지속하는 단계이다. 이 단계는 변화된 행동에 대한 완전한 유지와 되돌아가고 싶은 유혹을 피할 수 있는 능력에 의해 결정된다. 사람들은 한동안(보통 6개월 이상) 명시적으로 변화된 행동을 유지하고 있거나 새로운 건강행동을 보인다. 이전 행동으로 다시 돌아가고 싶다는 생각이 들 수 있지만, 적절한 계획과 긍정적 변화를 통해 재발에의 유혹을 견딜 수 있다. 이 단계에 있는 개인은 이제까지 자신이 이루어 낸 진전을 상기하며 행동변화를 강화하는 것이 도움이 된다.

⑥ 종결 단계(termination)

종결 단계는 행동변화가 이루어진 지 오랜 기간이 지났으며 다시 유해한 행동으로 되돌아가고 싶은 욕구에서 완전히 벗어나 재발되지 않을 것을 확신하는 단계이다. 이 단계까지 도달하기에는 매우 오랜 시간이 걸리며, 도달하는 경우도 드물다. 예를 들어, 오랜 기간 금연을 유지해 온 사람이 다시 담배를 피울 가능성이 거의 없는 상태가 해당된다. 하지만 모든 행동변화가 종결단계에 도달하는 것은 아니며, 일부는 유지 단계에서 평생 지속적인 노력이 필요할 수도 있다(Prochaska et al., 2008).

한편, 재발은 개인이 다시 초기 단계의 문제행동으로 돌아가는 것이다. 재발은 단계로 포함되지는 않지만 변화과정의 어느 단계에서든 발생할 수 있다. 음주, 흡연, 약물 사용과 같이 중독성이 강한 행동은 특히 재발 위험이 높다. 재발을 예방하기 위해서는 적절한 지원 및 사회적 지지체계가 도움이 될 수 있다.

[그림 7-3]은 변화 단계를 위한 기초로서의 시간 차원을 그림으로 표현한 것이다. '시간 = 행동의 시간적 거리'는 개인이 행동변화를 계획하고 실천하는 시점이 현재로부터 얼마나 떨어져 있는지를 시간적으로 표현한 것으로, 각 변화단계가 시간 축 상에서 어디쯤 위치하는지를 이해하는 데 도움을 준다. 즉 행동단계는 현재 변화 행동 중으로 '시간적 거리 = 지금(0)'이라고 할 수 있고, 이를 기준으로 보았을 때 숙고전 단계는 매우 먼 거리, 숙고 단계는 다소 먼 거리, 준비 단계는 '가까운 거리'로 이해할 수 있다. 같은 맥락에서 '시간 = 행동기간'은 개인이 새로운 행동을 얼마나 오랫동안 지속해 왔는지를 의미한다. 즉 변화된 건강행동(예: 금연, 운동, 식습관 개선 등)을 실제로 수행한 기간을 기준으로 변화 단계 중 어디에 있는지를 판단할 수 있다.

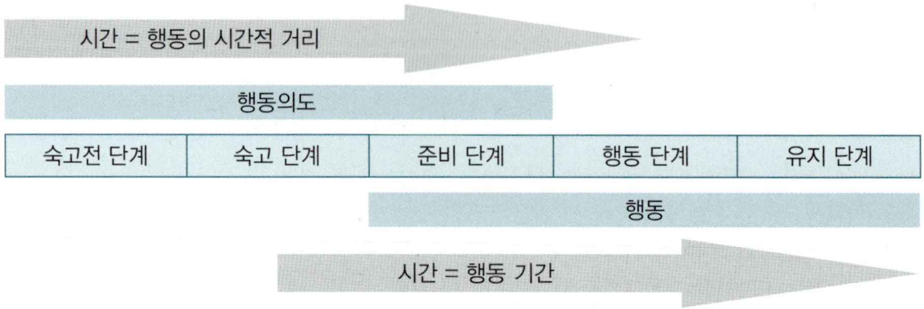

[그림 7-3] 변화 단계를 위한 기초로서의 시간 차원

출처: Prochaska et al.(2008)

〈표 7-2〉 변화단계모델의 주요 개념

개념		정의
행동변화 단계	숙고전 단계	향후 6개월 이내에 행동을 취할 의사가 없음
	숙고 단계	6개월 이내에 행동을 취할 예정임
	준비 단계	앞으로 30일 이내에 행동을 취할 준비가 되어 있으며, 행동변화를 위해 몇 가지 행동 조치를 시작했음
	행동 단계	6개월 미만 명시적으로 변화된 행동
	유지 단계	6개월 이상 명시적으로 변화된 행동
	종결 단계	재발의 유혹이 없고 100% 신뢰
변화 과정 (process of change)	인식 제고	특정 문제행동의 원인, 결과, 관리에 대한 자각 증가 예) 영양교육
	극적 안도	바람직한 행동을 하도록 동기를 부여하기 위해 부정적 또는 긍정적 감정(두려움, 영감) 증가 예) 개인 경험의 증언
자기 재평가 (self-reevaluation)		건강행동 또는 건강하지 않은 행동과 상관없이 자기 이미지에 대한 인지적 · 정서적 재평가 예) 가치 명확히 하기
환경 재평가 (environmental reevaluation)		건강하지 않은 행동과 건강행동 여부가 개인의 사회적 환경에 어떻게 영향을 미치는지를 인지적 · 정서적으로 평가 예) 개인의 흡연이 다른 사람에게 미치는 영향
자기 해방 (self-liberation)		건강행동의 성취가 가능하다는 믿음에 따라 행동을 바꾸겠다는 의지
지원 관계 형성 (helping relationship)		건강행동의 변화를 촉진시킬 수 있는 주변 사람들의 지지

개념		정의
사회적 해방 (social liberation)		건강한 사회적 기회의 증가 예) 공원, 산책로의 쉬운 접근성
대체 행동 형성 반대조건 부여 (counterconditioning)		문제행동을 대체할 수 있는 건강행동 배우기 예) 음주를 대체하는 긴장 완화 방식
자극조절 (stimulus control)		건강에 좋지 않은 습관에 대한 단서를 제거하고, 더 건강한 대안을 위한 자극을 추가 건강행동을 지지하고 장려하는 단서를 가지도록 환경을 재설계하고, 건강하지 않은 행동을 장려하는 알림과 신호를 제거 예) 집과 차에서 재떨이 치우기
강화관리 (reinforcement management)		건강행동에 대해 스스로 보상하거나 타인에게 보상을 받음 예) 장려금
자기효능감 (self-efficacy)	자신감	다양한 어려운 상황에서 건강행동을 취할 수 있다는 자신감
	유혹	다양한 도전적 상황에서 건강하지 않은 행동을 하고 싶은 강한 충동 또는 욕구

출처: Prochaska, Redding, & Evers(2015). 권자영 외(2022) 재인용

3) 실천에의 적용

의료사회복지사는 변화단계모델을 활용함으로써 클라이언트가 어느 단계에 있는지 평가하고 각 단계에 맞는 개입전략을 적용하는 데 유용하다. 일반적으로 알코올 또는 약물 등 중독 문제에서 변화단계모델이 많이 적용되어 왔다. 중독 문제를 가지고 있는 클라이언트는 첫 치료 시 본인의 중독 문제를 부정하는 숙고전 단계에 놓여 있는 경우가 많다. 이때 의료사회복지사는 중독의 위험성과 치료의 필요성을 설명함으로써 재활 치료에 진입할 수 있도록 도울 수 있다.

의료사회복지 실천 현장에서는 당뇨병이나 고혈압 환자 등 만성질환을 가지고 있는 클라이언트의 질환관리에서 활용될 수 있다. 여기서는 당뇨병 환자의 사례를 통해 변화단계 및 개입의 예시를 구체적으로 살펴보도록 하겠다(표 7-3 참조).

〈표 7-3〉 당뇨병 환자의 변화단계 및 교육자의 역할

단계	반응	상태	특징	의료사회복지사의 역할
숙고전 단계	"나는 변할 생각이 없는데요."	• 치료 초기에 자각할 수 있는 증상이 두드러지지 않아 자신의 생활습관 개선 및 혈당 체크 등 질환 관리의 필요성을 인식하지 못함	• 병식이 없고 변화 준비가 되어 있지 않음 • 최소 6개월 내 변화할 의사 없음	• 환자의 시각으로 경청, 긍정적 관계 수립 • 생활습관, 식이요법, 질환의 관리와 질환의 진행과정 및 치료의 연관성에 대해 교육 • 환자의 일과 탐색을 통해 변화 포인트 찾아보기
숙고 단계	"(변화)해야 하는데 아직 확실히 모르겠어요."	• 생활습관을 바꾸고 질환을 관리해야 한다는 필요성은 인식하지만 실천하지는 않음	• 문제행동을 인식하나 준비가 되어 있지 않음 • 변화에 대한 양가감정 • 자기효능감, 자신감 다소 증가	• 당뇨병 관리의 장점과 변화의 장애물 파악 • 변화의 장점과 이전의 성공경험에 중점 • 환자가 구체적인 목표를 설정하고 동기를 강화하여 실천으로 연결될 수 있도록 상담
준비 단계	"예, 이제 해 보려고요."	• 운동 계획을 세우고 식단을 조정하고자 영양사와 상담함 • 혈당 체크기를 구입함	• 결정에 대해 준비하는 단계 • 변화에 대한 긍정적 태도	• 생활습관 변화계획: 목표설정, 우선순위 결정, 현실성 평가, 사후관리 • 성취 가능한 작은 실천부터 시작할 수 있도록 지지, 격려
행동 단계	"네, 실천하고 있어요 (6개월 미만)."	• 규칙적인 운동과 식단 조절을 실행함 • 정해진 시간에 혈당을 체크하며 관리함	• 변화를 실천, 삶의 일부가 되기 위해 노력 • 자기효능감, 자신감이 높음	• 혈당관리에 방해가 되는 자극 통제 • 변화행동을 유지하는데 도움되는 것 찾기 • 긍정적이고 명확한 피드백, 사후관리
유지 단계	"(6개월 이상) 계속하고 있어요."	• 건강한 생활습관을 유지하기 위해 노력함	• 변화된 행동을 편안히 느끼고 일상생활의 한 부분으로 여김 • 스트레스 발생 시 재발 위험(휴가, 명절)	• 이전 행동으로 돌아가게 하는 상황 도론 (비상구 계획) • 지속적인 동기부여 및 모니터링, 지지집단 연결, 사후관리

3. 위기개입

1) 배경

위기개입은 린드만(Lindemann, 1944)에 의해 지역사회정신보건 분야에서 처음 소개되었다. 린드만은 1942년 발생한 클럽 대화재의 희생자 가족의 애도작업에 위기개입 프로그램을 처음으로 적용하였고, 이후 카플란(Caplan)과 함께 지역사회 정신건강 프로그램을 설립하면서 위기개입의 필요성을 구축해 나갔다. 이들은 예방정신의학에 초점을 두어 관계망 형성을 중요시하였으며, 긍정적 성장을 촉진하고 정신적 손상을 최소화할 수 있는 조기개입을 제공하였다. 1960년대부터는 위기개입의 유행으로 자살예방운동과 함께 많은 비영리기관을 통해 가정폭력쉼터, 강간보호센터, AIDS 센터 등 지역사회 및 보건영역까지 실천의 범위가 확대되었다(정순둘 외, 2011).

건강 및 의료사회복지 분야에 있어 위기개입은 긴급한 의료적 처치 및 생심리사회적 개입을 요하는 다양한 건강위협 상황에서의 사회복지실천에 활용된다. 예를 들어, 자살시도 또는 가정폭력 및 성폭력과 같은 신체적·정신적 손상의 위기, 화재로 인한 중등도의 화상 등 심각한 외상 및 심리사회적 위기를 유발하는 사고 등이 이에 해당된다. 보통 이러한 위기상황은 응급실에서 빈번하게 마주친다.

최근까지 위기개입모델은 여러 형태로 개발되어 왔다. 정서적 혼란, 신체적 불편감, 이상행동 등으로 나타나는 심리적 불균형을 회복에 초점을 두는 로버츠(Roberts, 2005)의 7단계 위기개입모델, 웨스트펠드와 해커만스톤(Westefeld & Heckman-Stone, 2003)의 10단계 문제해결중심 통합모델(Integrated Problem-Solving Model), 캐널(Kanel, 2006)의 ABC 위기개입모델 등이 대표적이다(전혜성, 2017).

2) 기본개념

위기는 고통을 야기하는 경험에 대한 주관적 반응으로, 상황 자체가 아닌 상황에 대한 개인의 지각이나 반응을 의미한다. 다시 말해, 위기는 개인의 평형이 깨진 상태, 즉 통상적으로 사용하던 대처전략으로 현재의 문제를 해결하기 어려운 상태라고 할 수 있다. 이러한 위기는 보통 시간 제한적으로 4~6주 동안 지속되는데, 이때 위기개입이 즉각적으로 진행되는 것이 매우 중요하다(장수미 외, 2013).

(1) 위기의 유형

위기는 발달적 위기, 상황적 위기, 실존적 위기의 3가지로 구분할 수 있다(Brammer & Ginger, 2003).

① 발달적 위기: 발달단계상에서 발생하는 생활사건이나 각 발달단계별에서 요구되는 과업을 수행함에 있어 예측될 수 있는 위기로, 대처능력 및 자원을 준비할 수 있다. 예를 들어, 사춘기, 대학 입시, 결혼, 퇴직 등이 이에 속한다.

② 상황적 위기: 심각한 질병이나 사별, 사고, 재해 및 재난, 범죄 등과 같이 갑작스럽게 발생하는 사건에 의한 위기로서, 예측이 불가능하다.

③ 실존적 위기: 인생의 중요한 이슈를 동반하는 인간의 내적 갈등이나 불안과 관련된 위기를 의미한다. 예를 들어, 퇴직을 앞둔 직장인이 가지는 인생의 허무함 등이 이에 속한다.

이 외 제임스와 길리랜드(James & Gilliland, 2005; 한인영 외 역, 2008)는 자연재해나 전염병과 같은 인재, 전쟁과 같은 정치적 사건 등을 환경적 위기를 추가하기도 하였다.

(2) 위기개입

위기개입은 위기상황에 즉각적으로 개입하여 단기적으로 집중적·적극적인 원조를 제공하는 것이다. 위기개입의 목표는 위기가 발생하기 이전의 기능 수준으로 클라이언트가 회복할 수 있도록 원조하는 것이다. 위기에 처한 클라이언트는 매우 혼란스러운 상태로 인해 위기상황 해결을 위한 자신의 강점이나 자원을 인지하기 어렵게 되며, 성공적으로 다루거나 활용하지 못하게 된다. 이때 위기개입을 제공함으로써 클라이언트는 자신의 감정을 다스리고 위기를 해결하기 과정을 밟아나가면서 대처기술과 문제해결능력을 재수립하게 된다 (Dattilio & Freeman, 2000; Rogan, 1997).

① 위기사정

클라이언트의 위기를 신속하고 정확하게 사정하는 것은 개입에 있어 매우 중요하다. 마이어와 그의 동료들(Myer et al., 1992)이 제안한 위기사정(위기평가)을 위한 '위기분류 평가체계(Triage Assessment System)'는 오늘날 많이 활용되고 있다. 위기분류 평가체계에서는 클라이언트의 정서상태, 행동기능, 인지상태의 3가지 영역으로 구분하여 사정함으로써 클라이언트가 어느 정도의 유동성과 평형 상태에 있는지 파악할 수 있도록 돕는다.

〈표 7-4〉 위기분류 평가체계의 3영역

요소	내용
정서상태	• 현실적인 방법으로 감정을 표현하기 • 정서적 반응이 상황과 일치하는가? • 다른 사람들도 이런 상황에서 비슷한 정서를 보이는가?
행동기능	• 긍정적인 활동 촉진하기 • 이전에 이와 비슷한 경우, 어떻게 행동하였는가? • 지금 할 수 있는 것은 무엇인가?
인지상태	• 생각이 얼마나 현실적이고 일관성 있는가? • 신념변화에 개방적인가? • 위기를 악화시키는 것을 믿고 있거나 과장하거나 합리화하는가?

② 위기개입의 절차

위기개입은 학자에 따라 다양하게 발전되어 왔는데, 여기서는 로버츠(Roberts, 2005)의 7단계 위기개입모델을 기반으로 설명하고자 한다. 이 모델은 정서적 혼란과 심리적 · 신체적 불균형에 많은 초점을 두고 있으며, 위기를 익숙한 대처 전략으로 문제를 해결할 수 없는 위험한 사건이나 상황의 결과로써 경험하게 되는 정신적 불균형의 시기로 정의한다. 위기는 일반적으로 고유의 습관이나 대처 패턴으로 극복할 수 없는 중요한 삶의 목표에 대한 장애에 직면했을 때 발생한다.

위기에 대한 반응(crisis reaction)은 무력감, 당황, 걱정, 충격, 불신, 분노, 낮은 자존감, 우울증 등 다양한 형태를 띤다. 이때 개인은 모순, 무질서, 동요, 변덕스러움 혹은 침묵, 억제, 철회, 냉담함을 나타낼 수도 있다. 이때가 위기개입이 효과적인 시기로, 위기개입은 개인의 삶에서 도전, 기회, 전환점이 될 수 있다. 위기개입은 지원, 희망, 대처와 성장을 위한 대안적 방법뿐만 아니라 즉각적인 위험과 두려움을 감소시킬 수 있다(이주호, 2013).

로버츠는 위기개입 7단계에 대해 하나의 지침일 뿐, 각 단계가 엄격하게 고정되어 있는 것은 아니며, 어떤 단계가 중복되기도 한다고 언급하면서 개별화된 접근을 해야 함을 강조하였다. 로버츠의 위기개입 7단계는 다음과 같다(장수미 외, 2017).

〈표 7-5〉 로버츠의 위기개입 7단계

단계	과업	주요내용
1	치명성과 정신건강상태 사정하기	• 위기 및 생심리사회적 평가를 계획하고 수행 • 자살 위험, 의료적 요구 등을 사정에 포함 • 보호요인과 가족 및 주변의 지원과 같은 지속 자원을 명확화하는 것이 도움이 됨
2	관계 형성하기 클라이언트 관여시키기	• 위기에 직면한 클라이언트들과의 관계에서 신뢰와 수용을 형성하기 위해 라포 및 심리적 관계를 수립 • 클라이언트에게 무조건적인 수용을 제공하고 진실되며 판단적이지 않은 치료적 관계 형성

단계	과업	주요내용
3	주요 문제 확인하기	• 문제 또는 위기의 차원을 명확화하고 평가 • 특히 위기의 영향을 받는 클라이언트가 겪어야 했던 문제와 도전 과제를 확인하여 문제에 대처하는 방법을 간접적으로 보여 줄 수 있음
4	감정 다루기	• 클라이언트의 감정과 정서를 탐색 • 이 단계는 적극적·열정적으로 경청하고 원조과정을 강화할 수 있는 지지적 진술, 반영, 재진술 등으로 수행 가능함
5	대안적 대처방법 탐색하기	• 클라이언트가 이전에 문제를 다루어 왔던 대안적 대처 방법을 탐색 • 문제에 대한 개인의 관점은 대처 과정에 도움이 될 수 있는 자원과 대안의 잠재력을 탐색하는 데 도움이 되는 원천이자 자기 지속성(self-persistence)으로 간주됨 • 이 과정에는 위기상황 관리에 있어 창의성과 적합성이 요구됨
6	행동계획 수립하기	• 행동계획을 수립 • 클라이언트가 문제 해결을 위한 전략을 수행할 수 있도록 지원하고 참고할 자료를 제공할 수 있는 개인을 확인
7	종결 및 사후관리	• 사후관리 계획을 수립 • 초기 개입 후 클라이언트를 위한 사후관리를 계획하는 것은 중요하며, 이는 클라이언트의 상태를 파악하고 클라이언트가 위기를 직면하고 스스로 적절히 해결할 수 있도록 하기 위함임

이러한 위기개입을 통해 위기 상황에서 발생하는 클라이언트의 혼란과 자신감 저하를 되돌리기 위한 구체적 계획을 수립할 수 있다. 일반적으로 효과적인 위기개입은 다음과 같은 결과를 이끌어야 한다.

- 디스트레스 증상의 안정화
- 증상 완화
- 적응적 기능수준의 회복
- 추가 지원에 대한 접근성 촉진

3) 실천에의 적용

위기개입은 스트레스로 인한 심리적 문제, 특정한 행동적 문제, 사회체계의 문제 등에 개입할 수 있는 틀을 제공함으로써 개인의 대처능력을 향상시키고 심각한 고통에 대해 즉각적인 개입을 할 수 있도록 한다는 점에서 실천 이론으로서 유용하게 적용될 수 있다. 또한 높은 스트레스 상황에 있는 개인 및 가족과 일할 때 사회복지사가 전통적으로 사용해 오던 접근방법과 많이 부합하기 때문에 다양한 사회복지 분야에서의 적용이 용이하다.

보다 구체적으로, 위기개입모델은 외상 후 스트레스 장애 및 자살 관련 문제, 급성 스트레스 장애를 가진 개인을 비롯하여 이혼 및 사별과 같은 위기 상황에 처한 가족, 9·11 사태나 홍수와 같은 재난으로 인해 위기에 빠진 지역사회 등 다양한 대상에게 적용되며, 정신건강기관을 비롯한 아동보호기관, 노인복지, 가족치료 등 다양한 실천 현장에서 활용되고 있다(정순둘 외, 2011).

보건 및 의료 현장에서 위기개입이 필요한 대표적인 현장 중 하나는 외상사건으로 인한 손상 발생 시 관문이 되는 곳 중 하나인 응급진료센터이다. 미국의 경우, 응급실 내 사회복지사를 배치하여 위기개입의 역할을 수행하도록 하고 있다. 우리나라 또한 응급실에서 사회복지적 협력이 필요한 상황에 대해 위기개입을 할 수 있도록 지원되는 시스템이 운영되고 있는데, 해바라기센터와 응급실기반 자살시도자 사업 등이 대표적인 예이다.

해바라기센터는 성폭력 및 성매매 등의 위기상황에 처한 피해자를 지원하는 기관으로, 전국의 지역 거점 의료기관에서 부설로 운영되고 있다. 해바라기센터는 여성가족부, 경찰청, 지방자치단계, 병원의 4자 협약으로 운영되며, 성폭력 피해자와 가족에게 피해상담, 치료, 법률상담 연계, 수사지원, 기타 피해구제를 위한 서비스 지원을 원스톱으로 제공함으로써 피해자가 위기상황에 대처할 수 있도록 지원한다.

응급실기반 자살시도자 사후관리사업은 응급실에 내원한 자살시도자에게 즉각적인 정신건강 지원을 제공함으로써 자살 재시도를 예방하고 이들의 사회적 복귀를 돕기 위한 체계를 구축하는 것을 목표로 한다. 초기 응급의학적 처치를 받은 자살시도자는 이후 지역 정신건강서비스를 적극적으로 지원할 수 있도록 연계·관리를 지원한다. 전국의 생명사랑위기대응센터가 중심이 되어 운영하는 이 사업은 응급의학과, 정신건강의학과, 사례관리팀으로 구성되어 있으며, 2013년 25개소를 시작으로 23년 기준 85개 응급의료기관으로 확대되어 운영하고 있다.

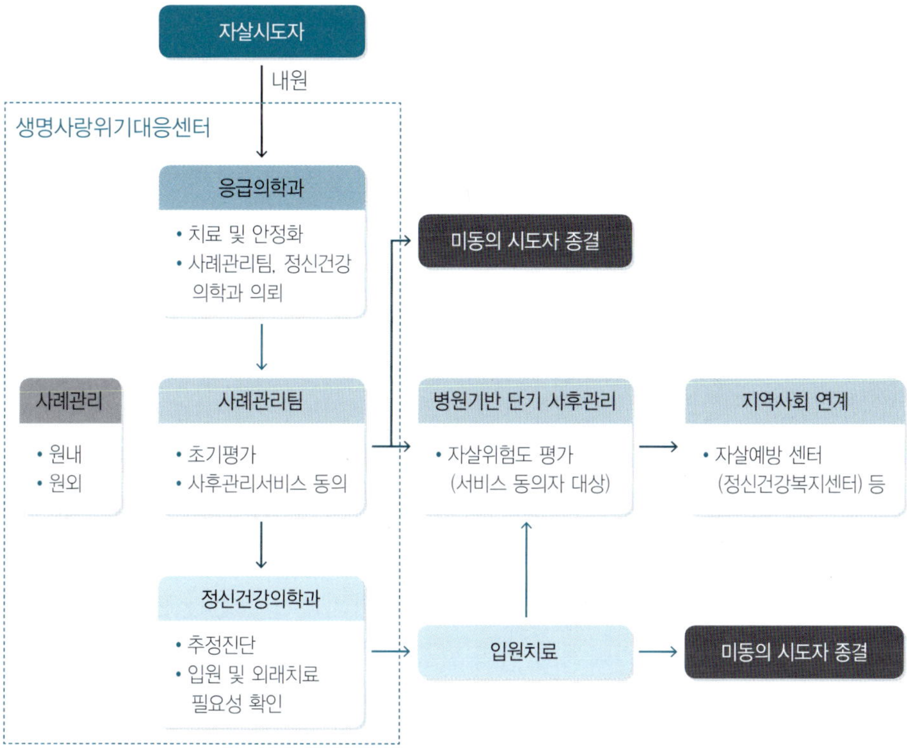

[그림 7-4] 생명사랑 위기대응센터 업무체계도

이 외에도 2000년대 중반 일부 대학병원에서 24시간 핫라인이 가능한 응급실 전담 사회복지사를 배치, 대기 체계를 구축하였으나 현재는 중단된 상태이다(최권호, 2015). 위기로 인해 초래될 수 있는 클라이언트의 잠재적 생심리사회적 손상을 최소화하기 위해 골든타임에 적극적 개입이 가능한 응급실 내 위기개입 인력을 확보하기 위한 제도 마련의 노력은 필수일 것이다.

CHAPTER 08

근거기반(evidence-based) 의료사회복지 실천

학 · 습 · 목 · 표

1. 근거기반 의료사회복지 실천을 이해한다.
2. 근거기반 실천의 핵심 개념과 적용 절차를 설명할 수 있다.
3. 근거기반 프로그램을 계획 및 평가할 수 있다.

1. 근거기반 의료사회복지 실천

근거기반 실천(evidence-based practice)은 클라이언트의 문제나 욕구를 효과적으로 돕기 위해 사용되는 방법이다. 이는 가능한 모든 과학적 연구 결과를 평가하고 적용하여, 사회복지 실천에서 가장 좋은 결과를 얻을 가능성이 높은 방법을 선택하고 사용하는 모델이다. 이 모델은 사회복지 실천과 관련된 의사 결정의 근거로서, 다양한 과학적 증거와 자료뿐만 아니라 사회복지사의 경험, 지식, 기술, 클라이언트의 개인 · 사회 · 환경적 측면을 모두 포함하여 최적의 의사 결정을 하는 과학적인 문제 해결 접근 방식이다.

의료세팅은 다양한 전문 직업을 가진 사람들이 함께 일하는 곳이고, 특히 근거기반 실천에 대한 요구가 더욱 크며, 사회복지 영역 중에서도 그 역사가 오래되었다. 따라서 의료사회복지 실천에서 근거에 기반한 과학적 접근 방법은 의료사회복지사가 반드시 갖추어야 할 중요한 능력이다.

1) 근거기반 사회복지 실천의 역사

'근거기반(evidence-based)'이라는 용어는 '증거기반' 또는 '근거중심'이라고도 불린다. 이는 과학적 연구 결과에 바탕을 두어 실천하는 방식을 의미한다. 이러한 개념은 원래 의학 분야에서 시작되어 '근거기반의학'으로 발전했고, 이후 다양한 학문 분야로 확산되면서 '근거기반실천'이라는 더 넓은 개념으로 진화했다. 특히 의학에서는 임상 진료 지침이 주관적인 판단이나 전문가의 의견이 아닌, 반드시 근거에 기반해야 한다는 의미로 사용되기 시작했다(Eddy, 1990). 과학적 연구에 기반을 둔 이 모델은 의학에서 출발했지만, '의학적 모델'에만 국한된 것은 아니다(Thyer, 2006). '근거기반' 실천은 효과적인 개입 방법에 대한 요구와 공공서비스의 목표 달성 평가 등이 계속해서 제기되면서 근거기반 간호, 근거기반 정신보건, 근거기반 사회복지 등으로 적용 분야가 넓어졌고, 이로 인해 근거기반 실천 운동으로 확산되었다(김유진, 2015).

서구에서 근거기반 실천이 확산된 데에는 여러 요인이 있었지만, 특히 보건의료 및 휴먼 서비스와 관련된 환경 변화로 인한 정치적·경제적 요인이 크게 작용했다. 예를 들어, 미국의 경우 1990년대부터 '관리의료체계(managed care)'가 도입되면서 서비스 비용을 줄이면서 동시에 서비스의 질은 높은 수준으로 유지해야 한다는 기대가 커졌다. 이러한 변화하는 서비스 전달 체계에 대처할 수 있는 방법으로서 근거기반 실천이 강조될 수밖에 없는 환경이 조성된 것이다. 또한 비용 통제를 위해 도입된 관리의료체계 내에서 보건의료 분야 전문가들은 단기간에 효과가 있는, 이미 입증된 실천 방법을 보여 주어야만 했다. 따라서 클라이언트에게 최선의 이익이 되는 결과를 얻기 위해, 기존 조사 연구들의 결과와 자신의 임상 실천 지식 및 경험을 통합하는 근거기반 실천의 구체적인 절차와 방법을 지속적으로 발전시키는 노력을 기울이게 되었고, 이것이 오늘날의 근거기반 사회복지 실천모델이 나타나고 활성화되는 토대가 되었다(공계순·서인해, 2016). 이러한 근거기반 실천은 사회복지 분야에서는 의료 및 정신건강 사회복지 영역에서 먼저 시작되었으며, 현재는 다양한 사회 문제 영역도 포함하고 있다. 또한 임상 실천뿐만 아니라 프로그램 개발, 사회복지행정, 사회복지정책 등으로 확대 적용되고 있으며, 영국과 미국 등에서는 근거 중심 실천을 촉진하기 위한 정부의 재정 지원과 관련한 연구소 등이 설립되어 다양한 연구가 진행되고 있다(McNeece & Thyer, 2004).

근거기반 실천이 정신보건 및 의료사회복지 분야를 넘어 다양한 사회복지 영역으로 점차 확산되는 이유는, 근거기반 실천이 사회복지 실천과 지식 발전에 크게 기여한다고 여겨지기 때문이다. 미국의 근거기반 사회복지 실천의 주요 옹호자인 갬브릴(Gambrill)에 따르면, 전통적인 사회복지 실천 방법은 확인되지 않은 직관, 일화적인 경험(개인의 삶에서 겪는 특정한 사건이나 이야기로 주관적 해석이 강조되는 것), 다른 사람들의 견해, 대중적인 인기 등에 의존하는 '권위에 기반한 실천(authority-based practice, 1999)'이었다. 이 방식은 사정 척도의 정확성이나 업무 수행의 효과성이 보장되지 못하는 반면, '근거에 기반한 실천'은 사회복지 실천 및 지식 발전에 기여한 것으로 평가받고 있다.

그러나 근거기반 실천을 둘러싸고 이 실천 방법이 기초하고 있는 인식론과 여러 전제에 대해 비판하는 의견도 있으며, 근거기반 실천을 사회복지 현장에 적용하는 데 어려운 점이 있는 것도 사실이다. 문헌에서 나타난 근거기반 실천에 대한 대표적인 비판은 근거기반 실천의 인식론적 기초, 조사 연구의 질을 평가하는 방법, 집합적인 정보의 개별 클라이언트에 대한 적용, 그리고 근거가 되는 조사 연구의 부족에 관한 것으로 정리될 수 있다. 특히 의학 분야와 비교하면, 사회복지 분야의 경우 근거로 활용할 수 있는 연구가 훨씬 적으며, 대체로 사회복지의 많은 연구가 사회 문제를 분석하고 기술하는 연구에 집중되어 있다. 사회 문제, 개입 방법, 클라이언트 유형 등에 따라서 실천에 관한 조사 연구(practice-based research)의 양에 있어서 편차가 매우 심하고, 사회복지 실천에 관한 조사 연구라 하더라도 근거기반 실천모델에서 우수한 조사 연구에 해당하는 기준을 갖춘 조사 연구가 매우 미약하다(Fraser, 2003). 이러한 한계점은 앞으로 사회복지 분야에서 실천에 기반한 조사 연구를 보다 활발히 실시해야 할 필요성을 보여 준다.

정리하면, 오늘날 '책무성'을 강조하는 사회복지 실천 현장의 요구와 많은 정보를 효율적으로 찾아 활용하는 것이 중요해지는 시대적 상황을 잘 수용할 수 있는 특징을 지닌 근거기반 실천은 앞으로 적용 범위와 정도가 더욱 확산될 가능성이 높은 것으로 보인다. 하지만 우리나라 사회복지사들의 조사 연구에 대한 태도는 긍정적이었지만 조사 연구 활용 정도는 매우 낮은 것으로 나타났다(정순둘, 2006). 반면, 박정임(2012)의 연구에서는 근거 중심 사회복지 실천 교육 및 훈련 프로그램을 통해 사회복지사로서 전문성이 향상되었고 클라이언트의 역량도 강화되었으며, 자신의 실천에 대한 자신감이 향상되었다고 보고한다. 이는 학교와 실천 현장에서 지속적인 근거기반 실천에 대한 교육과 훈련이 필요함을 알려 준다.

2) 근거기반 의료사회복지실천을 위한 준비

(1) 근거기반 실천에 대한 이해

근거기반 실천은 앞에서 설명했듯이 근거기반 의학에서 출발한다. 이는 의료행위에 대한 의사 결정이 '최선의 임상적 근거'에 기초하여 이루어져야 한다는 특징이자 강점을 지닌다. 하지만 의사의 경험과 개별적인 능력, 환자의 욕구 등을 무시하고 연구 결과의 역할만을 지나치게 강조한다는 비판을 받기도 했다. 그래서 여러 학자에 의해 수정되었으며, 다음의 정의가 의사 결정 과정으로서의 근거기반 실천에 대한 정의로 널리 사용된다(김유진, 2015).

> 근거기반 의학이란, 연구 결과로 도출된 최선의 근거와 함께 임상 전문지식과 환자의 선호 및 가치를 통합하는 것이다. 여기서 각각 환자의 문제 상황 또는 질병 상태, 그리고 환자가 선호하는 것은 연구 결과만큼 중요하며 전문적 임상 지식을 통해 임상 의사결정에 통합된다(Sackett et al., 2000).

즉, 근거기반 사회복지 실천 또한 마찬가지로, 연구 결과로 도출된 최선의 근거와 함께 사회복지 전문지식과 클라이언트의 선호 및 가치를 통합해야 한다.

여기서 클라이언트의 문제 및 욕구 등은 연구 결과만큼 중요하며, 사회복지사의 전문 지식과 기술, 경험 등을 통해 의사 결정 과정에 통합되어야 한다. 헤인즈 외(Haynes et al., 2002)는 이러한 정의의 네 가지 구성 요소가 서로 연결된 상태에서 실천에 관한 의사 결정이 이루어져야 한다고 강조했는데, 그 구성 요소는 다음과 같다. 첫째, 클라이언트가 겪고 있는 질병 상태 또는 문제 상황이다. 둘째, 최선의 근거이다. 셋째, 클라이언트가 선호하는 바와 가치이다. 마지막으로 넷째, 전문가의 지식과 판단력이다.

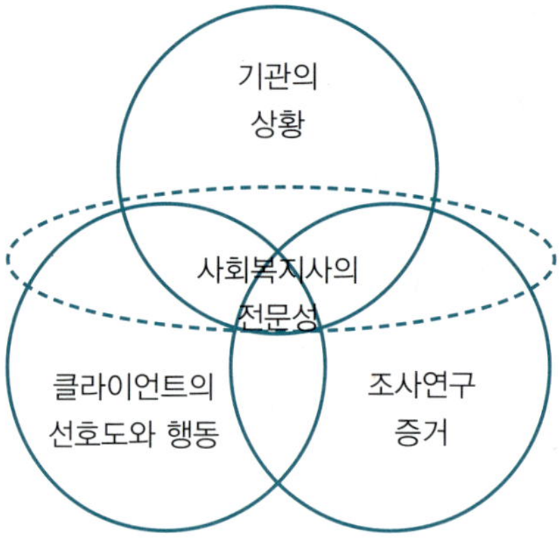

[그림 8-1] 근거기반 사회복지실천의 개념과 구성요소

또한 깁스(Gibbs, 2003)에 따르면, 의사 결정으로서 근거기반 실천을 하는 데 가장 중요한 것은 바로, 제대로 된 질문을 하는 것이다. 제대로 된 질문을 하기 위해서는 '콥스(Client-Oriented, Practical, Evidence-Search, COPES)' 원칙을 지켜야 한다. COPES 원칙이란, 근거기반 실천의 질문 만들기가 클라이언트 중심적(Client-Oriented)이고, 실질적(Practical)이며, 학술 데이터베이스에서 답을 구할 수 있을 만큼(Evidence-Search) 구체적인 질문을 해야 한다는 의미이다. 이를 위해 사회복지사는 다섯 가지 유형의 실천 질문과 '피코(Patient, Intervention, Comparison, Outcome, PICO)' 모델에 따른 네 가지 종류의 질문을 고려해야 한다(Sackett et al., 1997). 먼저, 다섯 가지 유형의 실천 질문은 <표 8-1>과 같다.

〈표 8-1〉 다섯 가지 유형의 실천 질문

유형	실천 질문들(예시)
기술적·묘사적 질문	• 어떠한 사회적·경제적·문화적 요소가 만성 우울증의 발병과 관련이 있는가? • 음주문제는 언제, 어떻게 시작되었으며 우울증상과 어떤 관련이 있는가?
위험요인에 대한 질문	• 만성 우울증의 발병과 지속에 영향을 미치는 위험 요소는 무엇인가? • 기존 연구를 통해 만성 우울증의 발생 위험률을 낮추는 요인들이 밝혀졌는가?
사정에 대한 질문	• 만성 우울증에 대한 진단 기준은 무엇인가? • 어떤 척도로 측정하는 것이 신뢰할 만한가?
효과성에 대한 질문	• 기존의 연구들에서 중년 남성의 우울 증세를 완화하고 알코올 문제를 해결하는 데 가장 효과적이라고 입증된 개입방법들은 무엇인가?
예방에 대한 질문	• 클라이언트의 문제가 악화될 가능성이 있는 요소들은 무엇인가? • 어떠한 개별·가족·환경적 요소들이 추후 효과를 지속하는 데 도움이 될까?

그리고 PICO 모델에 따른 질문들이란, 다음의 네 가지를 고민하는 것이다. 이 모델에 따른 질문을 사회복지 실천에 <표 8-2>와 같이 적용해 볼 수 있다.

〈표 8-2〉 PICO 임상질문 모델

PICO	임상 질문
Patient/Problem (클라이언트의 문제)	• 클라이언트와 유사한 사람들의 특성은 무엇인가? • 그리고 클라이언트가 처한 상황은 어떤 것인가?
Intervention (개입)	• 실천가는 클라이언트를 돕기 위해 무엇을 해야 하는가? • 어떤 종류의 개입을 알아야 하는가?
Comparison (대안)	• 다른 주요 대안들은 무엇이 있는가? • 각각의 장단점은 무엇인가?
Outcome (결과)	• 실천가와 클라이언트가 바라는 결과는 무엇인가? • 그리고 어떻게 그것을 알 수 있는가? (행동변화 등)

우리가 새로운 실천 방법을 이해하고 적용하기 위해서는 개념적 정의와 더불어 그 방법을 구체적으로 실행하는 절차에 대해서도 알아야 한다. 따라서 앞에서 설명한 개념적 정의에 더하여 그 방법과 절차를 이해할 필요가 있다. 근거기반 실천의 구체적인 방법을 연구한 문헌들은 사회복지사가 실천의 주요한 의사 결정과 관련된 조사 연구를 찾고, 이를 비판적으로 검토하며, 그 결과

를 기관 및 클라이언트 상황에 접목시키는 일련의 과정에 대해 기본적으로 따라야 할 단계를 제시하고 있다. 이러한 단계는 학자에 따라 적게는 4단계, 많게는 7단계까지 제시되며, 대체로 근거기반 실천을 하는 과정은 비슷하나 단계를 얼마나 세부적으로 나누는가에 따라 차이가 나기도 한다. 여러 문헌에서 나타난 단계들을 종합하면 다음의 5단계로 구성하여 설명할 수 있으며, 각각의 절차와 단계별로 해야 할 내용은 근거기반 실천의 특징을 잘 나타내고 있다(김유진, 2015).

〈표 8-3〉 근거기반 실천의 절차

단계	절차
1단계	사회복지실천 의사결정과 관련되어 궁금한 점을 답변 가능한 질문으로 전환한다.
2단계	그 질문에 대한 답이 되는 최선의 증거를 최대한 효율적으로 찾는다.
3단계	수집된 증거를 타당성, 효과의 정도, 적용 가능성에 대해서 비판적으로 평가한다.
4단계	비판적 평가의 결과를 실천에 적용한다.
5단계	실행의 결과를 평가한다.

이렇게 근거기반 실천에 대한 개념적 정의와 방법 그리고 절차에 대해 이해했다면 이를 활용하여 프로그램에 적용하고 실천하는 과정이 필요한데, 이는 프로그램 개발과 평가에 대한 별도의 교과과정에서 구체적으로 학습할 필요가 있다. 따라서 본 장에서는 프로그램 개발과 평가에 대한 중요성에 대해 이해하고, 좋은 사회복지 프로그램의 특징에 대해 간략히 살펴보고자 한다.

(2) 프로그램 개발과 평가에 대한 지식(조성우 외, 2024)

좋은 사회복지 프로그램은 클라이언트의 삶에 긍정적인 변화를 주는 영향력 있는 프로그램을 말한다. 로이스 외(Royse, Thyer, Padgett, & Logan, 2001)는 좋은 프로그램의 여덟 가지 특징을 제시했는데, 그중 사회복지사가 프로그램 개발 및 평가 시 특히 유의해야 할 특징은 다음과 같다.

첫째, 고유한 정체성을 가져야 한다. 프로그램이 독창적일수록 클라이언트에게 긍정적으로 기억되며 좋은 평판을 얻을 수 있다.

둘째, 근거기반 조사 능력이 필요하다. 프로그램의 성과를 객관적인 연구 결과로 입증해야 한다. 특히 최근에는 면접이나 소감문 같은 질적 자료보다 수량화된 양적 자료를 통해 프로그램의 효과를 증명하는 것이 중요해지고 있다.

셋째, 개념적·이론적 기반을 갖추어야 한다. 좋은 프로그램은 학계에서 인정받은 이론적 모델 위에서 개발된다. 예를 들어, 사회복지 관련 교과목에서 배운 다양한 심리사회적 이론이나 실천모델을 적극적으로 활용할수록 프로그램의 우수성을 인정받기 쉽다.

넷째, 서비스 철학이 분명해야 한다. 이는 프로그램이 클라이언트를 어떻게 바라보고 대할지에 대한 명확한 입장을 의미한다.

마지막으로, 실증적 평가를 위한 체계적인 노력이 중요하다. 프로그램 기획자는 평가 시 다양한 조사 방법을 신중하게 선택하고 활용할 수 있어야 한다. 사회복지 조사론이나 자료 분석론에 대한 깊은 이해가 이를 가능하게 한다.

(3) 생명연구윤리심의에 대한 이해

앞서 설명한 바와 같이, 근거기반 실천을 위해서는 우리가 제공하는 개입이 실제로 어떠한 영향과 효과를 가지는지 검증하는 과정이 매우 중요하며, 이를 위해서는 체계적인 연구 조사가 필수적으로 동반되어야 한다.

이러한 연구를 수행할 때, 특히 사람을 대상으로 하는 연구의 경우에는 엄격한 윤리적 기준이 적용된다. 「생명 윤리 및 안전에 관한 법률」에 따라, 다음 세 가지 유형의 연구는 반드시 기관생명윤리심의위원회(Institutional Review Board, IRB)의 승인을 받아야 한다.

- 물리적 개입 연구: 사람에게 직접적인 신체적 조작이나 처치를 가하는 연구이다.

- 상호작용 연구: 의사소통이나 대인 접촉 등 연구자와 대상자 간의 상호작용을 통해 데이터를 수집하는 연구이다.
- 개인 식별 정보 이용 연구: 특정 개인을 알아볼 수 있는 정보(예: 이름, 주민등록번호 등)를 수집하거나 활용하는 연구이다.

IRB 심의는 연구가 윤리적으로 이루어지고 연구 참여자의 권리가 충분히 보호되는지를 확인하는 절차이다. 이는 대학교나 병원 등 각 기관에 설치된 윤리위원회의 기준에 따라 진행된다. 또한 연구를 수행하는 모든 연구자는 반드시 소정의 필수 윤리교육을 이수해야 한다. 이러한 과정을 통해 연구의 신뢰성과 윤리성이 확보되며, 궁극적으로 근거 기반 사회복지 실천의 질을 높이는 데 기여한다.

2. 근거기반 의료사회복지 실천 사례

1) 개별 대상 의료사회복지실천: 노인 암 환자를 위한 문제해결치료

(1) 프로그램 개요

노인 암 환자 중 중간 수준의 우울증을 겪는 이들을 대상으로, 근거기반 의료사회복지 실천을 적용하였다. 디주릴라와 네주(D'Zurilla & Nezu, 2007)가 개발하여 노인 우울증에 효과가 입증된 문제해결치료 프로그램(Problem Solving Therapy, PST)을 활용하였다.

문제해결치료는 클라이언트가 자신의 일상 문제에 적극적으로 참여하고 합리적으로 해결하도록 돕는 치료 프로그램이다. 이를 통해 노인들은 문제 해결 전략을 익힐 뿐만 아니라, 삶의 주체로서 긍정적인 시각을 갖게 된다. 또한 이 치료법은 심각한 의학적 문제나 다른 부작용이 발생할 가능성이 매우 낮다는 장점이 있다. 간결하고 유연하여 사회복지사가 기술을 가르치고 일상생활에 적용하기 쉽고, 단기간에 치료가 이루어져 효율성이 높은 프로그램이다. 따라서 사회복지사가 지역 사회에서 직접 만나는 노인들에게 쉽게 제공할 수 있다.

미국에서 IMPACT 프로젝트 일환으로 일차 의료에서 제공하는 문제해결치료의 효과성을 살펴본 연구를 보면, 노년기 주요 우울증과 기분 부전증 치료를 위해 일차 의료에서의 문제해결치료(PST-PC)와 지역 사회 기반 심리치료(Community based Psychotherapy, CPT)를 비교한 결과가 있다. 연구에 따르면, PST-PC를 받은 노인들은 CPT 참가자들에 비해 치료 실시 후 12개월, 그리고 12개월부터 24개월 사이의 기간 동안 우울 증상이 없는 날이 더 많았다. 또한 12개월 추후 조사에서도 우울 증상이 더 적고 훨씬 기능적이었다. 문제해결치료는 주요 우울 장애와 경미한 우울 증상 개선에 모두 효과가 있었으며, 집단치료나 개별 치료에서도 모두 효과가 증명됨을 알 수 있다(윤현숙 외, 2010).

〈표 8-4〉 노인 우울증 환자를 위한 문제해결치료 프로그램

단계	주제	내용
1	오리엔테이션	• PST 설명 • 참여동의서 작성 • 문제와 우울증상에 대해 이야기
2	문제해결능력 평가와 문제해결능력 향상시키기	• 일반적인 문제 해결 유형에 대해 이야기 • 내담자의 문제 해결 유형 검사 결과, 강점, 약점에 대한 설명 • 긍정적인 태도 갖기에 대한 훈련 • 낮은 자신감 – 부정적 사고: 건강하게 생각하기, 긍정적인 self-talk 훈련 – 부정적 정서반응: 감정의 역할을 이해하기, 멈추고 생각하기 훈련(stop sign), ABC 모형을 통해 정서조절하는 방법 • 문제 인식하기 훈련 • 문제를 도전으로 받아들이기: 긍정적인 문제 지향
3	문제정의 및 현실적인 목표 수립하기	• 문제의 본질을 이해하고 현실적인 목표를 설정할 수 있는 능력 준비 • 문제와 관련된 정보를 수집(육하원칙)하고 문제를 정의하는 데 방해가 될 수 있는 왜곡이나 오해를 교정 • 복잡한 문제의 경우, 단순화 원칙에 따라 작은 문제로 나누어 중요도에 따라 하나씩 해결 • 목표를 설정한 후 재평가를 실시 • 문제정의 워크시트를 작성, 해결대안 마련은 과제를 제시

단계	주제	내용
4	창의적인 해결대안 도출, 결과예측과 선정하기	• 최선의 해결대안 선택을 위한 해결대안을 도출. 브레인스토밍 원칙을 적용(양의 원칙, 판단 연기의 원칙, 다양성의 원칙) • 문제의 성질에 따라 적절한 해결대안을 도출(문제중심 또는 강점중심) • 시각화 방법 또는 역할극을 이용하여 다양한 해결방안 도출 • 작성한 해결대안 리스트에서 효과 없는 것은 제외 • 해결대안의 개인적·사회적 결과를 예측하고 예상 결과를 평가
5	해결대안 시행 후 결과판단하기	• 결과 모니터링: 반응빈도, 반응지속시간, 반응시간, 반응강도, 반응의 결과 • 자기평가, 자기보상 • 결과가 좋지 않을 경우 새로운 해결대안을 선택하여 수행
6	최종 결과평가 및 강화	• 해결대안 결과 평가 및 강화 • 실생활 문제를 해결하는 데 적용될 수 있도록 긍정적인 강화 및 피드백을 제공 • 일상의 문제를 좀 더 효과적으로 대처하는 내담자의 능력 향상을 인정함으로써 문제 수용 태도에서 발견되는 긍정적 사고를 강화 • 사후조사

출처: 윤현숙 외(2010)

(2) 근거기반 개별 대상 의료사회복지 실천의 실제

이○○ 환자(76세/여)[1]는 국민기초생활수급권자로, 배우자 사별 후 홀로 생활하고 있다. 환자는 5년 전 뇌경색 및 대뇌죽상경화증 진단 후 약물치료 중이며, 3년 전 대장암 1기 진단 후 수술받고 항암치료는 실시하지 않았다. 환자는 경제적 문제로 사회사업팀에 의뢰되었으나, 상담 과정에서 우울감을 표현하여 우울선별조사(PHQ-9)를 실시하였고 17점, moderate to severe 단계로 평가되었다. 이에 문제해결치료 프로그램을 소개하고 환자의 동의하에 [그림 8-2]와 같이 총 6회 개별 의료사회복지 실천을 진행하였다.

1) 해당 사례는 클라이언트 본인에게 교육 및 연구 목적으로 익명 공개하는 것에 동의를 받았다.

PST 회기별 프로그램 내용

회기	내용
1회기	• 사전검사: 우울증(CES-D 단축형), 문제해결능력(SPSI-R) • 우울증상과 문제의 연관성에 대해 이야기 하기 • 문제해결치료의 목표와 과정 설명하기 • 문제목록 만들기 • 즐거운 행동 계획 하기
2회기	• SPSI-R 검사결과를 통해 자신의 문제해결 강점과 약점 파악하기 • 긍정적인 문제해결 태도와 인식 갖추기 • 문제 정의하기 • 성취 가능한 목표 설정하기 • 즐거운 행동 계획하기
3회기	• 다양한 해결방안 찾아보기 • 해결방안들의 장단점 살펴보기 • 유용한 해결방안 선택하기 • 실행계획 만들기 • 즐거운 행동 계획하기
4회기	• 해결방안 실행 후 결과 모니터링 하기, 즐거운 행동 계획하기
5회기	• 해결방안 실행 후 결과 모니터링 하기, 즐거운 행동 계획하기
6회기	• 최종 결과 평가 및 강화, 사후검사

문제해결치료 프로그램 요약

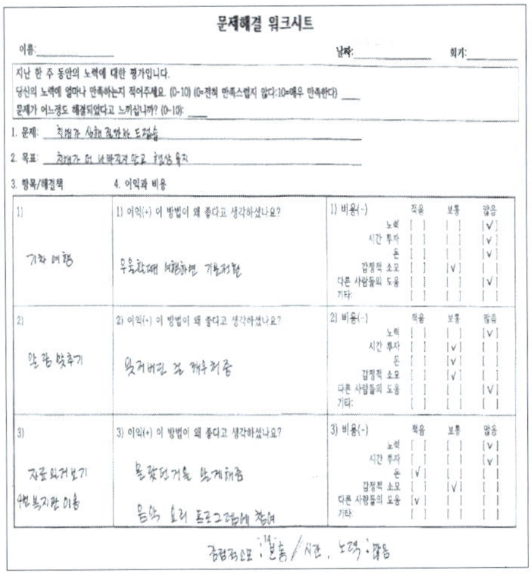
문제해결 워크시트

이름: ______ 날짜: ______ 회기: ______

지난 한 주 동안의 노력에 대한 평가입니다.
당신의 노력에 얼마나 만족하는지 적어주세요. (0-10) (0=전혀 만족스럽지 않다:10=매우 만족한다) ___
문제가 어느정도 해결되었다고 느끼십니까? (0-10): ___

1. 문제:
2. 목표:
3. 항목/해결책 4. 이익과 비용

3. 항목/해결책	이익(+)	비용(-)	적음	보통	많음
1)	1) 이익(+) 이 방법이 왜 좋다고 생각하셨나요?	1) 비용(-) 노력	[ ]	[ ]	[√]
		시간 투자	[ ]	[ ]	[√]
		돈	[ ]	[ ]	[√]
		감정적 소모	[ ]	[√]	[ ]
		다른 사람들의 도움	[ ]	[ ]	[√]
		기타:	[ ]	[ ]	[ ]
2)	2) 이익(+) 이 방법이 왜 좋다고 생각하셨나요?	2) 비용(-) 노력	[ ]	[ ]	[√]
		시간 투자	[ ]	[√]	[ ]
		돈	[ ]	[√]	[ ]
		감정적 소모	[ ]	[√]	[ ]
		다른 사람들의 도움	[ ]	[ ]	[√]
		기타:	[ ]	[ ]	[ ]
3)	3) 이익(+) 이 방법이 왜 좋다고 생각하셨나요?	3) 비용(-) 노력	[ ]	[ ]	[√]
		시간 투자	[ ]	[ ]	[√]
		돈	[√]	[ ]	[ ]
		감정적 소모	[ ]	[√]	[ ]
		다른 사람들의 도움	[√]	[ ]	[ ]
		기타:	[ ]	[ ]	[ ]

프로그램 실시

[그림 8-2] 근거기반(문제해결치료) 의료사회복지 적용 사례

(3) 근거기반 개별 대상 의료사회복지실천의 결과

이○○ 환자(76세/여)는 총 6회기 문제해결치료 프로그램에 참여하여 문제를 정의하고, 성취 가능한 목표를 설정하며, 이를 위한 다양한 해결방안을 찾는 방법을 훈련하였다. 또한 스스로 결정한 해결방안을 실행한 후 결과를 모니터링하는 활동을 반복함으로써 긍정적인 시각을 갖고, 합리적으로 문제를 해결하는 방법을 습득하였다. 이를 통해 우울(CES-D)이 감소하고, 합리적 문제 해결 및 긍정적 문제지향(SPSI-R)은 향상되는 결과를 보고하였다(그림 8-3 참조).

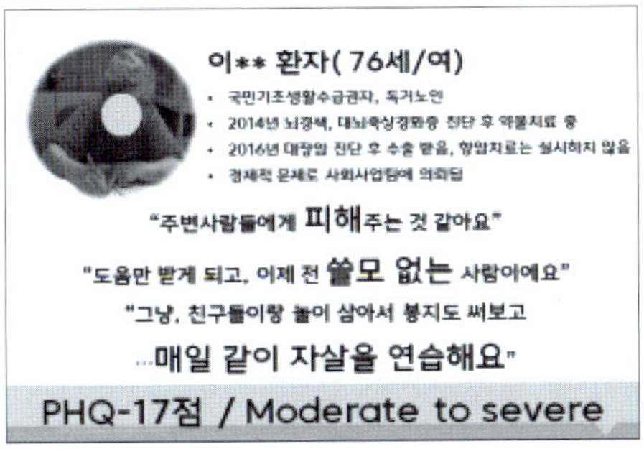

근거기반 프로그램 실시 전

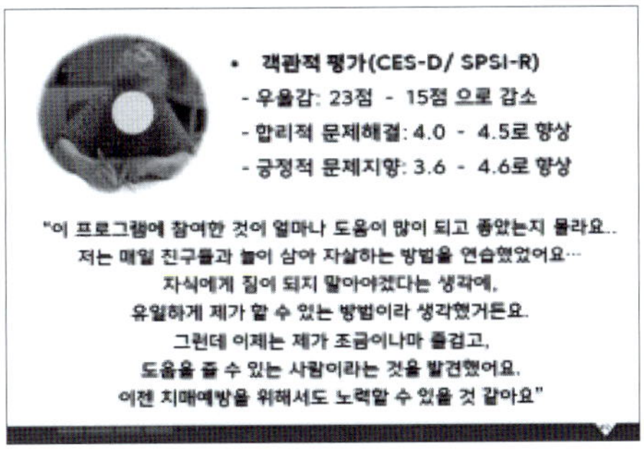

근거기반 프로그램 실시 후

[그림 8-3] 근거기반(문제해결치료) 프로그램 효과 사례

추가로, 상기 문제해결치료 프로그램은 H 의료원 5개 병원의 65세 이상 암 환자 30명을 대상으로 표준화된 프로그램으로 실시하였다. 실험집단과 통제집단의 비교를 통해 문제해결치료 프로그램에 참여한 노인 암 환자 집단의 우울감이 감소되고 사회적 문제해결능력이 증가하는 변화가 나타났으며, 이는 통계적으로 유의한 것으로 조사되었다(그림 8-4 참조).

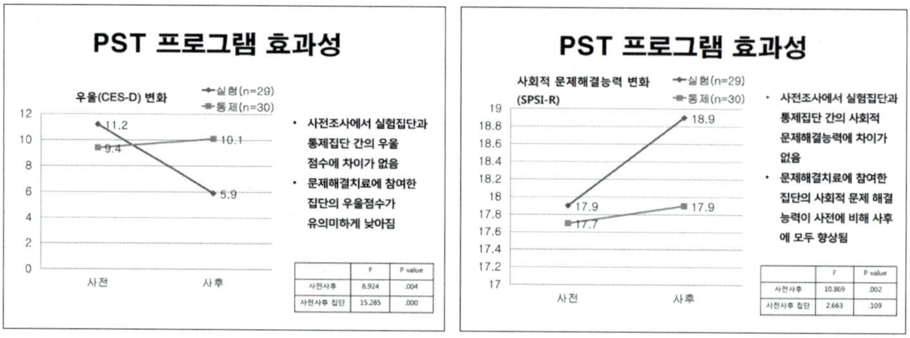

[그림 8-4] 근거기반(문제해결치료) 프로그램 효과 평가

2) 집단 대상 의료사회복지실천: 유방암 환자를 위한 몸-마음-영성 프로그램

(1) 프로그램 개요

몸과 마음, 그리고 영적인 측면의 건강이 서로 영향을 미치며 연결되어 있다는 이해가 높아짐에 따라, 통합적 접근에 대한 연구가 다양한 사람들을 중심으로 활발하게 이루어지고 있다. 이은경(2007)의 성인을 대상으로 한 연구에서는 마음, 몸, 영성 실천과 스스로 효과를 만들어내는 능력(지각된 자기 효능감)이 신체적 · 심리적 · 영적 건강의 모든 영역에서 긍정적인 영향을 미친다고 보고한다. 또한 이러한 통합적 접근은 개인이 자신의 건강을 스스로 관리하는 힘을 키우는 데(임파워먼트)도 도움이 될 수 있다고 한다. 유방암 여성을 대상으로 마음-몸-영성 프로그램의 효과성을 연구한 엘리자베스 외(Elizabeth et al., 2002)의 연구에서도 마음-몸-영성 통합 프로그램이 삶의 질 향상, 우울감 감소, 불안 완

화, 영적인 통합에 긍정적인 효과가 있음을 보고한다. 더욱이 퀴넷 외(Quenett et al., 2023)는 미국 중산층 흑인 여성을 대상으로 한 근거 이론 연구에서 마음, 몸, 영성의 연결과 균형이 바로 건강한 삶의 핵심이라고 강조한다. 이들은 신체와 정신 건강을 위해서는 규칙적인 생활과 자기 관리, 올바른 식사, 운동이 필요하며, 특히 영적인 측면을 위한 활동들이 신체, 정신, 영성의 균형을 맞추는 데 매우 중요한 요소라고 본다.

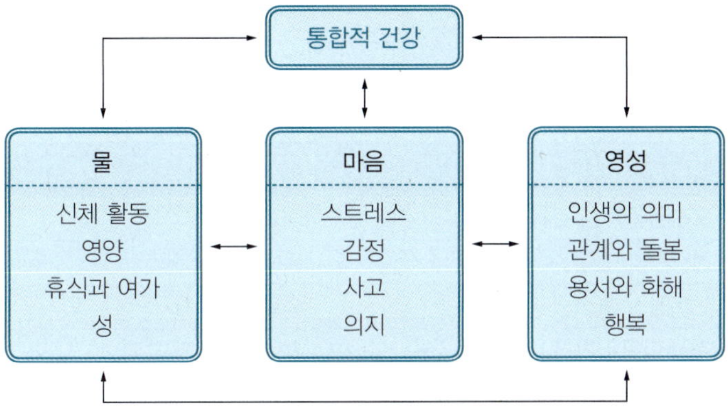

[그림 8-5] 몸-마음-영성 프로그램의 기본 틀

이러한 통합적 관점에서 윤현숙 외(2010)는 노인 복지관 이용자들을 대상으로 마음-몸-영성 프로그램을 12회기 진행한 결과, 참여자들의 신체적 건강 수준과 긍정적인 감정이 향상되었고, 스트레스 대처 기술은 좋아졌으며, 부정적인 감정은 줄어들었다. 또한 삶의 만족감과 미래 삶에 대한 기대감을 포함한 영적 건강도 향상되어, 이 마음-몸-영성 프로그램이 통합적 건강 증진에 유의미한 효과가 있음이 검증되었다. 이에 따라, 통합 건강 증진에 효과가 검증된 이은경 외(2010)가 제작한 몸-마음-영성 프로그램의 일부를 유방암 환자와 병원 상황에 맞게 수정하여 실시했다.

(2) 근거기반 집단 대상 의료사회복지실천의 실제

오늘날 건강의 개념은 신체적 건강의 관점에서 신체적·정신적·사회적·영적 차원이 통합된 개념으로 변화되고 있다. 따라서 유방암 진단 후 수술 및 항암치료를 받고 회복 중인 환자들을 대상으로 유방암 관리에 대한 자기효능감을 증진시켜 궁극적으로 삶의 질 증진에 기여하고자, 몸-마음-영성 통합 건강관리 프로그램을 적용하여 집단을 대상으로 근거 기반 의료사회복지 실천을 적용하였다(표 8-5 참조).

〈표 8-5〉 몸-마음-영성 통합 건강관리 프로그램

영역	내용	강사
몸	1. 오리엔테이션, 신체활동	의료사회복지사
	2. 건강관리, 운동	유방외과 교수
마음	3. 스트레스 해소하기	의료사회복지사
	4. 감정 다독이기	의료사회복지사
	5. 의지 다지기	의료사회복지사
영성	6. 인생의 의미 찾기	의료사회복지사
	7. 용서와 화해하기	의료사회복지사
	8. 행복 찾기, 삶에 적용하기 수료식	의료사회복지사 사회사업팀장, 외과 교수

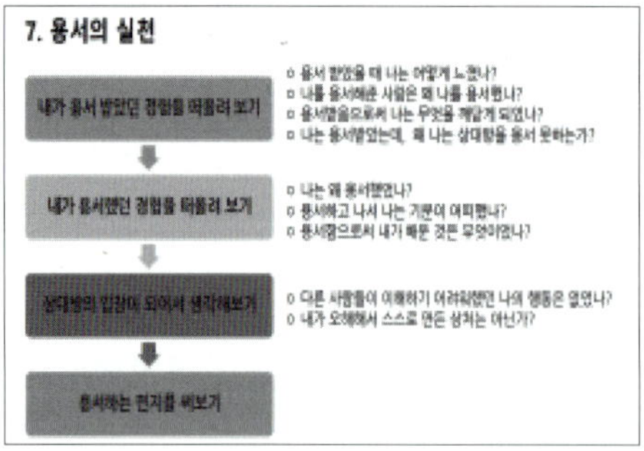

(3) 근거기반 의료사회복지실천의 결과

프로그램에 참여한 대상자 중 사전·사후 비교가 가능한 8명의 유방암 환자를 대상으로 몸-마음-영성 프로그램 참여가 우울 및 유방암 자가 관리 자기 효능감 증진에 효과가 있는지 분석하였다. 효과성을 측정하기 위하여 우울감은 PHQ-9 설문을 활용하였으며, 자기효능감 측정을 위해서는 유방암 자가관리에 대한 자기효능감 척도인 SESSM-B(Self-Efficacy Scale for Self-Management of Breast Cancer)를 사용하였다.

프로그램에 참여한 유방암 환자의 우울 평균 점수는 6.3점에서 프로그램 참여 후 5.8점으로 감소하였으며, SESSM-B 점수는 3.64에서 4.02로 증가하여 몸-마음-영성 프로그램이 유방암 환자의 우울 감소 및 유방암 자가관리에 대한 자기효능감 증진에 효과가 있다고 분석되었다.

〈표 8-6〉 근거기반(몸-마음-영성) 집단 프로그램 효과 평가

PHQ-9	사전	사후
우울 선별 검사	6.3	5.8

SESSM-8	사전	사후
제1요인- 심리정보적 요구대처	3.9	4.13
제2요인- 부작용 관리	3.5	3.83
제3요인- 건강한 생활습관 유지	3.4	4.13
제4요인- 치료이행	4.3	4.75
제5요인- 성생활	3.1	3.24
평균	3.64	4.02

PART 03

의료사회복지실천 영역

CHAPTER 09

당뇨병, 만성콩팥병

학·습·목·표

1. 당뇨병과 만성콩팥병에 대한 의료적인 기본 지식을 습득한다.
2. 당뇨병과 만성콩팥병 환자와 가족이 해당 질병으로 인해 경험하는 신체적 어려움을 파악한다.
3. 당뇨병과 만성콩팥병 환자와 가족이 해당 질병으로 인해 경험하는 심리사회적인 어려움에 대해 숙지한다.
4. 당뇨병과 만성콩팥병 환자와 가족을 개입하는 의료사회복지사의 역할에 대해 이해한다.

의료사회복지사는 질병으로 인해 개인적 · 사회적 기능수행에 어려움을 경험하는 환자와 가족을 마주한다. 더불어 의료사회복지사는 다학제적 접근이 요구되는 병원 현장에서 주로 근무한다. 이에 사회복지실천 지식과 기술은 물론 질병에 대한 이해와 질병으로 인해 직면하게 되는 신체적 · 심리사회적 어려움에 대해 정확하게 파악하고 있어야 한다. 이를 돕기 위하여 9~12장은 병원 내 의료사회복지사가 주로 개입하고 있거나 알고 있어야 하는 질병에 대한 이해, 질병으로 인한 신체적 · 심리사회적 영향 그리고 의료사회복지사의 역할에 대해 정리하였다.

1. 당뇨병(Diabetes Mellitus)

당뇨병은 전 세계적으로 유병인구가 급증하는 질병으로, 간과할 수 없는 보건 문제 중 하나로 인식되었다. 국제당뇨병연맹(International Diabetes Federation) Diabetes Atlas 2025에 따르면 2024년 기준 전 세계 20~79세 성인 5억

8,900만 명이 당뇨병을 앓고 있는 것으로 추정하였고, 2019년에 4억 6,300만 명이 진단받은 것에 비해서도 급증하여 주목하고 있다고 발표했다. 우리나라 역시 2022년 기준 30세 이상 성인 7명 중 1명(14.8%)이 당뇨병을 진단받은 것으로 나타났다(KDA, 2024). 이러한 추세로 비추어 볼 때, 2050년까지 전 세계 당뇨병 인구가 8억 5,300만 명에 달할 것으로 예상하고 있다. 당뇨병은 조기 사망으로 이어질 수 있는 다양한 합병증의 원인이 되어 20~79세 인구 중 2019년에는 420만 명, 2024년에는 3.4억 명이 당뇨병과 그 합병증의 결과로 사망한 것으로 추산하고 있다(IDF, 2021; IDF, 2025).

또한 당뇨병은 장기간 의료비 부담이 높은 질병인 만큼 치료 유지를 위한 비용 부담, 합병증 유발에 대한 불안, 관리에 대한 압박, 자책감 등으로 심리사회적 지지가 필요하고, 10장, 11장에서 언급될 질병의 기저 질병으로도 작용함에 따라 가장 우선적으로 살펴보고자 한다.

1) 질환에 대한 이해

(1) 정의와 진단기준

① 정의

우리가 섭취한 영양분 중 탄수화물은 위장에서 포도당으로 분해되어 혈액으로 들어오며, 혈액으로 들어온 포도당이 세포에서 에너지로 쓰이기 위해서는 췌장의 베타세포에서 분비하는 인슐린이라는 호르몬이 필요하다. 당뇨병(diabetes mellitus)이란, 이 인슐린이 부족하거나 제대로 쓰이지 못하면서 혈액에 있는 포도당이 흡수되어 에너지로 쓰이지 못하고, 혈액에 남아서 혈당을 높이고 혈관 합병증을 일으키는 질환이다. 당뇨병이라는 이름은 혈액에 과다한 포도당이 소변으로도 배출되기 때문에 붙은 이름이지만, 소변으로 포도당이 빠져나온다는 것이 당뇨병의 절대적 기준이 되는 것은 아니다(세브란스병원 건강정보, 2020).

② 진단기준

당뇨병의 진단기준은 혈액검사를 통해 이루어진다. 혈액검사 결과, 증상이 없는 경우 8시간 이상 금식 후, 즉 공복 시 측정한 혈당이 126mg/dl 이상이거나, 경구 당부하 검사 2시간 후 혈당이 200mg/dl 이상인 경우 또는 당화혈색소 6.5% 이상을 당뇨병으로 규정한다. 많은 물 섭취, 잦은 소변, 체중 감소 등의 증상과 언제든 측정한 혈당이 200mg 이상일 때도 당뇨병으로 진단한다. 대한당뇨병학회 <2023 당뇨병 진료지침 제8판> 당뇨병 진단기준은 아래와 같다. 진단기준 중 하나라도 해당하는 경우, 서로 다른 날 검사를 반복하지만, 두 가지 이상을 만족한다면 바로 당뇨병으로 확진을 받게 된다.

〈표 9-1〉 당뇨병의 진단기준

정상혈당 기준	당뇨병 진단기준
당화혈색소(HbA1c) 6.5% 미만 단, 당화혈색소: 5.7~6.4% 경계 위험	당화혈색소(HbA1c) 6.5% 이상
8시간 이상 금식 후 혈장포도당 100mg/dL 미만	8시간 이상 금식 후 혈장포도당 126mg/dL 이상
75g 경구포도당부하 2시간 후 혈장 포도당 140mg/dL 미만	75g 경구포도당부하 2시간 후 혈장포도당 200mg/dL 이상
	당뇨병의 전형적인 증상(다뇨, 다음, 설명되지 않는 체중 감소)이 있으면서 무작위 혈장포도당 200mg/dL 이상

(2) 분류 및 원인

① 분류

당뇨병은 1형(인슐린 의존형 당뇨병)과 2형(인슐린 비의존형 당뇨병), 임신당뇨병, 기타로 구분된다. 1형당뇨병은 '소아청소년 당뇨병'이라고도 불리며, 인슐린을 전혀 생산하지 못하는 것이 원인이 되어 발생하는 질환이다.

2형당뇨병은 혈당을 분해하는 인슐린 기능이 저하되어 세포가 포도당을 효과적으로 분해하지 못하는 것이 특징이다. 2형당뇨병은 일반적으로 식생활의 서구화에 따른 고열량·고지방·고단백의 식단, 운동 부족, 스트레스 등 환경적 요인이 크게 작용하는 것으로 보지만, 이외에 특정 유전자의 결함에 의해서도 생길 수 있으며, 췌장 수술, 감염, 약제 등에 의해서도 생길 수 있다.

임신당뇨병은 이전에 당뇨병 진단을 받지 않았으나 임신 24~28주에 검사를 통해 임신당뇨병으로 진단받은 것을 지칭한다. 임신부의 고혈당은 태아의 기형 및 사망, 출산 시 합병증을 증가시킬 수 있어 임신 중 엄격한 관리가 요구되고, 출산 후 정기적 점검도 중요하다.

당뇨병의 유형에 따라 혈당관리 목표에는 차이가 있으며, 환자의 신체적·정서적·사회환경적 여건, 연령, 동반질환의 중증도 혹은 저혈당 위험도에 따라 개인별 맞춤형 접근이 요구된다.

〈표 9-2〉 당뇨병의 분류 및 관리 목표

구분	정의	관리목표
1형당뇨병	췌장 베타세포 파괴에 의한 인슐린 결핍으로 발생한 당뇨병	당화혈색소 7.0% 미만
2형당뇨병	인슐린저항성과 점진적인 인슐린 분비 결함으로 발생한 당뇨병	당화혈색소 6.5% 미만
임신당뇨병	임신 중 진단된 당뇨병	당화혈색소 6% 미만 또는 저혈당의 위험도가 높은 경우에는 7% 미만으로 기준

출처: 대한당뇨병학회(2023)

② 원인

당뇨병의 일반적인 원인은 유전, 불규칙한 생활습관, 서구화된 식습관, 운동 부족, 과음, 과식, 매체 영향, 스트레스, 호르몬 변화 및 결핍, 동반질환 등에 의해서 발병되며, 예측하지 못한 외상, 약물 등에 의해서도 영향을 받는 경우가 있다. 또한 당뇨병의 유형에 따라 요인이 다를 수 있다. 발병 원인도 고려되지만, 더 중요한 것은 발병 후, 유지했던 영향 요인을 제거하거나 개선하려는 변화를 시도하는 부분에 주목해야 한다.

(3) 증상 및 합병증

① 증상

당뇨병은 전형적으로 다갈, 다음, 다뇨 증상이 나타난다. 우리 체내에 혈당이 비정상적으로 높아지면 소변으로 당이 빠져나가게 된다. 이때 당이 다량의 물을 끌고 나가기 때문에 소변의 양이 많아지며(다뇨), 체내 수분이 소변으로 다량 빠져나가므로 몸 안에는 수분이 모자라게 되고 갈증이 심해지며 물을 많이 마시게 되는 것이다(다갈, 다음). 또한 당이 에너지원으로 이용되지 못하고 소변으로 빠져나가기 때문에 쉽게 공복감을 느끼며, 음식물을 많이 섭취하게 되는 증상이 나타난다(다식). 이 외의 증상으로는 쉽게 피로해지고, 전신 무력감을 느끼게 되며, 오랜 기간 고혈당 상태가 유지될 경우, 신체에서 여러 합병증이 발생할 수 있다.

② 합병증

합병증은 급성합병증과 만성합병증으로 구분된다. 급성합병증은 당뇨병케토산증과 고혈당, 저혈당 등을 말하며, 우리가 흔히 말하는 합병증은 만성합병증으로, 이를 다시 미세혈관합병증과 대혈관 합병증으로 나눈다.

- 미세혈관 합병증: 신장병증, 망막병증, 신경병증(자율신경, 말초신경, 당뇨병발 등)(서동교, 2021; 조윤경, 2024)
- 대혈관 합병증: 관상동맥질환, 심혈관 질환(심근경색 포함), 뇌혈관질환(뇌경색, 뇌출혈 등)에 의한 사망(Orchard et al., 2015)

당뇨병은 유형과 상관없이 철저한 혈당조절을 할 경우, 합병증을 예방할 수 있기에 초기 진단부터 의료사회복지사를 포함한 관련 의료진이 환자 환경을 고려한 교육, 상담과 사후관리(f/u) 등을 실시해야 한다(Stratton et al., 2000, Holman et al., 2008; Orchard et al., 2015; Lachin et al., 2015, Gong et al., 2019, Chen et al., 2021).

(4) 치료와 관리

당뇨병은 아직까지 완치할 수 있는 치료제가 없어 평생에 걸친 관리가 필수적이며, 합병증 예방을 위한 지속적인 노력이 요구된다. 치료는 매일의 약물요법(경구약 및 인슐린), 영양요법, 운동요법이 병행되어야 하며, 더불어 금주·금연과 같은 생활습관 교정 및 심리·정서적 관리가 필요하다. 그러나 환자가 지속적으로 스트레스 상황에 노출될 경우, 약물·영양·운동요법의 유지가 어려워지고, 그 결과 혈당조절에 한계가 나타나 합병증이 유발될 수 있다. 따라서 의료사회복지사는 타 전문직이 간과하기 쉬운 환자의 심리·정서적 측면과 환경적 요인을 종합적으로 고려한 개입이 필요하다.

합병증이 발병한 이후에는 그 종류에 따라 기존 당뇨병 관리와는 상반되는 자가관리 지침이 요구되기도 한다. 예를 들어, 당뇨병성 만성콩팥병 환자는 일반적인 당뇨병 관리와는 다른 영양요법을 준수해야 하며, 당뇨병성 망막병증 환자는 안압 상승을 유발할 수 있는 운동을 피해야 한다. 또한 당뇨병성 족부병변 환자의 경우에는 운동 시 발 관리에 각별한 주의가 필요하다. 이에 의료사회복지사는 당뇨병 합병증의 특성과 관리 방법을 정확히 이해하고 있어야 하며, 이를 바탕으로 환자와 가족을 대상으로 한 교육 및 상담 과정에서 올바르고 효과적인 개입을 수행할 수 있다.

2) 심리사회적 경험

(1) 환자

당뇨병 환자의 환경을 고려한 심리사회적 요인은 치료와 예후에 매우 중요하다. 진단받은 당뇨병의 유형이나 발병 연령에 따라 차이가 있을 수 있으나 매일 수행해야 하는 질병관리는 생활습관뿐 아니라 가족, 직장 동료, 친구들의 영향을 받게 되고, 동시에 환자의 상황이 주변에 영향을 미치게 되어 디스트레스를 초래할 수 있다(김미영, 2021). 환자는 가족에게 미안함, 죄책감을 느끼거나, 학교와 사회에서는 이질감, 편견, 차별 등을 경험할 수 있다. 부정적 경험이 반복되면 사회적 낙인감을 내면화하여 은둔적 삶으로 이어질 위험이 존재한다. 당뇨병을 부적절하게 관리할 경우, 합병증으로 인해 시력 저하 및 상실, 신장 기능 저하, 신체 일부 절단, 뇌혈관 문제로 인한 인지, 운동기능 저하 등 다양한 동반질환을 경험하게 된다. 이러한 신체적 손실은 환자에게 깊은 좌절감을 안겨주며, 심할 경우 삶을 포기하려는 극단적 생각으로 이어질 위험도 존재한다.

당뇨병은 대체로 유형별 진단 시기에 따라 확연하게 구분되며, 진단받은 시점부터 환자의 삶 전반에 영향을 미친다. 의료사회복지사는 생애주기 발달과정과 더불어 질병으로 인해 경험하게 되는 어려움을 인식하고, 환자를 이해할 수 있어야 한다. 이에 6장에서 살펴본 생애과정 관점을 적용한 주요 쟁점들을 정리하였다(박유정, 2024). 더 나아가 암, 뇌전증, 류마티스 질환, 화상, 심·뇌혈관 질환 등 다른 만성질환에도 생애과정 관점을 적용해 그 특성과 개입 방법을 비교·분석하는 것은 의료사회복지 실천의 확장과 심화를 위해 유용할 것이다.

영유아기	학령기	청소년기	청년기	중년기	노년기
부모의 지시대로 관리 질병 인식 부족 환자 본인 부담 〈 주 양육자 부담 질병 은폐 발병이 성가심의 존재 보육 및 돌봄시설 부담 주 양육자의 경제적 부담	의존적 질병 관리 목표 비자발적 또래문화 〉 질병관리 주 양육자와의 갈등 질병 수용 어려움 학교 담임-보건 교사 도움 요청 학교 내 질병에 대한 지식, 인식의 격차	주 양육자와 갈등 또래문화 중시 성호르몬 변화 & 인슐린 분비량 변화 질병관리 〈 학업 질병 은폐 주체적 의사결정 작은 결석, 집중, 인지문제 자신감 결여 가족과의 갈등	관리 및 의사결정 주체: 주 양육자→본인 미래 불안함 (연애, 임신, 출산, 취업 등) 군 면제 대응 불규칙한 습관 자신감 결여 합병증 고민 경제적 부담 은둔 질병관리 질병관리 〈 사회생활	합병증 관리 직장생활 vs. 질병관리 경제적 부담 질병 수용 질병관리 주력 가족의 수용 가족의 지지 건강수명 단축걱정	합병증 관리 경제적 부담 질병 수용 질병관리 유지 가족의 수용 가족의 지지

[그림 9-1] 1형당뇨병 생애과정에 따른 경험

출처: 박유정(2018/2024)

① 1형당뇨병 생애과정에 따른 경험에 대한 접근

영유아기에는 주 양육자인 부모의 책임과 부담이 크며, 이에 대한 스트레스가 병식이 부족한 환자에게 전이될 수 있다. 이에 의료사회복지사는 영유아기 환자의 눈높이에 맞춘 질병 설명 및 자가 관리 교육을 실시하고, 부모의 스트레스가 가중되지 않도록 상담을 진행하며, 커뮤니티를 통한 정보 교류 및 사회적 지지를 받을 수 있도록 연계해 줄 수 있다. 필요에 따라 보육시설 교사와 상담을 통해 질병에 대한 정보를 제공하고, 돌봄 방법을 안내한다.

학령기, 청소년기에는 환자와 부모에 대한 상담이 반드시 필요하다. 진단과 관리에 대한 가족 전체의 심리적 반응(형제 고려), 당뇨병에 대한 병식, 발병으로 인한 가족 내 역동, 학교에서의 공개 및 협조 범위, 응급상황 시 대처방법을 사전에 충분히 고민하고 결정할 수 있도록 조력한다. 더불어 이 시기에는 환자가 질병에 대한 이해를 높이고, 자존감이 낮아지지 않고 질병에 대해 연대감을 느낄 수 있도록 당뇨병 캠프 참여를 권고하기도 한다.

청년기는 이성교제, 결혼, 임신과 출산 과정에 있어서 자신감 저하와 이해받지 못할 것 같은 두려움, 회피 등 다양한 어려움을 경험한다. 이 시기 환자를 교육할 때는 의미 있는 타자(결혼할 사람 또는 연인)와 함께 교육을 받을 수 있는 기회를 제공하고, 걱정과 불안을 이완할 수 있는 상담을 진행할 수 있다. 취업과 직장생활 유지는 단순한 경제적 측면을 뛰어넘어 개인의 정체성과 소속감을 확고히 할 수 있는 중요한 측면이다. 취업 준비 시 많은 청년 당뇨인은 당뇨병을 알려야 할지 양가감정에 휩싸인다. 더불어 직종, 근무형태, 근무시간과 환경 등도 선택에 있어 중요한 요소이다. 이에 상황에 맞게 개별화된 계획을 수립하고, 역량을 발휘할 수 있도록 지지해 주어야 한다.

중년기, 노년기의 경우는 다른 생애주기에 비해 상대적으로 질병에 대해 수용적이고 타인에게 질병을 알리고 함께 정보를 교류한다. 건강에 대해 신경을 쓰며, 합병증이 발생하지 않고, 경제적 부담이 커지지 않도록 노력한다. 가족 또한 다른 생애주기에 비해 질병에 대한 수용적·지지적 태도를 보여 함께 관리할 수 있는 상황에 놓인다. 때에 따라 진단에 대한 충격, 거부, 부인, 우울, 무기력 등의 감정을 경험할 수 있어 의료사회복지사는 합병증으로의 이환 예방을 목표로 하고 심리적 수용을 돕고, 환자가 생활하고 있는 상황을 고려하여 자가관리에 몰입할 수 있도록 독려해야 한다.

단, 독거노인 중 일상생활에 어려움이 있거나 장애를 갖고 있는 경우는 지역사회자원 연계를 통해 질환 관리를 할 수 있도록 도움을 제공해야 한다.

② 가족

미성년자의 자녀가 당뇨병을 진단받았을 경우, 부모는 자녀를 기본적으로 양육하는 것 외에도 질병의 실질적인 관리에 많은 시간을 할애해야 한다. 이로 인해 부모는 수면의 질 저하를 경험하고, 자녀가 겪는 불안, 우울, 외상 후 장애, 사회적 낙인을 자녀와 대처해 나가야 하는 심리사회적 부담을 안게 된다. 또한 지속적인 돌봄의 책임감으로 압도당하는 느낌을 받기도 하고, 부모가 이미 당뇨병 환자일 경우 죄책감도 동반된다.

가족 전체의 생활습관을 개선해야 하고, 식단 조절, 혈당 모니터링, 인슐린 주입 등을 포함한 관리가 매일 이루어져야 하기 때문에 부모의 부담은 더욱 가중되어 결국 부모의 삶에도 영향을 미친다. 반면 형제자매의 경우는 질병을 갖고 있는 환자를 우선적으로 케어해야 하는 부모에게 서운함을 갖고 있으나 표현을 할 수 없고, 가정 내에서 소외, 희생, 책임감, 부담을 느낄 수 있다. 결국 가족은 스트레스 상황에 직면하게 되고, 가족 구성원 간의 관계, 가족 응집력에 부정적인 영향을 미친다.

특히 가족 갈등이 심하거나 가정의 사회경제적 지위가 낮은 경우, 당뇨병 대상자가 청소년일 경우, 한부모 가정인 경우, 당뇨병과 관련된 스트레스가 높아 혈당관리에도 취약할 수 있어(김미영, 2021), 병원 내 의료사회복지사는 관심을 갖고 개입해야 한다.

3) 의료사회복지 실천

의료사회복지사는 환자가 마주하게 되는 다양한 상황을 고려하고, 질병 유형, 연령, 교육수준, 개인력 등 종합적으로 판단하여 개별화된 접근(Individualized Approach)을 제공해야 한다.

(1) 교육

당뇨병 자기관리에 있어서 가장 기본적이고 필수적인 접근방법 중 하나이며, 병원의 사정에 따라 개인, 집단교육으로 구분되어 진행된다. 개인 교육은 환자 상황에 맞추어 내용을 구성하는 것이 중요하며, 혈당조절에 영향을 미치는 심리사회적 요인을 파악하여 행동변화를 유도할 수 있도록 동기를 강화시켜야 한다.

종합병원 및 대학병원에서 실시되고 있는 집단 당뇨병 교육을 살펴보면 의사, 간호사, 의료사회복지사, 영양사, 약사, 운동처방사 등이 팀을 이루어 당뇨병 및 당뇨합병증의 이해, 약물요법(인슐린 주사, 경구약), 영양요법, 운동요법, 심리사회적 적응, 스트레스 관리, 가족의 지지 등의 주제로 환자와 가족 대상으로 교육을 실시하고 있다. 집단 교육은 당뇨병에 대한 지식 전달과 관리 방법 설명에 있어 개인교육보다 효율적일 수 있으나, 주로 의료진의 강의 중심 교육으로 환자 개인과 가족의 상황을 고려한 개별화된 접근에는 매우 제한적이다. 따라서 병원별 상황에 따라 교육의 차이를 고려하고, 집단교육이 실시되는 병원의 경우는 개인, 집단 교육을 모두 받을 수 있도록 환자, 가족에게 안내하는 것이 바람직하다.

(2) 상담

상담은 교육과 구분되며, 당뇨병 환자가 의뢰되었을 때 의료사회복지사는 환자의 의료적 상황, 인구사회학적 특성 파악과 함께 당뇨병으로 인한 심리사회적 어려움을 사정해야 한다. 이에 환자 개인 상담뿐만 아니라 필요에 따라서는 가족이나 가까운 지인(연인, 함께 생활하는 동료 등)의 상담도 실시한다. 집단 상담에서 당뇨병 수용, 관리에 대한 장애·보호요인, 의사소통 방식, 스트레스 대처 유형 등을 확인한다. 가족상담의 경우 과도한 책임감을 갖지 않고, 비난이나 판단하지 않으며 조력자로 곁에 머물러 주기를 독려한다. 임상 현장에서는 강점관점, 임파워먼트, 해결중심, 동기면담, 네러티브 면담, 인지행동모델 등을 활용하거나 또한 행동 수정 시 사용되는 건강신념모델, 변화단계모델을 적용하기도 한다.

(3) 당뇨병 캠프

캠프는 권역별로 운영되기도 하며, 민간단체나 병원에서 진행하는 연령별, 당뇨병 유형별로 진행되기도 한다. 이 과정에서 의료사회복지사는 주로 당뇨병 자가관리에서 심리적·사회적 측면에 중점을 두고 환자가 자가관리의 필요성을 수용하도록 하고 적절한 스트레스 대처 방법을 습득할 수 있도록 프로그램을 기획한다.

프로그램 예시로는 스트레스 대처, 역할극, 의사소통 기술, 미래에 대한 계획 수립하기 등이 있다. 대한당뇨병학회에서는 2004년부터 2018년까지 20대와 30대 당뇨병 환자를 대상으로 자가관리에 대한 동기부여를 위해 2030캠프를 운영하였다. 이 시기 청년층은 당뇨병을 관리하면서 취업, 연애, 동료 관계, 결혼, 출산 등의 발달과업을 수행하는 데 상당한 스트레스를 받는다. 캠프 참여를 통해 젊은 당뇨병 환자가 올바른 당뇨병 관리에 대한 지식을 습득하고, 동일한 질병을 갖고 있는 어려움에 대해 서로 이야기를 나누면서 긍정적 정체성을 확립힐 수 있는 경험을 하게 된다. 캠프에서 의료사회복지사를 포함한 전문가들은 병원에서 시간적 제약으로 설명하기 어려웠던 단계적 집중교육과 개별, 집단 교육을 실시할 수 있고 환자를 세심하게 이해할 수 있게 된다.

(4) 지역사회 연계

당뇨병에 대해 환자가 정확하게 이해하기 어렵고 주체적인 관리에 한계가 있는 학령기 전후나 고령의 독거노인 또는 다른 장애로 인해 자가관리 이행에 제약을 호소하는 대상은 지역사회 내 보육기관, 학교, 복지관, 보건소, 행정복지센터 등의 기관에 연계하여 건강한 삶을 유지할 수 있도록 네트워크를 구축하여 관리에 도움을 주어야 한다.

퇴원계획에도 이러한 연계가 포함될 수 있으나 질병 관리에 있어서 학교 교사나 친구들의 도움이 필요할 수 있고, 지역사회 일선 사회복지사, 맞춤 돌봄서비스 생활지원사 등이 도움을 제공할 수 있어 개입 시 지역사회 연계를 고려해야 한다. 필요시 병원 내 당뇨병 교육 전담팀과 지역사회 내 전문가 교육을 계획하여 환자 지원을 강화할 수도 있다.

2. 만성콩팥병(Chronic kidney disease)

당뇨병만큼 잘 알려져 있지는 않지만 당뇨병, 고혈압 환자에게 있어서 진단 후 합병증으로 기피하는 질환 중 하나인 만성콩팥병은 신장, 즉 콩팥의 기능이 저하되면서 진단받게 되는 질환으로, 건강보험심사평가원과 보건복지부 자료 기준 2015년 17만 576명에서 2023년 32만 6,736명으로 9년간 91.5% 증가했다. 이 중 투석치료를 받는 환자는 2015년 6만 1,218명에서 2023년 8만 7,393명으로 9년간 42.7% 증가하였다. 대한신장학회는 투석치료에 이르게 만드는 말기신장병의 원인질환으로 당뇨병 47.8%, 고혈압 21.5%, 사구체 신염 9.4%, 낭성 신질환 1.9%를 꼽았다. 만성콩팥병 또한 만성질환으로 꾸준한 자기관리가 요구되며, 의료사회복지 영역에서 많이 개입하고 있어 질환 관련 지식을 정확히 파악하고 있어야 한다.

1) 질환에 대한 이해(대한의학회 · 질병관리청, 2022)

(1) 정의 및 진단기준

① 정의

만성콩팥병(chronic kidney disease)이란, 콩팥 질환의 원인과는 상관없이 콩팥 손상 또는 콩팥 기능의 감소가 3개월(90일) 이상 지속되는 상태를 말한다(대한의학회 · 질병관리청, 2022). 우리 몸에서 신장(콩팥)은 혈액에서 노폐물을 제거하고 혈액의 양과 체내의 수분 및 전해질의 균형을 유지하고 몸에 필요한 여러 호르몬을 생산 · 분비하는 기능을 담당하는데, 이 기능이 정상적으로 이루어지지 못할 때 생기는 질환을 신장병(콩팥병)이라고 하고 급성과 만성으로 구분된다.

급성콩팥병은 심한 출혈, 약물중독, 신장 자체의 이상 또는 요도 및 방광이 막힌 경우 발생하며, 원인에 따라 치료하여 회복이 가능하기도 하지만 회복이 안 될 경우 만성콩팥병으로 진행될 수도 있다. 만성콩팥병은 일반적으로 초기에는 경미한 증상을 보이다가 중증으로 진행되면 근육과 신경이 손상되어 통증이 유발되고, 혈액에 축적된 대사 노폐물로 인해 심 · 뇌혈관 질환 등의 다양한 합병증을 유발할 수 있다. 만성콩팥병이 계속 진행되어 정상 신장에 비해 신장기능이 15% 이하로 감소되면 말기신장병(신부전)으로 진단을 받고 복막투석, 혈액투석 또는 신장이식 등의 신대체요법(renal replacement therapy)을 시작해야 한다. 단, 신장이식은 모든 환자에게 적용되기 어려우므로 투석치료가 우선적으로 권고된다(이지형, 2024).

② 진단 기준

- 콩팥 손상은 구조적 또는 기능적 이상을 포함하며 소변검사의 이상, 콩팥 조직검사의 이상(사구체, 세뇨관간질, 혈관의 병리 소견), 영상검사의 이상(초음파, 컴퓨터 단층촬영 등), 콩팥 이식 상태를 말한다.
- 콩팥 기능의 감소란 사구체여과율(eGFR)[1)]이 60ml/min/1.73m² 미만으로 감소한 상태이다.

이 상태는 3단계로써 높은 심혈관계 질환과의 연관이 있어 적극적인 검진이 요구되며, 당뇨병, 고혈압과 같은 기저질환을 갖고 있는 환자의 경우 4, 5단계로 악화되지 않도록 기저질환 관리와 영양, 운동요법에 대해 재교육을 받고 알맞은 자가 관리를 위한 노력을 기울여야 한다.

〈표 9-3〉 사구체여과율(eGFR) 범주에 따른 만성콩팥병의 단계와 위험도

단계	사구체여과율	특징	증상	자료
정상 혹은 1단계	분당 90ml 이상	신장 기능은 정상 혈뇨, 단백뇨 등 소변검사 이상이 없을 경우 정상 단, 혈뇨, 단백뇨 등 조기 신장손상의 증거가 있는 경우에는 사구체여과율이 정상이라도 만성신장질환 1단계에 해당될 수 있음	무증상	혈뇨, 단백뇨 여부를 검사하고 이상이 있을 때는 원인을 찾아서 개선
2단계	분당 60ml 이상 ~ 90ml 이하	신장기능이 감소하기 시작	무증상 BUN, Cr 등 혈액 검사수치 이상이 나타남	혈압 조절, 원인을 치료
3단계	분당 30ml 이상 ~ 59ml 이하	신장기능이 더욱 감소	피로, 식욕감소, 가려움증이 증가	혈압 조절, 신장기능 약화를 늦추기 위한 치료
4단계	분당 15ml 이상 ~ 29ml 이하	생명 유지에 필요한 신장의 기능을 겨우 유지	피로, 식욕감소, 가려움증이 증가	투석 또는 이식 가능성에 대해서도 준비
5단계	분당 15ml 이하	신장기능이 심각하게 손상되어 투석이나 이식 없이는 생명을 유지하기 어려움	수면 장애, 가려움, 호흡곤란, 구토	투석 또는 이식을 시행받아야 함

1) 사구체여과율(eGFR)은 신장의 기능을 평가할 수 있는 가장 중요한 수치로, 신장이 1분 동안에 깨끗하게 걸러 주는 혈액의 양을 의미한다. 정상 사구체여과율은 분당 90~120ml 정도의 혈액을 걸러서 깨끗하게 청소하며, 하루 종일 걸러 준 혈액의 양으로 환산하면 약 120~180L 정도이다. 이에 "사구체여과율이 감소되었다."라는 의미는 '신장기능이 떨어짐'을 의미한다(https://www.ksn.or.kr/general/about/check.php).

(2) 발병원인

모든 성인은 만성콩팥병의 발병 위험성이 있지만, 특히 다음과 같은 위험인자를 가지고 있는 경우에는 적극적으로 만성콩팥병 유무를 확인하여야 한다.

- 고혈압, 당뇨병, 심혈관질환자
- 65세 이상 고령
- 만성콩팥병의 가족력
- 콩팥 독성 약물 노출, 급성콩팥손상의 병력
- 요로감염, 요로결석, 요로폐쇄, 저체중 출산, 전신감염, 자가면역질환
- 단일콩팥

(3) 증상

만성콩팥병이 지속되면 요독증상을 보이게 된다. 보통은 난치고혈압, 수분 및 전해질 불균형(예: 고칼륨혈증), 빈혈, 뼈 무기질 대사장애를 일으키고, 투석치료 중에는 저혈압의 빈도가 훨씬 증가하여 졸도, 경련, 오심, 근육경련 같은 증상이 동반되기도 한다. 혈액투석 환자는 지속적인 투석치료에도 불구하고 수분과 염분 및 노폐물이 적절하게 배설되지 않아 50% 이상이 피로감, 에너지 부족, 피부건조, 소양감(가려움), 수면장애 등의 다양한 신체적 증상을 경험하며(Seo & Kang, 2015; Han, 2017; Kim, 2014; Park, 2017), 이러한 증상은 단독으로 나타나기도 하고 여러 증상이 복합적으로 나타나기도 한다(Cha & Yi, 2014).

요독증 증상과 관련된 피로, 식욕부진, 수면장애, 복부 불편감 및 소화 불량증, 과민성 장 증후군 등을 더욱 심각하게 경험함으로써 불안과 우울이 높고(Tong et al.; 2009, Kahvecioglu et al., 2005), 전신쇠약으로 인한 일상생활 불편과 신체활동 감소로 사회활동 위축이나 자가 관리를 불이행하게 되면서 합병증 발병으로 인해 활동에 제약을 느끼고 고립될 위험성이 높아진다(Dinwiddie, Burrows-Hudson & Peacock, 2006; Lim & Song, 2018).

(4) 치료와 관리

사구체여과율(eGFR) 3, 4단계에서는 5단계로의 진행을 예방하기 위해 약물치료뿐만 아니라 생활습관 개선을 매우 중요하게 언급한다. 운동, 금연, 적정체중 유지, 영양요법 등 생활습관 개선을 통한 비약물요법과 신장기능에 무리를 주지 않는 범위 내 약물요법이 병행된다. 신장기능이 악화되어 투석치료를 피할 수 없는 eGFR 5단계에 접어들면 혈액투석을 위한 동정맥루 수술이나 복막투석을 위한 복막 관 삽입 시술 등을 하여 투석을 준비하게 된다. 어느 경우는 신장이식을 고려하기도 한다.

① 혈액투석

대표적 치료법인 투석치료 중 혈액투석(Hemo-dialysis, HD)은 혈액을 특수한 관을 통해 체외로 빼내어 필터(투석기)를 통해 노폐물과 수분을 걸러낸 후 체내로 다시 주입하는 치료방법이다. 치료시간은 1회 4시간, 주 3회 투석하는 것이 일반적이며, 투석시간은 환자의 상태에 따라 조절된다.

② 복막투석

복막투석(Peritoneal-dialysis, PD)은 환자의 복부에 특수 관을 삽입하며, 이 관을 통해 투석액을 주입하고 체내 노폐물과 수분 등을 걸러 배액하는 방법으로, 보통은 5~6시간 간격으로 하루 4회 투석액을 교환하거나 낮에 근로를 하여 투석이 어려울 경우 수면시간 동안(8~9시간) 투석하는 두 가지 방법으로 구분된다. 복막투석은 혈액투석에 비해 병원 방문 횟수가 적고, 자신이 직접 수행할 수 있으며 사회적 활동에 제한을 덜 받기 때문에 젊은 환자에게 많이 권고된다. 심각한 심장 질환이 있는 사람에게도 복막투석이 권유될 정도로 장점이 있지만, 작업 및 주거 환경과 청결에 주의를 하지 않을 경우 복막염에 걸릴 수 있으며, 복강 내 투석액을 주입하는 방식으로 인해 체중이 증가될 수 있다.

③ 신장 이식

신장 이식은 건강한 다른 사람의 신장이나 뇌사자로부터 신장을 이식받는 생체이식과 사체(후)이식이 있다. 환자의 신체조직에 맞는 신장을 이식해야 하는데 적합한 장기 보유 기증자를 찾기 어려우며, 고액의 수술 비용에 대한 부담이 상당하다. 또한 이식 후 면역체계가 이식된 신장을 이물질로 인식하고 체내에서 공격하여 제거하려는 거부반응이 일어날 수 있는데, 이때 고열, 신장 기능 감소, 소변량 감소, 이식부위 통증, 고혈압, 전신부종 등의 합병증이 나타날 수 있다(한인영 외, 2023). 거부반응을 억제하기 위해 면역억제제를 장기복용하지만 장기복용에 따른 신기능장애, 고혈압, 당뇨병, 위장장애, 감염, 다모증 등과 같은 합병증이 생길 수 있다.

2) 심리사회적 경험

(1) 환자

① 심리적 문제

만성콩팥병 환자는 투석 전 단계에서 말기신장병(신부전)으로의 전이에 대한 불안과 걱정을 늘 갖고 있으며, 신장기능이 마지막 단계까지 저하되어 의료진이 투석치료를 권고하더라도 거부하며 유보하려는 반응을 보인다. 투석치료를 해야 하는 상황이 오는 경우, 분노, 우울, 억울 등의 복합적인 정서 상태가 나타난다. 투석치료가 진행되는 과정에서는 합병증 걱정과 동료 투석환자의 갑작스러운 죽음으로 인한 두려움, 기계에 의존하는 삶에 대한 무가치, 미래에 대한 염려, 가족에 대한 미안함, 경제활동의 제약으로 인한 무기력, 투석치료 후 지침, 식욕 및 성욕 등 절제에 따른 본능적 좌절감 등 상당한 스트레스를 경험할 수 있다(신미자, 1994; 오슬길·최건식, 2013).

② 경제 및 사회활동의 제한

말기신부전 환자가 직면하게 되는 큰 어려움 중 하나는 정기적으로 투석치료를 받아야 하기 때문에 직장생활에 제약이 있다는 것이다. 특히 혈액투석 환자의 경우, 주 3회 병원을 방문해야 하기에 직장생활을 했던 환자의 경우는 야간 복막투석을 선택하거나 자영업으로 이직하고, 상황에 따라 경제활동을 중단하는 경우가 있으며, 특히 경제활동을 담당하던 가장은 경제력 상실로 인한 위축과 존재감의 상실을 경험하며 심리사회적 고립 상태에 놓이게 된다.

(2) 가족

① 경제적 어려움

산정특례 적용으로 본인부담금이 경감되더라도 주기적으로 투석치료 비용은 발생하고, 약물, 정기적 검사에 대한 비용도 부담해야 한다. 경제활동이 어려운 경우라면, 가족 수입에 의존하여 치료유지를 해야만 한다. 이로 인해 말기신부전 환자의 치료비는 개인을 넘어 가족 전체의 경제적 부담으로 전가될 수 있다.

② 관계의 문제

투석치료 전후의 가족관계는 환자의 치료 지속 여부에 중요한 영향을 미친다. 투석치료가 시작되면 가족은 환자의 질병관리 조력자로서의 역할뿐 아니라 경제적 책임까지 감당해야 하며, 때로는 자녀 양육과 가사노동까지 떠맡는 삼중고를 경험하게 된다. 익숙하지 않은 역할수행의 반복은 가족 구성원 간의 신뢰와 유대감을 약화시킬 수 있고, 이러한 상황이 장기화될수록 상호 피로와 갈등으로 이어질 위험이 크다.

③ 돌봄의 문제

투석치료 환자의 경우는 영양요법을 병행해야 하며, 투석치료 당일 신체적 피로로 인해 일상활동이나 가사노동 수행에 제약이 따른다. 이에 따라 가족은 환자가 일상생활을 유지해 나가는 데 필요한 도움과 보호를 제공하는 1차적인 지원체계로서 역할을 수행하게 된다(오승길 · 최건식, 2013). 이는 기존의 역할 위에 새로운 돌봄 책임이 더해짐을 의미하며, 장기간 지속되는 돌봄 제공은 가족 구성원의 정신적 · 사회적 자원 고갈을 초래할 수 있다.

3) 의료사회복지 실천

(1) 교육

만성콩팥병을 담당하는 의료사회복지사는 질병에 대한 특성과 관리방법을 숙지하고 투석 전, 직후, 투석 3개월 뒤 단계별 치료 과정 수용을 위한 맞춤교육의 필요성을 인지해야 한다. 생활습관 개선의 목표는 금연, 규칙적인 신체활동, 적정 체중 유지, 건강한 식단 조절(하루 단백질량, 저염분, 칼륨, 인 등), 약물 등에 대한 각별한 주의가 요구된다. 특히 기저질환이 당뇨병인 경우는 당뇨병과 만성콩팥병 영양요법의 차이를 충분히 이해하고, 보다 엄격한 관리 기준을 적용해야 한다. 환자의 문화적 · 사회적 특성을 고려한 맞춤형 교육이 요구된다. 본 9장의 끝부분에서 한림대의료원 질병 소모임에서 제작한 '만성콩팥병 사회복지상담 Clinical Practice(CP)'를 통해 보다 상세한 교육 및 상담 내용을 점검할 수 있다.

(2) 상담

의료사회복지사는 특히 말기신부전 환자에게 개입할 경우, 시기별 상담내용을 염두해야 한다. 수술을 앞두고 상황에 대한 수용이 필요한 시기, 투석치료 합병증 예방을 위해 지지가 필요한 시기, 합병증 발생 시 경제적 지원이 필요한 시기 등으로 구분할 수 있다. 더불어 투석치료가 진행되면서 피부 색소침착, 소양증, 손발톱의 변형, 굵어진 혈관, 팽창된 복부 등 외모 변화로 자존감이 저하될 수 있어 변화된 자신의 상태를 현실적으로 인지하고 수용할 수 있도록 개별 · 집단 상담이 요구된다.

투석치료를 하면서 사회적 활동의 변화를 최소화하기 위해 환자가 발병 전 종사했던 직업과 사회적 능력이 발병 후에도 유지될 수 있는지를 사정하며, 직업 및 사회생활을 부분적으로라도 유지하기 위해 장애인 고용이나 고용지원센터와의 연계를 계획하는 등의 상담을 포함한다. 이 과정에서 의료사회복지사는 환자가 경험하게 되는 불안, 우울, 죄책감, 분노, 고립, 무기력 등 정서적 문제에도 지속적인 관심을 기울여야 한다.

병원별 차이가 있으나 가족과 함께 상담이 이루어지기도 한다. 가족은 환자를 지지하고 보호하는 핵심 환경체계이다. 의료사회복지사는 가족이 장기적 유병기간에 과도하게 걱정하거나 돌봄을 포기하려는 생각을 갖지 않도록 지지하고 가족 내 갈등이나 관계상의 문제 등을 해결할 수 있도록 전문적 개입을 수행한다.

(3) 경제적 지원

첫째, 투석치료를 시작한 경우 산정특례 적용이 되었는지 상병코드나 원무팀을 통해 확인하고, 적용 범위, 적용기간과 본인부담에 대해 환자와 보호자에게 설명해 주어야 한다. 둘째, 투석치료를 위한 동정맥루 접합 수술비용, 검사비, 합병증 치료와 이식을 진행할 경우, 관련 비용이 환자와 가족이 감당할 수 있는가를 사정하고 경제적 부담으로 인해 치료를 거부하지 않도록 다양한 자원(긴급의료비지원제도, 경기도 무한돌봄지원, 행정복지센터 긴급돌봄, 복지관 후원비, 각종 재단 및 기업 의료비 지원, 방송 후원기금 신청 등)을 동원한다. 셋째, 투석치료로 인해 경제활동이 어려워지거나 돌봄을 제공할 가족이 없어 경제적 어려움이 예상되는 경우는 근로능력평가진단서(주치의) 발급을 통해 차상위 또는 기초생활보장 급여 수급자 신청을 할 수 있도록 계획을 수립해야 한다.

(4) 정보 제공

말기신부전 환자가 3개월 이상 지속적으로 투석치료를 받게 될 경우 또는 이식을 받은 경우, 신장 기능의 영속적인 장애가 있는 것으로 판단되어 신장장애로 등록 가능한 대상이 된다. 이에 환자는 주치의에게 장애정도심사용진단서를 받아 투석치료를 시작한 시점부터 3개월 후 행정복지센터에 방문·신청해야 한다. 이식의 경우는 이식수술 후 주치의를 통해 관련 서류를 받아 거주지 행정복지센터에 방문신청하면 된다.

(5) 사회활동

말기신부전 환자는 투석치료, 생활습관 개선, 경제적 부담, 변화된 신체 등으로 인해 기존의 사회적 관계망이 축소됨에 따라 의료사회복지사는 동료 투석 환자로 구성된 치료 자조집단, 멘토-멘티 활동 등을 통해 새로운 사회관계망을 형성하고 자기상을 발견할 수 있도록 지원해야 한다. 특히 기존에 경제활동을 적극적으로 했거나 사회활동에 많이 참여하였던 환자의 경우, 심리정서적인 문제로 자기관리를 불이행할 수 있어 악순환을 예방하고자 사회활동을 할 수 있는 기회 제공 및 지역사회 내 자원을 연계해야 한다.

(6) 지역사회연계

첫째, 지속적으로 투석치료할 병원이 동정맥루 수술(Shunt op)을 한 병원과 상이한 경우, 실제 거주지가 다른 경우는 거주지 근처의 투석치료가 가능한 병원으로 연계해야 한다. 둘째, 본원에서 다른 합병증으로 인한 수술 후 집으로 퇴원이 어려워 요양병원으로 2~3개월 입원치료가 필요한 경우, 투석치료가 가능한 요양병원으로 퇴원계획을 수립해야 한다. 셋째, 복막투석을 선택해야 하는 환자 중 거주환경이 열악한 고령의 환자의 경우 영양요법의 어려움, 복막염의 문제가 발생할 수 있어 행정복지센터, 노인복지관 등의 돌봄서비스, 봉사자 연결, 장기요양보호제도와 도시락배달 서비스 신청 등을 고려할 수 있다.

〈표 9-4〉 만성콩팥병 사회복지상담 Clinical Practice

* 한림대학교의료원 CKD 소모임 자료 수정

상담일자: 년 월 일

<table>
<tr><td>이름</td><td></td><td>등록번호</td><td></td><td>성별</td><td>□ M / □ F</td><td>나이</td><td></td></tr>
<tr><td>진료과</td><td></td><td>진단명</td><td></td><td colspan="2">담당 사회복지사</td><td colspan="2"></td></tr>
</table>

<table>
<tr><th colspan="2">시기</th><th>투석 전</th><th>투석 시작</th><th>투석 3개월 후 f/u</th></tr>
<tr><td rowspan="4">의료사회복지서비스</td><td>심리 사회적 상황</td><td>e−GFR :3단계
□ 질병관리
□ 현재 신장 기능상태
□ 개인력,사회력 확인_기저질환, 직업, 동거가구원, 경제력, 일상생활능력, 거주환경(PD)
□ 지지체계
e−GFR :4, 5단계
□ 투석치료에 대한 이해도
□ 투석치료 방법
□ 투석치료 이후 변화
□ 이식에 대한 생각 여부
□ 투석치료 준비</td><td>□ 심리사회적 사정
– 병식
– 치료동기 및 순응도
– 투석치료에 대한 심리적 반응
– 의료적 상황에 대한 이해
– 강점 및 약점 평가
– 투석치료 이후 변화
□ 교육
– 건강관리 계획
(운동, 영양, 스트레스)
□ 가족지지체계
– 주 보호자 확인
– 주 보호자 역할수행능력
– 치료비를 지원하는 가족원
– 투석치료에 대한 이해 정도
– 이식에 대한 이해 및 기대</td><td>□ 투석치료 시작 후 일상생활
□ 환자 심리 · 정서상태 평가 및 개입
□ 투석치료 유지 동기강화
□ 영양요법 재안내, 교육연계
□ 가족 심리 · 정서적 지지 상담</td></tr>
<tr><td>경제적 상황</td><td colspan="3">□ 경제력 평가
□ 지원의 필요성 有
– 장기: 사회보장제도에 대해 안내 및 신청 / 단기: 수술비 포함 치료비 지원
□ 지원의 필요성 無
□ 경제적 지원제도 안내 및 정보 제공
– 국민기초생활보장제도 –차상위 특례 전환 – 진료비 후원 정보 – 일자리 연계</td></tr>
<tr><td>지역 사회 자원 연계</td><td>□ 지역사회기관 연계
– 질병관리 도움
□ 복지정보 제공
– 노인장기요양보험제도
– 기타 사회복지서비스</td><td>□ 장애등록 안내
□ 국민연금 가입 여부 확인
– 장애연금 안내</td><td>□ 장애등록 재안내
□ 산정특례제도에 대한 설명
□ 희귀난치성질환 의료비 지원
□ 국민연금(장애연금) 재안내
□ 이동수단 확인
□ 직업재활 사회복귀
□ 희귀질환 쉼터 안내
□ 이식에 대한 정보 제공
□ 여행 관련 정보
□ 장애인복지관 정보 제공
□ 장애인활동지원제도 안내</td></tr>
<tr><td>퇴원 계획</td><td></td><td>□ 퇴원계획: 집 Vs. 요양병원
□ 요양병원 정보 제공(HD)
□ 야간 투석 가능 병원 정보</td><td></td></tr>
</table>

CHAPTER 10

뇌졸중, 척수손상

학 · 습 · 목 · 표

1. 뇌졸중과 척수손상에 대한 의료적인 기본 지식을 습득한다.
2. 뇌졸중과 척수손상 환자와 가족이 해당 질병으로 인해 경험하는 신체적 어려움을 파악한다.
3. 뇌졸중과 척수손상 환자와 가족이 해당 질병으로 인해 경험하는 심리사회적 어려움에 대해 숙지한다.
4. 뇌졸중과 척수손상 환자와 가족을 개입하는 의료사회복지사의 역할에 대해 이해한다.

1. 뇌졸중(Stroke)

뇌졸중은 갑작스럽게 뇌에 혈액을 공급하는 혈관의 폐색 혹은 출혈에 의하여 산소 공급이 되지 않아 뇌 손상이 오는 것을 말하며, 그로 인해 손상 부위에서 담당하던 기능이 상실되어 신체적으로 증상이 나타나는 질환을 말한다(Korean Stroke Society, 2022). 건강보험심사평가원 자료에 따르면 최근 5년 동안 뇌졸중 진료비는 29.0% 증가하여 2022년 총진료비가 2조 4,457억 원에 달하여 1인당 진료비는 연평균 4.8%, 5년 동안 20.4% 증가하였기에 개인, 가족, 국가적 차원에서도 부담이 되는 질병이다. 뇌졸중의 골든타임인 증상 발생 3시간 이내에 병원에 내원하는 환자의 비율은 10명 중 4명에 그쳤고, 오히려 병원 내원 소요시간이 점차 지연되는 문제가 있다. 한국의 10대 사망원인 중 3위를 차지하고 있는 대표적인 질환이며(Korean Statistical Information Service, 2022), 매우 다양한 기능장애와 함께 재발이 흔한 만성질환 중 하나이다.

1) 질환에 대한 이해

(1) 정의

뇌졸중(stroke)은 크게 뇌경색(Cerebral infarction)과 뇌출혈(Cerebral hemorrhage), 일과성뇌허혈발작으로 구분된다. 뇌경색은 혈관이 막혀 혈관으로부터 혈액을 공급받던 뇌의 일부가 손상을 받는 것으로 허혈성 뇌졸중이라고도 부른다. 뇌출혈은 뇌혈관이 터지는 것으로 뇌 안에 피가 고여 그 부분의 뇌가 손상되는 출혈성 뇌졸중이라고도 부른다(표 10-1 참조).

〈표 10-1〉 뇌졸중 종류

구분	정의	세부 분류
뇌경색	뇌혈관이 막혀서 영양분과 산소를 공급하는 피가 뇌에 통하지 않는 상태를 말함	뇌혈전증(혈전성 뇌경색) 뇌색전증(색전성 뇌경색) 열공성 뇌경색
뇌출혈	뇌혈관이 터져서 오는 병을 말함	뇌내출혈 거미막밑출혈
일과성 뇌허혈발작	심하게 좁아진 뇌혈관으로 피가 흐르지 못하다가 다시 흐르거나 뇌혈관이 피떡에 의해 막혔다가 다시 뚫린 것으로, 잠시 뇌졸중 증상이 왔다가 수 분에서 수 시간 내에 좋아져 무시하기 쉽지만 재발생할 뇌졸중의 강력한 경고로 일과성 뇌허혈 발작의 경험자 중 1/3에서 뇌졸중이 발생함	

출처: 대한뇌졸중학회(2024. 11. 검색) https://www.stroke.or.kr/stroke/?doc=1

(2) 원인

고혈압, 당뇨병, 고지혈증, 음주, 비만 등 뇌졸중을 유발하는 원인은 다양하다(그림 10-1 참조).

고혈압 혈압이 지속적으로 높아지면서 뇌혈관에 동맥경화가 발생하여 점차 딱딱해지고 좁아지다가 어느 순간 막히면 뇌경색이 발생하게 되고 딱딱해서 탄력을 잃은 혈관이 터지면 뇌출혈이 발생한다. 일반적으로 고혈압이 있으면 건강한 사람에 비해 뇌졸중의 위험이 2배에서 많게는 4배까지 올라가는데, 특히 뇌출혈의 가장 중요한 원인이 된다.

당뇨병 고혈압이 뇌출혈이라면, 당뇨병 환자에서 특히 뇌경색의 빈도가 높다. 완치가 어려우며 일생을 두고 혈당을 조절해야 하는 당뇨병 환자에서 동맥경화증(動脈硬化症)은 가장 흔하고 중요한 만성 합병증의 하나로, 관상동맥질환, 뇌혈관질환 등의 큰 혈관의 질환은 비당뇨인에 비해 2~4배 높으며, 당뇨병 환자의 주된 사망원인이 될 수 있다.

흡연 담배 속의 물질들이 머리로 가는 혈액량을 감소시키는데, 그중 니코틴은 끊임없이 혈관을 수축시킨다. 이 상태가 지속되면 점점 혈관이 딱딱해지면서 계속 흠집이 남게 되어 혈관이 손상된다. 혈관 내부에 흠집이 많으면 쉽게 찌꺼기들이 달라붙어 점차 혈관이 막히게 되어 뇌경색이 발생한다.

과음 뇌졸중이 생길 위험을 증가시키며, 특히 상당량의 음주를 할 경우 뇌출혈의 위험을 높인다.

비만 직접적으로 뇌졸중의 원인으로 입증되지 않았으나 비만이 고혈압, 당뇨병, 고지혈증 등을 유발함에 따라 뇌졸중을 일으킬 수 있는 원인으로 밝혀져 정상 체중을 유지하는 것이 무엇보다도 필요하다.

뇌졸중으로 인한 장애와 사망을 예방하기 위해서는 뇌졸중을 일으킬 수 있는 위험요인에 대해 적절한 관리가 반드시 필요하다.

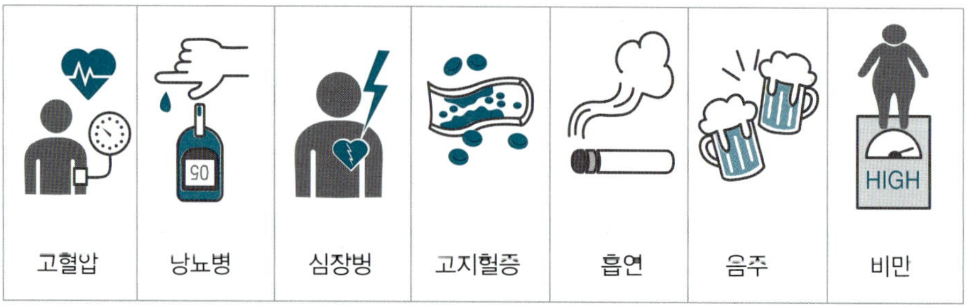

[그림 10-1] 뇌졸중 원인

출처: 대한뇌졸중학회(2024. 11. 검색) https://www.stroke.or.kr/stroke/?doc=1

(3) 증상 및 후유증

① 증상

뇌졸중으로 의심되는 증상은 한쪽 방향의 얼굴, 팔, 다리에 멍멍하거나 저린 느낌이 든다. 한쪽 방향의 팔, 다리에 마비가 오고 힘이 빠지며, 입술이 한쪽으로 돌아간다. 눈이 갑자기 안 보이거나 말이 어눌해지거나 상대방의 말을 이해하고 반응하는 데 둔감해진다. 어지럽고 걸음을 걷기가 불편해지기도 하고, 하나의 물건이 두 개로 보이거나(복시) 갑자기 머리가 아프면서 구토를 하기도 한다. 뇌졸중 진단 후 증상으로는 뇌 병변의 부위와 크기에 따라 다를 수 있으며, 대표적으로 편마비, 반신 감각장애, 언어장애, 구음장애, 시력 및 시야장애, 어지럼증, 두통, 의식장애 등 다양한 형태의 장애를 갖게 된다(Kim & Kim, 2022).

② 후유증

뇌졸중은 인지와 운동기능에 영향을 주는 여러 후유증을 동반하게 된다. 먼저 운동마비로 뇌졸중은 뇌출혈이나 뇌경색이 일어난 반대편 부위의 팔과 다리가 마비되는 장애를 가져온다. 팔다리가 뻣뻣해지고 말을 잘 듣지 않으며 한 방향으로 굳어지는 경직, 관절구축을 경험하게 된다. 연하곤란으로 팔다리가 마비되는 것처럼 입속과 목 부근 근육이 마비됨으로써 음식을 씹거나 삼키는 것을 잘하지 못하게 되어 음식물이 기도(기관지)로 들어가 폐렴이 생겨 생명을 위협할 수도 있다. 인지기능 장애로 기억력, 판단력 등 지적 능력이 저하되고 정서도 불안정 상태가 되며, 한 말을 이해하고 말을 하게 되는 뇌의 부위가 손상되어 실어증이 발생하기도 한다. 신체가 마비되어 움직이지 못하게 되면서 적극적인 재활치료를 하지 않거나 자세 변경을 해 주지 않을 경우, 압박받는 피부와 조직에 피가 통하지 않아 썩어 들어가는 욕창이 생길 수 있다(최경애, 2000).

(4) 치료

뇌졸중으로 입원하게 되면 주로 응급실을 통해 내원하게 되며, 의료진은 즉

시 뇌 촬영을 시행해 원인과 죄졸중의 유형, 손상 부위와 정도를 신속히 확인한다. 뇌경색의 경우, 뇌혈관을 막고 있는 피떡(혈전)을 녹이기 위한 혈전용해제를 투여하게 된다. 단, 뇌졸중 증상을 느낀 지 3시간 내 병원에 도착했을 경우 효과가 있기에 스스로 뇌졸중 증상을 인지하면 즉각 119를 누르고 도움을 청해야 한다. 모든 환자에게 혈전용해 치료를 하지는 않고, 거미막밑출혈의 경우에는 신경외과 의사가 수술해야 할 수도 있다(대한뇌졸중학회, 2024).

의사는 뇌졸중이 환자에게 미치는 영향을 평가한 뒤 재활치료 계획을 수립하게 된다. 재활치료는 초기에 합병증을 예방하고 신체적 · 정신적 · 사회적 회복을 목표로 한다. 뇌졸중 후 조기 재활은 회복이 촉진되고 기능장애가 최소화될 수 있으며, 전문 관리가 지속되어야 효과적이다. 뇌졸중 치료 시기별 구분은 연구자별로 상이하지만 보편적으로 아래와 같이 제시된다(재활의 정석, 2018).

① 초급성기: 발병 후 24시간 이내

초급성기(early acute)에는 발병 후 초기 몇 시간이 매우 중요하다. 몇 시간만 지체하면 혈전용해술, 혈전제거술 등을 사용할 수 있는 결정적 시간을 놓칠 수 있어 뇌졸중이 의심되면 빠르게 119에 신고하여 병원 응급실로 이동해야 한다.

② 급성기: 발병 후 1~7일

초급성기가 지나고 발병 후 1일부터 7일까지를 급성기(acute)라고 부른다. 이때는 재활의학과적 개입이 필요한지 평가가 이루어지며, 실제로 병실에서부터 재활치료가 시작된다. 합병증을 예방하기 위해 누운 자세에서도 근력 운동을 하고, 앉거나 서는 동작을 시작한다.

③ 초기 아급성기: 7일~3개월

초기 아급성기(early subacute)는 7일부터 3개월까지를 일컫는데, 이 시기야말로 재활치료의 황금기이다. 뇌의 구조적 · 기능적 재조직화, 즉 신경가소성이 활발히 일어나 환자가 다시 섭취하고, 말하고, 걷는 능력을 되찾을 가능성이 높다. 일반적으로 '뇌졸중 재활'이라 하면 바로 이 시기를 지칭한다.

이때 재활의학과 의사는 환자의 의학적 문제를 관리하고 기능적 잠재력을 평가하여 재활치료팀을 이끈다. 의료사회복지사는 치료 순응도를 높이기 위해 심리 · 정서적 상담과 사회 자원 연계를 지원한다. 물리치료사는 움직임을 훈련하고, 작업치료사는 일상생활 복귀를 위한 인지 · 행동 훈련을 제공한다. 언어치료사는 실어증과 조음장애를 다루며, 간호사는 전문적인 간호를 담당한다. 경우에 따라 영양사와 임상심리사도 팀 회의에 참여해 치료 과정을 보완한다.

④ 후기 아급성기: 3~6개월

3개월부터 6개월 사이는 후기 아급성기(late subacute)로 표현하는데, 이 시기에도 재활치료로 많은 회복을 이룰 수 있기에 재활치료를 유지하는 것은 매우 중요하다.

⑤ 만성기/유지기: 6개월 이후

6개월 이후는 만성기로서, 매우 완만한 회복을 보인다. 특히 24개월 이후는 유지기로서 기능의 호전보다는 유지 및 퇴행을 방지하는 것이 치료의 주목적이 되기도 한다.

2) 심리사회적 경험

(1) 환자

뇌졸중은 편마비 등의 심각한 후유증을 유발하고, 환자의 생활기능에 상당한 변화를 초래하기 때문에 뇌졸중 환자의 심리적 충격과 어려움은 상당히 크다. 특히 뇌졸중 치료는 가능한 조기 수술과 재활치료를 통해 장애를 최소화하는 수준에서 환자 입장에서는 심리적 충격이 심한 상태에서도 재활을 요구하기 때문에 신체적 고통과 함께 심적 부담이 커지게 된다. 또한 신체적 기능손상은 역할 수행 능력의 변화를 가져와 독립적이었던 영역을 의존적으로 바꾸기도 한다(Grant, Elliot, Newman-Giber, & Bartolucci, 2001).

뇌졸중에 걸린 대부분의 사람은 자신이 무기력하다고 느끼며 정상적인 활력을 되찾기까지 수개월이 걸릴 수 있다. 뇌졸중 후 남는 신체적 · 정서적 · 인지적 기능 제한은 우울(Kwork, 2006), 불안, 불행감, 과절감을 유발한다. 때에 따라서는 이유 없이 폭발적으로 울거나 웃기도 하며 정서적 기복을 보이기도 한다. 대인관계 형성에도 어려움이 있을 수 있고, 자유로운 활동에 제약을 경험하고 스스로 할 수 있는 범위가 좁아지면서 돌봄을 제공하는 간병인, 가족 등에게 짜증과 분노를 표출하기도 한다. 이로 비롯된 갈등이 야기될 수 있어 의료사회복지사는 전문적 개입을 해야 한다.

(2) 가족

뇌졸중 환자 중 일부는 뇌졸중으로 인한 손상의 결과로 병전 활동과 역할로 되돌아가는 데 제한적이어서 종종 가족, 친구, 이웃의 도움을 받아야 한다. 이러한 관계는 가족의 부양 부담을 가중시키고, 주위 사람들과의 사회적 관계를 악화시킬 수 있다(Sullivan & Chard, 2010). 뇌졸중은 의료진을 비롯한 주변의 가족, 친구, 동료의 사회적 지지가 필요하지만(Lee, 2012), 주로 돌봄을 맡게 되는 환자의 가족은 여러 가지 심리사회적 어려움에 직면한다. 발병 직후 가족은 환자가 살아 있다는 사실만으로 감사함을 느끼다가 시술, 수술 후 신체기능 상실로 인해 정신적 충격을 경험한다. 환자는 용변 처리, 씻기, 식사, 옷 입기 등에 대해 독립적 기능수행이 어려워짐에 따라 가족이 직접적인 돌봄을 맡게 된다. 이 과정에서 가족 또한 신체적 통증, 피로, 심리적 불편을 호소한다. 만약 생계를 책임졌던 가장이 뇌졸중일 경우, 역할 변화로 인한 갈등, 배우자가 고령일 경우, 돌봄에 대한 한계, 어린 자녀가 있을 경우, 양육과 가사노동, 경제활동을 함께 수행해야 할 경우 부담이 가중된다. 영케어러(young carer)와 같이 부양자가 미싱년자이거나 미혼인 경우, 부양 부담으로 결혼에 대한 거부감을 보이기도 하고, 기혼 부양자는 부가된 부양역할 수행과정에서 자신의 가족 구성원과 갈등을 경험하기도 한다.

환자의 퇴원 이후에도 가족은 돌봄에 대한 많은 부담감과 신체적 · 정신적 구속으로 인해 다른 주변인의 삶과 자신을 비교하면서 사회적 고립을 경험한다. 손상 정도가 심하여 회복까지의 기간이 장기화될수록 부양자의 돌봄 시간이 늘어나 상실, 우울, 절망, 분노, 죄책감을 느끼게 된다.

간병인을 고용할 경우, 기존에 발생하던 검사 및 치료비, 의료보조기 구입 외 추가된 간병비로 인해 가족의 경제적 부담이 가중되어 환자와 부양자 간 마찰이 생길 수 있다.

결국 뇌졸중 환자의 가족이 된다는 것은 가족의 기능과 역할의 재조정을 의미한다. 또한 가족의 신체적 · 심리적 · 경제적 · 사회관계적 측면의 어려움도 동반될 수 있어 주위 공식적 · 비공식적 자원을 활용할 수 있도록 의료사회복지적 개입이 절대적으로 필요하다.

3) 의료사회복지 실천

뇌졸중 환자에 대한 개입은 약물치료, 수술, 재활 중 어디에 초점을 두느냐에 따라 신경과, 신경외과, 재활의학과에서 이루어지며, 진료과별 협업도 활발히 이루어진다. 이 과정에서 의료사회복지사의 역할은 정보수집을 통해 가족의 상황을 정확하게 평가하는 것에서 출발해, 재활치료에 대한 적응, 경제적 지원 및 조정, 퇴원 준비와 지역사회 자원연계에 이르기까지 다양하다. 다만 근무하고 있는 의료기관에 따라 의료사회복지사의 역할이 상이할 수 있다.

초기 아급성기 환자가 입원하는 의료기관에서는 의료비에 대한 부담, 현재 상태에 대한 이해 부족, 미래에 대한 막연함, 치료 단계에 대한 지식 부족 등의 어려움이 있어 이에 대한 개입이 요구된다. 유지기 전 적극적 재활이 필요한 시기에 놓인 환자를 상담하는 의료사회복지사는 지금 상태를 환자와 가족이 수용하고 재활치료의 동기를 강화하고, 재활 계획 및 사회복귀, 가정 내 복귀 계획을 함께 고려해야 한다. 요양병원 내 의료사회복지사는 지치지 않고 재활치료를 유지하도록 환자와 가족을 심리 · 정서적으로 독려하는 개입과 퇴원계획 수립을 고려해야 한다(표 10-2 참조).

〈표 10-2〉 뇌졸중 환자 대상 의료사회복지사 역할

		의료사회복지사 역할	
급성기	종합병원 대학병원	• 질환 이해 • 재활의 필요성 이해 • 치료 동기화 • 지지적 환경 조성 • 전원 준비	• 심리적 충격 완화 • 재활과정 이해 및 적응 지원 • 가족의 적절한 역할 분담 • 안정적인 치료적 환경 조성 • 진료비 지원 • 산정특례제도 안내 • 산재보험/자동차보험 상담 • 보장구 구입/환급 절차 안내 • 퇴원에 대한 저항 다루기 • 전원을 위한 계획과 준비 • 금연/금주 등 생활습관 관리 • 지속적 건강관리를 위한 계획
회복기	재활의료기관 재활전문병원	• 집중적인 재활치료 적용 • 가족 역할 재정립 • 예후 및 장애에 대한 수용 • 사회적 역할 조정(여가, 직업 등) • 사회복귀 준비 및 계획	• 회복에 대한 기대수준 조정과 한계에 대한 인식/장애 수용 • 치료기간 장기화에 따른 가족 내 역할 조정 및 재적응 • 환자의 사회적 역할 조정 및 새로운 활동 모색 • 장애등록/장기요양보험제도 신청 및 활용 안내 • 주거환경 평가 및 조정 계획 • 이동수단에 대한 조정 • 지역사회 기관 이용 연계 • 전원을 위한 계획과 준비
만성기(유지기)	요양병원	• 장애등록 • 장기요양보험 활용 • 이동능력 • 주거환경 준비 • 일상적인 삶 복귀	• 치료동기 유지 및 현실적인 기대수준 조정과 장애 수용 • 가족보호부담과 소진관리 • 장애등록 및 복지시책 안내 • 장기요양보험제도 활용계획 및 요양시설 이용 관련 안내 • 장기적 돌봄을 위한 보조인력 활용 계획 수립 • 주거환경 평가 및 조정계획 • 지역사회 기관 이용 연계 • 전원을 위한 계획과 준비
주요 이슈 및 개입영역		경제력, 전원, 복지제도 신청 및 활용, 장애인 등록, 생활습관 및 건강관리, 지역사회기관 이용, 사회적 역할 조정, 장기적 돌봄계획, 심리·정서적 수용, 가족 지지체계 강화, 주거환경 준비, 사회적 지지체계 강화 등	

(1) 팀 콘퍼런스

팀 콘퍼런스는 크게 치료계획을 위한 Evaluation Conference와 가족과 함께하는 Family Conference로 나뉜다. Evaluation Conference는 국내외를 불문하고 재활의학과에서는 환자의 다양한 어려움에 대해 다학제적 팀 접근을 하고자 정기적으로 실시하고, 환자별 효과적인 재활을 위해 팀별 장·단기 계획 수립을 공유하고 필요시 계획을 수정하는 과정을 통해 최적의 전문적 개입이 가능해진다. Family Conference는 치료진의 콘퍼런스에 환자와 가족이 함께 참여하는 형태로, 환자의 상태를 객관적으로 인식하고, 치료계획 및 과정에 대한 이해를 증진시키기 위해서 실시한다.

콘퍼런스에서 의료사회복지사의 주요 역할은 첫째, 초기 상담을 통해 수집한 정보를 바탕으로 사정한 개인적·가족적·사회적 상황, 정서적 상태, 주거환경, 재활에 대한 기대수준과 퇴원계획 등의 내용을 치료진과 공유한다. 둘째, 치료 과정에서 고려해야 할 환자와 가족의 욕구 및 이슈, 목표와 개입계획을 공유한다. 특히 치료진이 의사소통을 해야 할 가족 내 실제 의사결정권자와 돌봄 제공자를 파악하고 그들의 역동 등을 파악하고 퇴원계획을 공유한다. 셋째, 다른 치료진의 평가와 계획을 확인하고 환자 및 가족의 기대수준과 다를 경우 조정자의 역할을 수행하기도 한다(재활의 정석, 2018).

(2) 가족상담

상급종합병원에 재원 중인 환자는 대체적으로 컨디션 회복이 빠르지 않아 가족과 상담을 하는 경우가 많으며, 아급성기 재활전문병원에서도 환자의 컨디션을 고려하여 가족상담 위주로 진행된다. 환자의 적응을 위해서는 가족의 적극적인 협조와 지원이 매우 중요하지만 가족이 많은 피로와 부담을 호소하며, 이 역할을 누가 맡을 것인가에 대해 가족 간 갈등이 나타나기도 한다. 가족 내 부담과 갈등이 심화될 경우 치료진과의 연락을 피하는 경우도 있어 치료 과정에서 가족과 소통을 원활하게 하고 가족의 어려움에 관심을 갖고 적극 개입을 시도해야 한다. 단, 가족과 연락 두절된 상태일 경우는 병전 환자를 잘 알고 있고, 환자의 입· 퇴원을 돕는 지인, 친척 등의 주요 대상과 상담을 진행하게 된다(표 10-3 참조).

〈표 10-3〉 재활의료사회복지 상담 분야

뇌졸중 환자 상담영역	
상담 분야	• 심리사회적: 장애로 인한 정서적 어려움 상담, 치료동기부여 상담, 가족상담 • 경제적 지원: 진료비 관련 사회복지 정보 제공, 원내/외 후원 기금 연계 • 돌봄: 장애인활동지원제도, 노인장기요양보험제도, 대상별 돌봄지원사업 안내 • 사회복귀: 퇴원계획, 학교/직장 복귀 문제, 직업재활 및 장애인 고용 상담 안내 • 여가 활동: 장애인 전문 스포츠, 생활스포츠, 문화·여가 프로그램 정보 안내 • 장애인복지제도: 장애등록절차, 장애복지 혜택 교육 • 이동 지원: 장애인 운전 재활, 장애인 차량 구입 및 개조 방법, 장애인 콜택시 안내 • 주거환경 개선: 주거환경 평가 및 개선에 관한 교육 • 지역사회자원: 장애인복지관, 특수교육기관, 지역사회재활의료기관 안내
초기 상담 내용	▸ **환자의 개인적 특성: 학력/학업/직업/여가/취미 등** 지적 수준, 치료에 대한 기대수준, 학업/직업에 대한 본인의 애착, 회복 후 후유증을 가진 상태에서도 복귀가 가능할지, 전업/전직의 가능성, 환자의 치료 동기 등을 파악 ▸ **지지체계: 혼인 여부/가족/간병인/의사결정자 등(가계도, 생태도 활용)** 주변의 지지체계, 장기적인 치료 과정에 가족들의 역할분담, 돌봄의 방해 요인 점검 ▸ **심리사회적 상황** 치료를 저해하는 스트레스 요인, 환자와 가족의 스트레스 대처기제, 치료 중 가장 힘들어 하는 점, 예상되는 후유 장애에 대한 수용 정도 등을 확인 ▸ **경제적 상황** 경제력 평가, 자원의 연계가 필요할지 여부, 경제적 문제로 인한 가족 간 갈등 파악 ▸ **퇴원계획 및 사회복귀 계획** 사회복귀와 관련해서도 이전 근무지의 환경이나 출퇴근 형태, 지역사회를 둘러싼 환경 확인, 퇴원 이후 고민되는 사항 지속적 상담 가능함 안내

출처: 재활의 정석(2018)

(3) 장애등록 정보 제공

뇌졸중 후유증으로 인해 입원 시점부터 환자, 가족에게 장애등록 절차 및 혜택 정보를 제공하여 사전에 준비해 혜택을 받을 수 있도록 한다. 장애 등록 시기(진단 후 최소 6개월 동안 치료 유지 시)와 절차를 정확히 파악 후 해당 내용을 환자와 가족에게 상세히 전달해야 한다. 장애인 등록은 본인 신청이 원칙이지만 만 19세 미만의 미성년자나 거동이 불가능한 경우, 법정대리인이 대행할 수 있다. 신청자는 의료기관 전문의의 검사·진단을 통해 장애 진단서를 발급받고, 장애 유형별 필수 구비 서류를 갖추어 주소지 관할 행정복지센터에 제출한다.

(4) 경제적 지원

뇌졸중으로 입원한 환자가 한 가정 내 가장이었고, 다른 가족 구성원의 수입이 없는 경우에는 갑작스러운 치료비 마련, 간병비 등은 예상치 못한 경제적 부담이 된다. 물론 긴급의료비지원, 경기도 무한돌봄지원, 재난적의료비지원 등의 자원을 활용할 수 있으나 신청자 모두가 원하는 금액을 받을 수 있지는 않다. 또한 수술비 외에 발생되는 지속적 재활치료비, 약물치료비, 검사비, 생계유지비 등은 또 다른 경제적 측면의 과제이다. 이에 의료사회복지사는 단기적으로는 가족의 경제적 어려움을 정확히 파악하고 필요시 수술비 포함 치료비 지원을 계획한다. 장기적으로는 가족 구성원의 근로능력이 부족할 경우 의료비, 생계비, 주거비 혜택, 장애보장구 지원 등을 받을 수 있도록 공적 자원 연계를 고려할 수 있어야 한다.

(5) 집단 프로그램

재활의료기관에서는 장기입원하는 뇌졸중 환자와 가족을 대상으로 사회복지서비스 안내, 스트레스 경감, 질병관리 교육 등의 집단 프로그램 시행을 통해 질병 수용 및 사회복귀 적응을 돕는다. 효과적인 사회복귀와 가족갈등 완화를 위하여 사회사업팀이 주축이 되어 집단상담이나 주 양육자나 환자를 위한 자조모임 프로그램도 진행하게 된다.

(6) 퇴원계획 및 지역사회 연계

뇌졸중 환자에게 퇴원계획 및 지역사회자원 연계는 매우 중요하다. 퇴원 시점이 가까워질수록 환자가 어디로 퇴원해야 할 것인지는 가족의 큰 고민이다. 특히 퇴원계획 상담은 입원 초기 사회복지 상담에서부터 이루어지기 때문에, 환자와 가족은 퇴원계획 관련 질문에 대해 매우 막연하고 준비되어 있지 않아 당황스러울 수 있다. 따라서 퇴원계획의 필요성을 충분히 설명하고 환자의 후유장애 가능성, 발병 후 경과 시기 등을 고려하여 퇴원계획을 수립하되, 가족의 욕구를 파악하여 종합적인 접근이 이루어져야 한다.

환자가 퇴원 후 거주하게 될 집 구조 및 환경(계단 여부, 문턱, 화장실, 침실 등 예상되는 불편함)에 관하여 예상되는 불편함을 사전에 확인하고, 필요시 환자, 가족, 치료사와 함께 환자가 거주하게 될 집을 방문하여 주택을 개조하기 위한 계획을 함께 수립한다.

사회활동을 해 왔던 환자의 경우, 사회복귀와 관련해서도 이전 근무지의 환경이나 출퇴근 형태, 지역사회를 둘러싼 환경 등을 확인하는 과정이 필요하다. 필요에 따라서는 치료사, 환자와 함께 병원에서 집, 직장으로의 길을 동행하며 실제적 연습을 통해 사회복귀를 돕는다.

퇴원 전에 장애인보장구 지원, 장기요양보험제도 등을 활용해 필요한 복지용구 구입 · 대여를 하도록 돕고, 장애인활동지원사, 요양보호사, 맞춤돌봄서비스 등 지역사회 내 공공, 민간자원을 통한 돌봄을 고려할 수 있도록 연계하는 것이 중요하다.

2. 척수손상(Spinal Cord injury)

현대사회의 급속한 산업화와 도시화에 따른 교통사고 및 산업재해, 추락사고의 증가로 척수손상 중도장애인의 수가 점점 증가하고 있다(류경돈, 2022). 통계지표를 살펴보면 우리나라 전체 인구의 약 5.1%인 264.2만 명이 장애인으로 등록되었으며, 이 중 43.7%인 약 115.4만 명이 지체장애인이다(보건복지부, 2023). 척수장애는 우리나라 장애 유형에 따로 분류되지 않고 지체 장애에 포함되기 때문에 정확한 통계치는 알 수 없으나 한국교통장애인협회에 따르면 척수장애인의 수는 WHO의 장애 출현율 기준으로, 약 14만 명, 등록장애인 기준으로는 약 8만 명에 이르는 것으로 추정하며, 매년 약 2천 명씩 증가하는 것으로 나타났다(류경돈, 2022).

1) 질환에 대한 이해

우리 몸의 신경계는 뇌와 척수신경으로 구성된 중추신경계와 신경절로 구성된 말초신경계로 나뉜다. 중추신경계는 생명에 직결될 수 있는 신경조직으로, 외부 감각기관에서 들어오는 정보를 종합하고 처리하는 중요한 역할을 수행하고 있어서 뇌는 단단한 두개골이, 척수는 척추를 통해 보호받는다. 척수신경은 뇌에서부터 나와서 척추를 따라 꼬리뼈까지 마치 뿌리처럼 쭉 길게 연결되어 있고 전신으로 사이사이 잔뿌리처럼 가지가 뻗어져 있다. 각각의 척수신경은 위치에 따라 경수(C1-C8), 흉수(T1-T12), 요수(L1-L5), 천수(S1-S5) 미수(Co1)로 나뉘며, 요추 2번 이하에는 마미가 분포한다. 각 신경은 그 높이의 감각이나 운동을 담당한다(그림 10-2 참조).

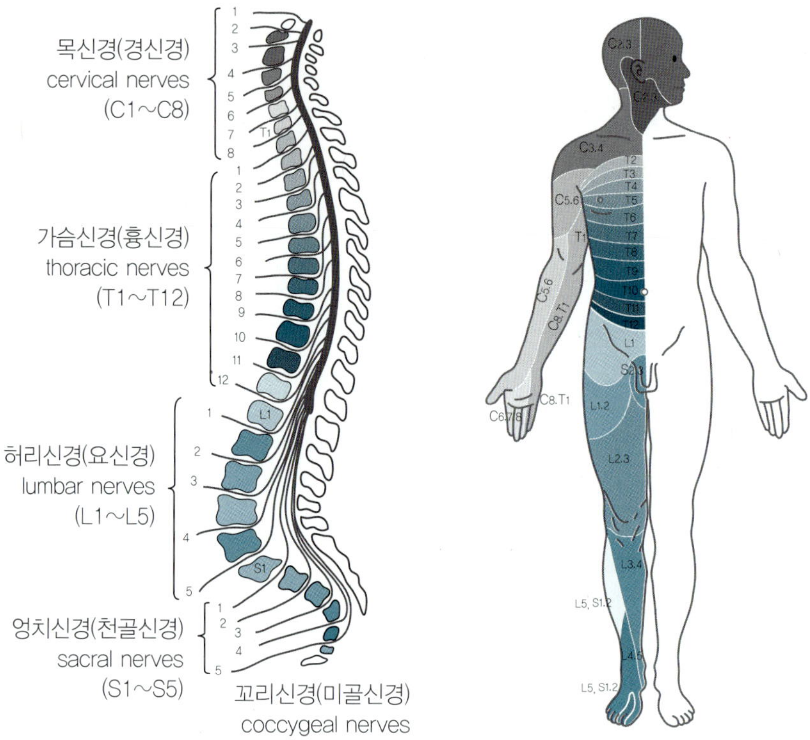

[그림 10-2] 척수신경 구조

(1) 정의

척수손상(Spinal Cord injury)이란, 척수에 가해진 외상으로 인해 뇌와 신체 사이에 신경전달이 제대로 이루어지지 못함에 따라 정상적인 운동, 감각 및 자율신경기능에 이상이 생긴 상태를 말하며, 손상된 위치에 따라 운동, 감각 측면으로 심각한 후유 장애를 초래하는 질병 중 하나이다(대한척수학회, 2024).

(2) 분류 및 원인

현대사회의 복잡해지는 산업화와 교통수단의 발달로 척수손상 발병률도 증가하고 있다(Go, Shin, & Oh, 2014; 김진아·김덕주, 2023). 국내 척수손상의 원인은 대개 외상에 의하며, 교통사고, 추락, 스포츠 손상, 폭행 순이며, 그 외 척수혈관질환, 척수종양, 척수염증 등 질병에 의해서도 발생한다(대한척수학회, 2024). 한국척수장애인협회(2021)의 조사에 따르면 척수손상의 주원인은 교통사고가 45.1%, 추락이 20.8%로, 대다수가 갑작스러운 사고로 인해 발생되고 있다(김진아 · 김덕주, 2023). 대부분 젊고 활동이 많은 사람에게서 발생하며, 환자의 50% 이상이 30세 미만으로, 그중 85%가 활동 중에 사고를 당한 것으로 보고되고 있다.

척수손상은 손상받은 척수의 위치에 따라 후유장애 정도가 다르며, 이를 ASIA 손상 5단계로 분류한다(표 10-4 참조). 대체적으로는 경수 손상에 의해서는 사지마비와 흉수 이하 손상에 의한 하지마비로 구분된다. 완전 척수손상은 척수가 완전 횡절단된 상태를 말하며, 손상된 척수 이하의 모든 척수 기능을 잃고 운동, 감각능력을 상실함에 따라 예후가 좋지 않다. 불완전 척수손상은 손상 부위 이하의 척수의 부분적 절단으로 일부 감각이나 운동기능이 보전되기에 재활치료 시 예후가 좋은 편이다.

〈표 10-4〉 ASIA 손상 척도

등급 분류	손상 정도
A등급: Complete	손상 부위 이하로 운동 및 감각 기능의 완전 소실
B등급: Sensory Incomplete	손상 부위 이하로 일부 감각 기능 유지, 운동 기능 완전 소실
C등급: Motor Incomplete	손상 부위 이하로 일부 감각, 운동 기능 유지, 운동능력이 3등급 이하
D등급: Motor Incomplete	손상 부위 이하로 일부 감각, 운동 기능 유지, 운동능력이 3등급 이상
E등급: Normal	정상 운동 및 감각 기능

(3) 증상 및 합병증

① 증상

척수손상은 손상 부위에 따라 감각 · 운동신경뿐 아니라 방광과 대장 기능을 조절하는 자율신경 기능까지 상실시켜 독립적인 일상생활에 심각한 제약을 초래한다(Yoon, Park, Lee & Choi, 2017; 대한척수학회, 2024). 손상 위치에 따라 임상 증상이 달라지는데, 사지마비는 목 부분에서 척수가 손상되는 것으로, 몸통과 사지의 운동 또는 감각기능이 소실될 뿐만 아니라 방광, 대장 및 성기능까지도 소실된다. 하지마비는 등뼈 이하(흉추, 요추) 부위에서 척수가 손상되는 것으로, 몸통과 하지의 마비와 방광, 대장, 성기능 등의 장애를 초래한다(대한척수학회, 2024).

② 합병증(대한척수학회, 2024)

척수손상에는 여러 합병증이 동반된다. 주로 욕창, 방광 및 배뇨곤란, 경직, 자율신경 반사부전, 기립성 저혈압, 하지부종 등의 합병증을 경험하게 된다.

- 욕창: 욕창은 신체의 한 부위에 혈액순환이 안 되어 피부조직이 괴사하는 것으로, 피부에 압력이 오랫동안 가해지지 않도록 하는 것이 가장 중요하다. 압력 외에도 쓸림, 마찰, 습기 등이 원인으로 작용한다. 욕창은 천골 부위, 꼬리뼈 부위, 좌골 부위, 발뒤꿈치 등에 흔히 생기므로 휠체어에서 최소한 30분마다 압력을 제거, 최소한 2시간에 한 번 돌아눕고, 수시로 피부를 관찰하도록 하고 주로 꼬리뼈 부위, 좌우 엉덩이, 발꿈치 등을 잘 살펴봐야 한다.
- 신경인성 방광 및 배뇨곤란: 척수손상 후에는 뇌와 방광 사이의 의사를 전달하는 통로인 척수의 기능이 차단되므로 '소변이 찼다'라는 신호를 보낼 수 없어 소변을 볼 수가 없게 된다. 따라서 정상과 최대한 비슷하게 규칙적으로 소변을 채우고 비울 수 있는 간헐적 도뇨법, 방광 두드리기 등의 방광 훈련을 통하여 소변을 보아야 한다.
- 경직: 마비된 사지의 근육에 자신의 의지로 조절이 안 되는 뻣뻣한 힘(마치 쥐가 나는 것 같음)이 들어가는 것으로 근위축의 감소, 혈액순환 유지, 뼈의 약화 방지, 기립 및 보행 시 하지의 안정성 등과 같은 장점과 동시에 통증, 욕창의 유발, 관절 운동범위 제한과 구축, 일상생활동작에 방해 등의 단점이 있다. 따라서 적당하게 경직이 있는 경우에는 오히려 그대로 유지하는 것이 좋지만 너무 심하여 일상생활에 지장을 초래할 정도라면 이에 대한 치료가 필요하다.

(4) 치료

척수손상으로 인하여 환자의 골절이나 신경 손상 정도와 상태에 따라 여러 수술 처치나 비수술적 치료를 받은 뒤 남은 신경기능을 최대한 증진시킬 수 있도록 여러 재활치료를 진행한다. 그중에서 회복기 환자를 위해 운동치료, 작업치료가 주로 병행되는데, 운동치료는 환자의 남은 신경기능을 최대한 활용하여 움직일 수 있도록 훈련하는 것으로, 호흡 운동을 통해 폐활량을 증가시키고 호흡기능을 강화하여 일상생활의 기능을 향상시킨다. 작업치료는 손상 부위에 따라 보조기를 이용하거나 독립적으로 일상생활을 하는 것을 훈련한다.

2) 심리사회적 문제

(1) 환자

척수손상의 발생은 사회적 활동과 생산성이 가장 활발한 청·장년층에서 많이 발생하기에(Devivo & Chen, 2011) 갑작스럽고 영구적인 신체적 장애로 인해 심리적 부적응의 위험을 증가시킬 수 있으며, 실제로 가정과 직장에서의 역할 및 지위 상실로 인한 사회적 문제를 가중시킨다(Byun et al., 2006). 척수손상 환자는 남은 일생을 휠체어와 보조기기에 의지해서 생활함에 따라(최동규·정연수, 2018) 신체활동 저하에 영향을 미치고, 이는 근력저하, 신체기능과 건강에 대한 만족도를 낮게 하고, 스트레스, 통증 증가, 심리적 안녕의 감소를 경험한다(Buchholz, McGillivrary, & Pencharz, 2003; Hicks et al., 2003). 더불어 비만, 심혈관질환, 당뇨병, 욕창, 만성통증 등과 같은 이차적 건강 문제를 가져올 수 있다(Buchholz et al., 2009).

대부분의 척수손상 환자는 '걸을 수 없다'는 것을 인식하는 순간부터 심리적 충격과 절망, 분노, 우울의 혼돈된 심리적 상태를 경험한다(김현지, 2023). 더불어 신체기능의 저하 및 상실로 인한 역할 제한, 만성 스트레스, 우울증, 자신에 대한 가치 저하 등 여러 심리적 문제를 유발한다(Shim, 2008; Migliorini, Tonge, & Taleporos, 2008).

시간이 지나면 정서적 안정을 회복하지만, 그중 약 1/3은 우울증을 겪으며, 이는 정상인에 비해 3배 높은 비율이다(Jung, 2013). 아울러 사회적 소외감과 가족 및 직장 내 역할 변화를 경험하면서 무력감과 우울감 같은 부정적 정서는 자살생각의 위험성을 증가시킬 수 있어(Shin & Choi, 2007; Im & Hwang, 2014) 자신의 변화를 수용하는 심리적 적응이 매우 중요하다.

한편 척수손상 환자는 성생활이 불가능한 것으로 잘못 인식하기도 하지만, 의료진의 도움을 통해 약물복용, 주사요법으로 부부생활이 가능하며, 불임치료기를 이용하여 임신도 가능하다.

(2) 가족

환자와 마찬가지로 척수손상 환자 가족 또한 갑작스러운 변화에 대해 적응해야 한다. 장애 이전과 이후의 삶에서 신체적·환경적 변화는 환자 가족에게도 부담이 될 수 있으나 환자에게 표출할 수 없기에 스트레스를 경험하게 된다. 또한 환자 가족(배우자, 자녀, 부모 등)이 척수장애인의 돌봄을 담당하면서 허리와 손가락, 손목 관절 통증을 느낄 수 있다. 또한 환자의 심리사회적 어려움을 지켜보며, 함께 어려운 상황에 공존하게 된다.

이 과정에서 가족은 피로감이 증가하고, 쉽게 화가 나고 날카로워지며, 식욕이 증가하거나 감소되고, 일상 활동에 관심이 줄어들며, 우울하거나 불안한 정서 등을 보이게 된다(한국척수장애인협회 외, 2017). 척수손상 이후 환자에게 가족의 보살핌과 도움은 매우 중요하지만 보호자 역할에 대한 지속적 교육과 사회적 서비스 부족은 가족의 신체적 및 정신적인 건강을 위협할 수 있다(한국척수장애인협회 외, 2017).

3) 의료사회복지사의 역할

척수손상 환자는 영구적인 신체장애로 인한 신체 구조와 환경 변화의 재적응 과제를 갖게 되며, 그 과정에서 부정적 자아개념, 우울증, 상실감, 분노, 좌절 등의 불안정한 심리상태가 지속된다. 이에 신체적 · 심리적 · 사회적 · 직업적 재활의 총체적 지원이 요구된다(Korea Institute for the Disabled Development, 2017). 궁극적인 재활의 목적은 일상에서의 자립생활이므로 이들의 신체 건강 및 기능 회복 못지않게 심리정서적 · 사회적 건강을 유지하고 기능의 결과를 최적화하여 사회적 활동과 참여를 돕고 최종적으로 삶의 질이 향상되도록 지원해야 한다(Lee, Kim, & Yoon, 2007).

(1) 상담

① 환자상담

의료사회복지사는 척수손상 현재 상태와 예후, 치료계획, 환자의 기대와 의지, 주변의 지지체계에 대한 사정을 바탕으로 지지적인 상담과 함께 욕구 충족을 위한 서비스 제공을 지속해 나가야 한다. 척수손상 환자에게 척수장애 활동가 또는 피어 서포터(peer supporter)와 같은 동일 질병으로 사회복귀에 성공한 척수장애인을 연결하여 척수장애인의 관점을 전환하도록 도모해야 한다.

② 가족상담

가족은 환자에게 가장 중요한 자원이므로, 가족이 지지체계로서 잘 기능할 수 있도록 지원하는 것은 환자의 치료 과정과 예후에 매우 중요하다. 이를 위해 가족이 환자의 상태를 수용하고 환자에 대해 느껴지는 감정을 표현하며 정서적으로 환기할 수 있도록 돕는다.

척수손상 환자와 가족이 함께 재활 계획 단계부터 장애 수용과 동기부여 프로그램 참여, 주택개조와 사회 복귀 단계까지 참여하도록 한다. 아울러 가족원 스스로를 돌볼 수 있는 방법과 자조모임에 대한 안내도 요구된다.

(2) 팀 콘퍼런스

뇌졸중 환자와 마찬가지로 척수손상 환자는 재활 의료사회복지사가 적극적으로 개입하게 된다. 개입 과정에서 환자와 치료진 간의 조정자나 대변자 역할을 많이 하게 되고, 사회복지 서비스를 정보 제공하는 과정에서는 상담가나 교육가와 같은 역할을 하며, 지역사회 및 기타 자원체계와 협조하는 업무 과정 중에는 환자를 옹호하고 자원을 동원하는 역할을 하게 된다. 더불어 환자의 신체적 · 교육적 · 정신적 · 직업적 · 사회적 걸림돌로부터 잠재적 능력을 최대한 발휘하도록 돕기 위해 다른 전문가들과 정보를 공유하고 협력한다(재활의 정석, 2018).

(3) 경제적 · 환경적 지원

의료사회복지사는 환자의 치료비 부담을 경감하기 위해 병원 내 · 외부 자원을 발굴하여 연계한다. 또한 병전 근로 또는 사회활동 이력을 확인하고 지속 근무 가능 여부 또는 장애인 특별채용 기회를 탐색한다. 경제 및 사회활동 참여는 심리적 · 정서적 · 경제적 · 사회적 측면에서 긍정적인 효과를 가져올 수 있어 젊은 척수손상 환자 개입에 있어서 특히 중요한 영역이다.

퇴원 시 주거환경 개조는 일상생활 유지를 위해 매우 중요하므로 세부적 계획을 수립해야 한다. 이를 위해 휠체어 크기, 출입문, 문턱, 팔을 뻗을 수 있는 범위(수납공간, 자주 사용하는 물건의 위치), 계단 및 턱, 급경사 유무, 씻는 공간, 자는 공간 등을 확인하고 집안의 시설을 장애인 활동에 맞게 개조해 나가는 것이 필요하다.

개조 과정에는 작업치료사, 환자 또는 환자 생활 동선을 잘 알고 있는 가족이 함께 집을 방문(home visiting)하여 개조가 필요한 환경을 평가하고 환자의 상황과 욕구를 고려한 가옥구조 개조계획을 수립한다. 더불어 운전했던 환자의 경우는 개조된 자동차로 운전 연수를 다시 받고, 본인의 차량을 개조하여 이동할 수 있는 물리적 환경을 조성하도록 도모한다.

(4) 교육 및 자원 연계

대다수의 젊은 척수손상 환자 대상의 교육 제공과 자원 연계는 환자의 사회복귀에 중요한 부분이다. 우선 척수손상 환자의 재활을 위한 자원으로 근로복지공단과 국립재활원을 대표적으로 들 수 있고, 서울재활병원, 파크사이드병원, 예은병원, 한국척수장애인협회에서 제공되는 척수장애인 재활서비스 등도 있다(서해정 외, 2017). 국립재활원 성재활, 운전재활 프로그램, 근로복지공단의 맞춤형 통합서비스 등은 젊은 환자에게 유용하다.

척수손상 전 스포츠, 문화, 예술 등에 직업을 갖고 있거나 관심이 있었던 환자에게는 문화예술 활동을 할 수 있는 기회를 제공하고, 척수장애인에 특화된 직업 재활서비스를 받을 수 있도록 연계하는 노력이 필요하다(한국척수장애인협회, 2024). 이는 환자의 삶을 재구성하며, 자기효능감을 강화시키는 긍정적 계기로 작용할 수 있다.

척수손상환자는 장애진단 후 장애인활동지원 서비스를 이용할 수 있다. 장애인활동지원제도는 6세 이상부터 65세 미만의 「장애인복지법」상 등록된 모든 장애인을 대상으로 신체적 · 정신적 장애 등의 사유로 혼자서 일상생활과 사회생활을 하기 어려운 모든 장애인에게 활동지원급여를 제공함으로써 자립생활과 사회참여를 지원하고 가족의 부담을 줄여 줄 수 있기에 해당 정보를 정확히 안내하고 신청할 수 있도록 조력한다.

CHAPTER 11

장기이식, 치매

학 · 습 · 목 · 표

1. 장기이식과 치매에 대한 의료적인 기본 지식을 습득한다.
2. 장기이식과 치매 환자와 가족이 해당 질병으로 인해 경험하는 신체적 어려움을 파악한다.
3. 장기이식과 치매 환자와 가족이 해당 질병으로 인해 경험하는 심리사회적 어려움에 대해 숙지한다.
4. 장기이식과 치매 환자와 가족을 위해 개입하는 의료사회복지사의 역할에 대해 이해한다.

1. 장기이식(Organ transplantation)

2023년도 장기이식은 총 4,044건으로 50~64세가 대부분을 차지했고, 남성(2,605건, 64.4%)이 여성(1,166건, 28.8%)보다 2배 이상 많은 것으로 확인되었다. 생체 기증은 2,338건으로, 신장이식은 배우자(41.6%), 간 이식은 자녀(64.4%)가 가장 많이 이루어졌다(국립장기조직혈액관리원, 2024). 장기이식에서 의료사회복지사 활동근거는「장기 등 이식에 관한 법률 시행규칙」제10조에 명시되어 있으며, 장기이식 과정의 단계별 전문적 개입이 요구된다. 장기이식이 모든 의료기관에서 이루어지지는 않지만 전문적 심리사회적 평가 수행이 요구되는 영역이기에 본 장에서 살펴보고자 한다.

1) 질환에 대한 이해

(1) 정의

장기이식은「장기등 이식에 관한 법률」근거를 토대로 2000년부터 시행된 장기이식(Organ transplantation)이란, 신체의 장기가 질병이나 사고 등으로 손상이 생겨 더 이상 제 기능을 하지 못해 기존의 치료법으로 회복이 어려워 생명을 잃을 수도 있는 상황에 놓인 뇌사자 또는 생체에서 기증된 타인의 건강한 장기로 이를 대체하여 신체에 옮겨 심어 장기 기능을 회복시키는 치료법을 말한다(국립장기조직혈액관리원, 2024).

(2) 분류

① 장기기증의 종류

뇌사기증이란, 뇌질환이나 교통사고 등으로 뇌사판정을 받은 자의 가족이나 유족이 의료진과의 상담을 거친 후 뇌사자의 장기를 기증하는 것으로, 신장, 간장, 심장, 폐장, 췌장, 췌도, 소장, 각막의 8개 장기를 기증할 수 있으며,「장기 등 이식에 관한 법률」에 의거하여 국가로부터 소정의 진료비, 위로금, 장제비를 지원받을 수 있다.

사후기증은 심장사 이후에 안구와 인체조직 등을 기증하는 것이며, 생체기증은 살아 있는 사람으로서 19세 이상인 장기기증자(living donor)가 부부, 직계존비속, 형제자매, 4촌 이내 친족 간, 타인 간을 이식대상자로 선정하여 장기기증을 하는 것을 말하는 것으로, 국립장기조직혈액관리원(Korean Network for Organ Sharing, KONOS)으로부터 이식대상자 선정승인을 받은 경우에 한하여 실시할 수 있다. 생체기능을 할 수 있는 장기는 신장(kidney), 간장(liver), 췌장(pancreas), 췌도(langerhans), 소장(small intestine), 폐(lung), 골수(marrow), 말초혈(peripheral blood)이다(국립장기조직혈액관리원, 2024).

국립장기조직혈액관리원(KONOS)에서는「장기등 이식에 관한 법률」제26조, 시행령 제26조 별표 5 '이식대상자의 선정기준'에 따라 진행한다. 선정기준은 장기별로 다르며, 의학적 응급도, 혈액형, 지리적 근접도, 대기기간, 항목별 점수 등을 고려한다. 주 업무는 장기기증자 및 이식대기자 등록기관 지정 및 이들에 대한 정보통합 관리, 이식대상자 선정 및 장기이식 의료기관의 뇌사판정 및 시술과정 감독 등이다(그림 11-1 참조).

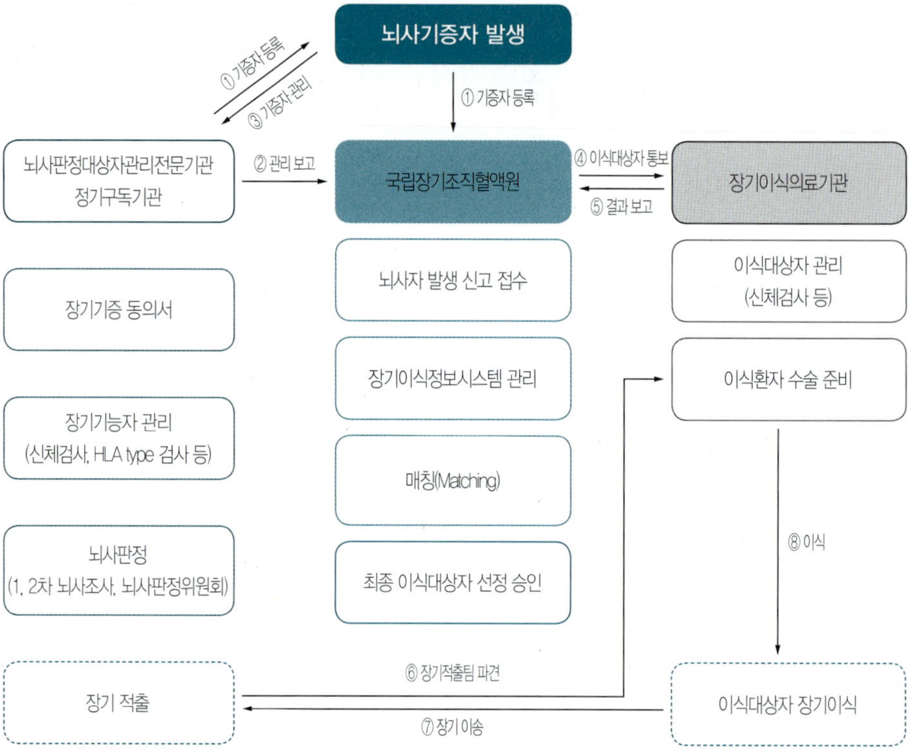

[그림 11-1] 뇌사 장기기증 · 이식 업무 흐름도

출처: 국립장기조직혈액관리원(https://www.konos.go.kr/page/subPage.do?page=sub1_1_2_2)

② 장기이식의 종류

가. 신장이식

신장기능이 15% 이하로 저하되어 말기신부전 진단을 받은 환자에게 건강한 신장을 이식하여 정상적인 신장기능으로 회복시켜 주는 신대체치료법이다. 주로 타인의 신장을 이식받는 동족이식 과정을 거친다.

나. 간이식

말기 간질환 또는 간세포암 환자 대상으로 진행되는 치료법이다. 건강한 간을 적출해 환자에게 이식하여 간이 기능하게끔 한다. 뇌사자 간이식(전간이식, 축소간이식), 생체 간이식 등이 있다.

다. 심장이식

내 · 외과적 치료가 불가능하고 1년 생존 가능성이 75% 미만인 말기심부전 환자에게 뇌사자의 심장을 이식하는 방법이다. 대표적으로 동소성 심장이식술과 이소성 심장이식술이 있다.

라. 조혈모세포(골수)이식

- 골수이식: 골수에 이상이 발생한 백혈병이나 암 환자에게 건강한 사람의 골수를 이식하는 방법을 말한다. 수술과 같은 외과적 치료법이 아닌 수혈과 같은 방법으로 피 대신 골수를 주입하는 방식이다.
- 골수: 뼈 속에 위치한 스펀지와 같은 연한 조직으로, 적혈구, 백혈구, 혈소판 혈액 성분과 면역체계를 형성한다. 이를 조혈모세포라고도 한다.
- 조혈모세포이식: 말초혈액과 제대혈 내에 존재하는 모든 형태의 조혈모세포를 이식원으로 활용하여 이식하는 것을 말한다.

2) 심리사회적 경험

(1) 환자

① 신체적 문제

장기이식 환자는 체내에서 타인의 장기에 대한 신체적 거부 반응이 나타날 수 있다. 이러한 급성 거부 반응을 최대한 줄이기 위해 사용하는 면역 억제제의 장기복용으로 인한 부작용으로, 신기능장애, 고혈압, 당뇨병, 위장장애, 감염, 다모증 등이 나타날 수 있다. 특히 이식 후에는 여러 경로를 통해 감염원에 노출될 수 있어 환자의 민감성을 증가시켜 심리정서적 스트레스를 가중시킬 수 있으며, 사망에 대한 두려움을 갖게 할 수 있다(Fishman & Rubin, 1998; 구태연, 2008; 한인영 외, 2006; 정미경 외, 2010).

② 경제적·사회활동의 문제

고형장기의 이식 부위에 따른 비교는 어려우나 대체적으로 장기이식 후 환자와 가족은 심리사회적 · 경제적 · 가족관계 스트레스 순으로 어려움을 경험하는데, 상황에 따라 경제적 부담이 가장 큰 어려움으로 작용하기도 한다(Goetzinger et al., 2012; Malik et al., 2014; Kang et al., 2004). 환자는 이식수술 전에도 건강상의 문제로 직업생활을 유지하기 힘든 상태에서 수술 직후 상당 기간 병원치료를 받아야 하기에 직장으로 곧바로 복귀하거나 원하는 사회활동 참여에 제약을 받을 수 있다.

병원마다 차이는 있으나 간 이식 성인의 경우 3,000~4,000만 원의 비용을 부담해야 하고, 퇴원 후 지속적인 치료 유지비용으로 6개월 동안은 월 50~70만 원, 6개월 이후에는 월 30~50만 원, 2~3년 이후에는 월 10~20만 원 정도의 비용이 소요된다(Miyazaki et al., 2010; 김소영 · 이윤미, 2016). 이처럼 환자와 가족은 경제적 부담의 지속과 더불어 감염원 노출을 줄이기 위한 사회적 접촉 조절, 일상에서의 엄격한 관리, 세심한 케어를 위한 정서적 · 물리적 · 경제적 · 시간적 배려가 요구됨에 따라 일상의 제약과 한계를 경험하게 된다.

③ 심리정서적 문제

장기이식수술을 앞둔 환자는 장기부전으로 인해 이미 신체적으로 매우 취약한 상태에 놓여 있으며, 동시에 다양한 심리적 고통과 스트레스를 겪고, 이식 대기와 관련한 불확실성, 건강에 대한 불안이 있다. 특히 이식 대기 과정에서 기증자를 찾는 데도 상당한 시간이 걸릴 수 있으며, 이 기간 동안 환자는 자신의 예후와 미래에 대한 걱정과 두려움이 증폭될 수 있다. 장기이식을 받게 될 상황이라면, 이식이라는 큰 수술을 앞두고 수술의 성공 여부와 수술 후 경과 등에 대한 불안감을 경험하게 된다(Medved, Medved, & Skocic Hanzek, 2019; 정연진 · 강지인, 2023). 이러한 맥락에서 이식 전, 이식수술 전후, 이식 후 단계별 심리정서적 문제를 의료사회복지사가 파악하고 있어야 하며, 가족 역동을 사정하여 가족과 원활히 의사소통할 수 있도록 도모하면서도 현실적 기대를 하도록 전문적 개입이 요구된다.

가. 이식 전 시기(Pre-transplant phase)

이식 전 환자는 장기의 기능부전이 있는 상태이기 때문에 신체적으로 고통이 동반된 심리적 불편감이 지속되는 경험을 하고, 이식 후보자 명단에 등록되지 못하게 될까 걱정과 두려움을 경험하기도 한다. 더불어 가족에 대한 부담, 걱정, 불안과 우울이 높아지기도 한다(Vermeulen et al., 2005; Corruble et al., 2010) 또한 다른 이식환자를 향한 질투, 의심 등의 부정적인 감정을 느끼기도 하며, 누군가의 죽음 또는 희생이 선행되어야 한다는 사실에 죄책감과 부담감에 시달리기도 하기에(Fukunishi et al., 2001) 심리정서적 개입이 요구된다.

나. 이식수술 전후 단계(Peri-transplant phase)

환자들은 이식수술을 앞두고 수술 과정과 이식 후 치료결과와 경과에 대한 두려움과 이식기증자에 대한 죄책감, 수술절차, 예상되는 합병증과 통증, 낯설고 불편한 치료 환경 등으로 스트레스가 높은 시기이다. 수술 후 3개월 동안은 급성 거부반응과 같은 신체적 합병증 발생을 두려워하고 수술로 인한 신체적 부담과 면역억제제의 시작 등은 섬망, 급성 스트레스 장애, 불면, 감정조절의 어려움 등 다양한 정신과적 이슈로 이어질 수 있어 정기적 사후관리(f/u)가 요구된다.

다. 이식 후 시기(Post-transplant phase)

이식을 받고 나면 이식 전에 겪던 신체 문제가 해결되면서 동반되었던 우울이나 불안 증상, 삶의 질 저하는 다소 개선되는 양상을 보이지만(Havik et al., 2007; Limbos et al., 2000) 가슴 답답증을 동반한 불안 증상, 면역억제제에 따른 부작용으로 인한 걱정, 재이식 가능성의 두려움과 사기저하(demoralization)를 겪기도 한다(Robinson et al., 2015; Rzeszut & Assael, 2021). 또한 이식수술 후 심한 통증, 기계 환기를 하면서 중환자실에서의 힘든 시간, 섬망의 경험 등은 장기 이식 수혜자에게 극심한 생리적 · 심리적 스트레스 요인으로 작동하여 외상후스트레스 장애(PTSD)의 발생에 영향을 줄 수 있다. 이에 이식 후 건강한 대응과 삶의 질 향상을 위해 인지행동치료, 점진적 근육이완, 마음챙김기반 스트레스 감소(MBSR) 등의 비약물적 치료를 고려해 볼 수 있다(Gross et al., 2010). 또한 가족상담, 지지집단 프로그램 및 자조모임 연계 등을 통해 지속적 건강관리를 유지하도록 도모한다.

(2) 가족

① 경제적 부담

이식환자가 가족의 생계를 책임지던 가장일 경우, 가정 내 역할의 변화로 경제적 부담이 다른 가족 구성원에게 전가된다. 더불어 장기이식에 소요된 비용, 즉 수술비, 약물, 정기적 검사비용 등으로 가족에게 상당한 재정적 압박을 가한다. 그러므로 이식을 진행할 경우 다른 구성원들과의 충분한 상의 및 사전 준비가 필수적이다.

② 돌봄에 따른 부담

장기이식수술환자를 위해 가족은 수술 전후의 상당 기간 동안 지속적으로 돌봄제공자의 역할을 담당하게 된다. 돌봄 기간이 길어지고 질병 관리 및 재활에 대한 지식이 부족하거나 수술 후 예후가 불확실할 경우, 가족은 심리적 · 정신적 · 사회적 부담감을 더욱 크게 경험하게 된다. 이 과정에서 가족관계가 역기능적이거나 갈등이 있을 경우, 그 갈등이 심화되어 가족문제가 초래될 수 있다.

③ 심리정서적 부담

이식환자의 가족은 환자의 이익을 우선시하여 자신의 욕구를 뒤로 미루게 되며, 이러한 상황이 누적될 경우 가족의 스트레스가 높아지고 삶의 질은 저하되며, 궁극적으로는 환자의 이식 결과에도 영향을 미친다(Rodrigue et al., 2011). 혈연 중심의 이식을 고려할 때, 기증자의 가족(예: 딸의 가족)이 있을 경우, 양가

감정을 갖게 될 수 있으며, 기증자의 연령, 사회활동에 따라서도 영향이 달라질 수 있다. 이식의 종류에 따라 차이는 있지만 수술 후 다른 가족은 이식수술로 남겨진 기증자의 흉터 자국을 보면서 미안함과 죄책감을 가지며, 기증자가 수술 후 신체적 고통을 호소할 때마다 내적 갈등을 경험한다(Lee HJ, 2001). 이러한 스트레스가 만성화되면, 가족은 환자를 자신 또는 다른 가족의 삶의 질을 위협하는 요인으로 생각할 수 있어(Nam DK, 2005; Kim MJ, 2014; 김소영·이윤미, 2016) 이에 대한 의료사회복지사의 예방적 개입이 중요하다.

3) 의료사회복지 실천

(1) 상담

① 환자상담

의료사회복지사는 장기이식 이전 단계부터 이식수술 전후, 이식 후 각 단계별 맞춤형 전문적 개입을 수행해야 한다. 환자가 이식에 대한 결정을 내리는 것을 도와주고, 이식과 관련된 정보를 제공하여 정확히 인지하고 수용함을 목적으로 심리사회적 평가 및 개별상담을 실시하게 된다. 또한 개별상담을 통해 이식을 앞둔 환자의 불안감을 이해해 주고, 환자가 수술과정을 잘 극복해 낼 수 있도록 정서적으로 지지해 주는 역할을 수행한다.

② 가족상담

의료사회복지사는 가족상담을 통해 가족이 환자에게 안정된 심리사회적 환경을 조성해 줄 수 있는 지지체계로서 기능할 수 있도록 돕는 역할을 담당한다. 이를 위해 의료사회복지사는 가족 안에 존재하는 갈등과 스트레스가 무엇인지 파악해야 하며, 환자와 가족원 간의 관계를 사정하고 필요시 가족관계 개선이나 문제 해결을 위해 중재 역할을 수행한다.

즉, 의료사회복지사는 가족을 대상으로 환자와의 관계 유지, 의사소통, 스트레스 관리, 이식과 관련된 지지적 태도 등을 목표로 한 상담을 실시한다. 더불어 이식 후 환자뿐만 아니라 가족의 적응을 위해 지속적인 사후관리가 이루어져야 한다.

(2) 경제적 지원

장기이식과 관련된 고비용이 환자와 가족이 감당할 수 있는 범위를 초과할 때 의료사회복지사는 병원 내 자원, 재난적 의료비지원, 긴급의료비 지원제도와 지역사회자원을 확인하여 맞춤형으로 연계해 주는 역할을 수행해야 한다. 이를 통해 가족의 경제적 부담을 완화하고, 환자는 치료에 전념할 수 있도록 촉매제 역할을 수행해야 한다.

(3) 장기제공 순수성 평가 및 장기기증 절차 안내

「장기등 이식에 관한 법률」 제16조 제2항과 「장기등 이식에 관한 법률 시행규칙」 제10조에 의거하여 의료기관에서는 장기이식과 관련된 업무를 담당하는 사회복지사가 활동하게 된다. 의료사회복지사의 핵심 역할 중 하나는 장기제공의 순수성을 평가하는 것이다. 고형장기이식의 경우, 의료사회복지사는 기증자와 수혜자의 관계를 면밀히 살펴보고, 장기 매매 등과 같은 경제적 이해관계나 관계의 역동에서 역기능적으로 관여되지 않았는지 등을 확인하고, '살아 있는 자의 장기기증 상담평가서'를 작성한다(그림 11-2 참조). 이러한 과정을 통해 기증의 의도가 어떤 사적인 목적이 아닌 순수한 의미의 기증인지를 평가해야 한다. 장기이식 시 심리사회적 평가 항목은 환자의 개인력, 병력, 질병에 대한 수용 정도, 평상시 질병에 대한 자기관리, 이식 후 관리계획, 이식수술에 대한 자기결정 정도, 이식에 대한 기대가 포함된다. 기증자에 대해서는 환자와의 관계, 질병과 기증에 대한 이해 정도, 기증 동기, 보호자 동의 여부, 정신질환 및 지적장애 유무, 의사소통방식 및 가족역동, 이식 전후 비용부담 계획 등이 포함된다.

아울러 의료사회복지사는 장기기증 희망자에게 장기기증 절차에 관해 설명하고 관련 서류를 작성하고 접수할 수 있도록 안내하는 역할을 수행하기도 하며, 장기이식 이후 장애인 등록 절차와 발생할 수 있는 신체적·심리적·사회적 불편감에 관하여 설명하고 도움을 받을 수 있는 자원에 대해 안내한다.

(4) 집단교육

장기이식수술 후 적응단계에 있는 환자, 가족을 대상으로 집단 프로그램을 운영할 수 있다. 치료집단, 자조집단의 형태 또는 멘토링 프로그램 등으로 진행될 수 있다. 프로그램은 주로 이식환자가 자신의 신체 상태에 대한 이해도를 높이고, 사회복귀를 준비하는 단계에서 부딪히게 되는 심리사회적 문제를 다루는 것을 목적으로 운영된다. 의료사회복지사는 집단에 참여할 대상자를 모집하고 프로그램 내용을 기획하는 등 운영에 있어서 주도적인 역할을 담당한다. 필요시 의사, 간호사, 의료사회복지사, 영양사, 물리치료사 등 다학제적 개입을 통해 건강 강좌 형식의 집단 교육을 기획할 수 있다.

〔별지 제1호서식〕

살아있는 자의 장기기증 상담평가서

공여장기: ________　　□친족간 기증　□타인 지정 기증　□타인 순수 기증

<table>
<tr><td rowspan="6">이식대상자</td><td>이 름</td><td colspan="2"></td><td>생년월일</td><td></td><td>나이/성별</td><td>만 세/</td></tr>
<tr><td>병 명</td><td colspan="3"></td><td>주 치 의</td><td colspan="2"></td></tr>
<tr><td>주 소</td><td colspan="4"></td><td>전화번호</td><td></td></tr>
<tr><td>학 력</td><td></td><td>종 교</td><td></td><td>직 업</td><td></td><td>결혼상태</td></tr>
<tr><td>가 족
상 황</td><td colspan="6"></td></tr>
<tr><td>재산상태</td><td colspan="6"></td></tr>
<tr><td rowspan="9">장기기증자</td><td>이 름</td><td colspan="2"></td><td>생년월일</td><td></td><td>나이/성별</td><td>만 세/</td></tr>
<tr><td>주 소</td><td colspan="4"></td><td>전화번호</td><td></td></tr>
<tr><td>학 력</td><td></td><td>종 교</td><td></td><td>직 업</td><td></td><td>결혼상태</td></tr>
<tr><td>가 족
상 황</td><td colspan="6"></td></tr>
<tr><td>재산상태</td><td colspan="6"></td></tr>
<tr><td>정신질환
및 지적장애
유무</td><td colspan="6">□ 무
□ 유(질환 및 장애내용:)</td></tr>
<tr><td>기증동기</td><td colspan="6"></td></tr>
<tr><td>보호자
동의여부</td><td colspan="6"></td></tr>
<tr><td>이식대상자
지정 여부</td><td colspan="6">□ 무
□ 유(이식대상자 선정 범위 또는 특정인 지정시 내용 및 사유 기재)</td></tr>
<tr><td colspan="2">기증자와
대상자와의
관계</td><td colspan="6"></td></tr>
<tr><td colspan="2">사회복지사
의견</td><td colspan="6">

년 월 일 사회복지사 ________ (서명 또는 인)</td></tr>
<tr><td colspan="8">기 관 명</td></tr>
</table>

[그림 11-2] 살아 있는 자의 장기기증 상담평가서

2. 치매(Dementia)

전 세계적 고령화 시대에 치매는 심각한 건강문제 중 하나이다. 세계보건기구는 전 세계적으로 약 5,500만 명이 치매를 앓고 있으며, 노인 인구 비율이 증가함에 따라 2030년엔 7,800만 명, 2050년에는 1억 3,900만 명까지 늘어날 것으로 보고하였다(중앙치매센터, 2024). 또한 국내의 65세 이상 치매 환자 수도 2018년 75만 명에서 2024년에는 100만 명, 2039년 200만 명, 2050년에는 300만 명까지 빠르게 증가할 것으로 전망하였다(WHO, 2021).

1) 질환에 대한 이해

(1) 정의와 진단기준

① 정의

치매(dementia)는 정상적으로 생활해 오던 사람에게 다양한 원인으로 인해 후천적으로 기억력을 비롯한 여러 가지 인지기능의 장애가 나타나 일상생활을 혼자 영위하기 어려울 정도로 심한 영향을 주는 상태를 말한다. 치매는 어떤 하나의 질병명이 아니라 특정한 조건에서 함께 나타나는 증상들의 묶음이다. 이러한 치매상태 중 가장 대표적인 것이 알츠하이머병과 혈관성 치매이며, 그 외 루이소체 치매, 알코올 치매 등이 있다.

② 진단기준

치매의 대표적인 초기 증상은 기억력 장애이다. 누구나 나이가 들면서 젊었을 때에 비해 기억력이 저하되기 마련이지만, 치매에서의 기억력 저하는 이러한 정상적인 변화와는 다소 다르다. 일반적으로 나이가 들어 나타나는 기억력 저하는 대개 사소한 일들에 국한되어 있으며, 일상생활을 심각하게 저해하지 않는다. 이에 정확한 치매 진단은 전문의를 찾아가 여러 검사를 통해 확인 가능하다.

치매는 한 가지 검사로 진단을 내릴 수 없어, 신체검사(혈압, 체온, 맥박 등), 우울증, 불안, 공포, 망상 등을 평가하는 정신상태검사(mental status examination)와 신경심리학적 검사를 하여 인지장애와 기억장애가 존재하는지를 판별한다. 뇌 전산화단층 촬영(CT), 자기공명영상(MRI), 뇌 기능 측을 위한 PET 등을 통해 뇌의 이상이나 손상을 확인 후 진단하기도 한다. 또한 감각, 운동신경이나 근육의 위축, 보행능력, 반사능력 등 신경학적 기능도 평가한다. 진단기준은 DSM-5를 적용하며, 인지기능의 저하, 검사가 필요한 정도의 인지기능 저하, 일상생활에 어려움이 있는 경우를 고려하여 치매로 진단한다.

(2) 분류

치매 유형으로는 알츠하이머형 치매와 혈관성 치매가 전체 치매의 80~90%를 차지하며, 이외 루이(소)체 치매가 있고 다른 질병(외상성 뇌손상, 알코올 및 약물로 인한, HIV, 파킨슨, 헌팅턴, 프라이온병 등)에 기반한 치매도 있다.

알츠하이머병(Alzheimer's disease)은 진행적으로 뇌세포의 퇴화로 기억력을 비롯한 여러 인지기능이 점진적으로 저하되며 일상생활의 장애가 초래되는 만성 뇌질환이다. 알츠하이머병은 매우 서서히 발병하며 점진적으로 악화가 진행되는 것이 특징이고, 가장 흔한 치매의 원인으로 전체 치매의 55~70%를 차지한다. 알츠하이머병의 자연경과는 상당히 다양하지만, 대략 증상 발현부터 진단까지 2~3년, 진단으로부터 요양시설에 머무르게 되는 기간까지 3~6년, 요양시설에서 사망까지 약 3년 정도로 총 유병기간은 9~12년이다. 알츠하이머병은 초기에는 주로 몇 시간 혹은 며칠 전의 일에 대한 단기 기억력 저하를 보이고 이후 점차 옛날 기억도 저하되다가 다른 여러 인지기능의 저하도 함께 진행된다. 망상이나 환청과 같은 정신행동 증상도 나타날 수 있다.

혈관치매(Vascular Dementia)는 뇌의 혈액공급 문제로 발생한 치매를 의미하며, 두 번째로 흔한 치매의 원인으로, 전체 치매의 15~20%를 차지한다. 원인은 뇌혈관 질환의 종류, 크기, 위치에 따라 다양한 증상과 경과를 보일 수 있다. 혈관치매는 고혈압, 당뇨병, 고지혈증 등이 있는 경우나 과음, 흡연을 자주 할 경우 발생위험이 증가한다. 혈관성치매는 주의력, 자기조절능력, 계획력 저하 등이 주 증상이며, 팔다리, 얼굴 마비, 발음장애, 삼킴곤란, 요실금 등과 같은 뇌졸중 증상이 동반되는 특징이 있다.

루이(소)체 치매(Dementia with Lewy bodies), 파킨슨병 치매(Dementia with Parkinson's Disease)는 손 떨림, 느린 행동, 뻣뻣한 움직임, 종종걸음 등 '파킨슨 증상'이라 불리는 움직임 장애가 같이 나타나며, 치매가 파킨슨 증상보다 먼저 나타나면 루이체 치매, 치매가 파킨슨 증세보다 나중에 나타나면 파킨슨병 치매일 가능성이 높고 보통 70대에 증상이 처음 나타난다.

알코올 치매(Alcoholic dementia)는 장기간 지속된 과음으로 인해 신경세포에 부정적인 영향이 축적되어 치매로 진행되는 것을 말한다. 알코올 섭취량에 따라 다르지만 50대의 비교적 이른 나이에 발생할 수 있고, 때로는 70대 이후에 발생할 수도 있다.

(3) 증상

치매는 다양한 원인에 의해 뇌신경이 파괴됨으로써 기억력 장애, 언어능력 장애, 변·요실금, 편집증적 사고, 실어증과 같은 정신기능의 전반적인 장애가 나타나 일상생활을 제대로 수행하지 못하는 것을 특징으로 한다. 진행되는 과정에서 우울감이나 강박적·편집증적 사고강화, 공격행동 증가 등의 정신의학적 증상이 동반되기도 하는 치매는 노화와 유전에 의한 원인성에 주목하고 있지만 아직 정확한 발병원인과 치료법이 제시되지 않은 상태이다.

치매의 주요 증상은 기억장애와 인지장애인데, 인지장애는 언어기능의 장애를 보이는 실어증, 운동을 실행하는 능력의 장애인 실행증, 사물을 인지하거나 구별하지 못하는 실인증 등이 대표적이다. 이 중 최소 1개 이상을 포함하는 복합적인 불완전 인지결손을 말한다.

인지결손은 직업적·사회적 기능에 장애가 발생될 정도로 심각하고, 발병 이전의 기능 상태와 비교할 때 새로운 정보 학습뿐만 아니라 과거 학습한 내용도 잊어버리는 현저한 인지기능의 저하가 동반된다(미국정신의학회, DSM-Ⅳ, 1995). 예를 들면, 지갑이나 열쇠 등의 중요 물건을 잃어버리거나 요리를 하던 중에 자신이 요리를 하고 있다는 사실을 망각하기도 하며, 낯선 동네에서 길을 잃어버리기도 한다. 치매가 진행되어 기억장애가 심해지면 개인의 직업, 학교, 가족을 망각하고 때로는 자신의 이름까지도 잊게 된다.

(4) 치료와 관리

치매 치료는 근본 원인을 해결하는 것이라기보다는 증상이 나빠지지 않도록 관리하는 것에 가깝다. 치매는 장기간 진행되는 질환이기에 이용 가능하고 실제적으로 효과가 있는 치료방법을 모두 집약하는 통합적 접근이 필요하다. 통합적 치료는 환자를 중심에 두고 그 가족과 의사를 포함하는 간호, 사회복지, 작업치료, 물리치료, 전문 요양 등 전문가들에 의한 약물치료, 인지 재활을 포함한 비약물적 치료, 일상생활 보호, 사회적 지지와 같은 방법을 포함한다.

이에 치매 환자를 위한 주간보호시설이나 요양병원에서는 치매 환자의 잃어버린 인지기능을 보완(compensation), 인지능력 소실을 중재(re-mediation)하고 남아 있는 인지기능을 최대한 유지(conservation)하고자 하며, 정서적 기능향상을 위한 목적으로 음악, 미술, 원예, 운동치료 등과 같은 다양한 개별·집단 치료 활동을 제공하고 있다.

2) 심리사회적 경험

(1) 환자

① 기억력 및 인지기능의 손상

치매는 정상적인 뇌 기능이 손상되면서 인지저하와 행동장애가 동반되는 퇴행성 질환이며(National Institute of Dementia, 2021), 단·장기 기억장애, 사물·사람 분별의 어려움, 특정 상황에서 필요한 행동수행능력 저하로 인해 예전과는 다른 사고, 판단, 행동을 보인다. 또한 공격성, 망상, 환각, 우울, 무감동, 수면장애 증상을 보이게 된다. 점차 언어 장애 문제가 발생하여 사회적 의사소통에 어려움을 겪는다. 우울, 망상, 공격성 등으로 인해 타인과의 관계에서 문제를 드러내고, 이러한 행동심리 증상은 치매 환자를 시설에 조기 수용하는 가장 큰 이유이며, 이로 인해 환자와 가족, 국가적으로 비용 부담이 증가하고 삶의 질이 저하된다(Jung et al., 2020; Selbaek G, Engedal K, & Bergh S., 2013).

② 독립적인 일상생활유지 능력 손상

치매가 진행되면 인지기능이 점차 소실되어 독립적인 일상생활을 유지하기 어려워진다. 이러한 경험을 통해 환자가 느끼는 불안감과 우울감 등의 심리·정서적 문제는 점차 심해지게 된다(Sung & Lee, 2016). 아주 손쉽게 수행했던 옷 입기, 화장실 가기, 식사하기 등 자신의 신변을 관리하는 능력을 잃어버리게 되고, 전화 걸기, 외출하기 등의 독립적 일상생활이 어려워지면서 더욱 소통을 하지 않은 상태의 고립, 자신감 결여, 활동 참여 저하 등을 초래한다. 따라서 치매 환자의 인지 및 신체 기능 유지와 퇴행 지연을 위해 작업치료, 인지치료를 지속할 수 있도록 독려해야 한다(Kong, 2010).

(2) 가족

사회문화가 변화되면서 가족 내 부양보다는 치매 환자를 위한 치료시설, 주간보호시설, 요양시설 등을 이용하는 경향이 두드러진다. 그러나 이용·거주시설을 이용하더라도 가정 내에서의 케어나 주기적인 시설방문 방식의 가족원 돌봄은 지속되고 있다. 클립과 조지(Clipp & George, 1993)는 치매 환자를 가정에서 부양하는 것은 말기암 환자를 부양하는 것보다 부양부담이 더 크다고 하였고, 치매 환자를 부양하는 가족원을 '숨겨진 치매 환자(hidden patient)'라고 불렀으며, 가족원의 고통스러운 삶의 과정을 소설에 비유하여 '25시를 사는 사람들'

이라고 부르기도 했을 만큼 치매에 대한 부양 부담은 크다(김양이, 2016).

① 돌봄 부담

치매는 만성적인 신경퇴행성 질환으로, 가족에게 많은 돌봄을 요구하는 질환이다(Brodaty H.,1996). 돌봄 부담은 오랜 시간에 걸쳐 치매 환자를 돌보는 동안 치매 환자 가족원이 경험하는 심리적 · 신체적 · 사회경제적 부담을 모두 포함하는 개념이다. 치매 환자를 가정에서 돌보는 가족원의 경우, 24시간 365일 돌봐야 하기 때문에 예상치 못한 행동에 대한 걱정, 불안, 신체적 피로, 사회적 생활에 제약을 받게 된다. 더불어 호전되지 않고 퇴행하는 치매 환자를 돌보면서 심리적 소진, 우울감, 무기력 등의 정서적 고갈상태에 빠져 우울증으로 이어질 수 있다.

② 경제적 부담

치매 환자가 이용 가능한 주간보호센터, 요양병원, 요양원 등의 시설서비스를 이용할 경우, 가족은 이에 대한 비용을 지속적으로 부담해야 한다. 뿐만 아니라 필요시 간병인을 두면 치료비 외 간병비용을 부담해야 하고, 호전되기 어려워 치매 환자가 임종할 때까지의 치료비, 요양비용을 부담해야 한다.

③ 환자와 가족 간 갈등

치매의 특성상 주로 가족으로부터 일차적 돌봄을 받게 된다. 그러나 가족원이 치매를 충분히 이해하지 못하면, 진단 전 모습과 다른 환자에게 실망, 답답, 짜증, 분노를 경험할 수 있으며, 강박적인 행동을 하거나 편집증적 이상행동을 보이고 망상으로 인한 행동을 할 경우, 가족원과 치매 환자 간 갈등이 더 깊어진다. 돌봄으로 지친 주 부양자는 함께 거주하고 있는 다른 가족원에게 스트레스 행동을 보일 수 있고, 부양하지 않고 있는 다른 가족원과의 갈등이 빚어질 수 있다.

치매 환자 부양가족의 삶은 환자 중심으로 바뀌어져 있어, 치매 환자를 돌보는 가족의 심리적 · 정서적 스트레스가 매우 크고, 가족 간 갈등과 불화가 증폭

되어 자살 충동까지 생각하는 것으로 나타나 치매 환자 가족을 위한 상담(엄기욱 외, 2015; 조은영 외, 2010)은 의료사회복지사가 간과하지 말아야 하는 영역이기도 하다.

3) 의료사회복지 실천

(1) 일상생활기능평가 및 개별상담

의료사회복지사는 치매 환자의 기능상태 및 일상생활을 유지할 수 있는 능력, 지지자원 등을 평가해야 하며, 이를 위한 면담을 실시한다. 환자의 인지기능 저하 정도에 따라 면담에서 다룰 수 있는 내용이 달라질 수 있으나, 환자의 심리사회적 욕구를 사정하는 것이 중요하며, 제시된 욕구에 따라 개별상담을 진행해야 한다. 환자가 집단 프로그램에 참여하는 경우에도 개별상담을 함께 병행하여 집단치료 프로그램 참여를 독려하고 심리적 지지를 제공하는 것이 필요하다. 또한 환자가 요양원에 입소해 있거나 주간보호센터 등을 이용하는 경우, 시설에 대한 적응 정도를 평가하고 시설에 잘 적응하도록 도와주고, 정서적 지지를 제공해야 한다. 의료사회복지사는 환자가 고립되어 소극적이거나 공격적 행동이 발현되지 않도록 시설 내 다른 환자, 돌봄 제공자 등과 새로운 관계 형성을 통해 정서적 · 사회적 지지를 받을 수 있도록 도모해야 한다.

(2) 가족상담 및 교육

의료사회복지사는 치매 환자 가족의 병식을 높이기 위하여 가족교육을 실시하고, 환자에 대해 지지자원으로 작용할 수 있도록 도모해야 한다. 또한 가족상담을 통해 가족원의 돌봄제공 역할 수행과 관련된 어려움과 변화 과제가 무엇인지 파악하고 이를 극복할 수 있도록 대처방안을 함께 고민하고 이를 해결하기 위한 역할을 수행해야 한다. 특히 요양병원 내 의료사회복지사는 환자의 상태, 적응, 반응, 변화 등을 주기적으로 가족에게 전달하여 가족원의 이해를 돕고, 가족과 환자의 욕구를 확인 후 중개, 중재, 교육, 상담자 등의 역할을 수행해야 한다.

(3) 집단프로그램 운영

치매 환자를 대상으로 비약물적 중재로 최근 회상치료, 원예치료, 음악치료, 미술치료, 동물매개치료, 신체활동, 가상현실 프로그램 등 다양한 치료적 접근으로 확대되고 있다(Sung & Lee, 2016; Park & Choi & Kim, 2022). 이러한 중재는 치매 환자가 이용하고 있는 시설에서 집단 프로그램 위주로 운영되고 있다. 집단 프로그램은 일반적으로 의료사회복지사가 직접 진행하거나 전문 치료사, 자원봉사자를 활용하여 운영되며, 참여 환자의 인지기능과 신체기능 수준을 고려하여 설계된다.

이러한 프로그램은 치매 환자의 인지기능이 손상되는 것을 지연시키며, 행동심리 집단 미술 프로그램은 노인의 회상기능과 자아통합감에 긍정적인 효과를 가져오며(김영숙, 2015), 부정적인 감정을 발산하고, 자부심과 성취감을 높여 문제행동 감소와 삶의 질 향상에 도움이 된다고 밝혀(김안젤라, 2004; 정진숙, 이근매, 2010; 정은주 · 오미여, 2012; 하혜미, 2012) 현장에서 적극 활용되고 있다.

(4) 퇴원계획 및 지역사회 연계

의료사회복지사는 환자가 이용할 수 있는 치매 환자 주간보호시설, 단기보호시설, 요양병원, 요양원 등의 시설에 대한 정보를 제공하고 환자와 가족원이 결정할 수 있도록 도와야 한다. 의료사회복지사는 환자의 불안과 가족원의 신체적 · 정신적 · 경제적 · 시간적 · 환경적 측면의 돌봄 부담, 거주하는 지역에서의 접근성을 고려하여 전원 가능한 시설을 추천해 주거나 연계한다.

(5) 정보 제공

가족원이 치매 환자를 지속적으로 돌봐야 하는 경우 '노인장기요양보험제도'를 신청하여 공적서비스를 제공받을 수 있도록 도모한다. 신청 방법, 진행절차, 받을 수 있는 서비스 등을 구체적으로 안내하고 환경 및 상황에 따라 시설급여, 재가급여, 특별현금급여(가족요양비) 선택 신청이 가능함을 설명한다.

또한 병원 상황, 대상자의 욕구에 따라 요양원과 요양병원 비교설명, 재가급여, 시설급여 구분, 본인부담금과 급여별 이용 가능한 서비스 정보교육을 실시하기도 한다.

CHAPTER 12

암, 사전돌봄계획과 연명의료, 호스피스 · 완화의료

학 · 습 · 목 · 표

1. 암에 대한 기본적인 의학 지식과 환자 및 가족이 겪는 심리사회적 어려움을 설명할 수 있다.
2. 연명의료결정 및 호스피스 · 완화의료의 개념에 대해 이해하고 설명할 수 있다.
3. 암, 연명의료결정, 호스피스 · 완화의료 분야에서의 의료사회복지실천에 대해 설명할 수 있다.

1. 암

1) 질환에 대한 이해

(1) 정의 및 현황

① 정의

인간의 몸을 구성하고 있는 가장 작은 단위인 세포(cell)는 자체 조절 기능으로 분열, 성장하고 죽으면서 균형을 유지한다. 암(cancer)이란 여러 요인으로 증식과 억제가 조절되지 않는 비정상적인 세포들이 과다하게 증식하거나 주위 조직과 장기에 침입하여 종괴를 형성하여 정상조직이나 장기의 파괴를 초래하는 상태를 의미한다. 암은 악성종양으로 불리기도 하는데, 이는 양성종양과 달리 빠르게 성장하며 퍼져 나가는 침윤성 성장을 보이기 때문이다. 암은 억제가 안 되는 세포의 증식으로 정상적인 세포와 장기의 구조와 기능을 파괴하기에 암 진단과 치료는 특히 중요하다.

② 현황

암 질환은 우리나라 사망원인 1위로, 암 사망률(인구 10만 명당 166.7명)은

2위인 심장질환 사망률(인구 10만 명당 64.8명)보다 약 2.57배 더 높은 질환이다(국립암센터 중앙암등록본부, 2023). 암은 환자와 가족의 신체 · 정신 · 사회적 고통과 함께 많은 사회적 부담을 초래하는 국민 건강의 주요 위협 요소이기에 국가적인 관심을 기울여 관리해야 하는 질환이다(박은철, 2010). 일반적으로 암은 국가, 성별, 나이, 생활습관, 식이습관 등에 따라 다양한 부위의 암이 발생할 수 있다. 2024년에 발표된 중앙암등록본부 자료에 의하면 2022년 한국인에게 가장 많이 발생한 암은 갑상선암으로 나타났으며, 이어서 대장암, 폐암, 유방암, 위암, 전립선암, 간암, 췌장암, 담낭 및 기타 담도암, 신장암 순이었다. 남자의 경우 폐암, 전립선암, 대장암, 위암의 순서로, 여자의 경우 유방암, 갑상선암, 대장암, 폐암의 순서로 많이 발생하였다(국가암등록사업 연례보고서, 2024).

(2) 원인 및 증상

① 원인

일반적으로 아직도 많은 암의 원인이 밝혀지지 않고 있기는 하나 여러 역학 연구를 통해 발암요인과 암 발생의 인과관계에 근거한 위험요인들을 밝혀내고 있다. 세계보건기구(WHO)의 산하 기구인 국제암연구소(IARC)에서는 흡연, 음주, 만성감염, 식이습관 등을 암 발생과 관련이 있는 주요 원인으로 밝혔다.

② 증상

초기 단계의 암은 특별한 증상이 없지만, 암이 자라면서 주위의 기관, 구조물, 혈관, 신경을 압박하여 여러 징후와 증상이 나타난다. 암이 커지면서 나타나는 증상으로는 변비처럼 장기 내강을 막아서 생기는 증상도 있고, 췌장암과 담도암처럼 담관을 막아 황달 등의 징후를 보이기도 한다. 폐암 등은 기관지를 자극하여 기침을 유발한다. 암이 신경과 혈관을 누르거나, 뼈 등으로 전이가 생긴 경우에는 통증을 일으킬 수도 있다. 암은 일반적으로 체중감소, 발열, 피로, 전신쇠약, 식욕저하 등의 전신적인 증세를 만들며, 면역기능에도 영향을 준다(국가암정보센터, 2024).

(3) 치료와 관리

① 진단 및 치료

암 치료의 주요 목적은 암으로 인한 구조적·기능적 손상을 회복시킴으로써 환자를 치유하는 것과, 만일 치유가 불가능한 경우 더 이상의 암의 진행을 막고 증상을 완화시킴으로써 수명을 연장하고 삶의 질을 높이는 것이다(국가암정보센터, 2024). 대표적인 암 치료 방법은 수술요법, 항암화학요법, 방사선치료, 조혈모세포이식, 면역요법 등이 있고, 치료 방법의 결정은 암종, 병기, 환자의 전신상태 등에 따라 다르다. 암 진단 시 암세포가 퍼진 정도에 따라 암의 진행단계(병기)가 결정되며, 이에 따라 치료 방법이 결정된다.

암은 원발장기에서 생겨 혈관과 림프절을 따라 퍼지는데, 원발장기 주위의 림프절을 조직검사하여 주위로 퍼졌는지 아닌지를 알 수 있다. 암의 진행단계를 표시하는 방법은 암의 종류에 따라 다양하게 있으나, 일반적으로 TMN법을 가장 많이 사용한다. T(Tumor, 종양)는 원발장기에서 원발종양의 크기와 침윤 정도를, N(Node, 림프절)은 원발종양에서 주위 림프절로 얼마나 퍼졌는지를, M(Metastasis, 전이)은 몸의 다른 장기로 암이 퍼졌는지 여부를 의미한다. 검사 결과로 TNM법에 의한 암의 상태가 결정되면 1기, 2기, 3기, 4기로 진행단계를 요약한다. 일반적으로 치료 결과의 개념을 포함하여 조기암, 진행암, 말기암이라 분류할 수도 있다. 조기암은 1기에 해당하는 것으로 원발장기에만 암조직이 존재하며, 림프절이나 다른 장기로 퍼지지 않은 상태로 수술 등의 치료 후 완치 등 좋은 예후를 보인다. 진행암은 2기, 3기, 4기에 해당하는 것으로 여러 치료법을 병합하여 암의 진행을 억제, 정지시킬 수 있는 단계이다. 그러나 말기암은 여러 치료에도 불구하고 암이 계속 진행하고 악화되는 상태를 의미하며, 이 경우에는 완치 목표의 적극적 암 치료보다는 환자의 삶의 질을 향상시키고 증상을 조절하는 데 초점을 맞춘 완화치료를 진행하게 된다(국가암정보센터, 2025).

수술은 그 목적에 따라 진단적 수술, 근치적 수술, 예방적 수술이 있다. 진단적 수술을 통해 종양의 분류와 유형을 알고 확진을 할 수 있다. 근치적 수술은 초기 단계의 암을 치료하는 데 특히 유용하며, 일반적으로 림프절과 원발병소 모두 제거하나, 수술 범위에 따라 장기에 국한된 크기가 작은 초기암의 경우에는 선택적으로 암과 그 주위 조직 일부만 제거하는 보존수술을 할 수도 있다. 하지만 암 크기가 크거나 침윤 정도가 깊다면 암을 완전히 제거하기 위해 광범위한 부분을 절제하게 된다. 예방적 수술은 그대로 두면 암으로 변할 수도 있는 전암성 병변으로 알려진 일부 폴립 등을 제거함으로 암 예방에 도움을 주기 위한 수술이다(국가암정보센터, 2025).

항암화학요법은 약물, 즉 항암제를 사용하여 암을 치료하는 방법으로 전신에 퍼져 있는 암세포에 작용하게 하는 치료법이다. 항암화학요법의 첫 번째 목적은 암세포를 파괴하여 재발하지 못하게 하는 암의 치료(완치)에 있다. 만일 완치가 가능하지 않다면, 암의 성장이나 암세포가 퍼지는 것을 억제하여 생명을 연장하고 최선의 삶의 질을 제공하기 위해 시행하기도 한다. 만약 암이 상당히 진행되었을 경우에는 암으로 인한 통증 등의 여러 증상이 발생하는데, 암 크기를 줄여 이러한 증상을 완화하여 삶의 질을 향상하는 목적으로 항암화학요법을 시행하기도 한다(국가암정보센터, 2025).

방사선 치료의 목표는 정상 세포를 최대한 보호하면서 모든 유해한 암세포를 파괴하는 것이다. 하지만 때로는 치료가 더 이상 가능하지 않을 때 환자의 증상을 완화시키거나, 또는 암 성장을 억제시키기 위해 이용되기도 한다. 기존의 방사선 치료에서는 방사선이 암세포뿐만 아니라 방사선에 노출된 정상 조직을 파괴하여 이로 인한 후유증이 있으나, 최근에는 치료 기술이 발전하면서 종양 세포에만 집중적으로 치료하는 특수 방사선치료가 이루어지고 있다(국가암정보센터, 2025).

② 국가 암 관리사업

국민 사망원인 1위인 암은 본인뿐만 아니라 가족 구성원 전반에 영향을 미치는 사회경제적 비용 규모가 큰 질병으로서, 국가 차원에서의 관리가 요구된다. 이에 1996년부터 국가 차원에서 암을 관리하기 위한 사업으로 제1기 암정복

10개년 계획(1996~2005), 제2기 계획(2006~2015)이 시행되었다. 2016년부터는 5개년 단위로 암관리 종합계획이 수립되어 추진되고 있으며, 2021년부터 2025년까지 제4차 암관리 종합계획이 시행 중이다(보건복지부, 2021).

우리나라의 국가암등록통계자료에 의하면 최근 5년(2018~2022)간 발생한 암 환자의 5년 상대생존율(이하 생존율)은 72.9%로, 10명 중 7명 이상은 5년 이상 생존하는 것으로 추정되며, 5년 생존율은 2001년 이후 지속적으로 향상되고 있다. 국가암건진사업을 통한 조기 발견과 의학 기술의 발전으로 생존율이 크게 높아짐에 따라 암생존자에 대한 국가적인 관심도 높아지고 있다. 암생존자는 암 치료 후 피로, 통증, 수면장애, 불안, 대인관계 어려움, 사회복귀 등 다양한 문제를 경험하며, 암생존자가 증가함에 따라 이러한 문제를 완화하기 위한 요구도 증가하고 있다. 이에 중앙암생존자통합지지센터에서는 암생존자를 위한 표준화 프로그램을 개발 및 배포하고 있으며, 국립암센터를 포함한 각 지역의 권역별 암생존자통합지지센터에서는 의사, 간호사, (의료)사회복지사가 필수인력으로 구성되어 성인 및 소아청소년암 생존자의 신체적·정신적·사회적 영역의 통합지지 서비스를 제공함으로 암생존자의 건강을 증진하고 사회적 기능 회복을 도모하기 위한 역할을 수행하고 있다.

2) 심리사회적 경험

암환자에게 갑작스러운 암 진단이란 신체적인 문제를 비롯하여 여러 가지 심리적·사회적·경제적 문제가 동시에 일어날 수 있음을 의미한다. 암 환자가 겪게 되는 심리사회적 문제들은 환자의 암 치료에 많은 영향을 미치며, 질병의 예후에도 영향을 미칠 수 있다. 따라서 오늘날 암 환자를 치료하는 의료기관에서는 의료사회복지사를 포함한 치료팀을 통해 암 환자의 심리사회적 문제를 다루는 활동에 많은 관심을 기울이고 있다. 특히 의료사회복지사는 암 환자의 심리사회적 문제를 인지하고 평가하여, 진단 및 치료 시기에 맞는 계획을 세우고 적절한 개입을 하는 것이 중요하다.

(1) 환자

암 치료 과정에서 환자와 가족은 다양한 심리사회적 어려움을 경험하며, 암 환자가 경험하는 고통을 '디스트레스(distress)'라고 부른다. 스트레스는 두 종류로 나눌 수 있다. 기분 좋은 일, 기대를 갖게 하는 일을 앞두고 느끼는 긴장감을 유스트레스(eustress)라 하는데, 이는 개인의 성장과 발전을 촉진하는 긍정적인 스트레스이다. 이와 반대로 기분 나쁜 일, 억지로 하지 않으면 안되는 일을 할 때 받는 고통을 디스트레스(distress)라 부르며, 이는 정신적·신체적 건강에 부정적 영향을 미치는 나쁜 스트레스이다.

미국종합암네트워크(National Comprehensive Cancer Network, NCCN)에서는 암 환자의 디스트레스를 "암, 신체 증상 및 치료에 효과적으로 대처하는 능력을 방해하는 심리적·사회적 또는 영적으로 불쾌한 경험"으로 정의하고 있다. 모든 암 환자는 치료 과정에서 디스트레스를 유발하는 여러 문제에 직면하며, 이는 치료 순응도를 방해하여 의료 비용을 증가시키고 치료에 대한 만족도를 떨어뜨린다고 알려져 있다. 이에 미국종합암네트워크(NCCN)에서는 1999년부터 디스트레스 관리를 위한 가이드라인을 발표하면서, 암 환자의 디스트레스 선별과 조기 개입의 중요성을 강조하고 있다.

우리나라도 2009년에 보건복지부의 암정복추진연구개발사업의 지원으로 '암환자의 삶의 질 향상을 위한 디스트레스 관리 권고안'이 개발되면서 암 환자의 심리사회적 개입의 필요성이 강조되고 있다. 국내 일부 암 치료 병원을 중심으로 디스트레스를 평가하고 관리하기 위한 시스템이 도입되어 있고, 국가 주도의 암생존자통합지지사업에서도 암생존자의 자가평가 시 디스트레스 평가를 포함하고 있다.

(2) 가족

디스트레스를 경험하고 있는 암 환자에게 가족은 불안, 우울 등의 부정적 정서를 감소시켜 주는 역할을 하는 중요한 지지체계로서, 초기 암 진단부터 암 생존 또는 말기에 이르기까지 암 치료의 전 과정에서 심리·사회적 측면에 긍정적인 영향을 미칠 수 있다. 하지만 암으로 인한 영향은 환자에게만 국한되지 않고 환자 가족에게도 심각한 심리·사회적 영향을 미친다(이인정, 2010). 암 진단 이후, 돌봄을 제공하는 가족 구성원은 일상생활에서의 도움, 증상 관리, 합병증에 대한 모니터링, 병원 일정 관리, 집안일, 음식 준비, 재정적 지원 등 다양한 역할을 하게 되고, 이런 역할은 그들에게 피로, 불면, 체중 감소, 두통 등의 신체적 문제뿐만 아니라 불안과 우울, 사회적 활동의 축소 및 관계의 변화 등 심리·사회적 측면에서의 부정적 경험을 하게 한다(Romito et al., 2013). 이처럼 암 환자 가족은 불안, 우울, 신체화 증상, 피로, 불면, 관계상의 어려움, 직장 및 일상생활에서의 어려움 등 다양한 이유로 인해 심리적 디스트레스를 경험하고 있는 것으로 나타났다(임정원, 2023).

외국에서는 암생존자 가족에 관한 연구가 다양하게 이루어지고 있으며, 이들의 정신건강·심리사회적 문제들을 검토하여 가족이 생존자의 건강관리와 적응에 매우 중요한 위치를 차지하고 있다는 사실들을 밝혀 왔다(이인정, 2018). 또한 암 환자뿐만 아니라 암 환자를 돌보는 가족 대상으로 디스트레스 평가도구를 개발 및 활용하여 암 환자 가족의 디스트레스 관리에도 관심을 기울이는 것이 필요함이 강조되고 있다(Aubin et al, 2017). 이에 암 환자 가족이 경험하는 심리사회적 디스트레스에 관심을 가지고 필요한 경우 가족 상담과 역할 교육을 제공하며, 가족이 주 돌봄자로서의 역할을 수행하는 데 도움이 되는 사회경제적 자원을 연계하는 것이 필요하다.

3) 종양학 의료사회복지실천

종양사회사업협회(Association of Oncology Social Work, AOSW)는 미국사회복지사협회(National Association of Social Workers, NASW)의 '보건의료 분야의 사회사업 실천 기준(Standards for Social Work Practice in Heallth Care Settings(NASW, 2021)'을 바탕으로 의료사회복지 실천 범위와 기준을 개발하여 배포

하였으며, 이 기준은 다음과 같이 명시하고 있다.

"종양학 사회복지사가 제공하는 심리사회적 서비스에는 개인, 가족 및 그룹 상담, 교육, 옹호, 퇴원계획, 사례관리, 환자 내비게이션, 프로그램 개발 등이 포함된다. 이러한 서비스는 환자의 의료시스템 이용을 극대화하고, 대처능력을 키우며, 최적의 기능을 지원하기 위해 지역사회자원을 동원하고, 환자와 가족이 의료 결정과 관리에 적극적으로 참여할 수 있도록 힘을 실어 주기 위해 고안되었다(Association of Oncology Social Work, 2021)."

암환자를 개입하는 의료사회복지사가 제공하는 심리사회적 지원 활동과 프로그램은 기관의 자원과 역량 및 여러 가지 다양한 업무 환경에 따라 다를 수 있지만, 이러한 기준을 기반으로 여러 실천 활동을 수행하게 된다(Zebrack et al, 2022).

(1) 디스트레스 상담

암환자가 경험하는 고통을 '디스트레스(distress)'라 하며, 암 환자에게 디스트레스는 혈압, 체온, 호흡, 맥박, 통증에 이어 '여섯 번째 활력 징후(6th vital sign)'라고 명명될 정도로 중요한 지표 중 하나이다. 우리나라 암 환자의 40~50%가 디스트레스를 경험하고 있으며, 이는 암 환자 2명 중 1명이 디스트레스를 경험할 수 있음을 나타내므로(임정원, 2023) 암 환자 개입에 디스트레스 관리는 필수적임을 알 수 있다. 이에 암 환자를 상담하는 의료사회복지사는 디스트레스 상담을 통해 암 환자가 겪는 신체적·정서적·사회적·영적 어려움, 즉 '디스트레스'를 파악하고 치료 경과에 방해가 되는 요소를 적절히 관리할 수 있도록 개입하는 것이 중요하다.

① 디스트레스 평가와 개입의 중요성

디스트레스 평가와 관리의 중요한 목적은 환자의 디스트레스가 인식되지 않고 치료되지 않는 상황을 방지하는 것이다. 모든 암 환자의 디스트레스는 일정한 간격을 두고 측정 및 관리되어야 하지만, 현실적으로 어렵다면 다음과 같이 디스트레스 위험 요인이 있는 대상자와 디스트레스가 취약한 시기에 있는 환자를 우선으로 평가하고 관리하는 것도 방법이다. 미국종합암네트워크(NCCN) 지침에서는 암 환자의 디스트레스 위험 요인과 취약한 시기를 구분하여, 해당 사항이 있는 환자의 경우 디스트레스 평가와 관리에 좀 더 집중할 것을 <표 12-1>과 같이 권고하고 있다(국립암센터 · 대한의료사회복지사협회. 2023). 의료사회복지사에게 의뢰되거나 방문하는 환자는 높은 디스트레스를 경험하는 사회경제적 취약 계층이 많기에 이들을 대상으로 한 디스트레스 평가와 관리를 위한 상담은 더욱 중요하고 필요하다.

〈표 12-1〉 디스트레스 위험 요인과 취약한 시기

디스트레스 위험 요인	디스트레스 취약성이 높아질 수 있는 시기
• 정신과적 병력 또는 물질 사용 장애 • 우울증 또는 자살시도 경험 • 학대(신체적 · 성적 · 정서적 · 언어)나 트라우마에 노출된 경험 • 인지 장애 • 의사소통의 어려움: 다른 언어, 문맹, 장애 • 심각한 다른 질병 동반 • 사회적 문제 – 가족/보호자와의 갈등 – 부족한 사회적 지지 – 사회적 고립 – 독거 – 경제적 문제 – 의료서비스 접근성이 떨어짐 – 돌보아야 하는 어린 자녀 – 어린 또는 젊은 나이 – 성기능 또는 가임력 보존 – 이주민 – 차별 – 불안정한 주거 – 최근의 물질 사용 – 기타 다른 스트레스 요인 • 영적/종교적 걱정 • 조절되지 않는 증상 • 우울증 위험이 큰 암의 종류(예: 췌장암, 두경부암)	• 의심되는 증상이 생겼을 때 • 진단을 위한 검사를 진행할 때 • 진단 확인 • 진행암 진단 • 암의 유전성에 대해 알게 되었을 때 • 치료를 기다릴 때 • 증상으로 인한 부담감이 늘어날 때 • 치료 합병증이 나타날 때 • 병원에 입원 또는 퇴원할 때 • 치료 방법이 바뀔 때 • 치료 효과가 없을 때 • 마지막 항암 치료 • 검사 결과를 듣게 되는 외래 진료 • 암생존자로의 전환 시기 • 암의 재발/진행 • 말기 돌봄이 필요한 상황으로 전환

② 디스트레스 평가도구

암환자의 디스트레스를 상담하고 개입하기 위해서는 이를 발견할 수 있는 신속하고 간단한 검사 방법과 도구를 활용하는 것이 필요하다. 암 환자의 디스트레스 측정을 위해 가장 많이 사용되는 도구는 국가종합암네트워크(NCCN)에서 개발한 디스트레스 온도계(Distress Thermometer, DT)와 문제목록리스트(Problem list, PL)이다. 디스트레스 온도계(DT)는 다양한 유형의 암 환자와 환경, 문화, 국가를 대상으로 한 많은 연구를 통해 효과성이 검증되었고, 한국어 버전을 포함한 여러 언어로 번역되어 사용되고 있다(그림 12-1 참조).

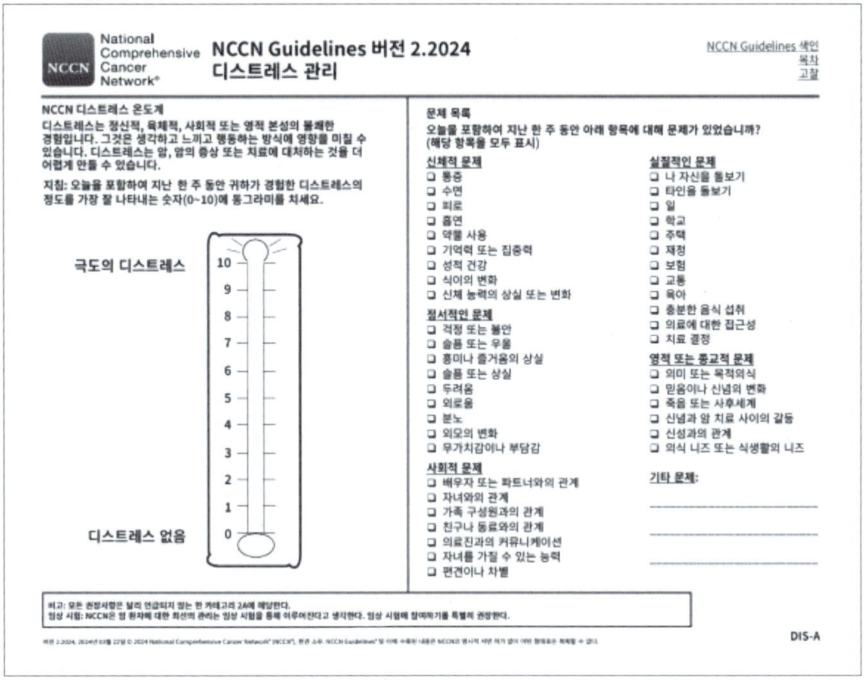
National Comprehensive Cancer Network®

NCCN Guidelines 버전 2.2024
디스트레스 관리

NCCN Guidelines 색인
목차
고찰

NCCN 디스트레스 온도계

디스트레스는 정신적, 육체적, 사회적 또는 영적 본성의 불쾌한 경험입니다. 그것은 생각하고 느끼고 행동하는 방식에 영향을 미칠 수 있습니다. 디스트레스는 암, 암의 증상 또는 치료에 대처하는 것을 더 어렵게 만들 수 있습니다.

지침: 오늘을 포함하여 지난 한 주 동안 귀하가 경험한 디스트레스의 정도를 가장 잘 나타내는 숫자(0~10)에 동그라미를 치세요.

극도의 디스트레스 — 10 9 8 7 6 5 4 3 2 1 0 — 디스트레스 없음

문제 목록

오늘을 포함하여 지난 한 주 동안 아래 항목에 대해 문제가 있었습니까? (해당 항목을 모두 표시)

신체적 문제
- ❑ 통증
- ❑ 수면
- ❑ 피로
- ❑ 흡연
- ❑ 약물 사용
- ❑ 기억력 또는 집중력
- ❑ 성적 건강
- ❑ 식이의 변화
- ❑ 신체 능력의 상실 또는 변화

정서적인 문제
- ❑ 걱정 또는 불안
- ❑ 슬픔 또는 우울
- ❑ 흥미나 즐거움의 상실
- ❑ 슬픔 또는 상실
- ❑ 두려움
- ❑ 외로움
- ❑ 분노
- ❑ 외모의 변화
- ❑ 무가치감이나 부담감

사회적 문제
- ❑ 배우자 또는 파트너와의 관계
- ❑ 자녀와의 관계
- ❑ 가족 구성원과의 관계
- ❑ 친구나 동료와의 관계
- ❑ 의료진과의 커뮤니케이션
- ❑ 자녀를 가질 수 있는 능력
- ❑ 편견이나 차별

실질적인 문제
- ❑ 나 자신을 돌보기
- ❑ 타인을 돌보기
- ❑ 일
- ❑ 학교
- ❑ 주택
- ❑ 재정
- ❑ 보험
- ❑ 교통
- ❑ 육아
- ❑ 충분한 음식 섭취
- ❑ 의료에 대한 접근성
- ❑ 치료 결정

영적 또는 종교적 문제
- ❑ 의미 또는 목적의식
- ❑ 믿음이나 신념의 변화
- ❑ 죽음 또는 사후세계
- ❑ 신념과 암 치료 사이의 갈등
- ❑ 신성과의 관계
- ❑ 의식 니즈 또는 식생활의 니즈

기타 문제:

비고: 모든 권장사항은 달리 언급되지 않는 한 카테고리 2A에 해당한다.
임상 시험: NCCN은 암 환자에 대한 최선의 관리는 임상 시험을 통해 이루어진다고 생각한다. 임상 시험에 참여하기를 특별히 권장한다.

DIS-A

[그림 12-1] 디스트레스 온도계 및 문제목록(Version 2.2024) 한국어 번역본

출처: National Comprehensive Cancer Network(NCCN) 홈페이지

디스트레스 온도계(DT)는 지난 일주일 동안 환자가 경험한 디스트레스를 0점(스트레스 없음)에서 10점(극도의 디스트레스)의 등급으로 표시하는 척도이

다. 환자가 표시한 디스트레스가 4점 이상이면 추가적인 심리사회적 평가와 개입이 필요함을 나타내며, 관심이 필요한 핵심 문제를 찾기 위해 문제목록리스트(PL)를 사용해 질문을 한다.

문제목록리스트(PL)는 42개 문항으로, 환자의 주요 문제를 5가지 항목(사회적 · 실제적 · 정서적 · 영적/종교적 · 신체적)으로 구분하여 체크하도록 되어 있다. 문제목록은 지속적인 연구를 통해 암 환자의 가장 최근의 우려 사항을 더 잘 반영한 목록으로 수정되고 있다.

③ 디스트레스 평가상담

디스트레스 평가상담은 의료기관의 상황에 따라 의료사회복지사가 직접 측정하기도 하고, 키오스크나 문진 등의 방식을 이용하거나 외래 등 다른 곳에서 측정할 수 있다. 미국은 암 환자 대상의 디스트레스 평가 및 관리가 제도화된 2015년 이후부터 암 환자를 상담하는 종양학 사회복지사(Oncology social worker, OSW) 대부분이 NCCN 디스트레스 평가도구를 활용한 상담을 수행하거나 디스트레스 평가 시스템 내에서 주요한 역할을 수행하고 있다(Perlmutter et al., 2022). 국내에서도 의료사회복지사가 디스트레스 상담을 수행하는 의료기관이 점차 늘고 있으며, 이러한 흐름을 반영하여 국립암센터와 대한의료사회복지사협회에서는 디스트레스 평가 상담을 수행하는 의료사회복지사가 참고할 수 있는『암환자와 디스트레스: 의료사회복지사를 위한 안내서』(2023)를 발간하였다.

많은 해외의 연구에서는 디스트레스 상담이 환자에게 실질적인 도움이 되기 위해서는 이를 활용하는 전문가에 대한 교육 제공이 중요함을 강조하고 있다(Carlson et al., 2012). 이에 국내에서도 대한의료사회복지사협회의 암전문의료사회복지사연구회에서는 2023년부터 암 환자의 디스트레스 개입을 위한 워크숍을 진행하여 체계적이고 전문적으로 암 환자의 심리사회적 문제를 평가하고 상담 및 관리하기 위한 노력을 기울이고 있다.

(2) 교육

디스트레스 평가 상담을 통해 환자의 디스트레스의 수준과 이에 영향을 미치는 문제목록을 확인하였다면, 문제목록 중 교육이 필요한 항목에 대해 안내지 또는 브로슈어 등의 자료를 활용하여 정보적 지지를 제공한다. 특히 암 환자는 치료 과정에서 경험하는 불안도를 낮추고 치료의 순응도를 높이기 위한 정보적 지지가 중요하다. 디스트레스 평가도구의 문제목록리스트에서도 확인할 수 있듯이, 암 환자는 재정 문제 외에도 걱정, 두려움, 우울 등 정서적 어려움을 경험하는 비중이 높고 일상생활 적응에서의 정보적 욕구가 높은 경우가 많다. 따라서 환자의 욕구에 기반한 심리사회적 측면의 안내지(리플릿)를 개발하고, 올바른 정보 제공을 통한 정보적 지지로 환자 스스로 문제를 해결하도록 지원해야 한다.

국립암센터와 대한의료사회복지사협회는 암 환자의 정보적 지지 제공을 위한 18종의 안내지를 개발해 국가암정보센터(cancer.go.kr)와 대한의료사회복지사협회(kamsw.or.kr) 홈페이지를 통해 공유하고 있다. 이에 암 환자와 가족을 상담하는 의료사회복지사는 이러한 안내지를 활용하여 환자와 가족에게 정보적 지지를 제공할 수 있다.

(3) 경제적 지원

암 치료는 수술, 항암치료, 방사선 치료 등을 병행하므로 장기적인 치료 과정이 필요하고, 건강보험이 적용되더라도 비급여 항목에 해당하는 치료를 받아야 하는 경우가 있기에 고액의 의료비가 발생하기도 한다. 직접적인 의료비 외에도 원거리의 의료기관을 이용할 경우 발생하는 교통비, 숙박비 등의 간접 의료비도 환자와 가족의 심리사회적 부담을 가중시키는 요인이 된다. 또한 암 진단 후 많은 환자가 치료로 인해 일을 쉬거나 그만두기에 가계의 소득이 감소하고, 특히 가족의 생계를 책임지는 가장이 암을 진단받은 경우, 가족의 돌봄부담과 경제적 타격은 더욱 커질 수 있다. 이에 암 환자를 개입하는 의료사회복지사는 환자와 가족의 사회경제적 상황에 대한 평가를 기반으로 적절한 사회적 지원 제도를 안내하고 자원을 연계하는 역할을 수행한다. 암 환자가 지원받을 수 있는 대표적인 국가 지원제도로는 '암 환자 의료비 지원사업'이 있다. 이 외에도 국립암센터에서는 암 환자의 치료 과정에 따른 국가지원제도를 한눈에 정리한 『암, 함께하면 이겨낼 수 있습니다』의 안내서를 매년 발간하여 국가암정보센터 홈페이지에 게재하고 있다.

〈표 12-2〉 암 환자 의료비지원사업(2025년 기준)

〈암 환자 의료비 지원사업〉

– 저소득층(의료급여·차상위) 및 소아청소년 암 환자에게 암 치료 의료비를 지원하는 제도

■ 대상자 선정 및 지원 금액

구분	성인 암 환자	소아청소년 암 환자
선정 기준	• 의료급여수급권자 및 차상위 본인부담경감대상자: 당연 선정	• 의료급여수급권자: 당연 선정 • 건강보험가입자: 소득 및 재산조사 후 선정
지원 금액	• 본인일부부담금 및 비급여 본인부담금 구분 없이 연속 3년간 연간 최대 300만 원 지원	• 백혈병: 3,000만 원 • 이외: 2,000만 원 (조혈모세포이식 시 3,000만 원) * 본인일부부담금 및 비급여 구분 없음

■ 문의 및 신청: 주소지 관할 보건소

(4) 집단 프로그램

암 환자를 개입하는 의료사회복지사는 환자와 가족의 심리사회적 어려움을 완화하기 위한 다양한 집단 프로그램을 기획 및 운영한다. 암 환자 대상의 집단 프로그램은 환자들이 서로의 경험을 공유하고 정서적·사회적·신체적·영적 지원을 받을 수 있도록 돕는 프로그램을 의미한다. 이는 암 환자가 치료 과정에서 겪는 불안, 스트레스, 우울 등의 디스트레스를 완화하고, 외로움 등의 사회적 고립감을 줄이며, 긍정적인 삶의 태도를 가질 수 있도록 돕는 역할을 한다. 또한 정서적 지원과 함께, 정보 제공, 사회적 유대감 강화, 신체적 건강 증진을 통한 삶의 질 향상에도 기여할 수 있다.

〈표 12-3〉 암 환자와 가족 대상의 집단 프로그램의 예

국립암센터 의료사회복지팀 '웰빙(Well-being)교실'

1) 웰빙교실 프로그램 목적

암 환자와 가족이 겪는 다양한 심리사회적 문제와 관련된 전문가 교육을 제공하고 건강생활 증진을 위한 참여형 프로그램을 실시하여 '암 환자의 삶의 질 향상'의 가치를 실현하고자 함

2) 프로그램 구성

세계보건기구(WHO)에 따르면 '건강'은 질병이 없는 상태만을 의미하는 것이 아니라 신체적·정서적·사회적으로 안녕한(well-being) 상태를 의미한다. 이에 암 환자의 건강 증진과 삶의 질 향상을 목표로 프로그램을 설계하여 운영한다.

구분	강의 내용의 예
정서적	미술치료, 마음 돌보기, 클래식 음악 여행, 컬러 테라피, 사전돌봄계획
사회적	의사소통기술, 사회복지정보, 원데이 클래스
신체적	완화의료 이해, 임상영양관리, 가정간호, 아로마 테라피(통증관리)
영적	삶을 새롭게 하는 영적 여정, 마음과 영혼의 균형 잡기

3) 프로그램 진행 일정

계획(Plan)		실행(Do)		평가(Check)		환류(Action)
프로그램 계획 수립 및 강사 일정 조율	➡	프로그램 홍보 및 운영	➡	프로그램 평가 및 분석	➡	평가 분석 결과 피드백

4) 프로그램 기대 효과

암 환자와 가족의 전인적 건강 증진과 삶의 질 향상에 기여

(5) 지역사회자원 연계 및 개발

암 환자 대상의 디스트레스 평가 상담을 수행하였다면, 환자가 호소하는 여러 문제목록을 확인하고 이를 해결하거나 완화할 수 있는 지역사회자원을 연계하여 환자의 일상생활 지원을 돕는 것이 필요하다. 해외의 한 연구 결과에 따르면, 디스트레스 평가도구 활용 여부에 따라 실제 암 환자의 미충족 욕구를 파악하고 개입하는 데에 차이가 있는 것으로 나타났다. 디스트레스 평가 상담은 환자와 보건의료전문가 간의 의사소통을 돕고, 이전에는 사용하지 않았던 다양한 자원을 사용하거나 서비스를 이용할 방법을 찾게 돕는다. 또한 디스트레스 평가 상담의 중요한 2차 목적인 저소득층이나 소수 민족 등 소외 계층의 욕구를 충족시키는 데에도 도움이 된다(Linda, 2012).

이는 우리나라 임상 현장에도 적용될 수 있다. 각 병원의 의료사회복지사가 만나는 환자는 주로 사회경제적 취약 계층이며, 이에 디스트레스의 수준과 문제목록의 종류도 복합적이고 다양하게 확인할 수 있다. 디스트레스 평가 상담이 실제 환자의 삶에 도움을 주기 위해서는 디스트레스 평가 데이터를 수집 및 분석하고 이를 활용해야 한다. 일차적으로 환자가 표현한 디스트레스 수준과 이에 영향을 미치는 신체적 · 정서적 · 사회적 · 실생활 · 영적 또는 종교적 문제목록의 우선순위에 따라, 환자에게 필요한 자원을 탐색 및 연계할 수 있다. 또한 분석한 데이터에 기반한 욕구 수요에 따라 가장 높은 문제목록을 해결하기 위해 연계할 자원을 탐색하거나 개발하는 데도 활용할 수 있다(국립암센터, 2023). 이러한 지역사회자원 연계 및 개발의 과정을 통해 실질적으로 환자의 일상 회복과 사회복귀를 돕고, 건강 증진과 삶의 질 향상에 기여할 수 있다.

〈표 12-4〉 암 치료 과정에 따른 통합적 의료사회복지 실천

Process	Problems/Needs			Assessment / Intervention											
진단 및 치료과정	환자의 어려움			의사 개입		다학제팀 개입				의료사회복지 평가 및 개입					
	신체적	심리적	사회적	진료 및 검사	치료	간호	약제	영양	물치	심리	경제	지역	퇴원	재활	자료
0. 병원 내원 전	▸신체이상 발견	▸불안, 걱정	▸동행/교통 ▸지지체계									▸지역에서 의뢰 ▸진료예약			0. 2021년 암 진단부터 치료 이후까지의 국가지원제도 안내서
1. 검진/ 진료	▸통증, 불편감 ▸수면의 문제	▸불안고조	▸검사비 부담 ▸외래절차 불편	▸문진 (병력: 증상, 과거력, 가족력) ▸촉진						▸진단 및 치료과정 안내 ▸불안완화 ▸의료진과의 의사소통 ▸통증조절, 수면위생	▸외래검사비지원 – 행정복지센터 ▸사례관리비지원 – 원내기금지원	▸진료동행서비스 ▸교통약자지원서비스 ▸사례관리 및 협업			1. 암 환자의 삶의 질 향상을 위한 디스트레스 관리 권고안 2. 암 환자 디스트레스 케어를 위한 안내서– 의료사회복지사 실무 매뉴얼 3. 불안 다루기 4. 우울과 불안의 공존과 그 치료
2. 선별검사				▸혈액검사, 종양표지자 ▸영상검사 ▸내시경검사	▸검사결과 상담 ▸약물치료										
3. 정밀검사				▸조직/세포검사 ▸핵의학검사 ▸영상검사 ▸타 임상과 협진											
4. 진단	▸통증, 불편감 ▸수면의 문제	▸충격 ▸걱정 ▸부정 →의료쇼핑 ▸분노 ▸불안 ▸죄책감 ▸수용	▸역할단절 (직장, 가족) ▸가족갈등/융합	▸진단(병기, TNM) ▸치료계획 수립	▸약물치료 ▸수술					▸문제사정(사회환경평가) – 암팀 매뉴얼(환자 및 가족의 병식, 수용정도, 수용태도 등) – 자원평가(인적, 강점자원) ▸암치료 전반적인 여정 ▸DT 및 문제목록 점검 ▸사회적욕구스크리닝 ▸우울 스크리닝(PHQ9) ▸사전연명의료의향서 상담 및 등록	▸의료비지원 제도 – 제도: 산정특례, 신포괄, 본인부담상한제, 차상위본인부담경감 등 – 사업: 보건소 암환자의료비 지원, 긴급의료비지원, 경기도 긴급지원, 재난적의료비지원 – 기타 민간기관 ▸생계지원 제도 – 국민기초생활수급권자 – 긴급 생계비(서울,경기도) – 암환자 소득공제				5. 암의 여정을 함께하는 길벗 6. 사회적 욕구 스크리닝 툴킷 7. 암과 우울 8. 영적 지원 9. 암 환자의 디스트레스 10. 의료진과의 의사소통 11. 가족이 암에 걸렸을 때 아이들 도와주기 12. 일과 돌봄에 대한 선택과 결정_가족돌봄자 13. 일과 돌봄에 대한 선택과 결정_자영업자 14. 일과 돌봄에 대한 선택과 결정_직장인
5. 치료(유지기)	▸치료 통증 ▸식이제한 ▸배뇨 ▸피로 ▸부종 ▸손발저림 ▸인지장애 ▸기타 부작용	▸자아이미지, 신체 이미지 손상 ▸불안 ▸우울 ▸짜증/분노 ▸영적 집중, 단절 ▸수용 ▸희망	▸경제적 문제 (의료, 간병) ▸사회적 고립 ▸입원생활 불편 ▸가족부양 부담 ▸간병인 부재 ▸돌봄, 교통 등	▸추적검사 ▸혈액검사, 종양표지자 ▸영상검사 ▸내시경검사	▸시술 ▸수술 ▸항암화학요법 ▸방사선	▸수술교육 ▸항암교육	▸항암교육	▸수술교육 ▸항암교육	▸RM협진 (림프부종 재활, 수술 후 회복기 재활)	▸ 수술/항암교육 – 암치료과정 안내 – 사회복지정보제공 ▸심리정서 프로그램 – 환우회 및 자조모임 – 멘토링 프로그램 – 고잉온 프로그램 – 마음몸영성 프로그램 – 자기건강관리 프로그램 – 문제해결치료, 이야기치료, 해결중심상담을 이용한 개별 및 집단 프로그램 ▸ 교육 및 상담 – 생활습관, 스트레스 관리 – 의사소통 (의사,가족) – 일과 직업에 관한 결정 – 가족역할, 돌봄자 소진 관리 – 즐거운 활동 찾기 등		▸돌봄지원제도 – 가사간병서비스 – 재가암환자관리사업 – 가정간호서비스 – 노인장기요양보험 – 노인맞춤돌봄 ▸장애인지원제도 – 장애등록 – 국민연금 장애연금 ▸암생존자통합지지센터	▸퇴원심층평가 ▸집으로 퇴원하는 환자를 위한 안내서 – 퇴원을 준비하기, 점검표, 퇴원 후 안전한 생활을 위한 준비 – 도움이 되는 정보 알아두기 – 사회복지서비스 이용하기 – 복지기관 연락처 찾아보기	▸암 환자 재활치료	15. 남성을 위한 암과 성 16. 여성을 위한 암과 성 17. 암 환자와 가족, 친구 18. 나를 바라보기 19. 슬기로운 간병생활 20. 슬기로운 재정 관리 21. 암 환자와 자녀 간 의사소통 22. 암으로 인한 통증은 충분히 조절될 수 있습니다.
6. 회복기	▸피로 ▸부종 ▸손발저림 ▸성기능장애 ▸기타 부작용	▸(재발)불안 ▸우울 ▸수용 ▸자신감, 기대감 ▸적응 어려움	▸경제적 문제 (생계, 의료) ▸직장복귀 ▸역할갈등 ▸새로운 일상 적응 ▸돌봄, 질환관리		▸검사결과 상담 ▸약물치료								▸연계서비스 점검 및 재평가	▸ 직업상담 연계 ▸ 사회적기업 ▸지역자활센터 ▸ 복지관 연계	23. 암치료 후 여정(후유증, 재발 두려움, 직장생활 어려움)
7. 완치	▸체력저하	▸(재발)불안 ▸희망 ▸적응 어려움	▸직장/직업	▸추적검사 ▸혈액검사, 종양표지자 ▸영상검사 ▸내시경검사	▸첫 진단부터 5년 후 종결					▸재발 불안 ▸새로운 삶에 대한 적응 ▸암예방 일상생활관리	▸생계지원 제도	▸돌봄지원제도 – 가사간병서비스 – 재가암환자관리사업 – 가정간호서비스 – 노인장기요양보험 – 노인맞춤돌봄 ▸장애인지원제도 – 장애등록 – 국민연금 장애연금 ▸암생존자통합지지센터	▸종결		24. 2021 암생존자를 위한 직업복귀 준비 25. 2021 암생존자의 디스트레스 26. 암생존자를 위한 건강한 수면 습관 안내 27. 암생존자를 위한 마음을 편안하게 하는 이완 훈련 28. 암생존자의 피로관리_심리편
8. 재발(일부)	▸식이제한 ▸배뇨 ▸피로 ▸조절되지 않는 통증 ▸인지장애 ▸기타 부작용	▸우울 ▸무력/포기 ▸(임종)불안 ▸짜증/분노 ▸삶의 의미 ▸비현실적 대처 ▸고립	▸경제적 문제 (의료, 생계, 간병) ▸사회적 고립 ▸가족부양 부담 ▸간병인 부재 ▸돌봄		▸시술 ▸수술 ▸항암화학요법 ▸방사선					▸ DT 및 문제목록 점검 ▸ 우울 스크리닝(PHQ9) ▸ 연명의료결정상담 ▸ 상담 – End of life – 어떻게 죽을 것인가?, 사랑하는 사람들에게 무엇을 남길 것인가? 남은 시간을 어떻게 보낼 것인가?	▸의료비, 생계비, 간병비지원 – 민간후원기관 연계		▸호스피스 · 완화의료 안내 및 연계		29. 말기라는사실 알릴 것인가 30. 암이 사라지지 않을 때 돌봄 제공 31. 암의 완치가 어렵더라도 32. 지금, 우리가 준비해야 할 것 33. 암 환자와 자녀 간 의사소통_사별준비과정 34. SOCIAL WORK ASSESSMENT TOOL(SWAT)
9. 사망	▸사망	(가족) ▸임종준비 어려움 ▸슬픔 ▸소진 ▸죄책감	▸호스피스 ▸장례 준비 ▸유품 및 재산 정리 ▸가족의 독립	▸종결	▸사후처치					▸ 가족상담 – 장례절차, 후속과정 안내 – 사별가족의 우울, 자살위험도 평가(사별 후 1개월 f/u) – 죄책감 다루기 – 고인을 기억하기	▸장제비지원	▸장례지원 서비스 – 한국장례문화진흥원 – 나눔과 나눔 – 대한적십자 운구지원 ▸무연고자 사후절차지원	▸종결	▸종결	35. 알기 쉬운 장사 방법과 후속절차 안내

출처: 이송월(2021)

2. 사전돌봄계획과 연명의료결정

현대 의학의 눈부신 발전으로 과거에는 치료가 어려웠던 병의 완치가 가능해지고 인류의 수명이 비약적으로 연장되었다. 하지만 이면에는 의학적 기술의 인위적인 개입이 무의미한 생명연장 및 삶의 질 저하를 초래하는 문제점이 지적되어 왔다. 특히 우리나라 문화에서는 '죽음'을 이야기하는 것이 금기시되어 왔지만, 최근 '웰빙'이 트렌드로 떠오르면서 존엄을 지키며 편안한 마음으로 삶을 마무리하는 '웰다잉' 또한 주목받고 있다. 삶의 마지막을 스스로 결정하는 것은 죽음이 아닌 삶의 문제이며, 마지막을 미리 생각하는 것은 현재 경험하는 다양한 문제만큼 중요하다.

의료기관에서는 죽음을 준비하는 환자와 가족을 만나거나 오랜 질병으로 죽음 준비가 필요한 환자와 가족을 상담해야 하는 경우를 일상적으로 접하게 된다. 이에 의료사회복지사는 사전돌봄계획과 연명의료결정의 내용을 이해하고, 이를 사례에 맞게 적용하여 환자의 존엄한 삶의 마무리를 지원하는 상담자와 지지자의 역할과 함께 환자의 자기결정을 지원할 수 있는 조정자의 역할 등을 수행해야 한다.

1) 사전돌봄계획

(1) 사전돌봄계획의 개념

사전돌봄계획(Advance Care Planning, ACP)은 의사결정을 할 수 없는 상황에 직면할 경우를 대비하여 본인의 가치와 소망을 반영하여 의료돌봄에 대한 의견을 가족, 친구 등을 포함한 주변인들과 나누는 과정을 포괄적으로 일컫는다. 이 과정에서는 원하는 혹은 원치 않는 의료행위 및 돌봄을 모두 논의할 수 있으며 대리인을 지정하는 것도 포함된다. 사전연명의료의향서와 연명의료계획서는 사전돌봄계획(ACP)의 개념 안에 포함되는 법정 서식으로, 이는 말기환자를 돌보는 호스피스·완화의료와도 밀접하게 관련되어 있다.

(2) 사전돌봄계획의 목적

사전돌봄계획의 목적은 의학적 돌봄의 의사결정과정에 개인이 적극 참여함으로써 자기결정권을 보장하고 삶의 질을 향상하는 데 목적이 있다. 환자와 가족이 미래에 대비해 사전돌봄계획을 함께 논의함으로써 환자의 가치관, 소망, 선호도를 파악하여 반영할 수 있고, 가족의 역할을 지지함으로써 가족관계를 더욱 공고히 할 수 있으며, 연명치료의 대안이나 경제적인 부분까지 미리 논의할 수 있고, 나아가 환자와 가족이 삶의 희망과 의미를 찾는 데 도움을 주는 데 그 목적이 있다(한국호스피스·완화의료학회, 2018).

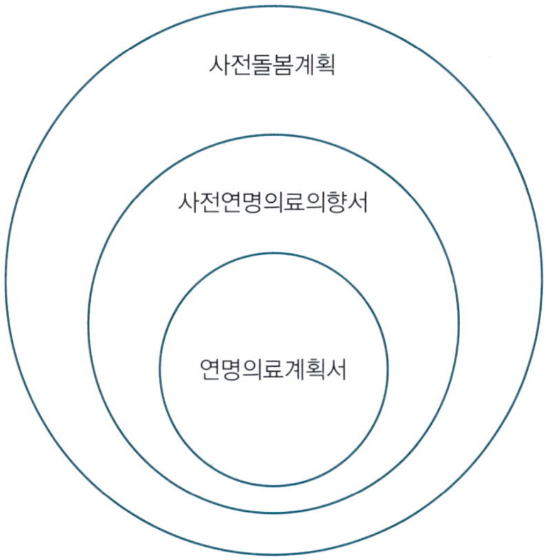

[그림 12-2] 사전돌봄계획의 범주

출처: 한국호스피스·완화의료학회(2018)

2) 연명의료결정제도

(1) 배경 및 정의

「연명의료결정법」은 '임종과정에 있는 환자'라는 의학적 판단이 선행된 환자에 대하여 연명의료를 시행하지 않거나 중단할지를 환자 스스로 결정할 수 있도록 하고, 그 결정을 법적으로 보호함으로써, 환자의 최선의 이익을 보장하고 자기결정을 존중하여 인간으로서의 존엄과 가치를 보호하는 것을 목적으로 하는 제도이다.

언론 보도 등을 통해 잘 알려진 세브란스병원 '김 할머니 사건'에 대한 대법원의 판결이 「연명의료결정법」 수립에 중요한 기초가 되었다. 당시 76세의 김 할머니는 검사 진행 중 갑자기 의식을 잃고 인공호흡기와 같은 생명연장장치에 의존해 중환자실에서 장기간 치료를 받게 되었다. 가족은 평소 할머니의 뜻을 전하며 무의미한 연명치료 중단을 의료진에게 요청하였으나 의료진이 요구를 들어주지 않아 연명의료 중단에 대해 법정에서 다루게 된 사건이다. 당시 대법원은 "환자가 회복 불가능한 사망단계에 진입하였고, 연명치료 중단에 대한 환자의 의사를 추정할 수 있는 경우라면 해당 환자에 대한 연명치료를 중단할 수 있다."라고 판결하며 김 할머니는 연명의료를 중단할 수 있었다.

이와 같은 사안의 예방과 해결을 위하여 2016년 2월 「호스피스·완화의료 및 임종과정에 있는 환자의 연명의료결정에 관한 법률」(이하 「연명의료결정법」)이 제정, 이 법에 따라 연명의료결정제도가 2018년 2월 4일부터 시행되었다.

(2) 「연명의료결정법」의 주요 개념

연명의료결정제도를 이해하기 위해서는 「연명의료결정법」의 주요 용어에 대한 이해가 필요하다. 보건복지부에서 발간한 '연명의료결정제도 안내'(2019)와 개정된 「연명의료결정법」(2018. 12. 11.)에 정의된 주요 용어는 다음과 같다.

- '임종과정'이란 회생의 가능성이 없고, 치료에도 불구하고 회복되지 아니하며, 급속도로 증상이 악화되어 사망에 임박한 상태를 말하며, '임종과정에 있는 환자'란 담당 의사 및 해당 분야 전문의 1명으로부터 임종과정에 있다는 의학적 판단을 받은 자를 말한다.
- '말기환자'란 적극적인 치료에도 불구하고 근원적인 회복의 가능성이 없

고 점차 증상이 악화되어 보건복지부령으로 정하는 절차와 기준에 따라 담당 의사와 해당 분야 전문의 1명으로부터 수개월 이내에 사망할 것으로 예상되는 진단을 받은 환자를 말한다.

- '연명의료'란 임종과정에 있는 환자에게 하는 심폐소생술, 혈액투석, 항암제 투여, 인공호흡기 착용 및 그밖에 대통령령으로 정하는 의학적 시술로서 치료효과 없이 임종과정의 가간만을 연장하는 것을 말한다.
- '연명의료중단등결정'이란 임종과정에 있는 환자에 대한 연명의료를 시행하지 않거나 중단하기로 하는 결정을 말한다.
- '호스피스 · 완화의료(이하 '호스피스')란 다음의 어느 하나에 해당하는 질환으로 말기환자로 진단을 받은 환자 또는 임종과정에 있는 환자와 그 가족에게 통증과 증상의 완화 등을 포함한 신체적 · 심리사회적 · 영적 영역에 대한 종합적인 평가와 치료를 목적으로 하는 의료를 말한다.

  가. 암

  나. 후천성면역결핍증

  다. 만성 폐쇄성 호흡기질환

  라. 만성 간경화

  마. 그밖에 보건복지부령으로 정하는 질환
- '연명의료계획서'란 말기환자 등의 의사에 따라 담당 의사가 환자에 대한 연명의료중단등결정 및 호스피스에 관한 사항을 계획하여 문서(전자문서 포함)로 작성한 것을 말한다.
- '사전연명의료의향서'란 19세 이상인 사람이 자신의 연명의료 중단 등 결정 및 호스피스에 관한 의사를 직접 문서(전자문서 포함)로 작성한 것을 말한다.

3) 연명의료결정의 종류

연명의료결정제도는 보건복지부 산하 국립연명의료관리관에서 운영 및 관리하고 있으며, 사전연명의료의향서 등록기관과 의료기관윤리위원회를 등록한 의료기관으로 구분된다. 사전연명의료의향서 등록기관은 의료기관을 포함하여 노인복지관, 웰다잉센터 등 보건복지부 허가를 받은 기관에서 운영한다. 그러나 임종과정에 있는 환자를 대상으로 한 연명의료결정의 경우, 의료기관윤리위원회를 등록하고 보건복지부 승인을 받은 의료기관에서만 운영이 가능하다.

(1) 사전연명의료의향서

우리나라 19세 이상의 성인은 누구나 사전연명의료의향서 작성을 통해 자신의 연명의료에 관한 의사를 미리 밝혀둘 수 있다. 보건복지부 지정 등록기관(국민건강보험공단 지사 등)에서 신분증을 통한 본인 확인 후 1:1 상담을 통해 작성하며, 작성 후 사전연명의료의향서 등록증 발급 및 수령이 가능하다.

(2) 연명의료계획서

직접 의사결정이 가능한 상태의 말기환자 또는 임종과정에 있는 환자는 연명의료 유보 또는 중단에 관한 자신의 의사를 담당 의사와 상의하여 연명의료계획서로 남겨 놓을 수 있다. 단, 담당 의사와 해당 분야 전문의 1인이 말기 또는 임종 과정임을 판단한 후 작성할 수 있다.

(3) 가족의 연명의료결정

환자가 자신의 의사를 표현할 수 없는 의학적인 상태인 경우에는 19세 이상의 환자가족 2명 이상의 동일 진술로 결정할 수 있다. 환자가 자신의 연명의료에 관한 의사를 공식적인 방법으로 등록하지는 않았지만 평소 가족들에게 연명의료중단에 대한 의사를 상의하여 가족들이 진술(녹음), 기록(사진) 등을 보관하고 있거나 가족 2인 이상이 동일하게 진술하는 경우, 이를 담당 의사와 해당 분야 전문의가 확인한다. 만약 환자의 과거 연명의료중단 의사를 확인하기 어려운 경우, 가족 전원 합의로 결정한다. 앞선 경우가 모두 어렵다면 환자 가족 전원이 합의한 연명의료중단 등 결정에 대해 담당 의사와 해당 분야 전문의가 확인한다.

- '환자가족'이란 19세 이상인 사람으로 ① 배우자와 직계 존속 및 직계 비속을 말하며, 이에 해당하는 사람이 모두 없는 경우, ② 형제자매가 포함된다. (가족관계증명서 등의 서류를 통해 확인 가능)

〈표 12-5〉 사전연명의료의향서와 연명의료계획서 비교

	사전연명의료의향서	연명의료계획서
대상	19세 이상의 성인	말기 환자 또는 임종과정에 있는 환자
작성주체	본인이 직접 작성	환자의 요청에 의해 담당 의사가 작성
설명의무	상담사	담당 의사
작성기관	보건복지부에서 지정받은 사전연명의료의향서 등록기관 (국립연명의료관리기관 홈페이지 참조)	의료기관윤리위원회가 설치된 의료기관
비용	없음	수가 발생

출처: 국립연명의료관리기관(https://www.lst.go.kr)

3. 호스피스 · 완화의료

1) 질환에 대한 이해

(1) 호스피스 · 완화의료의 개념 및 정의

호스피스의 어원은 라틴어 호스피탈리스(hospitalis)와 호스피티움(hospitium)에서 기원된 것으로 알려져 있다. 원래 호스피탈리스는 '주인'을 뜻하는 hospes와 치료하는 '병원'을 의미하는 hospital의 복합어로, '주인과 손님 사이의 따뜻

한 마음과 그러한 마음을 표현하는 장소'의 뜻을 지닌 호스피티움이라는 어원에서 변천되어 왔다(조현, 2019). 오늘날 널리 사용되고 있는 현대적 의미의 호스피스 개념은 영국 의사 시실리 손더스에 의해 시작되었으며, 웹스터 사전(1972)에는 "여행자를 위한 숙소 또는 병자와 가난한 사람들을 위한 집"으로 설명하고 있다. 미국의 호스피스협회(National Hospice Organization, NHO)에서는 "호스피스완화의료란 말기환자나 가족에게 입원간호와 가정간호를 연속적으로 제공하는 프로그램으로, 완치가 되지 않는 말기환자들이 가능한 한 편안하게 살 수 있도록 하는 지지와 돌봄"이라고 정의하고 있다(유수현 외, 2018). 세계보건기구(World Health Organization, WHO)는 2014년에 좀 더 확장된 '완화의료(palliative care)' 개념을 제시하며, 대상질환의 범위를 확대하고, 제공시기를 확장하는 등 국가별 보건의료제도 등을 반영한 다양한 서비스를 제공할 것을 권고하였다.

이를 종합하면 호스피스 · 완화의료란, '생명을 위협하는 질환을 가진 환자를 대상으로 통증 및 신체적 · 심리적 · 사회적 · 영적 고통을 완화하여 삶의 질을 향상시키는 전문적인 의료서비스'라고 할 수 있다. 이를 위해 의사, 간호사, 사회복지사 등으로 이루어진 완화의료 전문가가 팀을 이루어 환자와 가족의 고통을 경감시켜 삶의 질을 향상시키는 것을 목표로 하는 의료서비스를 제공하는 것이 호스피스 · 완화의료이다(국립암센터 중앙호스피스센터 홈페이지).

2) 호스피스 · 완화의료의 대상 및 유형

전통적으로 호스피스 · 완화의료는 말기암 환자를 대상으로 서비스를 제공해 왔으나, 2016년 2월 국회에서 「호스피스 · 완화의료 및 임종과정에 있는 환자의 연명의료결정에 관한 법률」(이하 「연명의료결정법」)이 제정되면서 서비스 대상 범위가 확대되었다. 서비스 대상질환이 기존 말기암에서 후천성 면역결핍증, 만성 폐쇄성 호흡기질환, 만성 간경화가 추가되었으며, 그밖에 보건복지부령으로 정하는 질환을 정할 수 있도록 서비스 대상을 확대하였다.

일반적으로 호스피스·완화의료를 안내받은 환자와 가족들은 치료의 종결과 이에 따른 죽음을 떠올리며 두려움과 불안을 느끼는 경우가 많으나, 호스피스·완화의료 서비스가 모든 치료의 중단을 의미하는 것은 아니다. 단지, 질병의 완치를 목적으로 했던 치료에서 환자를 힘들게 하는 통증을 조절하고, 원질환으로 인한 증상을 조절하는 등 환자를 편안하게 하는 방향으로 목표가 전환되었다는 것을 의미한다(조성상 외, 2019).

2016년 제정된 「연명의료결정법」에 의해 호스피스·완화의료의 서비스 제공 형태도 다양해졌다. 기존 호스피스·완화의료가 전문병상을 가진 곳에서 제공하는 입원형이 주를 이루었다면, 이 법률이 제정되면서 입원형 이외에도, 가정에서 서비스를 받는 가정형, 전문병상을 가지고 있지는 않지만 원내 타 진료과로부터 의뢰를 받고 서비스를 제공하는 자문형으로 서비스 제공 형태가 다양해졌다. 이와 함께, 2018년 시범사업으로 도입된 소아청소년 완화의료는 생명을 위협하는 질환을 가진 소아청소년 및 가족을 대상으로 완화의료를 제공하는 기반을 마련하였다.

3) 의료사회복지 실천

(1) 호스피스완화의료에서의 사회사업

사회복지의 교육과 훈련에 있어 '환경 속의 인간(Person-in-Environment: PIE)'이라는 개념은 말기환자와 가족에게 호스피스·완화의료를 제공하는 데 있어 매우 중요한 의미를 가지고 있다. 또한 자기결정권과 같은 공통의 사회복지 주제, 개인의 존엄성과 가치, 권한, 의뢰인의 권리, 개인과 가족, 지역사회 체계에서의 상호 독립성 등은 호스피스의 철학과 서비스 전달을 받쳐주는 핵심적인 개념과 가치이다(이광재, 2003 재인용; NASW, 1994:138-140).

호스피스·완화의료 사회사업은 질병에 대한 생심리사회적 모델(biopsycho-social model)에 기반하여 임종을 앞둔 말기환자와 그의 가족이 경험하는 심리사회적 고통을 경감시키며 사회적 기능 회복을 목적으로 도움을 제공하는 전문적 의료사회복지 활동이다(이광재, 2003). 또한 호스피스·완화의료 사회사업은 말기환자가 여생을 보다 충만하게 영위할 수 있도록 하고 임종 후 사별가족의 건강을 위하여 예상되는 환자와 가족의 사회적 스트레스 감소와 사회적 기능 향상을 목적으로 노력한다(이광재, 2003).

미국사회복지사협회(NASW)에서는 호스피스·완화의료 사회사업의 목적을 다음의 8가지로 제시하고 있다(유수현 외, 2018).

① 임종에 직면한 환자와 가족의 심리사회적 영향을 이해하고 다룰 수 있도록 지원 및 계획을 수립하고 원조
② 예상되는 슬픔과 애도과정을 원조하고 상담을 실시, 사별가족을 지원
③ 임종에 대한 대처양식을 개발하고 새로운 환경에 적응하도록 원조
④ 지역사회 후원 및 연계
⑤ 상호학문적 팀에 참여하는 환자와 가족들의 심리사회적인 측면에 대한 이해와 인식을 제공
⑥ 환자의 욕구를 사정하고 적절한 프로그램을 기획하고 실행하며 지역사회와 연계
⑦ 잠재적인 방임, 학대, 착취 가능성을 파악하여 관련기관과 연계
⑧ 호스피스완화의료기관의 목적과 목표를 지원하고 환자 요구에 대한 기관의 민감성을 증진

우리나라에서는 2010년 5월 「암관리법」(제11조 제2항)이 개정되면서 '완화의료전문기관 지정규정'에서 완화의료 전문기관으로 지정받기 위한 인력기준에 사회복지사 상근 1인을 두도록 규정함으로써, 말기암 환자의 삶의 질 향상을 위한 호스피스·완화의료 사회사업 활동의 법적 근거가 마련되었다.

(2) 호스피스 · 완화의료에서의 의료사회복지실천

호스피스·완화의료 사업안내 지침에는 각 유형별 현장에서의 사회복지사의 역할을 다음의 <표 12-6>과 같이 제시하고 있으며, 공통적으로는 다음과 같은 역할을 수행한다.

① 환자와 가족 대상의 심리사회적 평가 및 돌봄 계획 수립
② 돌봄계획에 근거한 환자와 가족의 심리·사회·영적 지지 및 상담
③ 지역사회자원 발굴 및 연계
④ 정보 제공 및 교육을 위한 가족 상담
⑤ 자원봉사 관리
⑥ 영적돌봄 제공자 연계
⑦ 프로그램 운영 및 관리
⑧ 사별가족 모임 및 돌봄

간단히 나열되어 있는 역할 이상으로 의료사회복지사는 호스피스·완화의료 팀에 있어 핵심적인 역할을 담당한다. 말기환자와 그 가족의 문제는 매우 복잡하고 다양하기에 어느 전문가도 혼자서 문제를 해결할 수는 없다. 따라서 호스피스는 여러 분야의 전문가로 구성된 팀의 협동적인 노력에 의해 이루어지는데, 특히 말기환자와 가족의 다양한 심리적·사회적·경제적 여러 문제에 대한 전문적인 지식과 기술을 가진 의료사회복지사의 팀 구성원으로서의 역할은 매우 중요하다. 호스피스 환경 내의 의료사회복지사는 환자와 호스피스 전문가 팀원들 양쪽 모두에게 신체적인 문제 이상의 것을 보는 것이 얼마나 중요한가를 끊임없이 '통역'하고 알려 주는 역할을 해 주어야 한다(이광재, 2003).

호스피스·완화의료 사회복지사는 말기환자와 그 가족에게 심리사회적 측면의 도움을 제공하기 위한 상담자의 역할을 수행하며, 심리사회적 문제 해결을 돕기 위한 자원을 발굴하고 연계하는 역할을 한다. 또한 사별 가족의 임종으로 인한 슬픔, 상실에 대한 고통에 관심을 두고 이를 극복하도록 지원하기도 한다.

호스피스·완화의료 사회복지사는 삶과 죽음에 대해 긍정적인 태도를 가진 사람으로서 적절한 임상경험을 가지며, 호스피스 교육을 이수한 의료사회복지사로서 특히 개별상담과 집단상담의 경험과 지역사회 자원체계의 정보망에 대한 실무와 지식이 있는 사람이어야 한다(이광재, 2003).

호스피스·완화의료 환경에서는 여러 분야의 많은 전문직들이 다학제적으로 협력하므로 역할 갈등이나 충돌이 발생할 수 있다. 이에 의료사회복지사는 타 학문 전문가들과 호흡을 맞출 수 있는 업무 관계를 발전시키면서 동시에 전문적 정체성을 지닌 사회사업의 역할과 기능에 대한 명확한 개념을 유지하는 것이 중요하다.

〈표 12-6〉 호스피스·완화의료 서비스 유형에 따른 의료사회복지사의 역할

구분	입원형 호스피스	자문형 호스피스	가정형 호스피스	소아청소년 완화의료
정의	• 보건복지부 지정 호스피스전문기관에 입원한 말기암 환자와 가족에게 제공하는 호스피스·완화의료 서비스	• 일반 병동과 외래에서 말기 환자와 가족에게 호스피스 팀이 담당의사와 함께 호스피스 완화의료 서비스 제공	• 가정에서 지내기를 원하는 말기 환자와 가족에게 보건복지부 지정 전문기관의 호스피스 팀이 가정으로 방문하여 호스피스·완화의료 서비스 제공	• 생명을 위협받는 질환으로 치료받는 소아청소년 환자와 가족이 치료 과정에서 겪는 여러 가지 증상, 불편, 스트레스 등 신체적·심리적·사회적 어려움을 완화시키고 삶의 질 향상에 기여하는 통합적 의료서비스
대상 질환	• 말기암	• 말기암 • 말기 후천성 면역 결핍증 • 말기 만성 폐쇄성 호흡기 질환 • 말기 만성 간경화 • 말기 만성 호흡부전	• 말기암 • 말기 후천성 면역 결핍증 • 말기 만성 폐쇄성 호흡기 질환 • 말기 만성 간경화 • 말기 만성 호흡부전	• 생명을 위협하는 질환을 가진 소아청소년 환자와 그 가족 중 완화의료가 필요하다고 판단되는 경우로, 성인 호스피스와 달리 진단명이나 질병 단계에 제한 없음(현재 사업 운영에 있어 환자 나이 만 24세 이하로 나이 제한)

구분	입원형 호스피스	자문형 호스피스	가정형 호스피스	소아청소년 완화의료
서비스 내용	• 포괄적인 초기평가 및 돌봄 계획 수립과 상담 • 환자 및 가족의 심리/사회/영적 문제 상담 • 호스피스·완화의료 자원봉사자의 돌봄 봉사 • 사별가족 돌봄 서비스 • 자원 연계 및 이벤트 프로그램 운영 • 음악/미술 요법 등 프로그램 • 24시간 전화상담 및 응급 입원 서비스 • 통증 및 신체 증상 완화 • 임종 관리 • 환자와 가족 교육(환자를 돌보는 방법, 증상 조절 등)	• 심체증상관리 자문 • 임종 준비 교육 및 돌봄 지원 • 심리적/사회적/영적 지지 • 호스피스 입원 연계(말기암인 경우) • 생애말기 돌봄계획 및 상담지원 • 재가서비스 연계 • 자원 연계/경제적 지원	• 포괄적인 초기평가 및 돌봄 계획 수립과 상담 • 주·야간 상담전화 • 심리적/사회적/영적 지지 • 임종 준비교육 및 돌봄 지원 • 환자 및 돌봄 제공자 교육 • 사별가족 돌봄 서비스 • 장비 대여/연계 및 의뢰 서비스	• 포괄적인 초기평가 및 돌봄 계획 수립과 상담 • 사회적 돌봄 • 사별가족 돌봄 • 의사소통 지원 • 임종 돌봄 • 심리적·영적 돌봄 • 퇴원 지원 • 신체적 돌봄 • 환자 및 가족, 돌봄 제공자 교육 • 자원봉사자 교육 및 프로그램 운영
사회 복지사 역할	• 말기환자와 가족 대상 심리사회적 평가 및 돌봄계획 수립 • 돌봄계획에 근거한 환자와 가족의 심리·사회·영적 지지 및 상담 • 지역사회자원 발굴 및 연계 • 자원봉사자 관리 • 요법 및 돌봄행사 등 프로그램 관리와 운영 • 사별가족 관리	• 말기환자와 가족 대상 심리사회적 평가 및 돌봄계획 수립 • 돌봄계획에 근거한 환자와 가족의 심리·사회·영적 지지 및 상담 • 지역사회자원 발굴 및 연계 • 자원봉사자 및 영적 돌봄 제공자 연계 • 정보 제공 및 교육을 위한 가족상담 • 요법 및 돌봄행사 등 프로그램 관리와 운영 • 사별가족 관리	• 심리사회적 평가 및 돌봄계획 수립 – 초기 돌봄 계획 수립을 위한 1회 방문, 이후 필요시 방문 또는 전화상담 – 동일 의료기관 입원 시 의뢰된 환자로, 퇴원 전 환자와 보호자를 상담한 경우에는 방문이 반드시 필요하지 않음 • 돌봄계획에 근거한 환자와 가족의 심리·사회·영적 지지 및 상담 • 지역사회자원 발굴 및 연계 • 자원봉사자 및 영적 돌봄 제공자 연계 • 요법 및 돌봄행사 등 프로그램 관리와 운영 • 사별가족 관리	• 환자와 가족 대상 심리사회적 평가 및 돌봄 연계 지원 • 지역사회 내 제도적·사회·경제적 자원 발굴 및 연계 • 정보 제공 및 교육을 위한 가족 상담 • 돌봄 제공 연계 • 사별한 형제자매와 부모를 위한 심리사회적·영적 돌봄 제공 • 자원봉사자 교육 및 관리

출처: 국립암센터 호스피스·완화의료 홈페이지(http://hospice.cancer.go.kr)

CHAPTER 13

의료기관 인증제도 및 의료질 향상 활동

학 · 습 · 목 · 표

1. 의료기관 인증제도 및 인증평가 항목의 의료사회복지체계에 대해 이해한다.
2. 의료질 향상활동의 배경 및 개념을 설명할 수 있다.
3. 의료사회복지서비스의 의료질 향상활동을 실천할 수 있다.

의료 서비스의 질을 높이기 위한 활동을 이해하려면, 먼저 '의료기관 인증제'를 이해해야 한다. 이 제도는 의료기관이 자발적이고 지속적으로 노력하여 환자 안전과 의료의 질을 높이도록 유도하며, 결국 환자에게 좋은 의료서비스를 제공하기 위한 제도이다.

1. 의료기관 인증제도

1) 개념 및 규정

「의료법」 제58조(의료기관 인증)에 따라 병원급 의료기관은 의료의 질과 환자 안전 수준을 높이기 위해 인증평가를 의무적으로 수행한다. 인증제는 병원들의 순위를 매기는 상대평가가 아니다. 대신, 의료기관이 정해진 인증 기준을 얼마나 충족하는지 조사하는 절대평가의 성격을 지닌다. 즉 공개된 인증조사 기준을 일정 수준 이상 달성한 의료기관에 4년간 유효한 인증마크를 부여하는 제도이다.

의료기관 인증 기준은 「의료법」 제58조의3(의료기관 인증 기준 및 방법)에 명시되어 있으며, 환자의 권리와 안전, 의료기관의 의료서비스 질 향상 활동, 의료서비스의 제공 및 성과, 의료기관의 조직·인력 관리 및 운영, 환자 만족도와 같은 중요한 내용을 포함한다. 이 기준은 크게 기본가치체계, 환자진료체계, 조직관리체계, 성과관리체계의 4개 영역(Domain)으로 구성되어 있다. 각 체계는 서로 유기적으로 연결되어 환자 안전과 의료의 질을 꾸준히 높여 의료기관이 좋은 성과를 내도록 유도하는 것을 목표로 한다.

[그림 13-1] 4주기 급성기병원 인증기준

4주기 인증기준은 <표 13-1>과 같이 총 4개 영역(Domain), 13개 장(Chapter), 92개 기준(Standard)으로 구성되어 있으며, 의료사회복지사 관련 업무는 6장, 7장에 포함되어 있다.

〈표 13-1〉 4주기 급성기병원 인증기준 구성

<table>
<tr><th>영역(Domain)</th><th colspan="2">장(Chapter)</th><th colspan="2">기준(Standard)</th></tr>
<tr><td rowspan="5">Ⅰ. 기본가치 체계</td><td colspan="2" rowspan="5">1장.
환자안전 보장활동</td><td>1.1</td><td>정확한 환자 확인</td></tr>
<tr><td>1.2</td><td>의료진 간 정확한 의사소통</td></tr>
<tr><td>1.3</td><td>수술 시술의 정확한 수행</td></tr>
<tr><td>1.4</td><td>낙상 예방활동</td></tr>
<tr><td>1.5</td><td>손 위생 수행</td></tr>
<tr><td rowspan="27">Ⅱ. 환자진료 체계</td><td rowspan="15">2장.
진료전달 체계와 평가</td><td rowspan="5">진료전달 체계</td><td>2.1.1</td><td>외래 및 응급환자 등록 절차</td></tr>
<tr><td>2.1.2</td><td>입원수속 절차</td></tr>
<tr><td>2.1.3</td><td>중환자실/특수진료실 입실 절차</td></tr>
<tr><td>2.1.4</td><td>환자진료의 일관성 및 연속성 유지</td></tr>
<tr><td>2.1.5</td><td>퇴원 및 전원 절차</td></tr>
<tr><td rowspan="3">환자평가</td><td>2.2.1</td><td>외래환자 초기평가</td></tr>
<tr><td>2.2.2</td><td>입원환자 초기평가/재평가</td></tr>
<tr><td>2.2.3</td><td>응급환자 초기평가</td></tr>
<tr><td rowspan="7">검사 체계</td><td>2.3.1</td><td>검체검사 검사과정 관리</td></tr>
<tr><td>2.3.2</td><td>검체검사 결과 보고 절차</td></tr>
<tr><td>2.3.3</td><td>검체검사실 안전관리 절차</td></tr>
<tr><td>2.3.4</td><td>혈액제제 관리</td></tr>
<tr><td>2.3.5</td><td>영상검사 검사과정 관리</td></tr>
<tr><td>2.3.6</td><td>영상검사 결과 보고 절차</td></tr>
<tr><td>2.3.7</td><td>방사선 안전관리 절차</td></tr>
<tr><td rowspan="12">3장.
환자진료</td><td rowspan="7">환자 진료체계</td><td>3.1.1</td><td>입원환자 치료계획</td></tr>
<tr><td>3.1.2</td><td>협의진료체계</td></tr>
<tr><td>3.1.3</td><td>통증관리</td></tr>
<tr><td>3.1.4</td><td>영양관리</td></tr>
<tr><td>3.1.5</td><td>영양집중지원 서비스</td></tr>
<tr><td>3.1.6</td><td>욕창 관리</td></tr>
<tr><td>3.1.7</td><td>호스피스 · 완화의료</td></tr>
<tr><td rowspan="5">고위험환자 진료체계</td><td>3.2.1</td><td>중증응급환자 진료체계</td></tr>
<tr><td>3.2.2</td><td>심폐소생술 관리</td></tr>
<tr><td>3.2.3</td><td>수혈환자 관리</td></tr>
<tr><td>3.2.4</td><td>항암화학요법</td></tr>
<tr><td>3.2.5</td><td>신체보호대 및 격리 · 강박</td></tr>
</table>

영역(Domain)	장(Chapter)	기준(Standard)	
II. 환자진료 체계	4장. 의약품관리	4.1	의약품관리체계
		4.2	의약품 구매 선정
		4.3	의약품 보관
		4.4	처방 및 조제
		4.5	투약 및 모니터링
		4.6	의약품 부작용 모니터링
	5장. 수술 및 마취진정관리	5.1	수술 계획
		5.2	수술 중 환자안전보장
		5.3	시술계획, 시술 중 환자안전보장
		5.4	진정치료
		5.5	마취진료
		5.6	환자상태 모니터링
		5.7	수술장 안전관리
	6장. 환자권리존중 및 보호	6.1	환자권리 존중 및 안전보장
		6.2	취약환자 권리보호
		6.3	불만 및 고충 관리
		6.4	의료사회복지체계
		6.5	동의서
		6.6	임상연구관리
		6.7	장기이식관리
III. 조직관리 체계	7장. 질 향상 및 환자안전 활동	7.1	질 향상 및 환자안전 운영체계
		7.2	위험관리체계
		7.3	환자안전사건 관리
		7.4	질 향상 활동
		7.5	진료지침 개발 및 관리
	8장. 감염관리	8.1	감염예방 · 관리체계
		8.2	감염감시 및 개선활동
		8.3	감염예방 · 관리 교육
		8.4	의료기구 감염관리
		8.5	세척 · 소독 · 멸균 및 세탁물 관리
		8.6	환자치료영역 환경관리
		8.7	급식 서비스 관리
		8.8	감염성 질환 및 면역저하 환자관리

영역(Domain)	장(Chapter)	기준(Standard)	
Ⅲ. 조직관리 체계	9장. 경영 및 조직운영	9.1	합리적인 의사결정
		9.2	의료기관 운영방침
		9.3	부서운영
		9.4	윤리위원회 운영
	10장. 인적 자원 관리	10.1	인사관리체계
		10.2	의사(전문의)의 진료권한 승인과 평가
		10.3	전문의를 제외한 직원의 직무확인과 평가
		10.4	인사정보 관리
		10.5	직원교육
		10.6	의료인력 법적 기준
		10.7	직원안전 관리활동
		10.8	폭력 예방 및 관리
	11장. 시설 및 환경관리	11.1	시설 및 환경 안전관리
		11.2	설비시스템 관리
		11.3	위험물질 관리
		11.4	보안관리
		11.5	의료기기 관리
		11.6	화재안전 관리활동
		11.7	재난관리체계
		11.8	유행성 감염병 대응체계
	12장. 의료정보/의무기록관리	12.1	의료정보/의무기록관리
		12.2	퇴원환자 의무기록 완결도 관리
		12.3	의료정보수집 및 활용
		12.4	개인정보보호 및 보안
Ⅳ. 성과관리 체계	13장. 성과관리	13.1	환자안전 지표 관리
		13.2	진료영역 지표 관리
		13.3	관리영역 지표 관리
4개 영역	13개 장	92개 기준	

인증 기준에서 등급은 정규, 시범, 필수 등의 항목으로 구성되며, 의료기관 규모에 따라 그 항목이 달라지기도 한다. 또한 인증 조사는 인증 기준을 바탕으로 현장에서 다수의 조사 위원이 진행한다. 이들은 추적 조사 방법(Trace Methodology)을 적용하여 '의료기관에서 정한 규정의 내용과 그에 따른 수행 과정 및 결과, 그리고 결과에 따른 개선 활동 등'을 심층적으로 확인한다. 추적 조사 방법은 환자에게 제공되는 의료서비스의 실제 경로를 따라가며, 직원 면담, 환자(또는 보호자) 면담, 현장 관찰, 의무기록 검토 등 다양한 방법을 활용하여 평가하는 방식이다.

2) 의료기관 인증제도의 변천

의료기관 인증제도는 2011년 1월 24일부터 병원급 이상 의료기관 대상으로 시행되었다. 이 제도는 병원의 자율적 신청이 원칙이지만, 상급종합병원, 전문병원, 수련병원 지정 요건으로 활용되므로 사실상 인증 신청이 불가피하다. 요양병원은 2013년부터 의무적으로 인증 신청을 하도록「의료법」에 명시되어 있으며, 정신병원은 2020년「의료법」개정으로 의무 인증 대상에서 제외되었다.

의료기관 인증제도는 2024년 현재 4주기 인증이 실시되며, 의료서비스 질과 환자 안전 기준이 지속적으로 수정 · 보완된다. 국내 의료기관 평가는 미국보다 44년 늦은 1963년, 보건사회부의 '수련병원 지정 심사'로 시작되었다. 이후 주체가 대한병원협회로 변경되어 1980년 '병원 표준화 심사', 2003년 '병원 신임 평가'로 발전했다.

2002년「의료법」개정으로 의료기관 평가 조항이 신설되었고, 2004년부터 300병상 이상 병원에 '의료기관 평가 제도'가 시행되었다. 이 제도는 문제점이 지속적으로 제기되어 2008년 국정 과제로 '의료기관 평가 제도 선진화'가 채택되었고, 그 결과 '의료기관 인증제 도입'과 '인증 전담 기관 설립'이 추진되었다. 2010년 7월 23일「의료법」이 개정되어 인증 전담 기관 설립이 가능해졌고, 같은 해 10월 '의료기관 평가 인증원'이 출범하였다. 현재의 '의료기관 인증제도'는 환자 안전과 의료질 향상에 실질적인 도움이 되며, 의료진 중심에서 환자와 보호자 중심으로 문화를 전환시켰다는 평가를 받는다. 또한 2012년 국제 의료질 향상 학회(ISQua)의 인증을 받아 국제적 수준을 갖추게 되었다(구홍모, 2018).

3) 의료기관 인증제도에서 의료사회복지 체계

대한의료사회복지사협회는 의료기관 평가를 효율적으로 대비하고 준비에 따른 혼선을 최소화하고, 나아가 대외적으로 의료사회복지 활동에 따른 전문성을 널리 알리고자 의료기관 평가에서 의료사회복지부분 지침을 제시한 바 있다. 이는 의료기관 인증제도로 변화하면서, 인증기준 '6장 환자권리존중 및 보호' 챕터에 다음과 같은 기준으로 반영되어 있다.

〈표 13-2〉 4주기 급성기병원 인증기준 및 표준지침_6.4 의료사회복지체계

기준 6.4

의료사회복지체계를 수립하고 운영한다.

조사 목적

의료기관은 의료윤리경영을 실현하기 위해 지역사회 요구도를 반영한 의료사회복지 체계를 수립하고, 대상자에게 서비스를 제공한다.

조사 항목

	조사 항목	구분	상급	종합	병원	조사결과		
1	의료사회복지체계가 있다.	S	정규	정규	정규	□ 상	□ 중	□ 하
2	직원은 의료사회복지서비스 의뢰 가능대상 및 의뢰절차를 알고 있다.	F	정규	정규	정규	□ 상	□ 중	□ 하
3	의료사회복지서비스를 제공한다.	F	정규	정규	정규	□ 상	□ 중	□ 하
4	지역사회 요구도를 반영한 의료사회복지서비스를 제공한다.	F	정규	정규	정규	□ 상	□ 중	□ 하

기준의 이해

1) 의료사회복지체계에는 다음의 내용을 포함한다.

- 의료사회복지 담당 부서 또는 담당 직원
- 의료사회복지서비스 의뢰 가능대상 및 의뢰절차
- 의료사회복지서비스의 종류와 대상자 선정절차
  - 환자 상담: 심리사회적 상담, 경제적 문제 상담, 지역사회 자원연결 상담, 재활상담
  - 진료비용 지원 등

- 사회공헌
  - 예시: 보육시설, 학교 등 지역사회 의료지원 등

2) 직원은 의료사회복지서비스 의뢰 가능대상 및 의뢰절차를 알고 있다.
3) 체계에 따라 대상자를 선정하고 필요한 의료사회복지서비스를 제공한다.
4) 체계에 따라 지역사회요구도를 반영한 의료사회공헌을 한다.

또한 요양병원 인증기준에도 '5장 환자권리존중 및 보호' 챕터에 의료사회복지체계에 대한 표준지침이 포함되어 있다.

〈표 13-3〉 4주기 요양병원 인증기준 및 표준지침_5.4 의료사회복지체계

기준 5.4

의료사회복지체계를 수립하고 운영한다.

조사 목적

의료기관은 의료윤리경영을 실현하기 위해 의료사회복지 체계를 수립하고, 대상자에게 서비스를 제공한다.

조사 항목

	조사 항목	구분	등급	조사결과		
1	의료사회복지체계가 있다.	S	정규	□ 상	□ 중	□ 하
2	직원은 의료사회복지서비스 의뢰 가능대상 및 의뢰절차를 알고 있다.	F	정규	□ 상	□ 중	□ 하
3	의료사회복지서비스를 제공한다.	F	정규	□ 상	□ 중	□ 하

기준의 이해

1) 의료사회복지체계에는 다음의 내용을 포함한다.

- 의료사회복지 서비스 의뢰 가능 대상
- 의료사회복지서비스 의뢰절차
  - 서비스에 대한 안내(담당 부서 또는 담당 직원 안내 포함)*
    *** 안내 방법은 의료기관에서 정할 수 있음**
  - 서비스 종류별 절차

- 의료사회복지 서비스 제공
  - 환자의 기능 유지 및 향상을 위한 활동 프로그램
    - 인지기능 유지 및 향상을 위한 프로그램
    * 예시: 기억활동 프로그램, 인지자극훈련, 회상요법, 언어훈련, 미술요법, 음악요법, 원예요법 등
    - 신체기능 유지 및 향상을 위한 프로그램
    * 예시: 신체활동, 운동 프로그램 등
    - 지역사회자원과의 연계
    * 예시: 노인주거 및 노인의료복지시설, 재가노인 방문서비스, 여가 프로그램 등
  - 진료비 지원

2) 직원은 의료사회복지서비스 의뢰 가능대상 및 의뢰절차를 알고 있다.
3) 체계에 따라 의료사회복지서비스를 제공한다.

2. 의료서비스 질 향상 활동

「의료법」 제47조의2(의료 기관 평가)에 따라 의료기관 평가 제도가 시행된 이후, 병원들은 의료의 질에 대한 관심이 매우 높아졌다. 병원 차원에서는 의료질을 높이기 위한 활동들이 활발하게 이루어지고 있다. 의료서비스 질 향상 활동은 진료뿐만 아니라 병원 내에서 일어나는 모든 업무 과정과 관련된 사안을 대상으로 한다. 따라서 병원의 모든 직원이 참여하여 각 부서의 업무 질 향상을 위한 활동을 계획하고 개선하며, 병원 및 전담 부서에서는 경진 대회를 개최하는 등 병원 전체 차원의 활동을 독려한다. 이는 의료사회복지사에게도 중요한 업무 중 하나이다.

1) 의료질 향상 활동의 배경

의료질 향상 활동(Quality Improvement, QI)이란, 고객의 요구를 충족시키기

위해 모든 직원이 과학적인 방법을 사용하여 업무 과정을 지속적으로 개선해 나가는 과정을 말한다. 이는 의료질을 높이는 동시에 비용 절감에 효과적이다(이선희 외, 2001). 의료기관은 이러한 활동을 통해 환자 만족도를 높여 환자를 확보하고, 의료 사고를 최소화하며, 운영 효율성을 높이는 등의 효과를 얻을 수 있다(최귀선 외, 2001). 최근에는 의료서비스에 대한 소비자의 관심과 권리 증진, 병원 간의 경쟁 심화, 의료 분쟁 증가, 해외 환자 유치 등 급변하는 의료 환경 속에서 양질의 의료서비스를 제공하고 더불어 병원 경영의 합리화와 생산성 향상을 추구하기 위한 QI 활동이 의료기관의 필수 요소로 인식되고 있다.

우리나라에서 의료 질 향상 활동이 중요해진 배경에는 1980년대 초반 대한병원협회의 병원 표준화 심사를 중요한 출발점으로 꼽을 수 있다. 이는 미국의 병원 표준화 심사에 영향을 받아 병원협회가 주도한 민간 차원의 자발적인 질 평가 사업이었다. 그러나 질 평가 결과가 외부에 공개되지 않는 등의 한계가 있었다. 이후 1990년대 들어 사회적으로 의료질에 대한 관심이 높아지는 반면, 의료서비스에 대한 불만족이 중요한 사회적 이슈가 되면서 의료질 평가에 대한 정부 차원의 개입이 시작되었는데, 이것이 바로 앞서 설명한 의료기관 평가 제도이다. 특히 평가 결과가 공개되면서 병원들이 의료질 향상을 위해 전사적이고 지속적인 활동을 벌이는 계기가 되었다. 또한 건강보험심사평가원이 독립기구로 개편되면서 진료비 심사뿐만 아니라 질 평가가 중요한 기능이 되었다. 특히 진료 결과 측면의 평가 지표들을 설정하고, 의료기관별로 지푯값을 측정하고 발표함으로써 국민들에게 의료 제공자의 질적 수준에 대한 구체적인 정보를 제공하고 있어 의료기관들의 질 향상 활동에 효과적인 자극제가 되고 있다. 이외에도 각종 기관의 고객 만족 평가와 서비스 평가가 늘어나면서 병원의 전략적 대응이 필요하게 되었다.

이러한 의료 질 관리가 발전한 역사는 의료기관의 노력에 의한 부분도 있지만 다른 산업에서 도입된 지식과 방법론의 역할도 크다. 의료 분야보다 앞서 질 평가, 관리, 향상 활동을 시행하고 정착시킨 분야의 경험과 결과를 의료 분야에 적용함으로써 의료질 관리가 발전할 수 있었다. 의료 분야의 QI 활동은 1960년대 일본 기업들이 제품의 질을 향상시키고자 시도된 품질 향상 활동에 기초를 둔다. 우리나라 기업과 공공기관에서도 제품과 서비스 품질 개선을 위한 노력으로 품질 분임조 활동(소규모 팀이 수행하는 활동)을 통한 품질 향상 활동을 확대 적용했으며, 이러한 방법론은 의료질 향상 경진 대회를 실시하여 부서별 참여를 촉진하는 방법으로 활용된다.

2) 의료서비스 질 향상 활동의 개념

(1) 질 평가

질 평가(Quality Assessment, QA)는 특정 시점에 제공된 서비스의 실제 질적 수준을 측정하는 활동이다. 이는 환자 진료의 질을 평가하는 다양한 방법과 수단을 포함한다. 질 평가 결과를 활용하여 진료의 질에 관한 문제를 찾아내고 이를 개선한다. 일반적으로 의료의 질적 수준을 결정하는 것을 의미하며, 올바른 일이 실제로 일어났는지 또는 올바른 방식으로 행해졌는지를 확인하는 활동이라고도 한다.

(2) 성과 향상

성과 향상(Performance Improvement, PI)은 기존 의료 질 개념이 의학적 측면에만 치우쳐 있다는 반성에서 시작된 것으로, 조직 전체의 질 향상이라는 더 넓은 개념으로 접근하는 방법이다. 현재 질 향상은 주로 이 성과 향상을 지칭하는 경우가 많아, 의료 질 향상의 개념과 동일하게 보기도 한다.

(3) 위험관리

위험관리(Risk Management, RM)는 환자와 직원의 위험을 최소화하는 통합적인 관리 프로그램이다. 환자에게 해를 주거나 병원에 부담을 줄 수 있는 사건의 발생을 줄일 목적으로 사용되는 방법이다. 병원에서 손상이나 자원 손실을 초래할 가능성이 있는 상황을 발견하고 평가하여, 이를 예방하고 통제하는 활동이 포함된다. 이는 전통적인 QA 활동에 포함된다.

(4) 의료이용도 감사

의료이용도 감사(Utilization Review, UR)는 보건 의료 자원의 효율적 이용에 대한 표준과 실제 자원 사용을 비교하는 것이다. 재정, 사람, 건물, 공간, 시간, 기기 등 자원의 적절성과 활용도를 평가하는 모든 활동을 포함한다. 이 또한 전통적인 QA의 주요 활동으로 포함되며, 주로 병상 이용도나 약물 이용도(항생제 포함) 등이 주요 주제가 된다.

(5) 질 관리

질 관리(Quality Control, QC)는 질 보장과 유사한 의미로 이해될 수 있다. 질 관리가 의료인에 대한 외부 통제를 연상시킨다는 느낌 때문에 일반적으로 더 중립적인 용어인 질 보장을 사용한다. 임상 병리 검사에서의 정도 관리는 보건 의료 분야에 최초로 도입된 질 관리 활동 형태라고 볼 수 있다. 이는 본래 기업에서 제품의 질을 모니터링하는 데 사용된 기초 통계 기법을 화학적 검사에 적용한 것에서 비롯된다(김은경 외, 2014).

(6) 질 보장

JCI(Joint Commission International)는 1992년 질 보장(Quality Assurance, QA)을 질 평가와 질 향상으로 다시 정의하였다. 의료질 보장 활동은 의료서비스의 질을 평가하고 그 문제점을 개선하여 질을 향상시키는 관리 기법이다. 즉 질 보장은 우리가 수행하는 업무나 업무가 이루어지는 환경, 업무 결과 등을 체계적으로 살펴보는 일련의 과정으로, 이전보다 향상된 업무 결과를 지속적으로 유지하도록 한다. 이 과정은 사전에 계획하여 체계적인 접근 방법으로 제공되거나 제공되고 있는 의료서비스를 모니터링하고 평가하며, 의료서비스의 질 향상을 달성하고 유지하기 위한 개선 활동의 기전을 제공한다. 이러한 활동의 결과에 대해서는 반드시 정기적인 피드백이 있어야 한다(이순교 외, 2018).

(7) 질 향상

질 향상(Quality Improvement, QI)은 핵심적인 진료 과정의 수준을 높이기 위해 노력하는 것이다. 질 개선에는 현재의 진료 수준을 측정하고, 이를 개선하기 위한 방법을 발견하여, 새롭고 더 나은 방법을 실행에 옮기는 활동이 포함된다. 문제가 없더라도 질 평가 결과를 이용하여 환자 진료의 질을 지속적으로 개선하기 위해 노력하는 것이다.

(8) 총체적 질 관리

총체적 질 관리(Total Quality Management, TQM)는 1956년 파이겐바움(A. Feigenbaum)에 의해 정립된 Total Quality Control(TQC)의 발전된 개념이다. TQC는 '품질은 조직 구성원 전체의 과업'이라는 점을 강조했으며, 전사적 품질관리 과정, 결과, 서비스 전반에 걸쳐 지속적인 향상을 추구하는 질 관리 기법이다. 특히 질 향상을 추구할 때 조직 내 모든 계층의 전 직원이 참여하고, 지속적인 변화와 관리를 강조하며, 의료 이용자 중심의 서비스를 제공하는 데 초점을 둔다.

(9) 지속적 질 향상

지속적 질 향상(Continuous Quality Improvement, CQI)은 질 평가와 질 향상이 일시적인 활동이 아니라 지속적으로 시행되어야 함을 강조하는 용어이다. TQM과 유사한 개념으로 볼 수 있다. CQI와 TQM은 실행 구성 요소와 방법이

근본적으로 차이가 없고, 질 향상 활동 과정 자체를 의미한다. 따라서 수행하는 업무, 업무가 이루어지고 있는 환경, 업무 결과 등을 이전보다 향상된 업무 결과로 지속적으로 유지하는 것이며, 활동 결과에 대해서는 반드시 피드백(환류)이 따라야 한다.

3) 질 향상 활동의 모형 및 단계별 활동 과정

QI 활동은 의료 현장의 문제를 인식하고 해결하는 방식이며, 효과적인 수행을 위해 체계적인 단계별 과정이 필요하다. QI 활동에 적합한 모형을 선정하는 것은 중요한 의사 결정이며, 이는 의료기관의 QI 활동 성공에 큰 영향을 미친다. 현재 우리나라 의료기관들은 PDCA, FOCUS-PDCA, 식스 시그마, 한국의료 QA 학회에서 권고하는 QI 활동 10단계 등 다양한 방법을 적용한다. 이러한 QI 활동의 이론적 기반이 되는 모형 중 가장 대표적인 것은 CQI(Continuous Quality Improvement)의 기본 모형인 4단계 PDCA(문제 발견 – 문제 분석 – 가설 개발 – 검증/실행)이다(Massoud et al., 2004). 이 PDCA 사이클은 미국병원협회(1989)에 의해 더욱 세분화되어 실제 보건의료 분야에 적용하도록 FOCUS-PDCA 모형으로 제시되었다. 이 모형은 현재 국내외 보건의료 분야에서 널리 사용되며, 프랑스의 병원 인증 기관인 ANAES는 변형된 4단계 FOCUS-PDCA 모형을 병원 질 향상 활동의 기본 모형으로 제시하기도 했다(박연화 외, 2012).

이러한 단계적 접근 방법으로 진행된 QI 활동은 그 성과에 대한 적절한 평가를 통해 피드백됨으로써 다음 단계의 지속적인 질 개선 활동으로 이어질 수 있다. 따라서 QI 활동의 성과에 대한 객관적인 평가 기준을 적용하여 그 활동을 평가하는 것 또한 매우 중요하다.

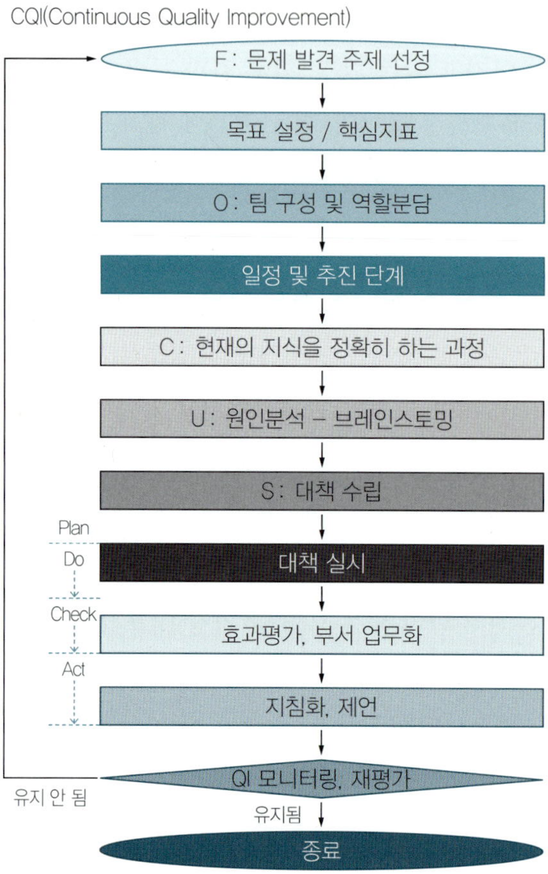

[그림 13-2] FOCUS-PDCA 모형

3. 의료사회복지 서비스 질 향상 활동

의료계 전반의 질에 대한 관심은 높지만, 의료사회복지 부문에서는 최근에야 서비스의 질과 그 영향 요인에 주목하기 시작했다. 사회복지 2차 세팅(주된 목적 외에 부수적으로 사회복지 서비스를 제공하는 기관)의 한계에도 불구하고, 환자를 직접 대면하는 부서의 특성상 의료사회복지 서비스의 질에 대한 관심은 더욱 커져야 한다. 강흥구(2003)의 연구는 의료사회복지 서비스의 질과 병원의 질 보장 수준 간에 높은 상관관계가 있음을 보여 준다. 이는 개별 부서에서 제공하는 서비스의 질이 높게 유지되려면, 병원 전체의 질 보장 수준이 강화되어야 함을 의미한다.

1) 의료사회복지서비스의 질(강흥구, 2005)

의료사회복지 조직을 통해 제공되는 공급자 중심의 질을 의미하며, 이는 단순히 구조뿐만 아니라 서비스를 산출하는 과정과 서비스의 결과까지 포함한다.

(1) 구조의 질

구조란, 의료사회복지 서비스가 제공되는 조건을 말한다. 여기에는 사회복지사의 수, 자격 및 학력, 전문성 향상을 위한 교육과 슈퍼비전 체계, 부서의 독립성, 책임자의 자격, 상담실의 독립성, 사회복지 서비스 홍보 방법 등이 포함된다.

(2) 과정의 질

과정은 사회복지사가 이용자에게 서비스를 제공하는 행위와 그 행위를 얼마나 잘 수행했는지를 의미한다. 업무 규정과 절차, 팀워크 접근, 의뢰 체계, 사정(Assessment) 체계, 고위험 환자 발견 체계, 사회복지 기록, 신속한 응답 체계, 질 보장 체계 등이 얼마나 기준에 부합하는지의 정도를 나타낸다.

(3) 결과의 질

결과란, 서비스 과정으로 나타난 기대되거나 실제적인 성취를 지칭한다. 만족도 평가, 프로그램 평가, 시행 여부, 달성도 등을 예로 들 수 있다.

2) 의료사회복지서비스 질 향상 활동의 실제

〈표 13-4〉 의료사회복지서비스 질 향상 활동의 실제

연명의료결정 상담 프로세스 개선을 통한 환자 중심 의사결정 증대(2023)
Enhancing Patient-Centered Decision-Making Through the Improvement of End-of-Life Care Decision-Making Consultation Processes

이송월, 김준영, 배진희, 한정민, 손성준
한림대학교동탄성심병원 사회사업팀

1. 활동의 필요성

보건복지부는 2016년 생애 말기 및 임종 과정에 있는 환자의 최선의 이익을 보장하고 자기결정을 존중하여 인간으로서의 존엄과 가치를 보호하는 것을 목적으로 「연명의료결정법」을 제정하였고, 본원도 2018년부터 의료기관 윤리위원회를 구성하고 연명의료 중단 등 결정 및 이행을 실시하고 있다. 또한 보건복지부에서는 2022년 연명의료 결정 수가를 시범사업에서 본 사업으로 본격 시행하였으며, 의료질 평가에서도 연명의료 자기결정 존중 비율을 신규 항목에 추가하여 연명의료 결정 제도의 확산 및 자기결정 비율을 높이고자 하는 의지를 보여 주고 있다. 그러나 본원에서 2021년 연명의료 중단을 이행한 333건 중에서 환자의 자기결정 비율은 25% 정도에 그치고 있어, 대부분 가족의 동의에 따라 연명의료 중단이 이루어진다는 것을 알 수 있어, 환자 중심의 의사결정 증대를 위한 중재 활동이 필요하였다.

2. 문제분석 및 목표

1) 문제분석

가. 사전연명의료의향서 등록 업무 활성화의 어려움

- 상담 및 등록 부서인 사회사업팀은 기존의 고유 업무와 연명의료상담 업무를 병행하고 있어 사전연명 업무를 확장하기에 인력 및 상담실, 예산 부족의 문제가 있다.
- 외래 및 병동, 관련 부서에서도 관련 교육 및 공지가 미흡하고 외래의 바쁜 업무로 사전연명의료의향서 등록에 대한 정확한 안내를 진행하기 어려움이 있다.

나. 환자 중심의 의사결정 및 연명의료계획서 작성 저조

- 2018년도부터 연명의료결정제도에 따라 연명치료중단 절차를 진행해야 하나 임상과 및 의료진에 따라 제도에 대한 이해도의 차이가 있어 여전히 DNR 작성을 병행하고 있다.

- 연명의료결정 서식 및 절차의 복잡성에 따라 의료진 및 병동의 업무 혼재가 나타나고 있으며, 이는 관련 교육 부족의 원인으로 확인되었다.
- 임종과정에서 의료진은 환자 본인에게 직접 연명의료결정제도를 안내하기에 심적 부담을 느끼거나, 시간 제약으로 환자 연명의료상담에 제한이 있다.
- 임종 시 환자 컨디션의 급격한 저하로 작성 시기를 놓치게 되면 환자의 의사보다는 가족 동의로 진행하게 되는 경우가 있다.

2) 핵심 지표 및 목표

가. 연명의료 자기결정존중비율: 30% 이상

나. 사전연명의료의향서 등록건수: 500건

다. 사전연명등록지원 공모사업: 선정

라. 말기환자상담처방건수/금액: 100건/2,998,000원

3. 개선 활동

1) 2022 사전연명의료의향서 등록기관 운영지원사업 공모 신청

- 공모사업 선정, 1,500만 원 지원되어 사업 활성화를 위한 예산 확보

2) 의료진 및 접점부서 교육 및 홍보 강화

가. 연명의료결정 및 이행절차 원내 상담 프로세스 개선

나. 주치의 및 병동 대상 찾아가는 교육 실시

- 총 43개 부서, 찾아가는 서면 교육 실시(메모 보드, 안내문 배포)
- 총 8개 부서 찾아가는 대면교육 실시(교육자료 및 지침서 배포)

다. 외래접점부서 대상 사전연명의료의향서 안내문 비치

- 내원객 접점부서(중앙 안내, 외래) 안내문 상시 비치

3) 원내 직원 및 내원객 대상홍보 강화

- 내원객 대상 원내 LED게시판 상시 홍보
- 직원 대상 사전연명의료의향서 등록강조주간 캠페인 실시

4) 지역사회 주민대상 홍보 및 등록 상담 실시

가. 지역 내 복지관, 취약 계층 대상 찾아가는 상담소 운영

- 종합사회복지관, 노인복지관 협업을 통해 취약 계층 대상자 55명 상담, 등록
- 지역사회 무료검진 사전연명상담 부스 총 4회 운영

4. 개선 활동의 효과

1) 연명의료 자기결정존중비율이 2021년 25.2%에서 2022년 27.8%, 2023년 6월 기준

36.4%로 지속적으로 증대되고 있어, 환자 중심의 의사결정 증대를 위한 효과가 지속적으로 유지되고 있다. 또한 이러한 지표는 의료질 평가 항목의 개선에도 도움이 되었다.

2) 원내 연명의료 업무 프로세스 개선 및 홍보활동을 통해 의료진 및 접점부서의 이해가 증진되어 업무정확도가 향상되었다.

3) 공모사업을 통한 지원금 활용을 통해 병원 예산을 절감할 수 있었다.

5. 결론 및 향후 관리 방안

연명의료 결정 과정에서 환자 중심 의사 결정 증대를 위해 실시한 상담 프로세스 개선 활동을 통해 환자의 자기 결정 존중 비율이 증가하였다. 또한 중재 활동은 연명의료 결정 제도에 대한 오류를 바로잡고 관련 부서의 이해도를 높일 수 있었다. 이를 통해 각 부서의 업무 혼선을 줄이고 더불어 본 팀으로 반복되던 서식, 절차에 대한 단순 문의와 의뢰는 줄고 환자 및 가족 상담을 통한 환자 권리 보호를 위한 상담에 더욱 집중할 수 있었다. 그 결과, 궁극적으로는 환자의 자기결정을 존중하고, 더불어 임상 질 지표 개선에도 기여할 수 있었다. 향후에는 사전연명의료의향서 등록 기관 업무를 지속적으로 유지하고, 더불어 사회사업팀 업무 효율을 높이기 위하여 국립 연명의료 관리 기관의 '노인 일자리 사업 상담사 파견' 수요처를 신청하여 업무를 확대할 계획이다.

출처: 이송월 외(2023)

CHAPTER 14

취약환자 보호

학 · 습 · 목 · 표

1. 의료기관 인증제 취약환자 보호 체계에 대해 이해한다.
2. 취약환자 보호를 위한 책임과 지원체계를 이해하고 수행할 수 있다.

1. 취약환자 보호

1) 목적

병원을 방문하는 취약환자에 대한 정의를 명확히 하고, 지원 절차를 마련하여 환자의 권리와 안전을 보장하기 위해 의료기관 인증평가 항목에 포함되었으며, 이를 위한 원내 규정을 마련하고 이를 토대로 취약환자 권리 보호를 위한 활동을 실행해야 한다.

2) 대상

취약환자 집단이란, 학대(아동, 노인) 및 폭력(성폭력, 가정폭력) 피해자, 유괴 가능성이 있는 신생아와 소아(영유아) 환자, 장애 환자, 의사소통이 어려운 외국인, 자살시도자 등을 포함한다. 이들에 대한 적절한 보호란, 신체적 위해나 학대 방지뿐만 아니라 부주의한 진료나 진료 거부 방지, 화재 발생 시 지원 등을 의미한다.

3) 규정 근거

「아동복지법」, 「노인복지법」, 「장애인 · 노인 · 임산부 등의 편의증진 보장에 관한 법률」, 「가정폭력범죄의 처벌 등에 관한 특례법」, 「성폭력범죄의 처벌 등에 관한 특례법」 등이 해당된다.

2. 취약환자 보호 – 의료기관 인증기준

취약환자의 권리를 보호하고 안전을 보장하기 위해 의료기관 인증 평가항목에는 다음과 같이 기준, 목적, 항목 등이 명시되어 있다.

〈표 14-1〉 4주기 급성기병원 인증기준 및 표준지침_6.2 취약환자 보호

기준 6.2
취약환자의 권리를 보호하고, 안전을 보장한다.

조사 목적
의료기관은 취약환자의 권리를 보호하고 안전을 보장하기 위해 취약환자의 정의 및 절차를 마련하여 의료기관의 책임과 지원체계를 이해하고 수행한다.

조사 항목

조사 항목		구분	상급	종합	병원	조사결과			
1	취약환자의 권리 보호에 대한 규정이 있다.	S	정규	정규	정규	□상	□중	□하	
2	직원은 학대 및 폭력 피해자를 위한 보고 및 지원체계를 알고 있다.	F	정규	정규	정규	□상	□중	□하	
3	직원은 신생아와 소아 환자의 유괴를 예방하는 절차를 알고 있다.	F	정규	정규	정규	□상	□중	□하	□ 미해당
4	직원은 의사소통이 어려운 환자를 위한 지원체계를 알고 있다.	F	정규	정규	정규	□상	□중	□하	
5	직원은 장애 환자의 편의를 위한 지원체계를 알고 있다.	F	정규	정규	정규	□상	□중	□하	

기준의 이해

※ (문항 3) 미해당 적용 대상: 신생아 및 소아 환자를 전혀 진료하지 않는 병원

1) 취약환자의 권리 보호에 대한 규정에는 다음의 내용을 포함한다.

- 취약환자의 정의
  - 학대(아동, 노인학대 등) 및 폭력 피해자(성폭력, 가정폭력 등), 신생아와 소아(영유아) 환자, 의사소통이 어려운 환자(외국인, 청각장애), 장애인 환자 등
- 학대(아동, 노인학대 등) 및 폭력 피해자(성폭력, 가정폭력 등)를 위한 보고 및 지원체계

※「아동복지법」,「아동학대범죄의 처벌 등에 관한 특례법」,「노인복지법」,「가정폭력범죄의 처벌 등에 관한 특례법」,「성폭력 방지 및 피해자보호 등에 관한 법률」등 준수

  - 보고체계: 관련 법에 근거한 외부보고 시행
  - 지원체계: 정신 및 심리상담, 유관기관 연계, 사회사업연계, 필수검사 및 신체검진 등
- 신생아와 소아(영유아) 환자의 유괴예방 절차
  - 방문자 신분 확인 절차, 신생아와 소아(영유아) 환자의 안전한 이동 절차 등
- 의사소통이 어려운 환자(외국인, 청각장애인 등) 지원체계
  - 의사소통이 어려운 환자의 요구를 파악하고 지원
  - 예시: 통역사, 수어, 구화, 필담, 문자통역 또는 외부자원(통역센터 등) 활용 등
- 장애 환자의 편의를 위한 지원체계
  - 장애 환자를 위한 편의시설: 전용 화장실, 전용 주차구역 등
- 직원교육
- 환자 및 보호자 교육

2) 직원은 학대 및 폭력 피해자를 위한 보고 및 지원체계를 알고 있다.

3) 직원은 신생아와 소아 환자의 유괴예방 절차를 알고 있다.

4) 직원은 의사소통이 어려운 환자를 위한 지원체계를 알고 있다.

5) 직원은 장애 환자의 편의를 위한 지원체계를 알고 있다.

3. 취약환자 보호를 위한 의료사회복지 활동

취약환자의 권리를 보호하고 안전을 보장하기 위해, 다음과 같은 의료사회복지 활동을 시행할 수 있으며, 그 방법은 기관에 따라 다소 차이가 있을 수 있다.

1) 아동학대

(1) 개념 및 종류

「아동복지법」 제3조 제7호에 따르면, "아동학대"란 보호자를 포함한 성인이 아동의 건강 또는 복지를 해치거나 정상적 발달을 저해할 수 있는 신체적·정신적·성적 폭력이나 가혹행위를 하는 것과 아동의 보호자가 아동을 유기하거나 방임하는 것을 말한다. 이는 단순히 적극적인 가해 행위뿐만 아니라, 아동의 건강과 복지를 해치거나 정상적인 발달을 저해할 위험이 있는 모든 형태의 행위를 포괄한다. 즉 훈육의 목적이라 할지라도 아동에게 신체적·정신적 고통을 주거나 발달을 저해하는 수준에 이르면 아동학대로 간주될 수 있다는 의미이다. 아동학대의 정의는 아동의 복지나 아동의 잠정적 발달을 위협하는 보다 넓은 범위의 행동으로 확대되어, 신체적 학대뿐만 아니라 정서적 학대나 방임, 아동의 발달을 저해하는 행위나 환경, 더 나아가 아동의 권리 보호에 이르는 매우 포괄적인 경우를 규정하고 있다.

또한 아동학대 처벌은 행위의 종류와 정도에 따라 달라지며, 주로 「아동복지법」과 「아동학대범죄의 처벌 등에 관한 특례법」에 따라 규정되며, 아동학대 행위로 인해 아동이 중상해를 입거나 사망에 이르는 등 결과가 중대할 경우, 「아동학대범죄의 처벌 등에 관한 특례법」에 따라 훨씬 무거운 처벌을 받게 된다.

① 신체학대

보호자를 포함한 성인이 아동의 건강·복지를 해치거나 정상적인 발달을 저해할 수 있는 신체적 폭력이나 가혹행위를 의미한다. 이는 우발적인 사고가 아닌, 의도적으로 아동에게 해를 가하는 행위를 의미한다.

가. 직접적으로 신체에 가해하는 행위
나. 도구를 사용하여 신체에 가해하는 행위
다. 신체에 유해한 물질로 신체에 가해하는 행위
라. 완력을 사용하여 신체를 위협하는 행위 등

② 정서학대

보호자를 포함한 성인이 아동의 건강·복지를 해치거나 정상적인 발달을 저해할 수 있는 정신적 폭력 또는 가혹행위를 말한다. 아동에게 부정적인 정서적 영향을 미치는 모든 행위를 포함한다.

가. 언어적 폭력행위
나. 정서적 위협
다. 형제나 친구 등과 비교, 차별, 편애, 왕따 시키는 행위
라. 아동에 대한 비현실적인 기대 또는 강요를 하는 행위

③ 성 학대

보호자를 포함한 성인이 아동의 건강·복지를 해치거나 정상적인 발달을 저해할 수 있는 성적 폭력 또는 가혹 행위로서, 아동을 대상으로 하는 모든 성적 행위를 의미한다. 이는 아동의 성적 자기결정권을 침해하는 행위이다.

가. 자신의 성적 만족을 위해 아동을 관찰하거나 아동에게 성적 노출을 하는 행위
나. 아동을 성적으로 추행하는 행위
다. 아동에게 유사성행위를 하는 행위
라. 성교를 하는 행위
마. 성매매를 시키거나 성매매를 매개하는 행위 등

④ 방임, 유기

아동의 보호자가 아동을 유기하거나 필요한 보호와 양육을 제공하지 않아 아동의 건강 · 복지를 해치거나 정상적인 발달을 저해하는 행위를 의미한다. 크게 물리적 방임, 교육적 방임, 의료적 방임, 유기로 나눌 수 있다.

가. 물리적 방임: 기본적인 의식주를 제공하지 않는 행위, 상해와 위험으로부터 아동을 보호하지 않는 행위 등
나. 교육적 방임: 보호자가 아동을 학교(의무교육)에 보내지 않거나 아동의 무단결석을 허용하는 행위 등
다. 의료적 방임: 아동에게 필요한 의료적 처치를 하지 않는 행위 등
라. 유기: 아동을 보호하지 않고 버리는 행위, 아동을 병원에 입원시키고 사라진 경우 등

(2) 아동학대 피해(의심) 환자를 위한 개입

① 면담

학대가 의심되는 경우, 아동의 자세한 과거력을 조사해야 하며, 가능하다면 양육자의 과거력도 참고해야 한다. 이러한 과거력 수집은 끊임없이 위협받아 왔던 위험요인을 발견하는 데 도움을 줄 수 있다. 학대 시에도 외상에 대한 변명이 그럴듯하게 설명되므로, 조금이라도 의심스러우면 언제든 신고해야 한다.

가능하다면 아동을 개별적으로 면담하는 것이 좋다. 가정환경을 이야기할 때 의료진은 아동의 걱정과 근심에 주의를 기울여야 하며, 아동의 발달 단계에 맞추어 면접을 실시해야 한다. 면담이 반복되더라도 의료진은 결정을 내리는 데 도움이 될 만한 기본 정보를 수집해야 한다. 어린 아동과 이야기할 때 아동의 눈높이에서 이야기하는 것이 가장 좋다. 처음에 "어떻게 왔느냐"라고 질문하는 것이 "왜"라고 질문하는 것보다 훨씬 효과적이다. 심각한 학대의 경우, 부모는 아동과 함께 도망갈 수도 있으므로, 부모에게 면담을 통보하기 전에 신고했던

사람과 접촉해 보는 것이 현명하다. 무엇보다도 가장 중요한 일차적인 관심은 아동을 보호하는 것이 되어야 한다. 아동의 양육자를 면담할 때에는 모든 사실이 알려질 때까지 섣불리 판단을 내려서는 안 된다. 의심되는 학대 사례를 보고해야 하는 의료진의 법적 책임을 알려 준다.

② 아동학대 체크리스트

아동학대 신고의무자가 직무 중에 학대로 의심되는 아동을 조기 발견하기 위해 제작된 체크리스트로, 1개 문항 이상 "예"라고 체크된 경우, 아동학대를 의심해 볼 수 있는 상황이다.

〈표 14-2〉 아동학대 체크리스트

	체크항목	체크란	
		예	아니오
1	사고로 보이기에는 미심쩍은 멍이나 상처가 발생한다.		
2	상처 및 상흔에 대한 아동 혹은 보호자의 설명이 불명확하다.		
3	보호자가 아동이 매를 맞고 자라야 한다는 생각을 갖고 있거나 체벌을 사용한다.		
4	아동이 보호자에게 언어적·정서적 위협을 당한다.		
5	아동이 보호자에게 감금, 억제, 기타 가학적인 행위를 당한다.		
6	기아, 영양실조, 적절하지 못한 영양섭취를 보인다.		
7	계절에 맞지 않는 옷, 청결하지 못한 외모를 보인다.		
8	불결한 환경이나 위험한 상태로부터 아동을 보호하지 않고 방치한다.		
9	성학대로 의심될 성 질환이 있거나 임신 등의 신체적 흔적이 있다.		
10	나이에 맞지 않는 성적 행동 및 해박하고 조숙한 성지식을 보인다.		
11	자주 결석하거나 결석에 대한 사유가 불명확하다.		
12	아동에게 필요한 의료적 처치 혹은 예방접종을 실시하지 않는다.		
13	보호자에 대한 거부감과 두려움을 보이고, 집으로 돌아가는 것에 대해 두려워한다.		
14	아동이 매우 공격적이거나 위축된 모습 등의 극단적인 행동을 한다.		
15	아동학대 체크리스트 1~14번에 해당되지 않지만 그 외의 학대로 의심되는 경우		

출처: 중앙아동보호전문기관 홈페이지(http://www.korea1391.go.kr/)

③ 아동학대 피해(의심) 환자 보호를 위한 절차

가. 의료진이 학대 및 폭력 증후 및 의심 환자 발견 시 환자에 대한 응급치료 및 검사, 증거 채취를 한다. 모든 병원 직원은 피해(의심) 환자 발견 시 주치의 또는 간호사에게 알린다.

(Tip) 의료진은 아동의 정상 발달 과정을 정확하게 알고 있어야 한다.

학대가 아닌 사고로 인한 손상은 아동의 운동능력 정도에 따라 일어나는 범위가 다르기 때문이다. 예를 들어,

- 침대에서 아이가 떨어지려면 아이가 뒤집을 수 있어야 한다.
- 부모가 7개월짜리 아이가 걷다가 바닥에 놓여 있던 뜨거운 물에 발바닥을 데었다고 할 경우, 이 나이는 잡아주지 않으면 똑바로 서 있을 수 없기 때문에 부모의 진술은 거짓임이 명백하다.
- 뜨거운 물을 틀어 화상을 입으려면 적어도 수도꼭지를 틀 수 있을 정도의 능력을 가져야 한다. 이는 대략 24개월이 지나야 한다.

나. 응급실에서 아동학대 피해(의심) 환자 진료 시에 선별도구를 활용하고, 의학적 검사와 증거 채취를 사진 및 검사키트를 활용하여 진행한다.

〈표 14-3〉 아동학대 진료지침

FIND 체크리스트

병원명	병원		
수상 일시	년 월 일 시 분		
내원 일시	년 월 일 시 분		
나이	( )년 ( )개월	성별	□ 남 □ 여

선별검사 이전 학대가 의심됩니까?(진술에 의해 확인된 경우)	□ 예 □ 아니요
체크사항(1개 항목이라도 [예]이면 2차 평가 의뢰: 학대의심 사례기록지 작성 필요)	
1. 환자의 연령과 발달 단계에 가능하지 않은 손상인가?	□ 예 □ 아니요 □ 모르겠음

2. 보호자, 환자에게 반복 질문 시 병력이 일치하지 않는가?	□ 예 □ 아니요 □ 모르겠음
3. 환자가 손상 후 특별한 이유 없이 방문이 지연되었는가?	□ 예 □ 아니요 □ 모르겠음
4. 환자와 부모/보호자의 관계가 적절해 보이지 않는가?	□ 예 □ 아니요 □ 모르겠음
5. 환자의 신체검진에서 학대의심 증거가 있는가? (예: 시기가 다른 다발성 멍, 회음부/엉덩이 화상, 스타킹이나 장갑 모양의 사지 화상 등)	□ 예 □ 아니요 □ 모르겠음
6. 환자의 손상 병력과 신체검진 소견이 일치하지 않는가?	□ 예 □ 아니요 □ 모르겠음
7. 환자의 의복, 청결 상태가 눈에 띄게 불결한가?	□ 예 □ 아니요 □ 모르겠음
8. 2세 미만의 머리손상(두개골 골절, 외상성 뇌출혈)이나 장골(상완골, 대퇴골) 골절 환자인가?	□ 예 □ 아니요 □ 모르겠음

시행자 직종	의사(□ 인턴 □ 전공의 □ 전문의) □ 간호사 □ 응급구조사 □ 기타
시행자 이름	

출처: 보건복지부(2015)

(Tip) 의학적 검사 및 증거 채취를 위한 주의사항

① 의학적 검사 시 주의사항
- 충분한 시간을 두고 시행하며 환자가 처음 도착했을 때 문진과 함께 시행
- 아동에 대한 이학적 검사를 머리끝부터 발끝까지 시행
- 특히 안전 검사를 통한 안구 내 출혈이나 이경을 사용한 고막 파열 여부를 반드시 검사
- 의료진은 친절한 태도를 취하며, 가급적 아동의 동의 없이 행동하지 않아야 한다.

② 증거 채취를 위한 사진 촬영
- 가능하다면 의학적 치료가 시행되기 전에 사진을 찍는다.
- 여러 각도에서 사진을 찍는다.
- 얼굴이 포함된 전신사진 1장이 반드시 포함되어야 한다.

다. 의료진은 응급치료와 동시에, 관련 법에 근거하여 경찰서(112)에 신고하고, 원내 학대폭력피해보호위원회(또는 담당 부서)에 알린다.

(Tip) 아동학대 신고 내용

- 신고자의 이름, 연락처
- 아동의 이름, 성별, 나이, 주소
- 학대행위자로 의심되는 사람의 이름, 성별, 나이, 주소
- 아동이 위험에 처해 있거나 학대를 받고 있다고 믿는 이유

* 아동이나 학대행위자의 정보를 파악하지 못해도 신고는 가능하며, 가능한 많은 정보를 제공하도록 한다(신고자의 신분은「아동학대범죄의 처벌 등에 관한 특례법」제10조, 제62조에 의해 보장).

(Tip) 사례 신고 시 주의사항

아동 및 의심되는 가해자의 개인정보(예: 전화번호, 주소 등)를 관련 기관에 제공 시에는 주의가 필요하다. 신고 이후 경찰 및 지자체에서 유선상으로 또는 방문 구두 요청에 의해 환자의 정보를 요청하는 경우, 정보 제공을 요구하는 근거 법령(「형사소송법」제218조,「개인정보보호법」제18조 등)이 기재된 공문을 요청하여「개인정보보호법」위반 여부도 함께 주의해야 한다.

④ 학대폭력피해보호위원회(또는 담당 부서)는 결과를 기관장(병원장)에게 보고한다.

④ 아동보호전문기관 업무진행 및 사법처리 절차 이해하기

가. 아동학대 업무 흐름도

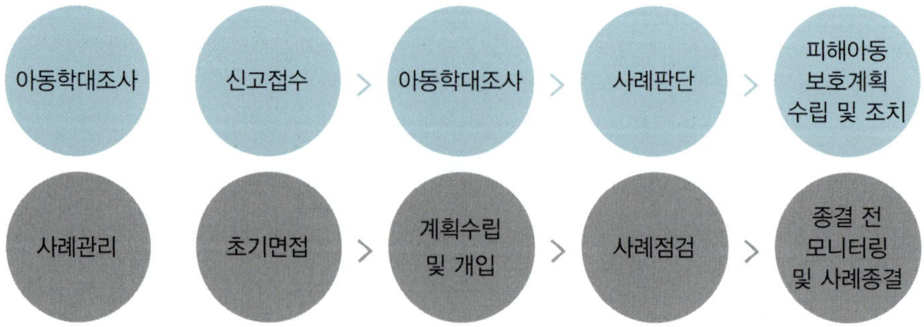

[그림 14-1] 아동학대 업무 흐름도(중앙아동보호전문기관)

나. 사법처리 절차

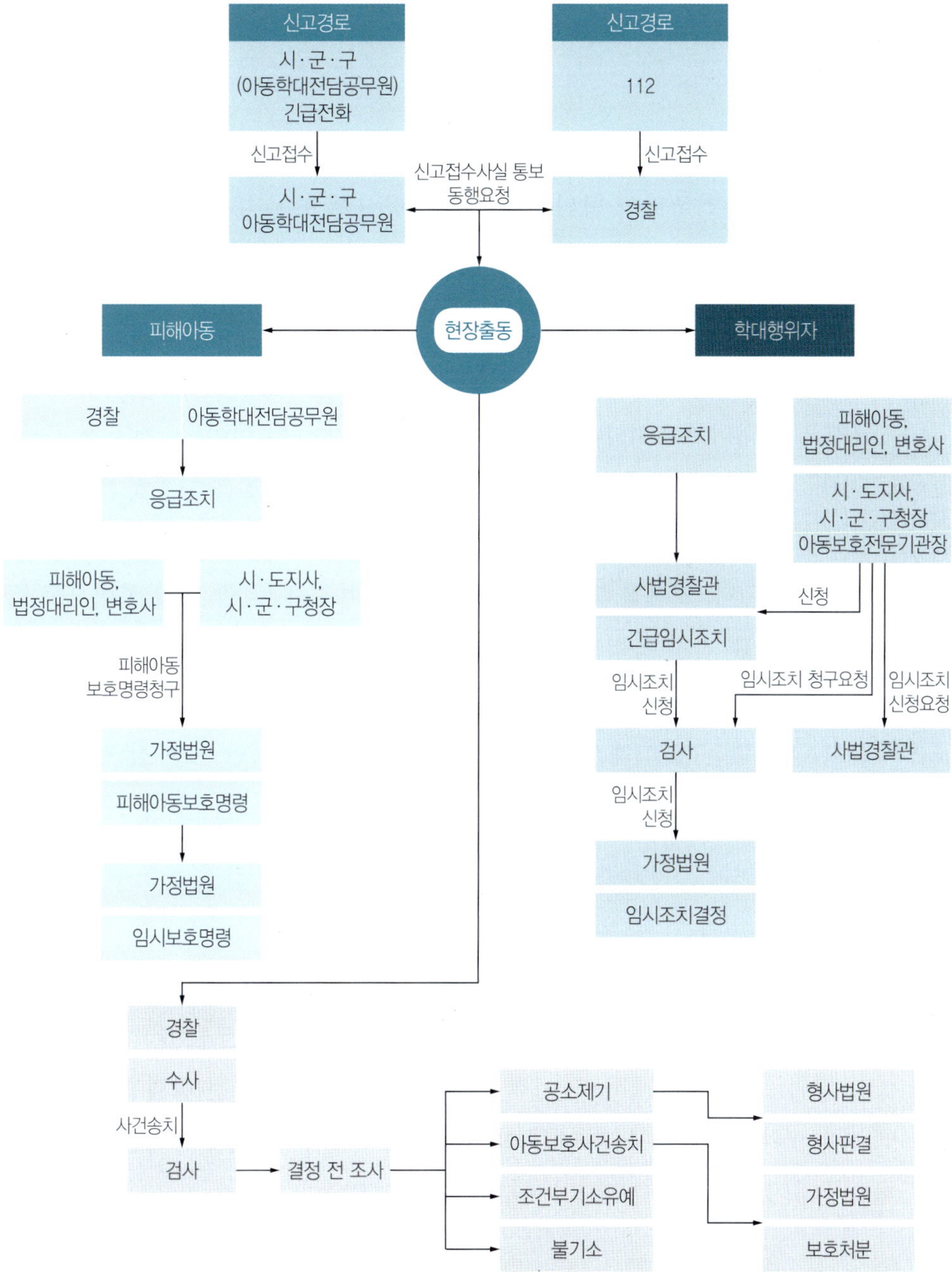

[그림 14-2] 아동학대 사법처리 절차(중앙아동보호전문기관)

2) 가정폭력, 교제폭력 및 성폭력

(1) 개념 및 특성

① 가정폭력

가정폭력이란, 가정 구성원 사이의 신체적 · 정신적 또는 재산상 피해를 수반하는 행위로, 가정폭력의 범위를 "신체적 · 정신적 또는 재산상 피해를 수반하는 행위"로 보고 있어 신체적 폭력에 국한하지 않고 정신적 학대와 재산상의 손해 및 손괴를 포함하는 포괄적인 폭력 개념을 인정하고 있다.

② 교제폭력(데이트폭력)

교제폭력(데이트폭력)은 데이트 관계에서 발생하는 언어적 · 정서적 · 경제적 · 성적 · 신체적 폭력을 말하며, 헤어지자는 연인의 요청을 거부하거나, 이별하더라도 집요하게 스토킹으로 이어지는 경우도 많은데, 이 역시 명백한 교제폭력에 해당된다. 교제폭력은 가정폭력과 마찬가지로 단 한 번의 폭력으로 끝나지 않고 오랜 기간 폭력에 노출되는 경우가 많으며, 때리면서도 사랑한다고 말하는 가해자의 반복적 행동은 사랑하기 때문에 때리는 것이고, 집착하는 것이라고 믿게 만든다. 그래서 피해자들은 '때리는 것 하나만 빼면 참 괜찮은 사람'이라는 생각을 갖고, 이런 믿음은 폭력으로부터 벗어나는 데 어려움을 주기도 한다.

③ 성폭력

성폭력은 피해자의 연령, 가해자의 행위, 가해자와의 관계, 성폭력이 일어난 공간에 따라 다양하게 분류된다. 성폭력은 상대방의 의사에 반(反)하여 가하는 성적 행위로, 모든 신체적 · 언어적 · 정신적 폭력을 포괄하는 광범위한 개념으로 강간, 성추행, 성희롱, 디지털 성폭력 등으로 분류한다. 성폭력은 피해자의 저항이나 거부가 아니라 '동의' 여부에 따라 결정된다.

(2) 가정폭력 및 성폭력 피해자를 위한 위기개입

① 위험성 평가

가정폭력 및 성폭력의 개입에서 가장 중요한 일은 신체적 위험으로부터 가족 구성원의 안전 확보 및 의료적 도움의 필요성 여부를 확인하는 것이다. 의료적 치료나 쉼터, 경찰 출동 등이 필요하다면 적극적인 개입이 요구된다.

② 위험요인 평가

③ 인지적 · 정서적 평가

- 폭력에 의한 신체적 외상으로 취약한 정신상태에 있는가?
- 가해 구성원에 의해 자녀가 세뇌되었는가?
- 상처의 심각성 정도와 인식 여부는 어떠한가?
- 얼마나 오랜 기간 폭력을 참아왔는가?
- 이 가정폭력 상황에서 벗어날 수 있는 현실적 혹은 예상 가능한 계획을 가지고 있는가?
- 자원(신체적 안전, 정서적 지원, 재정적 지원, 법률적 지원, 긴급 대피소 및 보호소 등)이 제공되고 있는가?
- 정서적 상태의 심각성은 어느 정도인가?
- 가해자와 피해 구성원의 병리적 애착 정도는 어떠한가?
- 가정폭력의 위험성에 대한 인식 정도는 어떠한가?

④ 아동학대 평가

⑤ 가정의 안전성 평가

⑥ 개입

가. 위급한 상황이 아니라면, 피해 가족 구성원의 욕구에 관심을 기울이고 우선순위와 가능성 유무 및 대안을 제시한다.

나. 피해 가족 구성원이 무엇을 해야 할지 혼란스러울 경우, 계속 머물 것인지 떠날 것인지를 우선 검토하도록 제안한다.

다. 피해 가족 구성원이 자신의 선택을 결정하고 행동할 수 있도록 돕는다.

⑦ 위기개입(SAFER-R) 모델

〈표 14-4〉 학대폭력 피해자에 대한 위기개입

① 안정화	② 위기 인정하기	③ 이해 촉진하기	④ 효과적인 대처 권장하기	⑤ 회복 및 의뢰
• 자기소개 • 비밀보장 • 라포 형성	• 이야기 듣기 • 위험성 평가 • 현재 기능 평가	• 정상화	• 욕구 및 자원 파악 • 대처방법 및 대안 탐색	• 전문기관 의뢰

(3) 가정폭력 · 성폭력 신고 및 처리절차

가정폭력 피해 신고 → 경찰 응급조치 및 긴급 임시 조치 → 경찰서(사건 조사-피해자 및 피의자 조사) → 검찰 송치 → 재판 진행 및 선고 형태로 진행된다.

(4) 가정폭력 및 성폭력 피해자 지원

① 의료비 지원

가정폭력 및 성폭력 피해자, 외국인 등록 여부와 상관없이 외국인 부부 사이에서 발생한 가정폭력 피해자의 의료비도 인권보호 측면에서 지원한다(2018년 이후 적용).

② 지원범위

- 치료비용 본인부담액과 건강보험 또는 의료급여 비적용 진료비용 지원
- 보건에 관한 상담 및 지도
- 신체적 · 정신적 피해에 대한 치료
- 임산부의 심리적 안정을 위한 각종 치료 프로그램의 실시 등 정신치료, 임산부 및 태아보호를 위한 검사 및 치료 가정폭력 피해자 가정의 신생아에 관한 의료

- 진단서 발급 비용
- 보호시설 입소자에 대한 건강검진비, 일반의약품 구입비용, 보호시설 입소 중 발병한 질병 등의 진단비 및 치료비, 출산 진료비 등

③ 지원 원칙

- 치료보호에 소요된 비용 전액지원을 원칙으로 하되, 단 총 진료비용이 300만 원을 초과하는 경우, 시·군·구 여성가족담당 부서의 내부사례 회의를 통해 지급 여부가 결정된다.

④ 의료비의 청구

- 의료기관에서 청구하는 경우: 가정폭력 및 성폭력 피해자를 치료한 의료기관은 진료비 명세서, 가정폭력 피해 상담사실 확인서(경찰관이 서명한 사실 확인서) 등을 첨부하여 피해자의 치료를 의뢰한 피해자 지원기관 또는 시·군·구에 의료비(본인부담액)를 청구한다.
- 피해자 본인(또는 대리인)이 청구하는 경우: 의료기관에 이미 지불한 의료비를 보전받고자 하는 경우에는 진료비 명세서, 가정폭력 피해 상담사실 확인서(경찰관이 서명한 사실 확인서) 등을 첨부하여 피해자의 치료를 의뢰한 피해자 지원기관 또는 시·군·구에 의료비(본인부담액)를 보전 청구한다.

이외에도 피해자를 위한 지원은 지자체 및 운영 기관에 따라 차이가 있으나 상담 및 법률, 주거 지원 등을 연계할 수 있으며 자세한 내용은 <표 14-5>와 같다.

〈표 14-5〉 가정폭력 피해자 지원 내용

상담지원	• 전화와 면접을 통한 피해상담을 받을 수 있도록 국번 없는 특수전화 '1366'을 365일 24시간 운영
긴급지원	• 가정폭력 피해자와 생계 및 주거를 함께하는 가족 구성원의 생계유지가 어렵게 된 경우 긴급지원 가능
의료지원	• 지자체, 1366센터, 보호시설, 상담소, 해바라기센터 등에서 의료비 지원
무료법률지원	• 가정폭력 피해자(국내거주 이주여성 포함)에 한하여 가정폭력에 관련된 민사, 가사 사건에 대한 무료 법률 상담 및 무료 법률 구조 신청 가능 * 대한법률구조공단 대표번호: 국번 없이 132, www.klac.or.kr * 한국가정법률상담소 대표번호: 1644-7077, lawhome.or.kr * 한국여성변호사회 대표번호: 02-6959-9965, kwla.or.kr
보호시설 지원	• 가정폭력 피해자 중 보호시설 입소 희망자에 한해 각 기관과 면접 상담 후 입소 가능. 특히 10세 이상 남아를 동반한 가정폭력 피해자를 위한 보호시설 별도로 운영 * 단기보호시설: 6개월, 장기보호시설: 2년 이내, 긴급피난처: 최대 7일까지 – 보호시설 퇴소 후 또는 가정복귀가 어려운 경우 자립 지원을 위하여 심사를 거쳐 주거공간(그룹홈) 지원
주거지원	• 가정폭력 피해자와 자녀가 안정적이고 장기적인 거주지를 원할 경우 입주심사를 거쳐 임대주택 거주 가능

출처: 한국여성인권진흥원 홈페이지(https://www.stop.or.kr/home/kor/M291955771/contents.do?)

〈표 14-6〉 해바라기센터-성폭력 피해자 지원내용

법률	• 피해자 국선변호사 연계 및 무료 법률 구조 지원 • 법무부 파견 변호사가 상주하며 수사·법률 절차 지원
수사	• 여성 경찰관 상주, 피해자 진술 녹화 및 진술 조력인 지원 • 가명조서 작성 등 신변 안전 보호 조치
상담	• 365일 24시간 긴급 상담 • 피해자 및 가족에 대한 심리 상담 및 지속적인 사례 관리
의료	• 성폭력 피해 증거물 채취 및 응급 치료 • 산부인과, 정신건강의학과 등 전담 의료진의 무료 진료 • 비급여 심리치료비 지원 (최대 6개월, 한도 300만 원)
동행	• 피해자가 수사기관, 병원 등 방문 시 동행하여 심리적 안정 지원
돌봄 및 간병	• 돌봄 비용 지원 (만 13세 미만 아동, 장애인 피해자 등) • 병원 입원 시 간병 비용 지원

출처: 한국여성인권진흥원 홈페이지(https://www.stop.or.kr/home/kor/M129958142/contents.do?)

3) 자살시도자

(1) 자살의 정의

자살은 치명적인 결과를 내는 자살적 행위로, 다양한 정도의 죽음의 의지를 보여 주는 자기 위해 행위로 정의되고 있다. 자살은 장애나 진단명이 아닌 행동이다. 그리고 모든 행동은 다차원적이며 여러 요인에 의해 결정된다. 자살의 정의에 대한 여러 가지 주장 중 공통적인 핵심 요소는 행동의 결과, 행동의 주체, 죽으려는 의도, 결과에 대한 자각이 제시되고 있다. 즉 자살의 핵심적 구성요소는 자살 의도(suicide intent)를 포함하고 있는데, 의도란 행동의 목적 또는 목표를 말하는 것이다. 그러나 자살 의도에 대한 자기보고는 당사자에게서도 자주 변할 수 있으며 면담자에 따라 달리 표현되기도 하므로 객관적 평가는 쉽지 않다. 자살은 개인의 사회적 상황과 주변의 지지, 정신질환 등 여러 요소의 영향에 따른 복잡한 행동이므로 개인의 상황과 특성에 맞는 개별적인 사례관리 서비스가 필수이다.

(2) 자살시도자에 대한 위기 개입

① 자살시도자에 대한 평가

자살 위험성을 평가할 때에는 심리 검사를 활용하는 방법과 면접을 통한 자살 위험성 평가를 할 수 있다. 면접 시에는 최근의 자살 생각, 자살 시도력, 자살 계획에 대해 반드시 평가해야 한다.

〈표 14-7〉 자살위험도 평가 및 질문 예시

자살위험도 평가	질문(예시)
자살생각	• 때때로 사람들은 우울한 기분이 들 때 차라리 죽는 것이 더 낫다는 생각을 합니다. 혹시 ○○○님도 자살에 대해 생각해 본 적 있으신가요? • 어떤 이유로 자살을 생각해 보셨나요? • 얼마나 자주 생각을 하시나요? 일주일에 몇 번 정도 생각을 하시나요? • 자살 생각이 얼마나 오래 지속되나요?
자살계획 및 방법	• 현재 자살에 대한 어떤 계획을 가지고 있으신가요? • 있다면 구체적으로 생각하고 계신가요? • 자살할 장소나 시간에 대해 생각해 본 적이 있으신가요? • 자살하려고 준비한 도구를 현재 가지고 계신가요?
자살시도 과거력 (정신질환 포함)	• 이전에 자살시도를 한 적이 있으신가요? • 그렇다면 언제 하셨나요? 어떤 일로 자살시도를 하셨나요? • 가족이나 가까운 사람을 자살로 잃은 경험이 있으신가요? • 정신건강의학과 진료를 본 적이 있으신가요?
보호요인	• 가깝게 지내는 가족이 있으신가요? • 평소 연락을 자주 하는 친구가 있으신가요? 있다면 몇 명이나 되나요? • 정기적으로 참여하는 모임이 있으신가요? • 가족이나 친구를 자주 만나지 못하는 이유가 있으신가요? • 최근 가족이나 친구 사이에서 갈등이 있으신가요?

출처: 장미(2022)

응급실에서 만나는 환자는 자살시도를 한 경우에 내원하게 되므로 자살 시도력과 자살 계획 중 하나라도 해당하면 높은 수준의 위험성으로 평가한다. 이때 심층 면담 시 평가 영역에는 자살 생각의 빈도와 시간, 과거 자살시도 경험, 자살 계획, 자살 의도와 치명성, 보호요인, 위험요인 등이 있으며, 이를 평가할 때에는 민감하게 관찰하며, 작은 것도 놓치지 않고, 비언어적 행동에 주목하는 것이 중요하다. 다음은 응급실을 방문한 자살시도자를 평가하는 척도로, 면접 시 참고할 수 있다.

가. 인구학적 정보

연락처 : 본인 ______________ 가족 ______________

주 정보 제공자 □ 본인 □ 가족, 친지, 친구 □ 경찰 및 구급요원 등 □ 기타

위기관리평가기록지

이름
병록번호

인적사항 주소 :

나이 만 ______ 세 **성별** □ 남 □ 여 **학력** □ 무학 □ 초졸 □ 중졸 □ 고졸 □ 대졸 이상

결혼 □ 미혼 □ 기혼 □ 동거 □ 별거 □ 이혼 □ 사별 **종교** □ 무교 □ 개신교 □ 천주교 □ 불교 □ 기타(　　　)

직업 □ 의회의원/고위임직원/관리자 □ 전문직/기술직 □ 사무직 □ 서비스/판매 □ 농/어업 □ 숙련/기능 □ 단순노무 □ 군인
□ 학생(재수생) □ 주부(집안일/가사) □ 무직 □ 기타(　　　)

동거인 □ 없음(돌봐 주는 사람 □유 □무) □ 배우자 □ 자녀 □ 부 □ 모 □ 조부 □ 조모 □ 친구/동료 □ 기타(　　　)

가족관계 □ 부(□생존 □사망) □ 모(□생존 □사망)
□ 형제, 자매(남 ____명, 여 ____명/본인포함) 중 ______ 째 □ 자녀(남 ____명, 여 ____명)

신체병력 □ 건강하였음 □ 최근 급성질환 (내용 :　　　)
□ 일상생활에 지장이 별로 없는 만성질환 또는 지속되는 장애 (내용 :　　　)
□ 일상생활에 지장을 초래하는 만성질환 또는 지속되는 장애 (내용 :　　　)

월가구수입 □ 50만원 이하 □ 51~100만원 □ 101~150만원 □ 151~200만원 □ 201~250만원 □ 251~300만원 □ 301만원 이상

자살 위험도 및 구조 상황 평가 (Risk　　점, Rescue　　점, R/R　　점)

시도 방법	□ 음독 / 손목자해 / 찌름 □ 익수 / 목맴 / 질식	□ 투신 / 총살	□ 기타(　　　)
의식손상	□ 없음 □ 혼미 □ 혼수 □ 사망	상해, 독성	□ 경도 □ 중등도 □ 고도
회복 가능성	□ 완전한 회복 기대	□ 회복이 기대되나 시간이 필요	□ 생존시 잔존증상
필요한 처치	□ 외래	□ 입원후 관찰	□ 중환자실 또는 특수치료
자살시도 장소	□ 익숙한 장소 ______	□ 익숙하지도 외딴곳도 아닌 장소 ______	□ 외딴장소 ______
구조를 시작한 사람	□ 지나가던 사람	□ 전문가(응급구조사, 의료인)	□ 잘 아는 사람
발견가능성	□ 우연히 발견됨	□ 확실하지 않음	□ 매우 확실
구조를 위한 접근성	□ 도움을 요청하지 않음	□ 실마리를 줌	□ 도움요청 : □ 시도전 : 관계 ______ □ 시도후
구조되기까지 시간	□ 4시간 이상	□ 1~4시간	□ 1시간이내 즉시

나. 자살관련정보

자살 당시 음주여부	□ 음주 □ 비음주	현재 자살사고	□ 없음 □ 있음 □ 면담불가		
자살 계획 유무	□ 계획된것 □ 충동적인 것	유서	□ 무 □ 유	동반자살	□ 무 □ 유(관계 ______)
자살 계획 시기(기획시)	□ 1주일 내 □ 1주일~1개월 내 □ 1개월~6개월 내 □ 6개월 이상 □ 알수없음				
자살동기 (복수응답가능)	□ 가정문제 (□ 배우자 □ 부모 □ 자녀 □ 형제) □ 이성문제 (□ 교제 관련 □ 실연 □ 결혼 관련 □ 기타:　　　) □ 사별문제 (□ 가족 □ 연인 □ 친구 □ 유명인 및 기타) □ 신체적 질병문제 (□ 암 □ 뇌졸중 □ 심장질환 □ AIDS □ 원치않는 임신 □ 기타:　　　) □ 경제적 또는 직업 문제 (□ 빈곤/부채 □ 실직 □ 미취업) □ 대인관계 문제 (□ 친구 □ 동료 및 직장 내 갈등 □ 기타:　　　) □ 학대 및 폭력 문제 (□ 성적 학대 □ 신체적 학대 □ 방치) □ 정신과적 문제 (□ 과음 □ 약물 중독 □ 우울증 □ 기타:　　　) □ 급격한 정서적 흥분 (□ 말다툼 및 싸움 등 ※관계　　□ 기타 충격적인 사건:　　　)				
과거 자살시도	□ 음주 □ 비음주	과거 자살시도 연령	□ 첫 자살 기도 : 만 ______ 세 □ 최근 자살 기도 : 만 ______ 세		
과거 시도방법	□ 음독 □ 손목자해 □ 찌름 □ 익수 □ 목맴 □ 질식 □ 투신 □ 총살 □ 기타(　　　)				

[그림 14-3] 응급실 기반 자살시도자 지원사업 위기관리평가 기록지 1

출처: 중앙자살예방센터(2012)

과거 자살시도 후 신체적 치료	□ 병원 방문 □ 병원 방문하지 않음	과거 자살시도 후 정신과 치료	□ 면담 혹은 치료 받음 □ 정신과 치료 권유 받지 않음 □ 면담 혹은 진료 권유 받았으나 받지 않음
정신과 치료력	□ 진료 받은 적은 없지만 정신과적 문제 있어 보임 □ 자살시도 이전에 정신과적 문제 없어 보임 □ 있지만 현재는 중단 □ 현재 치료 중 (복용 중인 정신과 약물 □유 □무) (첫 정신과 진료 시기 : _____년 ___월 / 마지막 정신과 진료 시기 : _____년 ___월		
정신과 가족력	□ 없다 □ 있다 (환자와의 관계 :)	자살 가족력	□ 없다 □ 있다 (□사망 : 관계 _____ □자살기도 : 관계 _____)
자살시도 인식	□ 부인 □ 인정 □ 면담불가	사례관리 서비스	□ 동의 (□ 보호자 □ 대상자 □ 모두) □ 거부 (□ 보호자 □ 대상자 □ 모두)
서비스 거부사유	□ 개인정보유출 □ 정신과적 문제 부정 □ 상담이 부담스러움 □ 연고지 문제 □ 문제가 해결될 것 같지 않음 □ 기타 :		

(년) 자살시도시간	응급실 내원시간	정신과의사 개입시간	사례관리자 개입시간
월 일 am/pm 시 분	월 일 am/pm 시 분	월 일 am/pm 시 분	월 일 am/pm 시 분

인턴 선생님은 앞면만 모두 작성해주세요. 기록자 : 인턴 (사인)

다. 임상관련 정보

추정 진단		□ 불안장애, 신체형장애 □ 우울장애 □ 양극성장애 □ 정신분열 혹은 다른 정신병적 장애 □ 물질장애 (물질 _____) □ 정신지체, 학습장애, 발달장애 □ 치매, 기질성 정신장애 □ 적응장애 □ 인격장애 _____ □ 기타 _____
흡연		□ 안피움 □ 피우다 끊음 □ 흡연(pack/0)
AUDIT-C	빈도	□ 전혀 안마심 □ 월 1회 미만 □ 월 2~4회 □ 주 2~3회 □ 주 4회 이상
	평소 음주량	□ 1~2잔 □ 3~4잔 □ 5~6잔 □ 7~9잔 □ 10잔 (주종 : □ 소주 □ 맥주 □ 양주 □ 막걸리)
	소1/맥4	□ 전혀 없음 □ 월 1회 미만 □ 월 1회 □ 주 1회 □ 거의 매일
현재 복용중인 정신과 약물 (복수 응답 가능)		□ 없음 □ 항불안제/수면제 □ 항우울제 □ 기분조절제 □ 항정신병약물 □ 기타 □ 모름
자살 기도의 진정성 (평가자 판단)		□ 정말 죽으려고 했으며, 그럴 만한 방법을 선택했다 □ 죽고 싶은 마음은 있었으나 실제 죽을 수 있는 방법이 아니라는 것은 알고 있었다 □ 도움을 얻으려고 했던 것이지, 정말 죽을려고 했던 것은 아니다 □ 기타 ____________________ □ 알 수 없음 / 평가불가
이번 자살 기도에 대한 의학적 결과 (복수 응답 가능)	□입원	□ 본원 정신과 □ 다른 정신과 □ 본원 다른 과 입원 □ 다른 병원 다른 과 입원
	□정신과 외래 진료	□ 예약 (이후 □ 방문함 □ 방문하지 않음(추후 의무기록 검토)
	□정신과 치료 거부	□ 정신과적 문제 부인 □ 치료로 도움이 안됨 □ 기타 _______
	□사망/기타	□ 사망 □ 기타 내용 _______ □ 기존 NP f/u 하기로 함 (이후 □ 방문함 □ 방문하지 않음)

자살의도척도(SIS) total _____ 점			
Part.1(circumstances) subtotal _____ 점		Part.2(self – report) subtotal _____ 점	
1. 고립	□0 □1 □2	1. 시도목적	□0 □1 □2 □ 모름/면담불가
2. 시간	□0 □1 □2	2. 치명도 기대	□0 □1 □2 □ 모름/면담불가
3. 발견/개입에 대한 경계	□0 □1 □2	3. 방법의 치명성	□0 □1 □2 □ 모름/면담불가
4. 도움요청	□0 □1 □2	4. 시도의 심각성	□0 □1 □2 □ 모름/면담불가
5. 죽음 준비행동	□0 □1 □2	5. 삶/죽음 태도	□0 □1 □2 □ 모름/면담불가
6. 계획정도	□0 □1 □2	6. 회복 생각	□0 □1 □2 □ 모름/면담불가
7. 유서	□0 □1 □2	7. 사전 고려정도	□0 □1 □2 □ 모름/면담불가
8. 자살 의도 표현	□0 □1 □2		
기능수준	GAF (지난 1년 간 최고 _____ 점, 현재 _____ 점), SOFAS (지난 1년 간 최고 _____ 점, 현재 _____ 점)		
정보신뢰도	□ 최하 □ 하 □ 중 □ 상 □ 최상	면담호응도	□ 최하 □ 하 □ 중 □ 상 □ 최상

[그림 14-4] 응급실 기반 자살시도자 지원사업 위기관리평가 기록지 2

출처: 중앙자살예방센터(2012)

② 자살시도자에 대한 위기 개입

가. 자살 위기 개입자의 역할

- 급박한 상황에서 최대한 시간을 유지하라.
- 도움을 청한 것이 옳았다고 느끼게 하라.
- 자살단서에 주목하라.
- 경청하라. 공감하라.
- 반드시 질문하라.
- 개입 시 거짓말을 하지 마라.
- 수동적으로 대처하지 마라.
- 과도하게 반응하지 마라.
- 비밀보장 때문에 자살생각을 비밀로 하지 마라.
- 너무 빠르게 개입을 종결하지 마라.
- 이용 가능한 자원을 탐색하고 평가하도록 하라.
- 기록으로 남겨라.
- '함께 있어 주는 것'이 중요하다.
- 자살이 문제에 대한 해결책이 아님을 확신시켜라.
- 혼자 해결하지 마라. 팀을 이루도록 하라.
- 완전히 책임질 수 없다는 사실을 인정하라.
- 안전계획 동의서를 만들어라.
- 사후관리를 잊지 마라.

나. 자살시도자에 대한 위기개입(SAFER-R) 모델

〈표 14-8〉 위기개입모델 과정

① 안정화	② 위기 인정하기	③ 이해 촉진하기	④ 효과적인 대처 권장하기	⑤ 회복 및 의뢰
• 자기소개 • 비밀보장 • 라포 형성	• 이야기하도록 격려하기 • 자살위험성 평가 • 자살위험수준 분류 • 가장 힘든 것 탐색 • 인지, 정서, 행동 반응 탐색	• 정상화하기	• 정서표출 돕기 • 스트레스 대처와 관리전략 탐색 • 정보 제공 사회적 지지망 확인 • 문제 해결과 대처방안	• 지속적 도움을 받도록 격려 • 사회적 네트워크 형성 정보 제공, 의뢰 • 자기모니터링 방법 제공, 평가

③ 지역사회 관련기관 연계

자살시도자 사후관리를 위하여 전문 상담 및 지원기관을 안내하고 연계해야 한다.

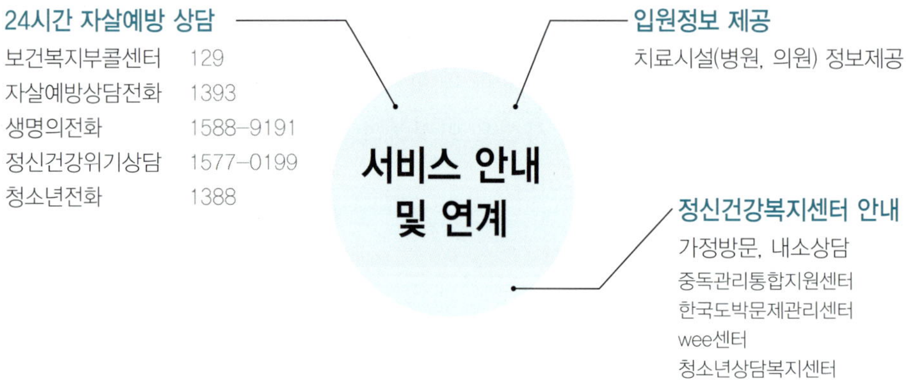

[그림 14-5] 자살시도자 사후관리 지역사회 연계

출처: 장미(2022)

가. 자살예방센터 및 정신건강복지센터 연계

응급실에 내원한 자살시도자의 정서적 안정 회복, 재활 촉진, 자살 재시도 방지를 위한 지원체계를 구성하기 위해 지역사회의 정신건강증진센터 및 자살예방센터 등을 유기적으로 연계하여 자살시도자에 대한 정신적·심리적 치료 및 사회복지 서비스 연계가 필요하다.

기관과 접촉	의뢰서 작성	연계	연계거부
욕구에 맞는 적합한 서비스 파악	자살시도력, 정신과치료력, 가족력, 현재 사례관리 내용 등을 작성	의뢰서 전달 및 연계	서비스를 지속적으로 권유 도움받을 수 있는 기관 안내 위험한 환경 변경 혼자 있지 않도록 권유 금주 권유 즉각적 개입 필요한 경우 → 지역센터 연계

[그림 14-6] 응급실기반 자살시도자 사례관리사업 – 지역사회연계 절차

출처: 장미(2022)

나. 응급입원

자살 사고가 지속되는 경우, 「정신건강증진 및 정신질환자 복지서비스 지원에 관한 법률」(약칭: 「정신건강복지법」) 제50조에 의거하여, 112에 신고하여 경찰관의 동의하에 정신의료기관에 응급입원을 의뢰할 수 있다.

〈표 14-9〉 응급입원 법적 근거(「정신건강복지법」 제50조)

제50조(응급입원) ① 정신질환자로 추정되는 사람으로서 자신의 건강 또는 안전이나 다른 사람에게 해를 끼칠 위험이 큰 사람을 발견한 사람은 그 상황이 매우 급박하여 제41조부터 제44조까지의 규정에 따른 입원 등을 시킬 시간적 여유가 없을 때에는 의사와 경찰관의 동의를 받아 정신의료기관에 그 사람에 대한 응급입원을 의뢰할 수 있다.
② 제1항에 따라 입원을 의뢰할 때에는 이에 동의한 경찰관 또는 구급대원은 정신의료기관까지 그 사람을 호송한다.
③ 정신의료기관의 장은 제1항에 따라 응급입원이 의뢰된 사람을 3일(공휴일은 제외한다) 이내의 기간 동안 응급입원을 시킬 수 있다(4~6조 생략).

4) 장애인 및 의사소통이 어려운 환자를 위한 지원체계

장애 환자, 의사소통이 어려운 외국인 등 취약환자를 위한 적절한 보호란, 신체적 위해나 학대 방지뿐만 아니라 부주의한 진료나 진료 거부 방지, 화재 발생 시 지원 등을 의미한다. 이를 위해 각 기관에서는 지원체계를 갖추어야 한다. 장애 환자를 위한 화장실, 장애인 주차구역, 수납 창구 등을 두어 지원하거나, 자원봉사자 등을 활용한 동행 서비스를 제공하며, 거동이 불편한 환자를 위하여 휠체어 등을 지원하는 등 활동이 그 예이다.

〈표 14-10〉 장애 및 의사소통이 어려운 환자를 위한 지원체계(예시)

환자구분	1차 지원체계	2차 지원체계
시각장애 환자	구두로 설명	필요시 동행서비스
청각/언어장애 환자	종이와 필기도구를 이용하여 설명	* 107손말이음센터_원격수화통역 ☎ 국번 없이 107 * 장애인수화통역센터
외국인	국제진료센터	* bbb korea – 영어, 일본어, 중국어, 프랑스어, 스페인어, 이탈리아어, 러시아어, 독일어, 포르투갈어, 아랍어, 폴란드어, 터키어, 스웨덴어, 태국어, 베트남어, 인도네시아어, 몽골어, 인도어, 말레이시아어, 스와힐리어 등 ☎ 1588-5644 https://www.bbbkorea.org/ * 다누리 콜센터 – 영어, 중국어, 베트남어, 일본어, 타갈로그어, 크메르어, 우즈베크어, 라오스어, 러시아어, 타이어, 몽골어, 네팔어 ☎ 1577-1366 https://www.liveinkorea.kr/

CHAPTER 15

의료사회복지 전망과 과제

학 · 습 · 목 · 표

1. 최근 사회변화 및 의료 환경의 변화를 기반으로 의료사회복지의 전망에 관하여 이해한다.
2. 의료사회복지사가 전문직으로 자리매김하기 위해 수행해야 할 과제를 숙지한다.

현대사회는 과거에 비해 훨씬 더 복잡하고 다양한 건강 문제에 직면해 있으며, 이에 따라 보건의료 체계 전반에서 다양한 전문 인력이 요구되고 있다. 그중에서도 의료사회복지사는 환자의 심리사회적 문제를 이해하고, 적절한 자원을 연계하며, 치료의 지속성과 삶의 질 향상에 기여하는 핵심적인 전문 인력으로 주목받고 있다. 의료 환경이 빠르게 변화함에 따라, 의료사회복지사의 역할과 책임도 더욱 확장되고 있다.

의료사회복지의 전망과 과제를 진단하는 일은 단순히 특정 영역의 미래를 예측하는 데 그치지 않는다. 이는 우리 사회가 보건의료를 어떤 방향으로 이끌어갈 것인지, 그리고 취약 계층을 포함한 모든 시민에게 어떤 방식으로 건강권을 보장할 것인지에 대한 본질적인 질문과 맞닿아 있다. 특히 고령화, 만성질환의 증가, 디지털 헬스케어의 확산, 보건의료 정책의 급변 등은 환경과 복지 체계에 결정적인 영향을 미치고 있다.

본 장에서는 의료사회복지 전망과 과제를 네 가지 측면에서 고찰하고자 한다. 첫째, 보건의료 환경과 인구구조의 변화, 둘째, 만성질환의 증가와 예방 중심의 패러다임 전환, 셋째, 보건의료 공공성 강화, 넷째, 지역사회 중심 보건의료체계 확산과 협력적 복지모델 구축이다.

1. 보건의료 환경 및 인구구조 변화

최근 수십 년간 우리 사회는 전례 없는 고령화 속도를 보이고 있다. 2024년 12월 초고령 사회(65세 이상 인구 20% 이상)에 진입함에 따라 고령 인구에 대한 의료 수요 증가와 의료서비스 전달체계의 재편을 긴급하게 요구하고 있다. 초고령 사회에서의 의료는 단순한 질병 치료를 넘어 만성질환 관리, 재활, 돌봄의 연속성을 포함하는 통합적인 서비스로 진화하고 있다. 이러한 변화는 의료사회복지사의 역할 확대와 더불어, 그들의 직무 부담 증가 및 복지적 지원 필요성 증대로 이어진다. 또한 결혼이주여성, 외국인 노동자, 해외 관광객 등 글로벌 사회로의 진입과 지역 간 의료접근성 격차 역시 의료 현장의 새로운 과제로 대두되고 있다. 이들은 언어 장벽, 문화 및 생활환경 차이 등 복합적인 문제를 경험하는 환경적 약자 입장에 놓이게 되고, 이는 곧 의료서비스의 사각지대를 형성하게 된다(이경아, 2024). 이러한 상황에서 의료사회복지사는 환자와 의료기관 사이의 조정자 역할을 하며, 문화적으로 적절한 복지서비스 제공에 핵심적인 기능을 수행하게 된다. 그러나 여전히 의료사회복지사의 인력 배치 기준은 불명확하고, 지역 간 편차가 심해 이들이 겪는 노동 강도 및 복지 수준은 표준화되어 있지 못하여 핵심적인 역할수행에 제약이 있다. 뿐만 아니라, 1인 가구의 증가 역시 의료서비스의 질과 방식에 영향을 미친다. 독거노인, 정신건강 문제가 있는 청년층 등 새로운 취약 계층이 빠르게 증가하고 있으며, 이들에게는 단순한 의료 접근보다 통합적 복지 개입이 더 중요하다. 의료사회복지사는 이들의 사회적 고립을 해소하고, 지속적인 지역사회자원 연계를 통해 의료서비스의 효과성을 높이는 데 중추적인 역할을 수행할 수 있다. 하지만 이를 위한 정책적 지원과 업무 여건은 여전히 미비한 실정이다.

앞서 언급한 바와 같이, 보건의료 환경 및 인구구조의 변화는 의료사회복지사의 복지 전망에 중대한 영향을 미친다. 업무의 복잡성과 중요도는 증가하고 있지만, 제도적 보호와 복지 인프라는 이에 미치지 못하고 있어, 이들의 권익 보장과 처우 개선이 시급한 과제로 제기된다.

2. 만성질환 증가 및 예방

만성질환은 장기간 지속되며 완치가 어렵고, 관리와 예방 중심의 접근이 요구되는 질병을 의미한다. 대표적으로 당뇨병, 암, 심혈관 질환, 만성호흡기 질환 등이 포함된다(WHO, 2023). 2023 노인실태조사에 따르면 65세 이상 노인의 86.1%가 2개 이상의 만성질환을 보유하고 있으며, 이 중 절반 이상이 두 가지 이상의 질환을 가지고 있는 것으로 나타났다(보건복지부, 2024). 이러한 만성질환의 확산은 개인의 삶의 질 저하뿐만 아니라, 가계의 경제적 부담 증가, 의료재정 악화, 요양·돌봄 서비스 수요의 급증으로 이어진다.

게다가 만성질환은 환자 개인의 심리적 문제와 사회적 고립을 동반할 수 있으며, 이는 정신건강 문제로 확장되기도 하여 예방적 접근으로 보건의료체계가 이동하고 있다.

예방은 단순히 질병 발병을 막는 차원을 넘어, 조기발견과 지속적인 건강관리, 사회적 지지체계 형성을 포함한다. 특히 사회경제적 지위가 낮을수록 만성질환의 발생률과 그로 인한 불평등이 심화되는 경향이 있어, 의료사회복지사는 이러한 사회적 결정요인(social determinants of health)을 고려한 적극적 대응이 필요하다(Marmot et al., 2020).

3. 보건의료 공공성 강화와 의료사회복지

보건의료 공공성이란, 국민의 건강을 국가가 책임지는 공공적 의무를 기반으로 한 건강보장 체계를 의미하며, 한 개인이나 특정한 단체가 아니 일반 사회 구성원 전체에 두루 관련되는 성질로 정의할 수 있고, 사회 구성원 전체에게 공적인 이익을 제공하고 그 이익의 양을 증가시키는 의료서비스 제공체계를 지향하고 있다(이한주, 2021). 우리나라는 COVID-19 팬데믹 이후 공공의료의 필요성을 체감하면서 공공병원 확대, 필수의료 분야 강화, 공공의료인력 확충 등의 정책을 본격화하고 있다(보건복지부, 2022).

공공의료 강화는 의료사회복지사에게 새로운 책무를 부여한다. 공공병원은 단순한 진료기관을 넘어 지역 보건의 허브 역할을 수행해야 하며, 이 과정에서 의료사회복지사는 사회적 약자의 건강 접근성을 제고하고, 사회적 위험에 노출된 집단의 사례관리 및 자원 연계 역할을 수행해야 한다.

4. 지역사회 중심 보건의료 체계 확산과 협력적 복지모델 구축

2017년 이후 정부는 '문재인 케어'를 통해 건강보험의 보장성을 강화하고자 했으며, 이후 지속적인 급여 확대와 비급여 축소, 재난적 의료비 지원 강화 등을 추진해 왔다. 이에 따라 2023년 기준 건강보험 보장률은 65.7%로, 2017년 대비 3.0% 상승했으며, 중증·희귀질환 및 노인 의료비에 대한 국가 책임 범위도 확대되었다(통계청, 2023).

의료사회복지사는 이러한 변화 속에서 경제적·심리적·정보적 장벽으로 인해 여전히 의료서비스를 충분히 이용하지 못하는 계층을 위해 건강보험 급여제도 안내, 의료비 지원제도 상담, 복지서비스 연계 등을 통해 제도 접근성을 높이는 역할을 수행해 오고 있다. 최근 보건복지부는 「의료·요양 등 지역 돌봄의 통합지원에 관한 법률」을 제정함에 따라 의료-요양-돌봄의 통합적 체계를 강조하고 있다. 이는 병원 중심의 치료 모델에서 벗어나, 지역사회 내에서 예방·치료·재활·돌봄이 순환되는 구조를 의미하며, 궁극적으로는 노인, 장애인, 만성질환자 등 취약 계층이 자신이 거주하는 지역에서 자립적 삶을 영위할 수 있도록 지원하는 것을 목표로 하고 있다.

이는 2017년 문재인 정부 '커뮤니티케어(Community Care)'를 기반으로 하되, 기존의 복지서비스 인프라를 맞춤형으로 제공하고자 하는 데 그 의의가 있다.

이러한 지역사회 중심 보건의료 체계는 의료사회복지사에게 커뮤니티 기반 실천 역량을 요구한다. 병원 퇴원 후 환자의 지역 복귀를 위한 퇴원계획(Discharge Plan), 방문형 사례관리, 보건소 및 행정 복지센터와의 협업이 강화되어야 하며, 다양한 민간자원과의 연계도 필수적이다.

5. 의료사회복지사의 주요 과제

1) 전문적 역할 증대 및 강화

퇴원계획 수립, 만성질환 관리, 정신건강 상담, 의료요양 통합돌봄, 의료복지 관련 연구 등 다양한 분야에서 의료사회복지사의 전문성이 요구된다. 이를 위해 학계에서는 보건정책, 건강 불평등, 커뮤니티케어, 정신보건, 의료윤리, 만성질환관리 등의 교육과정이 신설되어야 하며, 의료사회복지 관련한 전문적 커리큘럼이 개발되어야 한다. 또한 학계, 대한의료사회복지사협회와 한국사회복지사협회 내 보수교육 과정 신설을 계획하고, 수준 높은 전문성을 유지할 수 있도록 환경을 마련해 주어야 한다.

2) 다학제 협업 및 병원 내 위상 제고

다학제 팀 회의에서 의료사회복지사의 의견이 충분히 반영되지 않거나, 진료의 보조 업무로 인식되는 경우가 아직까지는 적지 않다. 다학제 팀 또는 병원 내에서 의료사회복지사의 역할을 명확히 전달하고 사회복지의 가시성과 가치를 높이기 위해서는 근거 중심의 의료사회복지 실천 연구를 적극적으로 수행하는 것이 중요하며, 이를 위한 교육 및 기반 마련을 위한 노력이 필요하다 (Zebrack et al., 2018). 지속적인 근거 중심의 의료사회복지 실천에 더해 '사회적 처방 전문가', '환자 권리 보호자'로 인정받는 미국 의료사회복지사와 같이 입지가 확고해지기 위해 병원 인증제와 연계한 사회복지사의 법적 필수 배치 기준 도입이 필요하다.

3) 공공 영역과 지역사회로의 확장

보건소, 정신건강복지센터, 복지 이용, 거주시설 등과의 연계를 통해 지역사회 내 의료사회복지 실천이 강화되어야 한다. 특히 지역사회 내 복합적 문제를 가진 대상자에 대해 지속적이고 전문적인 사례관리 체계를 구축할 수 있어야 하며, 이를 위한 지역사회 내 의료사회복지사 인력 배치와 재정적 지원이 필수적으로 고려되어야 한다.

앞으로 의료사회복지사의 역할은 더욱 확대될 전망이다. 첫째, 고령화의 심화와 맞물려 만성질환자의 수가 증가함에 따라 의료 현장뿐만 아니라 지역사회 내 보건과 복지의 중재 역할이 가능한 의료사회복지의 수요가 증가할 것이다. 둘째, 디지털 헬스케어의 발전은 원격상담, 모바일 앱 기반 건강관리 등 새로운 형태의 복지서비스 제공을 가능하게 하여 의료사회복지사의 전문성 영역을 넓힐 것이다. 셋째, 예방적 · 지역사회 중심 건강관리 모델이 주류가 되면서 의료사회복지사는 건강 불평등 해소, 취약 계층 대상의 예방 캠페인 기획 및 운영 등에서 중심 역할을 맡게 될 것이다(Powers & Faden, 2006).

하지만 이를 위해서는 몇 가지 과제도 함께 해결되어야 한다. 현재 의료기관 내 의료사회복지사의 인력 배치 기준과 처우 개선이 필요하며, 예방적 역할 수행을 위한 전문 교육과 정책적 지원도 강화되어야 한다. 또한 환자와 보호자, 타 직종과의 협업 능력을 높이기 위한 실천 중심의 특성화된 훈련도 요구된다.

참고문헌

참고문헌

간호정책연구회 (2020). 보건의료와 간호정책. 서울: 에듀팩토리.

강흥구 (2003). 병원의 질 보장 수준과 사회복지사의 질 보장에 대한 태도, 의료사회사업서비스 질과의 상관관계 연구. 한국의료질향상학회지, 10(1), 8-19.

강흥구 (2005). 의료사회복지실천론. 경기: 학현사.

강흥구 (2012). 의료사회복지실천론. 경기: 학현사.

건강보험심사평가원 (2023). 건강보험 주요 통계연보. 원주: 건강보험심사평가원.

건강보험심사평가원 (2024). 호스피스·완화의료 및 연명의료중단등결정 수가 교육자료.

공계순·서인해 (2005). 전통모델과 증거기반실천모델: 증거기반실천모델의 실제와 한국에서의 적용가능성. 한국사회복지학회: 학술대회논문집, 159-180.

공계순·서인해 (2006). 증거기반 사회복지실천에 대한 이해와 한국에서의 적용가능성에 관한 연구. 사회복지연구, 31, 77-102.

구자영·손지현 (2024). 병원 근무 사회복지사의 직무만족감 연구에 대한 체계적 문헌고찰. 건강과 사회복지, 1(1), 31-60.

구태연 (2008). 신장이식 후 발생하는 감염 합병증: 장기 추적 성적. 한양대학교 대학원 석사논문.

국가법령정보센터 (2025). 국민건강보험법(2024. 10. 22. 개정 기준). 법제처.

국가법령정보센터 (2025). 국민기초생활 보장법(2024. 9. 20. 개정 기준). 법제처.

국가법령정보센터 (2025). 긴급복지법(2023. 6. 13. 개정 기준). 법제처.

국가법령정보센터 (2025). 노인복지법(2023. 10. 31. 개정 기준). 법제처.

국가법령정보센터 (2025). 노인장기요양보험법(2024. 2. 6. 개정 기준). 법제처.

국가법령정보센터 (2025). 암관리법(2024. 1. 2. 개정 기준). 법제처.

국가법령정보센터 (2025). 의료급여법(2023. 12. 26. 개정 기준). 법제처.

국가법령정보센터 (2025). 장애인 건강권 및 의료접근성 보장에 관한 법률(2024. 10. 22. 개정 기준). 법제처.

국가법령정보센터 (2025). 장애인복지법(2024. 10. 22. 개정 기준). 법제처.

국가법령정보센터 (2025). 재난적의료비 지원에 관한 법률(2023. 3. 28. 개정 기준). 법제처.

국가법령정보센터 (2025). 희귀질환관리법(2024. 1. 16. 개정 기준). 법제처.

국립암센터 (2021). 건강의 사회적 결정요인을 적용한 암환자 퇴원계획 의료사회복지 가이드북.

국립암센터·대한의료사회복지사협회 (2023). 암환자와 디스트레스: 의료사회복지사를 위한 안내서.

국립장기조직혈액관리원 (2024). 2023년도 장기등 기증 및 이식 통계연보.

권영대 (2006). 병원에서의 질 향상(QI) 활동- 필요성, 역사와 향후의 과제. 한국의료QA학회지, 12(2), 47-54.

권자영 · 김린아 · 김학령 · 박소연 · 최권호 (2022). 보건의료환경의 새로운 변화와 의료사회복지론. 경기: 양서원.

김기덕 · 장은숙 (2008). 클라이언트의 자기결정에 관한 정신보건사회복지사의 실천 경험에 대한 연구. 사회복지연구, 39, 83-113.

김기환 · 서진환 · 최선희 (1997). 의료사회사업가의 직무표준화를 위한 연구. 한국사회복지학, 33(11), 1-28.

김미경 (1990). 유방암 자가검진에 영향을 미치는 요인에 관한 연구: 건강신념 모형을 중심으로. 이화여자대학교 석사학위 논문.

김미영 (2021). 제1형 당뇨병 당사자와 부모의 심리사회적 경험. 대한당뇨병학회지, 22(1), 46-50.

김소영 · 이윤미 (2016). 간이식 환자가족의 삶의 질 영향요인. 성인간호학회지, 28(3), 279-287.

김수경 (2022). 보건의료 공공성의 개념과 정책적 함의. 보건사회연구, 42(1), 25-50.

김안젤라 (2004). 회상을 주제로 한 집단미술치료가 노인의 자아존중감과 자아통합감에 미치는 영향. 노인복지학회, 24, 153-179.

김양이 (2016). 치매노인 가족을 위한 지원정책. 장기요양연구, 4(1), 80-100.

김연수 · 김경희 · 김진숙 · 최명민 (2022). 의료사회복지론. 서울: 신정.

김연수 · 김경희 · 박지영 · 최명민 (2017). 의료사회복지의 이해와 실제. 서울: 나눔의 집.

김영숙 (2005). 회상을 적용한 집단미술치료 프로그램이 치매노인의 인지기능, 우울과 삶의 질에 미치는 효과. 한국미술치료학회, 12(2), 483-500.

김영희 · 허은주 · 임현숙 · 박은주 (2017). 건강신념모델을 이용한 독감 예방접종 의도에 미치는 영향에 관한 연구, 인문사회 21, 8(5), 149-166.

김유진 (2015). 근거기반 실천과 사회복지: 이슈와 동향 (아산재단 연구총서 제390집). 서울: 집문당.

김은경 · 김유미 · 박성희 · 최윤경 · 황정해 (2014). 전문가가 직접 쓴 최신 의료 질 관리론. 경기: 군자출판사.

김은영 · 김철환 · 김희걸 · 신은영 · 유원섭 · 전경자 (2006). 당뇨병 환자에 대한 지역사회 중심 사례관리의 효과. 한국간호과학회 학술대회 자료집, 181.

김정화 · 김린아 · 권자영 (2019). 의료사회복지사 수련제도에 관한 인식과 수련교육 요구분석. 한국사회복지조사연구, 63, 35-62.

김정화 (2024). 수련 의료사회복지사 역량 개발을 위한 의료사회복지사 역량 관련 해외 문헌 고찰. 건강과 사회복지, 1(1), 133-158.

김진아 · 김덕주 (2023). 인지행동치료가 척수손상 환자의 정신건강, 자기효능감 및 삶의 질에 미치는 영향. 대한고령친화산업학회지, 15(1), 23-35.

김진현 · 한지나 (2014). 축적된 사회경제적 불평등이 노년기 우울궤적에 미치는 영향: 축적된 불평등 이론의 검증. 노인복지연구, 65, 207-230.

김창엽 · 김명희 · 이태진 · 손정인 (2015). 한국의 건강 불평등. 서울대학교출판문화원.

김현지 (2023). 척수장애인의 신체건강 및 정신건강이 삶의 질에 미치는 영향. 재활간호학회지, 26(2), 77-86.

남은지 · 서혜주 · 이정명 (2024). 우리나라 성인 당뇨병 환자의 우울 경험 현황: 사회복지실천에의 함의. 건강과 사회복지, 1(1), 87-105.

대한당뇨병학회 진료지침위원회 (2023). 당뇨병 진료지침(제8판). 대한당뇨병학회.

대한신장학회 (2013). 1차 의료기관 의사용 만성콩팥병 예방관리 가이드라인.

대한신장학회 CKD 대책위원회 · 신장학연구재단 (2009). 만성콩팥병 진료지침.

대한의료사회복지사협회 (2013). 대한의료사회복지사협회 40년사.

대한의료사회복지사협회 (2021). 대한의료사회복지사협회 수련교육과정 개발연구 결과보고서.

대한의학회 · 질병관리청 (2022). 일차 의료용 근거기반 만성콩팥병 임상진료지침.

류경돈 (2022). 척수손상 중증장애인의 삶의 체험에 관한 해석학적 현상학 연구. 질적탐구, 8(1), 1-51.

리홍철 (2001). 간이식 환자와 그 가족의 심리적 부담. 영남대학교 석사논문.

박승민 · 최수연 · 김지혜 (2022). 가상현실 프로그램이 치매 환자의 행동 및 심리 증상 완화에 미치는 효과. 한국간호학회지, 52(2), 121-132.

박연화 · 이명하 · 정석희 (2012). PDCA 모형에 기초한 QI 활동 평가틀 개발 및 사례분석. 간호행정학회지, 18(2), 222-233.

박유정 (2024). 사회생태학적 관점으로 바라본 당뇨병을 갖고 있는 청년의 삶. The Journal of Korean Diabetes, 25(2), 99-106.

박은철 (2010). 국가암관리사업 이론과 실제. 국립암센터.

박정임 (2012). 사회복지사를 위한 근거중심 사회복지실천 교육 및 훈련프로그램의 개발 및 효과성에 관한 연구: 종합사회복지관 사회복지사를 중심으로. 보건사회연구, 32(3), 221-271.

박하늬 · 연수진 · 민지희 · 이정민 · 정안숙 · 김지예 · 박형석 · 김승일 · 전용관 (2022). 유방암 환자의 범이론적 모델 단계에 따른 신체활동량과 운동 제약, 운동과학, 31(1), 42-52.

박현용 · 전진아 · 손선주 (2018). 범이론적 모델에 기반을 둔 흡연자의 금연행동 변화단계에 대한 탐색적 연구, 사회복지연구, 49(1), 5-28.

배민진 (1995). 만성정신질환자를 위한 사례관리 연구. 이화여자대학교 사회사업학과 석사학위논문.

법제처 (2025). 공공보건의료에 관한 법률(2022.06.10 개정 기준).

법제처 (2025). 보건의료법(2025.04.17 일부 개정 기준).

보건복지부 · 의료기관평가인증원. 4주기 급성기병원 인증기준.

보건복지부 (2022). 공공보건의료 발전 종합대책.

보건복지부 (2025). 2025년 긴급복지 지원제도 안내.

보건복지부 (2025). 2025년 노인장기요양보험 제도 안내.

보건복지부 (2025). 2025년 의료급여사업 안내.

보건복지부 · 국가생명윤리정책원 · 국립암센터 (2019). 연명의료결정제도 안내.

보건복지부 · 중앙암등록본부 · 국립암센터 (2024). 국가암등록사업 연계보고서(2022년 암등록통계).

보건복지부 (2021a). 제4차 암관리 종합계획.

보건복지부 · 한국사회보장정보원 (2024). 2024년 공공부문 사례관리 연계 · 협력 업무 안내.

보건복지부 · 한국사회복지사협회 (2022). 영역별 사회복지사 자격관리 지침.

서동교 (2021). 당뇨병발의 원인, 진단, 합병증 및 치료. 대한의사협회지, 64(8), 523-528.

서울시정신건강복지센터(2020). 서울시 병원기반사례관리 시범사업 2018-2020년 수행보고 및 성과분석.

양옥경 · 김정진 · 서미경 · 김미옥 · 김소희 (2018). 사회복지실천론(개정5판). 경기 : 나남.

엄기욱 · 이수미 · 홍명희 (2015). 치매노인가족의 케어경험에 관한 연구. 노인복지연구, 69, 67-89.

엄명용 · 김성천 · 윤혜미 (2020). 사회복지실천의 이해 5판. 경기 : 학지사.

오덕원 (2024). 지역사회-기반 뇌졸중 재활의 적용: 문헌 고찰. Kor J Neuromuscul Rehabil, 14(3), 126-143.

오영인 · 안덕선 (2021). 환자중심의료 평가도구 개선 방안. 대한의사협회 의료정책연구소.

유수현 · 김창곤 · 김원철 (2018). 의료사회사업론. 경기 : 양서원.

윤숙경 (2019). 아동기 사회경제적 지위가 중장년기 성인의 우울에 미치는 영향: 생애과정 관점을 중심으로. 보건사회연구, 39(1), 200-229.

윤현숙 · 구본미 · 이강 · 이제연 (2010). 노인 우울증에 대한 문제해결치료 (Problem-Solving Treatment) 의 효과성 연구. 한국노년학, 30(3), 871-894.

윤현숙 · 김연옥 · 황숙연 (2011). 의료사회복지실천론. 서울 : 나남.

윤현숙 · 이은경 · 이정의 · 장은진 · 최류란 · 윤지영 · 김은숙 · 강성보 · 한아름 (2010). 노인을 위한 통합 건강 프로그램의 효과: 몸-마음-영성 (Body-Mind-Spirit) 프로그램. 노인복지연구, 48, 345-374.

이경아 (2024). 코로나19 경험이 도서지역 재난 약자 가정에 미친 영향과 적응전략. 가족과 문화, 36(1), 71-112.

이경희 · 전재희 (2024). 뇌졸중 환자의 디스트레스와 스티그마가 삶의 질에 미치는 영향. 근관절건강학회지, 31(2), 95-106.

이광재 (2003). 호스피스사회사업. 서울 : 인간과 복지.

이병관 · 손영곤 · 이상록 · 윤문영 · 김민희 · 김채린 (2014). 건강관련 행동의 예측을 위한 사회인지이론의 유용성 국내 건강신념모델 연구의 메타분석. 홍보학연구, 18(2), 163-206.

이송월 (2016). 노인 암 환자를 위한 문제해결치료 적용. 대한의료사회복지사협회 추계심포지움 발표.

이송월 (2018). 대학병원 의료사회복지사의 역할. 대한의료사회복지사협회 발표자료.

이송월 (2019). 집단 대상 의료사회복지실천. 대한의료사회복지사협회 수련이론교육 발표.

이송월 (2021). 한림대의료원 사회사업팀 월례회의. 암환자를 위한 통합적 의료사회복지실천.

이송월 (2022). 상담기록작성. 2022년 수련의료사회복지사 이론교육. 대한의료사회복지사협회.

이송월 · 김준영 · 배진희 · 한정민 · 손성준 (2023). 연명의료결정 상담프로세스 개선을 통한 환자 중심 의사결정 증대-한림대학교동탄성심병원. 2023 한국의료질향상학회 추계학술대회.

이송월 · 김호선 (2024). 노인 만성질환자를 위한 병원과 지역사회 복지관 협업 통합관리 프로그램(파일럿 연구). 한국사회복지학회 추계공동학술대회 자유발표.

이순교 · 김복남 · 김윤숙 · 정연이 · 허영희 · 황지인 (2018). 현장 전문가가 쓴 질 향상 및 환자 안전 실무가이드. 서울: 현문사.

이승희 · 장덕희 (2018). 회상을 통한 미술 프로그램이 요양병원 치매노인의 자아통합감에 미치는 효과. 인문사회 21, 10(3), 1405-1419.

이영휘 · 이은현 (2001). 장년기 여성의 유방자가검진 수행에 대한 예측변수. 성인간호학회지, 13(4), 551-559.

이은경 · 윤현숙 · 이정의 · 윤지영 · 장은진 · 김은숙 (2010). 행복한 노후 만들기—몸 · 마음 · 영성 프로그램 구성. 서울: 소화.

이은진 · 남석인 (2017). 의료사회복지사의 직무요구가 직무만족, 이직의도에 미치는 영향에 관한 연구. 사회복지연구, 48(2), 233-266.

이인정 (2010). 암환자 배우자의 돌봄 부담에 영향을 미치는 요인에 관한 연구. 한국가족사회복지학회, 30, 197-223.

이인정 (2018). 암생존자 가족의 건강 관련 삶의 질에 대한 영향 요인: 투병 중인 암환자 가족과의 비교를 중심으로. 한국융합학회논문지, 9(11), 443-454.

이인정 · 이영선 · 장수미 · 임정원 · 최경애 (2021). 코로나19 이후 의료사회복지사의 직무 변화와 대응 실태. 한국사회복지학, 73(4), 57-85.

이주호 (2013). 위기개입과 위기관리: A. R. Roberts'의 7단계 위기개입 모델의 이해와 적용을 중심으로. 한국지방정부학회 추계학술대회 발표논문집, 1-12.

이준우 · 김정석 · 김동민 (2022). 척수장애 청년의 의료사회복지사와 함께하는 사회복귀 경험에 대한 내러티브 탐구. 한국사회복지교육, 60, 171-206.

이한주 (2021). COVID-19 시대에 의료 공공성 강화의 법적 논의, 법학논고, 74, 81-106.

이현주 · 정은희 (2016). 생애과정의 사회경제적 지위와 노년기 건강: 초기 성인기 및 중년기 사회경제적 지위의 다중매개효과. 보건사회연구, 36(3), 53-84.

이효순 · 권지현 · 양정빈 · 천덕희 · 추정인 · 한수연 (2016). 의료사회복지론. 서울: 학지사.

임성철 (2023). 당뇨병 환자의 스트레스와 자살생각과의 관계에서 우울의 매개효과. 학습자중심교과교육연구, 23(5), 77-89.

임정원 (2023). 암 생존자와 가족의 의사소통과 심리적 디스트레스 강의 관계: 행위자-상대자 상호의존 모형 적용. 보건사회연구, 43(1), 226-245

임정원 · 김민영 (2017). 의료사회복지사의 직무 실태와 활동 수가 현황. 한국사회복지조사연구, 54, 167-194.

장수미 · 최정숙 · 박형원 · 김주현 · 홍현미라 · 이혜경 · 이영선 · 한인영 (2017). 사회복지실천기술론(제2판). 서울: 학지사.

장수미 · 이영선 · 이인정 · 임정원 · 최경애 · 한인영 (2021). 의료사회복지론. 서울: 학지사.

재활의 정석 (2018). 재활의료사회복지사를 위한 임상업무 매뉴얼. 대한의료사회복지사협회 재활의료사회복지사연구회.

전혜성 (2017). 자살 유가족의 외상 대처 및 가족재구조화를 위한 위기개입 가족상담- 위기개입모델 및 구조적 가족치료이론에 기반하여, 가족과 가족치료, 25(2), 375-400.

정대희 · 지현경 · 박채림 · 김민아 (2024). 의료사회복지사 수련지도자의 수련지도 경험에 대한 포토보이스 연구. 한국사회복지학, 76(2), 127-157.

정미경 · 강철인 · 이정아 · 문수연 · 정두련 · 송재훈 · 전은석 · 박표원 · 백경란 (2010). 국내의 심장 이식 환자에서 발생한 감염 합병증의 임상 양상 및 예후. 감염과화학요법, 42(6), 375-382.

정순둘 (2006). 사회복지사들의 조사연구활용에 관한 연구, 한국사회복지학회, 58(2), 251-271.

정연진 · 강지인 (2023). 고형장기이식 환자의 정신건강: 이식의 시기별 이슈. 대한불안의학회지, 19(2), 37-47.

정영민 · 김미영 (2012). 제2형 당뇨환자의 우울증상군과 비우울증상군 간의 당화혈색소, 자가 관리, 삶의 질 간의 비교연구. 기본간호학회지, 19(3), 353-362.

정은주 · 오미여 (2012). 여성노인의 자아통합감 향상을 위한 과계회상 중심 미술치료사례. 미술치료연구, 2(59), 351-380.

정진숙 · 이근매 (2010). 회상요법을 적용한 집단콜라주 미술치료가 요양시설 치매노인의 문제행동에 미치는 효과. 한국미술치료학회, 17(1), 131-148.

조병희 (2006). 질병과 의료의 사회학(개정판). 서울: 집문당.

조성상 · 송효석 · 이기주 · 이동영 · 정대희 · 홍영수 (2019). 의료사회복지실천론. 서울: 신정.

조성우 · 안정선 · 최승희 · 김정선 (2024). 쉽게 배우고 바로 활용하는 사회복지 프로그램 개발과 평가. 서울: 학지사.

조윤경 (2024). 1형당뇨병과 2형당뇨병의 혈관합병증, 과연 같을까?. 대한당뇨병학회지, 25(2), 62-68.

조은영 · 강지은 · 김성혜 (2010). 가족상호관계가 치매노인 가족원의 부담감에 미치는 영향. 한국노년학, 30(2), 421-437.

조현 (2019). 호스피스 · 완화의료. 서울: 계축문화사.

진시영 · 정경미 (2020). 암 경험 유무에 따른 인지도식의 차이: 우울과 불면 증상을 중심으로. 한국심리학회지: 건강, 25(3), 501-525.

최경애 (2000). 의료사회사업 실무 핸드북: 뇌졸중 프로그램 만들기. 서울: 나눔의 집.

최권호 (2015). 보건사회복지 개념과 역할 재구성: 병원을 넘어. 비판사회정책, 49, 368-403.

최권호 · 김준표 (2017). 의료사회복지사의 역할 불일치와 직무만족. 한국사회복지행정학, 19(4), 133-158.

최권호 · 이현아 · 고혜민 (2021). 의료사회복지론 교과목 지침 개선방안. 한국사회복지교육, 54, 107-141.

최귀선 · 이선희 · 조우현 · 강혜영 · 채유미 (2001). 의료 질 향상 사업의 성공요인과 실패요인. 한국의료질향상학회지, 8(2), 146-159.

최동규 · 정연수 (2018). 후천적 척수장애인의 사고 후 일상생활 복귀과정에 대한 경험연구. 장애인평생교육복지연구, 4(2), 49-72.

최명민 (2007). 질적-양적 연구방법론의 혼합에 의한 의료사회복지사의 소진탄력성 및 소진위험성 척도개발 연구. 한국사회복지학, 59(4), 245-272.

최명민 (2008). 사회복지사 윤리적 민감성 검사도구(SWEST) 개발 및 활용에 관한 연구. 한국사회복지학, 60(2), 5-28.

최혜지 · 김경미 · 남성희 · 류은정 · 박선영 · 박형원 · 박화옥 · 배진형 · 안준희 · 장수미 · 정순둘 (2021). 사회복지실천론(2판). 서울: 학지사.

하혜미 (2012). 회상요법을 활용한 미술치료가 시설 거주 경증 치매 노인의 삶의 질에 미치는 효과. 한국미술학회, 19(2), 405-421.

한국보건사회연구원 (2022). 고령화 사회와 건강 불평등 연구 보고서.

한국사례관리학회 (2016). 사회복지 사례관리 표준 실천 지침.

한국사회복지사협회 (2019). 영역별 사회복지사 자격제도 연구. 보건복지부.

한국사회복지사협회 (2022). 영역별 사회복지사 자격관리 지침. 보건복지부.

한국호스피스 · 완화의료학회 (2018). 호스피스 · 완화의료. 경기: 군자출판사.

한인영 · 최현미 · 장수미 · 임정원 · 이인정 · 이영선 (2013). 의료현장과 사회복지실천. 서울: 학지사.

한인영 · 최현미 (2002). 의료사회사업론. 서울: 학문사.

한인영 · 최현미 · 장수미 · 임정원 · 이인정 · 이영선 (2013). 의료현장과 사회복지실천. 서울: 학지사.

호승희 (2024). 장애인 건강보건관리 종합계획 수립현황과 과제. *보건복지포럼*, *330*, 50-69.

황성철 (1996). 사회사업가의 윤리적 갈등과 의사결정에 관한 연구-의료사회사업가의 윤리적 갈등 상황에 대한 반응과 의사결정을 중심으로-. *한국사회복지학*, *29*, 218-240.

Alderwick, H., and L. M. Gottlieb. (2019). Meanings and misunderstandings: A social determinants of health lexicon for health care systems. *The Milbank Quarterly*, *97*(2), 407-419.

Allen, K. M. & Spitzer, W. J. (2015). *Social work practice in healthcare: advanced approaches and emerging trends*. Sage Publications.

Anthony R. B. (2017). A life course model for a domains-of-life approach to happiness: Evidence from the United States. *Advances in Life Course Research*, *33*, 11-22.

Association of Oncology Social Work. Scope and Standards of Practice. AOSW Headquarters. Retrieved January 28 from https://aosw.org/publications-media/scope-of-practice/.

Aubin. M., Vezina. L., Verreault. R., Simard. S., Desbiens. J., Tremblay. L., Dumont. S., Fillion. L., Dogba. M. J., Gagnon. P. (2017). Effectiveness of an intervention to improve spportive care for family caregivers of patients with lung cancer: study protocol for a randomized controlled trial. *Trials*, *18*(1), 304.

Ayerbe, L., Ayis, S., Wolfe, C. D., & Rudd, A. G. (2013). Natural history, predictors and outcomes of depression after stroke: systematic review and meta-analysis. *The British Journal of Psychiatry*, *202*(1), 14-21.

Becker, G. (1993). Continuity after a stroke: Implications of life-course disruption in old age. *The Gerontologist*, *33*(2), 148-158.

Becker, M. H. (1974). The health belief model and sick role behavior. *Health Education Monographs*, *2*, 409-419.

Bengtson, V. L. & Allen, K. R. (1993). The life course perspective applied to families over time. In P. Boss, W. J. Doherty, R. LaRossa, W. R. Schumm, & S. K. Steinmetz (Eds.), *Sourcebook of family theories and methods: A contextual approach*. new york: plenum.

Bengtson, V. L., Elder Jr, G. H., & Putney, N. M. (2012). The life course perspective on ageing: Linked lives, timing, and history. In M. Kohli (Ed.), *Adult lives: A life course perspective*, 9-17.

Blöchl, M., Meissner, S., & Nestler, S. (2019). Does depression after stroke negatively influence physical disability? A systematic review and meta-analysis of longitudinal studies. *Journal of affective disorders*, *247*, 45-56.

Boyd, K. M. (2000). Disease, illness, sickness, health, healing and wholeness: exploring some elusive concepts. *Medical humanities, 26*(1), 9-17.

Brodaty, H. (1996). Caregivers and behavioral disturbances: Effects and interventions. *International Psychogeriatrics*, *8*(3), 455-458.

Broomfield, N. M., Quinn, T. J., Abdul-Rahim, A. H., Walters, M. R., & Evans, J. J. (2014).

Depression and anxiety symptoms post-stroke/TIA: prevalence and associations in cross-sectional data from a regional stroke registry. *BMC neurology, 14*, 1-9.

Buchholz, A. C., Martin Ginis, K. A., Bray, S. R., Craven, B. C., Hicks, A. L., Hayes, K. C., et al. (2009). Greater daily leisure time physical activity is associated with lower chronic disease risk in adults with spinal cord injury. *Applied Physiology, Nutrition, & Metabolism, 34*(4), 640-647.

Buchholz, A. C., McGillivray, C. F., & Pencharz, P. B. (2003). Physical activity levels are low in free living adults with chronic paraplegia. *Obesity Research, 11*(4), 563-570.

Byun, Y. C., Yoon, S. Y., Choi, M. Y., Seo, D. W., Jeong, H. Y., Jo, S. C., et al. (2006). *A study on the extension plan for disability categories of the third-stage*. Ministry of Health and Welfare, Korea Institute for Health and Social Affairs. Retrieved September 8, 2023, from https://repository.kihasa.re.kr/handle/201002/1376

C. O'Sullivan & G. Chard. (2010). An Exploration of Participation in Leisure Activities Post Stroke. *Australian Occupational Therapy Journal, 57*, 159–166.

Carlson LE, Waller A and Mitchell AJ. 2012. Screening for Distress and Unmet Needs in Patients With Cancer: Review and Recommendations. *Journal of Clinical Oncology, 30*, 1160-1177.

CDC (Centers for Disease Control and Prevention) (2013). Social determinants of health. http://www.cdc.gov/socialdeterminants (accessed December 12, 2013).

Cha, J. E. & Yi, M. S. (2014). Symptom clusters and quality of life in patients on hemodialysis. *Journal of Korean Clinical Nursing Research, 20*(1), 123-133.

Champion V. L, Skinner C. S. (2015). The Health Belief Model. In: Glanz K, Rimer B, Viswanath K, (Eds.), *Health Behavior and Health Education: Theory, Research, and Practice* (pp. 45-66). Jossey-Bass.

Champion, V. L. (1994). Instrument development for health belief model constructs. *Advances in Nursing Science, 6*, 73-85.

Chen, Y., Zhang, P., Wang, J., Gong, Q., An, Y., Qian, X., et al. (2021). Associations of progression to diabetes and regression to normal glucose tolerance with development of cardiovascular and microvascular disease among people with impaired glucose tolerance: A secondary analysis of the 30-year Da Qing Diabetes Prevention Outcome Study. *Diabetologia, 64*, 1279-1288.

Clipp, E. C., & George, L. K. (1993). Dementia and cancer: A comparison of spouse caregivers. *The Gerontologist, 28*, 478-482.

Conroy, K., Sandel, M., & Zuckerman, B. (2010). Poverty grown up: how childhood socioeconomic status impacts adult health. *Journal of Developmental & Behavioral Pediatrics, 31*(2), 154-

160.

Corruble, E., Durrbach, A., Charpentier, B., Lang, P., Amidi, S., Dezamis, A., et al. (2010). Progressive increase of anxiety and depression in patients waiting for a kidney transplantation. *Behavioral Medicine*, *36*, 32-36.

Cowles, L. A. (2012). *Social work in the health field: A care perspective*(2nd Eds). Routledge.

Danese, A., Moffitt, T. E., Harrington, H., Milne, B. J., Polanczyk, G., Pariante, C. M. & Caspi, A. (2009). Adverse childhood experiences and adult risk factors for age-related disease: depression, inflammation, and clustering of metabolic risk markers. *Archives of pediatrics & adolescent medicine*, *163*(12), 1135-1143.

Davis, T. S., Reno, R., Guada, J., Swenson, S., Peck, A., Saunders-Adams, S., & Haas-Gehres, L. (2019). Social Worker Integrated Care Competencies Scale (SWICCS): Assessing social worker clinical competencies for health care settings. *Social Work in Health Care*, *58*(1), 75-92.

DeVivo, M. J., & Chen, Y. (2011). Trends in new injuries, prevalent cases, and aging with spinal cord injury. *Archives of Physical Medicine and Rehabilitation*, *92*(3), 332-338.

Diabetes Control and Complications Trial (DCCT)/Epidemiology of Diabetes Interventions and Complications (EDIC) Research Group; Lachin, J. M., White, N. H.

Dinwiddie, L. C., Burrows-Hudson, S., & Peacock, E. J. (2006). Stage 4 chronic kidney disease: Preserving kidney function and preparing patients for stage 5 kidney disease. *American Journal of Nursing*, *106*(9), 40-51.

Dolgoff, R., Loewenberg, F., & Harrington, D.(2005). *Ethical decisions for social work practice*(7th ed.). Belmont, CA: Brooks/Cole – Thomson Learning.

Eddy, D. M. (1990). Practice policies: where do they come from?. *Jama*, *263*(9), 1265-1275.

Engel, G. L. (1977). The need for a new medical model: a challenge for biomedicine. *Science*, *196*(4286), 129-136.

Fishman, J. A., & Rubin, R. H. (1998). Infection in organ-transplant recipients. *New England Journal of Medicine*, *338*, 1741-1751.

Fraser, M. W. (2003). Intervention research in social work: A basis for evidence-based practice and practice guidelines. In *Developing practice guidelines for social work intervention: Issues, methods, and research agenda* (pp. 17-36). Columbia University Press.

Fraser, M. W., Lombardi, B. M., Wu, S., de Saxe Zerden, L., Richman, E. L., and Fraher, E. P. (2018). Integrated primary care and social work: A systematic review. *Journal of the Society for Social Work and Research*, *9*(2), 175-215.

Fukunishi, I., Sugawara, Y., Takayama, T., Makuuchi, M., Kawarasaki, H., & Surman, O. S. (2001). Psychiatric disorders before and after living-related transplantation. *Psychosomatics*, *42*,

337-343.

Gehlert, S. (2019). The conceptual underpinnings of social work in health care. *Handbook of health social work*(3rd Eds), 1-19.

Gehlert, S., & Browne, T.(2011). *Handbook of health social work*(Eds.). John Wiley & Sons, Incorporated.

Gibbs, L. (2003). *Evidence-based practice for the helping professions: A practical guide with integrated multimedia*. Thompson Learning.

Gilman, S. E., Kawachi, I., Fitzmaurice, G. M. & Buka, S. L. (2002). Socioeconomic status in childhood and the lifetime risk of major depression. *International Journal of Epidemiology*, *31*(2), 359-367.

Go, H. Y., Shin, H. S., & Oh, M. G. (2014). *Rehabilitation of patients with spinal cord injury rehabilitation medicine* (5th ed., pp. 745-789). Paju, Korea: Koonja.

Goetzinger, A. M., Blumenthal, J. A., O'Hayer, C., Babyak, M. A., Hoffman, B. M., Ong, L., et al. (2012). Stress and coping in caregivers of patients awaiting solid organ transplantation. *Clinical Transplantation*, *26*(1), 97-104.

Gong, Q., Zhang, P., Wang, J., Ma, J., An, Y., Chen, Y., et al. (2019). Morbidity and mortality after lifestyle intervention for people with impaired glucose tolerance: 30-year results of the Da Qing Diabetes Prevention Outcome Study. *Lancet Diabetes Endocrinology*, *7*, 452-461.

Gonzalez, J. S., Peyrot, M., McCarl, L. A., Collins, E. M., Serpa, L., Mimiaga, M. J., & Safren, S. A. (2008). Depression and diabetes treatment nonadherence: a meta-analysis. *Diabetes care*, *31*(12), 2398-2403.

Gonzalez, J. S., Safren, S. A., Cagliero, E., Wexler, D. J., Delahanty, L., Wittenberg, E., & Grant, R. W. (2007). Depression, self-care, and medication adherence in type 2 diabetes: relationships across the full range of symptom severity. *Diabetes care*, *30*(9), 2222-2227.

Grant, Elliot, Newman-Giber, & Bartolucci. (2001). Social problem solving abilities, social support, and adjustment among family caregivers of individuals with a stroke. *Rehabilitation Psychology*, *46*(1), 44-57.

Gross, C. R., Kreitzer, M. J., Thomas, W., Reilly-Spong, M., Cramer-Bornemann, M., Nyman, J. A., et al. (2010). Mindfulness-based stress reduction for solid organ transplant recipients: A randomized controlled trial. *Alternatives in Health and Medicine*, *16*, 30-38.

Hainsworth, D. P., Sun, W., Cleary, P. A., et al. (2015). Effect of intensive diabetes therapy on the progression of diabetic retinopathy in patients with type 1 diabetes: 18 years of follow-up in the DCCT/EDIC. *Diabetes*, *64*, 631-642.

Han, J. S. (2017). *The Relationship between Symptom Experience and Body Image in Dialysis Patients*. Unpublished master's thesis, Soonchunhyang University.

Havik, O. E., Sivertsen, B., Relbo, A., Hellesvik, M., Grov, I., Geiran, O., et al. (2007). Depressive symptoms and all-cause mortality after heart transplantation. *Transplantation*, *84*, 97-103.

Haynes, R. B., Devereaux, P. J., & Guyatt, G. H. (2002). Clinical expertise in the era of evidence-based medicine and patient choice. *BMJ Evidence-Based Medicine*, *7*(2), 36-38.

Helman, C. (2007). *Culture, health and illness*. CRC press.

HHS (U.S. Department of Health and Human Services). 2019. Healthy people 2020: Social determinants of health. https://www.healthypeople.gov/2020/topics-objectives/topic/social-determinants-of-health (accessed May 8, 2019).

Hicks, A. L., Martin, K. A., Ditor, D. S., Latimer, A. E., Craven, C., Bugaresti, J., et al. (2003). Long-term exercise training in persons with spinal cord injury: effects on strength, arm ergometry performance and psychological well-being. *Spinal Cord*, *41*, 34-43.

Holman, R. R., Paul, S. K., Bethel, M. A., Matthews, D. R., & Neil, H. A. (2008). 10-year follow-up of intensive glucose control in type 2 diabetes. *New England Journal of Medicine*, *359*, 1577-1589.

Hong, M. S., An, M. J., Yoo, S. H. (2020). Mediating Effects of Resilience in a Relationship between Symptom Experience and Quality of Life among Hemodialysis Patients. *Health & Welfare*, *22*(4), 105-120.

Horevitz, E., and Manoleas, P. (2013). Professional competencies and training needs of professional social workers in integrated behavioral health in primary care. *Social Work in Health Care*, *52*(8) :s 752-787.

Howard, L. Y., & McCoyd, J. L. (2023). Social work 'voice' and interprofessional education: factors beyond professional culture. *Social Work Education*, *42*(8), 1546-1562.

https://kosis.kr/statisticsList/statisticsListIndex.do?vwcd=MT_ZTITLE&menuId=M_01_01

IDF https://diabetesatlas.org/resources/idf-diabetes-atlas-2025/

Im, W. G., & Hwang, S. H. (2014). Investigation of the causes of suicidal ideation of persons with severe disabilities living in s-gu -focusing on their daily activities, experience of committing suicide, and depression. *Korean Journal of Stress Research*, *22*(1), 35-42.

Institute of Medicine(IOM). 2001. *Crossing the Quality Chasm: A new health system for the 21st century*. Washington DC: National Academy Press.

Institute of Medicine(IOM). 2014. *Capturing Social and Behavioral Domains in Electronic Health Records*. Washington DC: National Academy Press.

Jung, D. Y., Kim, H. J., Baek, S. H., Lee, Y. H., Lee, E. K., Lee, J. W., et al. (2020). *Aging and health* (6th ed.). Seoul: Hyunmoon.

Jung, J. S. (2013). A study on psychological factors influence a depression and disability acceptance and the efficacy of short-term psychological intervention for people with spinal cord injury (Doctoral dissertation). Korea University, Seoul.

Kahn, J. R. & Fazio, E. M. (2005). Economic status over the life course and racial disparities in health. *The Journals of Gerontology Series B: Psychological Sciences and Social Sciences*, *60*(2), 76-84.

Kahvecioglu, S., Akdag, I., Kiyici, M., Gullulu, M., Yavuz, M., Etsoy, A., Dilek, K., & Yurtkuran, M. (2005). High prevalence of irritable bowel syndrome and upper gastrointestinal symptoms in patients with chronic renal failure. *Journal of Nephrology*, *18*(1), 61-66.

Kang, H. R., Hong, Y. J., Hwang, K. A., Park, M. R., Chun, S. S., & Lim, N. Y. (2004). Stress and emotional status of patients undergone Hematopoietic stem cell transplantation and their families. *Korean Academic Society of Rehabilitation Nursing*, *7*(2), 115-126.

Karen K, Brydon DM, Moon H, Zebrack B. (2020). Institutional capacity to provide psychosocial care in cancer programs: Addressing barriers to delivering quality cancer care. Pscho-Oncology. 2020; 29: 2004-2011.

KDIGO. (2013). KDIGO 2012 clinical practice guideline for the evaluation and management of chronic kidney disease.

Kim EJ. (2019). Correlation and Associated Factors of Social Support and Social Participation for Life Care of in Stroke Patients Living in Community. *Journal of the Korea Entertainment Industry Association*, *13*(3), 259-268.

Kim, E. K. (2014). Dialysis adequacy, symptom experience, mood states and hope in hemodialysis patients. Master's thesis, Busan University, Busan.

Kim, M. O., & Kim, K. Y. (2022). The Factors influencing selection for rehabilitation hospital after stroke. *Journal of Health Informatics and Statistics*, *47*(1), 9-19.

Knol, M. J., Heerdink, E. R., Egberts, A. C., Geerlings, M. I., Gorter, K. J., Numans, M. E., & Burger, H. (2007). Depressive symptoms in subjects with diagnosed and undiagnosed type 2 diabetes. *Psychosomatic medicine*, *69*(4), 300-305.

Ko, C. M., Sadler, G. R., RyuJin, L., & Dong, A. (2003). Filipina American women's breast cancer knowledge, attitudes, and screening behaviors. BMC Public Health 3, 27.

Kong, E. H. (2010). The effects of a dementia education program on certified geriatric caregivers in a nursing home. *Journal of Korean Academy of Psychiatric and Mental Health Nursing*, *19*, 349-358.

Korean Statistical Information Service. (2022). Cause of death statistics. Retrieved January 10, 2023, from

Korean Stroke Society. (2022). Stroke story. Retrieved January 10, 2023, from https://www.stroke.or.kr/stroke/

Kuh, D., & Shlomo, Y. B. (Eds.). (2004). A life course approach to chronic disease epidemiology

(No. 2). Oxford university press.

Kwon, Y. D. (2006). Quality improvement activities in hospital: its necessity, history and tasks. *Journal of Korean Society Quality Assurance Health Care*, *12*(2), 47.

Kwork, T. (2006). Quality of Life of Stroke Survivors: 1-year Follow-up Study. *Archives of Physical Medicine and Rehabilitation*, *87*(9), 1177-1182.

Lee, E. K. O. (2007). Mind—Body—Spirit Practice and Perceived Self-Efficacy for Mental Health Promotion: An Exploratory Study. *International Journal of Mental Health Promotion*, *9*(3), 35-47.

Lee, I. S., Kim, K. M., & Yoon, J. Y. (2007). The evaluation of the demonstration program of centers for independent living and the future direction in Korea. *Korea Journal of Social Welfare*, *59*(2), 197-222.

Lee, JA. (2012). A Study on the Impact of Acceptance of Disability and Social Support on Rehabilitation Motivation in Stroke Patients, NamBu Univ., Graduate School of a master's degree.

Lee, M. G., & Park, S. H. (2023). Investigation of physical activity measurement tools for people with spinal cord injury using wheelchairs: A systematic literature review. *The Korea Journal of Sports Science*, *32*(2), 825-844.

Lee, S. H., Chae, Y. M., Jee, Y. K., & Choi, K. S. (2001). A study on quality improvement activities in Korean hospitals. *Journal of Korean Society Quality Assurance Health Care*, *8*(2), 172.

Levey, A. S., de Jong, P. E., Coresh, J., et al. (2011). The definition, classification, and prognosis of chronic kidney disease: A KDIGO Controversies Conference report. *Kidney International*, *80*(1), 17-28.

Lim, S. H., & Song, H. S. (2018). Analyses of the Studies on Chronic Renal Failure (CRF) Related Quality of Life Published in Korea: 2010-2017. *Asia-Pacific Journal of Multimedia Services Convergent with Art, Humanities, and Sociology*, *8*(10), 671-680.

Limbos, M. M., Joyce, D. P., Chan, C. K., & Kesten, S. (2000). Psychological functioning and quality of life in lung transplant candidates and recipients. *Chest*, *118*, 408-416.

Linda. E. C., Amy. W., & Alex. J. M. 2012. Screening for Distress and Unmet Needs in Patients With Cnacer: Review and Recommendations. *Journal of Clincal Oncology*. *30*(11).

Lindau, S. T., Laumann, E. O., Levinson, W., & Waite, L. J. (2003). Synthesis of scientific disciplines in pursuit of health: The interactive biopsychosocial model. *Perspectives in biology and medicine*, *46*(3), S74-S86.

Loewenberg, F. & Dolgoff, R.(1988). *Ethical Decisions for Social Work Practice*(3rd Ed). Itasca, IL: Peacock Publisghers.

Malik, P., Kohl, C., Holzner, B., Kemmler, G., Graziadei, I., Vogel, W., et al. (2014). Distress in primary caregivers and patients listed for liver transplantation. *Psychiatry Research, 215*(1), 159-162.

Marmot, M., Allen, J., Boyce, T., Goldblatt, P., & Morrison, J.(2020). Health equity in England: The Marmot Review 10 years on. Institute of Health Equity.

Massoud, R., Askov, K., Reinke, J., Franco, L. M., Bornstein, T., Knebel, E., & Macaulay, C. (2004). Modern paradigm for improving healthcare quality (S. I. Lee, Trans). Seoul: Han Hak Munhasa.(Original work published 2001).

Matsushita, K., van der Velde, M., Astor, B. C., et al. (2010). Association of estimated glomerular filtration rate and albuminuria with all-cause and cardiovascular mortality: A collaborative meta-analysis of general population cohorts. *Lancet, 375*(9731), 2073-2081.

McCoyd, J. L., Lee, J. E., & Kerson, T. S. (2016). *Social work in health settings: Practice in context.* Routledge.

McNeece, C. A., & Thyer, B. A. (2004). Evidence-based practice and social work. *Journal of evidence-based social work, 1*(1), 7-25.

Medved, V., Medved, S., & Skocic Hanzek, M. (2019). Transplantation psychiatry: An overview. *Psychiatria Danubina, 31*, 18-25.

Migliorini, C., Tonge, B., & Taleporos, G. (2008). Spinal cord injury and mental health. *Australian & New Zealand Journal of Psychiatry, 42*(4), 309-314.

Miyazaki, E. T., dos Santos, R., Miyazaki, M. C., Domingos, N. M., Felicio, H. C., Rocha, M. F., et al. (2010). Patients on the waiting list for liver transplantation: Caregiver burden and stress. *Liver Transplantation, 16*(10), 1164-1168.

Nam, S. I., Choi, K., & Kim, J. (2019). Role changes of hospital social workers in South Korea. Social work in health care, 1-15.

NASW (2016). NASW standards for social work practice in health care settings.

National Academies of Sciences · Engineering · Medicine(NASEM) (2019). Intergrating Social Care into the Delivery of Health Care: Moving Upstream to Improve the Nation's Health. Washington DC: National Academy Press.

National Institute of Dementia. (2021). Korean dementia observatory 2020 [Internet]. Seoul: National Institute of Dementia. https://www.nid.or.kr/eng/dementia-observatory (Accessed: 2021 Oct 8).

Newman, L., F. Baum, S. Javanparast, K. O'Rourke, and L. Carlon. (2015). Addressing social determinants of health inequities through settings: A rapid review. *Health Promotion International, 30*, 126-143.

Nezu, A. M., & Nezu, C. M. (Eds.). (2007). *Evidence-based outcome research: A practical guide to conducting randomized controlled trials for psychosocial interventions.* Oxford University Press.

NICE. (2014). Chronic kidney disease (partial update): Early identification and management of chronic kidney disease in adults in primary and secondary care (Clinical Guideline 182, Methods, evidence, and recommendations).

Nicholas, D. B., Jones, C., McPherson, B., Hilsen, L., Moran, J., & Mielke, K. (2019). Examining professional competencies for emerging and novice social workers in health care. *Social work in health care*, *58*(6), 596-611.

OECD (2013). Strengthening health information infrastructure for health care quality gov\-ernance: Good practices, new opportunities and data privacy protection challenges. Geneva, Switzerland: Organisation for Economic Co-operation and Development.

OECD (2017). *A system of health accounts*(revised eds.). Paris: OECD Publishing.

Orchard, T. J., Nathan, D. M., Zinman, B., Cleary, P., Brillon, D., et al. (2015). Association between 7 years of intensive treatment of type 1 diabetes and long-term mortality. *JAMA*, *313*, 45-53.

Ow Yong, L. M., Lim, E. L. P., Khoo, O. R. L., and Goh, S. C. (2014). Implementing competency-based medical social work education and training in an academic medicine center in Singapore. *Human Service Organizations: Management, Leadership & Governance*, *38*(5), 459-470.

Park, H. J., & Lee, S. H. (2021). Chronic disease and social support: Implications for medical social work. *Korean Journal of Medical Social Work*, *13*(1), 45-62.

Park, K. H. (2017). Structural equation model of symptom management in patients with hemodialysis. Unpublished master's thesis, Korea University. Graduate School of Nursing, Seoul.

Park, S. M., Choi, S. Y., & Kim, J. H. (2022). Effect of virtual reality program for alleviating behavioral and psychological symptoms of dementia patients. *Journal of Korean Academy of Nursing*, *52*(2), 121-132.

Perlmutter. E. Y., Herron. F. B., Rohan. E. A., Thomas. E. 2022. Oncology social work practice behaviors: a national survey of AOSW members. *Journal of Psychosocial Oncology*, *40*(2), 137-151.

Powers, M., & Faden, R.(2006). *Social justice: The moral foundations of public health and health policy*. Oxford University Press.

Prochaska J. O. & Diclemente C. C. (1983). Stages and processes of self-change of smoking: toward an integrative model of change. *Journal of Consult Clinical Psychology*, *51*(3), 390-395.

Prochaska, J. O., Diclemente, C. C., & Norcross, J. C.(1992). In search of how people change: Application to addictive behaviors. *American Psychologies*, *47*(9), 671-696.

Prochaska, J. O., Redding, C. A., & Evers, K. E. (2008). The Transtheoretical Model and Stages of Change. In K. Glanz,, B. K. Rimer, & K. Viswanath (eds.) *Health Behavior and Health Education* (4th ed). San Francisco: Jossey-Bass.

Pudrovska, T., & Anikputa, B. (2014). Early-life socioeconomic status and mortality in later life: an integration of four life-course mechanisms. *Journals of Gerontology: Series B*, *69*(3), 451-460.

Roberts, A. R. (2005). *Crisis Intervention handbook: Assessment, treatment, and research*(3rd ed). New York: Oxford University Press.

Robinson, S., Kissane, D. W., Brooker, J., & Burney, S. (2015). A systematic review of the demoralization syndrome in individuals with progressive disease and cancer: A decade of research. *Journal of Pain and Symptom Management*, *49*, 595-610.

Rodrigue, J. R., Dimitri, N., Reed, A., Antonellis, T., Hanto, D. W., & Curry, M. (2011). Quality of life and psychosocial functioning of spouse/partner caregivers before and after liver transplantation. *Clinical Transplantation*, *25*(2), 239-247.

Rose, M., Fliege, H., Hildebrandt, M., Schirop, T., & Klapp, B. F. (2002). The network of psychological variables in patients with diabetes and their importance for quality of life and metabolic control. *Diabetes care*, *25*(1), 35-42.

Rosenstock, I. M. (1974). Historical origins of the health belief model. *Health Education Monographs*, *2*, 328-335.

Rosenstock, I. M., Strecher, V. J., & Becker, M. H. (1988). Social learning theory and health belief model. *Health Education Quarterly*, *15*(2), 175-183.

Rosenstock, I. M., Strecher, V. J., & Becker, M. H. (1994). The health belief model and HIV risk behavior change. In R. J. DiClemente & J. L. Peterson (Eds.), *Preventing AIDS: Theories and methods of behavioral interventions*. New York: Plenum Press, 5-24.

Royse, D., Thyer, B. A., Padgett, D. K., & Logan, T. K. (2001). *Program evaluation: An introduction*. CA: Thompson Learning.

Rzeszut, M., & Assael, R. (2021). Differentiating depression from demoralization in organ transplantation recipients. *Progress in Transplantation*, *31*, 88-90.

Sackett, D. L., Straus, S. E., Richardson, W. S., Rosenberg, W., & Haynes, R. B. (2000). *Evidence-Based Medicine: How to Practice and Teach EBM*(2nd ed.). Churchill Livingstone.

Scales, K., Zimmerman, S., & Miller, S. J. (2018). Evidence-based non-pharmacological practices to address behavioral and psychological symptoms of dementia. *The Gerontologist*, *58*(1), S88-S102.

Seo, N. S., & Kang, S. J. (2015). Its relationship with symptoms index, self-efficacy, and family support in hemodialysis patients. *Journal of the Korea Academia-Industrial Cooperation Society*, *16*(10), 6483-6494.

Shin, E. K., & Choi, J. A. (2007). Study on factors affecting on the spinal cord injuries' social integration using the structural equation model: analyzing mediating effect of depression, disability identity. *Journal of Rehabilitation Research*, *11*(1), 1-26.

Sockalingam, S., Chaudhary, Z. K., Barnett, R., Lazor, J., & Mylopoulos, M. (2020). Developing a framework of integrated competencies for adaptive expertise in integrated physical and mental health care. *Teaching and Learning in Medicine*, *32*(2), 159.

Stein, L. A., Goldmann, E., Zamzam, A., Luciano, J. M., Messé, S. R., Cucchiara, B. L., & Mullen, M. T. (2018). Association between anxiety, depression, and post-traumatic stress disorder and outcomes after ischemic stroke. *Frontiers in neurology*, *9*, 890.

Stratton, I. M., Adler, A. I., Neil, H. A., Matthews, D. R., Manley, S. E., Cull, C. A., et al. (2000). Association of glycaemia with macrovascular and microvascular complications of type 2 diabetes (UKPDS 35): Prospective observational study. *BMJ*, *321*, 405-412.

Targ, E. F., & Levine, E. G. (2002). The efficacy of a mind-body-spirit group for women with breast cancer: a randomized controlled trial. *General Hospital Psychiatry*, *24*(4), 238-248.

Taylor, R. J., Smith, B. H., & Van Teijlingen, E. R. (2003). Health and illness in the community. Oxford Handbook of clinical medicine. Oxford University Press.

Thompson, S. J., Auslander, W. F., & White, N. H. (2001). Influence of family structure on health among youths with diabetes. *Health & Social Work*, *26*(1), 7-14.

Thyer, B. A. (2006, October). Evidence-based macro practice: Addressing the challenges and opportunities for social work education. In Symposium on Improving the Teaching of Evidence-Based Practice, University of Texas School of Social Work, Austin.

Tong, A., Sainsbury, P., Chadban, S., Walker, R. G., Harris, D. C., Carter, S. M., et al. (2009). Patient experience and perspective of living with chronic kidney disease. *American Journal of Kidney Disease*, *59*, 689-700.

Uhlig, K., & Levey, A. S. (2012). Developing guide

lines for chronic kidney disease: We should include all of the outcomes. *Annals of Internal Medicine*, *156*(8), 599-601.

Upham, F., & Dunn, M. J. (1951). A Dynamic Approach to Illness: A social work guide. *The American Journal of Nursing*, *51*(1), 65.

Vermeulen, K. M., Bosma, O. H., Bij, W., Koeter, G. H., & Tenvergert, E. M. (2005). Stress, psychological distress, and coping in patients on the waiting list for lung transplantation: An exploratory study. *Transplant International*, *18*, 954-959.

Walton, Q. L., Coats, J. V., Skrine Jeffers, K., Blakey, J. M., Hood, A. N., & Washington, T. (2023). Mind, body, and spirit: a constructivist grounded theory study of wellness among middle-class Black women. *International Journal of Qualitative Studies on Health and Well-being*, *18*(1), 2278288.

Wethington, E. (2005). An overview of the life course perspective: Implications for health and nutrition. *Journal of Nutrition Education and Behavior*, *37*(3), 115-120.

Woods, B., O'Philbin, L., Farrell, E. M., Spector, A. E., & Orrell, M. (2018). Reminiscence therapy for dementia. *Cochrane Database of Systematic Reviews*, *3*(3), CD001120.

World Health Organization (WHO) (2021). Global status report on the public health response to dementia [Internet]. Geneva: WHO. https://www.who.int/publications/i/item/9789240062209 (Accessed: 2021 Oct 8)

World Health Organization (2008). Closing the gap in a generation: Health equity through action on the social determinants o fhealth.

World Health Organization (2023). Noncommunicable diseases. Retrieved from https://www.who.int/news-room/fact-sheets/detail/noncommunicable-diseases

Yamada, A. M., Wenzel, S. L., DeBonis, J. A., Fenwick, K. M., & Holguin, M. (2019). Experiences of collaborative behavioral health-care professionals: Implications for social work education and training. *Journal of Social Work Education*, *55*(3), 519-536.

Yoon, H. S., Park, H. H., Lee, C. W., & Choi, S. H. (2017). The analysis of inactive people with spinal cord injury. *NARS*, *9*(1), 395-419.

Zebrack, B., Kayse, K., Oktay, J., Sundstrom, L., & Sachs, A., M.(2018). The association of oncology social work's project to assure quality cancer care(APAQCC). *Journal of Psychosocial Oncology*, *36*(1), 19-30.

Zebrack. B., Schapmire. T., Otis-Green. S., Nelson. K., Miller. N., Donna. D., Grignon. M. (2022). Establishing core competencies, opportunities, roles and expertise for oncology social work. *Journal os Social Work*, *22*(4), 1085-1104.

Zhou & Jin (2023). 건강신념모델 논문에 대한 내용분석. **사회통합연구**, 4(2), 23-48.

건강보험심사평가원 (2025). 건강보험심사평가원 홈페이지 제도 안내. https://www.hira.or.kr

구홍모 (2018). 병원신문(http://www.khanews.com)

국가암정보센터 홈페이지 (2025). www.cancer.go.kr.

국립암센터 (2024). 의료사회복지팀 자원봉사 모집 및 활동. https://www.ncc.re.kr/main.ncc?uri=ncc_volunteer02

국립연명의료관리기관 홈페이지 (2025). www.lst.go.kr.

국민건강보험공단 (2025). 의료보장 적용 현황. https://www.mohw.go.kr/menu.es?mid=a10705010300

대한뇌졸중학회 (2024. 11.). https://www.stroke.or.kr/

대한당뇨병학회 (2025). www.diabetes.or.kr/bbs/?code=fact_sheet&mode=view&number=2792&page=1&code=fact_sheet

대한의료사회복지사협회 (2024). 의료사회복지사 소개. https://kamsw.or.kr/m1_1

대한척수학회 (2024. 11.). https://www.dailian.co.kr/news/view/1240842

보건복지부 (2024). 2023년도 노인실태조사 보고서. https://www.mohw.go.kr/board.es?mid=a10411010200&bid=0019&act=view&list_no=1483359&tag=&nPage=1

보건복지부 (2025). 보건복지부 홈페이지 건강보험 안내. https://www.mohw.go.kr

의료기관평가인증원 홈페이지 https://www.koiha.or.kr

의료기관평강인증원 (2024). 인증 · 평가기준. https://www.koiha.or.kr.

장애인활동지원 https://www.ableservice.or.kr:8443/ (2024. 11.)

중앙치매센터 (2024. 11.) https://www.nid.or.kr/info/diction_list5.aspx?gubun=0506

중앙치매센터 (2024. 11.) https://www.nid.or.kr/info/diction_list3.aspx?gubun=0301

질병관리청 (2025). 희귀난치성질환 의료비지원사업. https://helpline.kdca.go.kr/

최성희 외 (2024). DIABETES FACT SHEET IN KOREA 2024. 대한당뇨병학회. https://www.diabetes.or.kr/bbs/?code=fact_sheet&mode=view&number=2792&page=1&code=fact_sheet

통계청 (2023). 국민건강보험공단,「건강보험환자진료비실태조사」. 2025.8월 게시 https://www.index.go.kr/unity/potal/indicator/IndexInfo.do?idxCd=F0072

한국척수장애인협회(2024. 11.) http://www.kscia.org/kscia

한국희귀난치성질환연합회 www.kord.or.kr/index.php

후생신보기사 (2024. 11.) www.whosaeng.com/155370

WHO https://www.who.int/news-room/fact-sheets/detail/noncommunicable-diseases (2024)

부록 임상사례보고서 작성 사례

사회경제적 어려움으로 치료결정에 어려움을 겪는 위암 환자에 대한 생태체계모델 및 심리사회모델 적용

※ 본 서식은 대한의료사회복지사협회 수련위원회에서 제시한 임상사례보고서 양식을 참조하였습니다.

※ 본 사례는 국립암센터 의료사회복지팀의 실제 개입 사례를 환자의 동의를 받아 일부 재구성한 내용입니다.

※ 사례를 작성 및 공유해주신 국립암센터 김다은 의료사회복지사 선생님께 감사드립니다.

사회경제적 어려움으로 치료결정에 어려움을 겪는 위암 환자에 대한 생태체계모델 및 심리사회모델 적용

기관명 : 국립암센터 의료사회복지팀
개입기간 : 2018년 8월~10월(3개월)
작성자 : 김다은 의료사회복지사

◈ 사 례 개 요 ◈

상기 79세 남환 타병원에서 암 의심소견으로 2018년 6월 4일 본원으로 전원하였으며 위암을 진단받음. 이에 7월 19일 수술 예정이었으나 경제적 어려움으로 인해 수술을 거부하였음. 환자는 배우자의 만류로 다시 수술 시행을 결심하였으나 병실 부족으로 인해 1인실 입원을 안내받아 치료비 자부담이 불가능함을 느낌. 이에 환자는 8월 7일 고객의 소리에 의견을 남겼으며 이를 확인한 ○○팀에서 의료사회복지팀으로 환자를 의뢰하여 개입함.

Social Study 결과,

*** 강점 사정으로**

1. 본인의 어려움을 표현할 수 있는 환자의 의사소통 능력
2. 환자의 회복탄력성
3. 환자와 원만한 관계를 유지하고 있는 배우자의 존재
4. 환자를 둘러싼 사회적 자원의 존재

*** 문제 사정으로**

1. 환자 및 배우자의 치료비 마련의 어려움
2. 환자 가정의 주거지 선정 및 생계유지의 어려움
3. 환자 및 배우자의 심리정서적 어려움

클라이언트가 상호작용하는 체계들과 그 체계들과의 상호작용을 중요시하며 역동적 교류와 적응에 초점이 주어지는 생태체계모델(관점), 환자와 배우자와 함께 환경에도 이중적으로 개입하는 심리사회모델의 원칙과 상당부분 일치한다고 할 수 있음. 생태체계모델(관점)을 주요 관념적 안목으로 삼고 심리사회모델의 실천기술을 활동하여 환자 및 배우자의 욕구를 충족시키려 노력하며 개입 시행하였음.

*** 이에 대한 개입으로,**

1. 암환자 의료비 지원사업 안내 및 연계
2. 원내 기금 연계
3. 환자 배우자에게 국가 의료비지원제도 안내 및 사회복지자원 연계
4. 환자 가정 지방자치단체에 의뢰 및 지역사회자원에 대한 정보 제공
5. 민간 후원기관 연계
6. 지속적 상담을 통한 심리정서적지지 제공
7. 연명의료결정제도에 대한 정보 제공 및 사전연명의료의향서 상담 연계

*** 개입 결과,**

1. 환자 및 배우자의 치료비 마련의 어려움 완화
2. 환자의 주거지 선정 및 생계유지의 어려움 완화
3. 환자 및 배우자의 심리정서적 어려움 완화

- 2 -

Ⅰ. social study

1. 일반적 사항

성명	강○○	성별/연령	남/79세	결혼상태	기혼
주소	서울특별시 00구 00동			주보호자	배우자
학력	초졸 이하	종교	무교	직업	무직
의료보장	의료급여1종	진료과	위암외과	주치의	류○○
진단명	위암(C16.91)		장애여부	없음	
의뢰사유	경제적 어려움		의뢰경로	○○팀 의뢰	
의뢰일	2018년 8월 6일		사례 개시일	2018년 8월 7일	

1. 일반적 사항 : 초기상담 및 정보수집 단계에서 파악된 내용
- 주소 : 상세 주소 제외 후 시/군/구 단위까지 기재
- 주보호자 : 환자와의 관계 기술
- 의료보장 : 개입 전 기준으로 작성
- 진단명 : 개입 대상이 되는 주요 진단명(진단코드)
- 장애여부 : 장애인복지법 기준, 장애 정도 기재
- 의뢰 사유 : 심리사회적 평가, 경제적 어려움, 보호자의 부재 등 주요 의뢰 내용

2. 정보제공자[1)]

관계	성별/연령	직업	상담태도	초기상담일시	총상담횟수
본인	남/79세	무직	협조적인 태도	2018년 8월 8일	16회
배우자	여/72세	무직	협조적인 태도	2018년 8월 8일	4회

2. 정보제공자
- 상담 태도 : 정보 제공 및 상담 과정에서의 협조도, 제공된 정보의 신뢰도를 수련사회복지사의 판단에 따라 작성
- 초기상담일시 : 본 사례에서 수련사회복지사가 최초로 상담을 시행한 날짜
- 총상담횟수 : 대면, 유선 상담 포함

3. 의뢰경위

◈ 2018년 8월 7일, 상기 환자 적정○○팀에서 의뢰되어 개입 시작되었음.

상기 79세 남환 2018년 5월 타병원에서 암 의심소견으로 6월 4일 본원으로 전원하였으며 검사 시행하여 위암을 진단받음. 이에 7월 19일 수술 예정이었으나 검사비 24만원 납부 후 경제적 어려움으로 인해 수술을 거부하였음. 환자는 배우자의 만류로 다시 수술 시행을 결심하였으나 병실 부족으로 인해 1인실 입원을 안내받아 치료비 자부담이 불가능함을 느낌. 이에 환자는 2018년 8월 7일 고객의 소리에 의견을 남겼으며 이를 확인한 ○○팀에서 의료사회복지팀에 환자를 의뢰하여 본 의료사회복지사가 개입 시작함

1) 본 사례 개입에 있어 환자의 정보를 제공한 주요 정보제공자 작성

- 3 -

4. 병력 및 의료적 상태

일 시	기 관	내 용
2018년 5월 30일	local 병원	- 내시경 및 CT검사 시행한 결과 암 의심소견을 받음.
2018년 6월 14일 ~ 2018년 8월 8일	국립암센터	- 본원 전원하여 검사 시행하였으며 위암을 진단받음. - 2018년 7월 18일 입원하여 19일 수술 예정이었으나 경제적 어려움으로 인해 수술 취소함. - 2018년 8월 8일 입원하여 9일 수술 시행 예정.

4. 병력 및 의료적 상태 : 현재 개입 필요 문제에 영향을 미치는 주요 병력 및 의료적 상태
- 환자의 의료적 상태에 대해 수련사회복지사의 충분한 숙지와 이해를 바탕으로 기술
- 과거 병력 : 현재 환자의 질병과 치료에 영향을 미치는, 현재 질병 치료 과정에 고려가 필요한 과거 병력
- 현재 상태 : 치료가 이루어지게 된 주 호소 및 진행된 검사와 결과, 이에 따른 의료진의 치료 계획
- 환자의 의료적 상태 및 치료 내용에 따른 신체적 기능 변화가 있을 시 함께 기술

5. 개인력

5. 개인력
- 질병의 치료 또는 발병 전/후의 변화를 중심으로 기술하나, 환자 질환의 특성 및 수련기관의 상황에 따라 작성 방법 선택 가능 (예 : 생애주기 및 발달단계에 따른 개인력 기술, 말기 진단 전/후 중심으로 기술 등)
- 필요에 따라, 환자 및 내담자의 주관적 보고나 경험담, 사례, 근거 등을 포함하여 작성할 수 있음

1) 발병 전

- 등본상 2인 가구(환자, 배우자), 슬하 1남 1녀
- 강인하고 굳건한 성격을 가지고 살아왔다고 함.
  (환자: "지금까지 꿋꿋하고 강하게 신념만으로 살아왔어요..그런데 이렇게 아프니 무너지게 되네요..")
- 환자 50代, 사업 사기를 당하고 실패하여 약 1억 원의 부채가 발생하였으며 이후 근로활동 하지 않았음.
- 2000년, 둘째 아들과의 00에 관한 다툼으로 연락두절 되었다고 함.
- 2013년 6월, 첫째 딸이 질병으로 인해 사망하였으며 환자는 많은 상실감을 느낌.
- 첫째 딸 장례 절차를 마친 후 경제적 어려움으로 이혼을 결심하고 주민센터에 방문하여 상담을 시행한 결과 주민센터 담당자가 기초생활수급제도를 연계해주어 기초생활수급자로 전환되었음.
- 환자는 고령의 나이에도 불구하고 잔병치레를 하지 않아 무병장수를 해왔다는 자부심을 갖고 있었다고 함.
  (환자: "다들 저보고 그렇게 술을 마셔도 건강하다며 신기하다고 했었습니다. 저도 지금까지 무병장수를 했다는 생각에 뿌듯했었고요. 그런데 제가 암이라니 참 기가 막힙니다..")
- 배우자와 함께 월세방에 거주하고 있으나 2018년 10월 계약 만료 예정으로 거주지 모색 중에 있음.
  (여러 번 LH임대주택 신청하였으나 우선순위에 밀리고 랜덤추첨에서 탈락되어 선정되지 않음.)
- 평소 임종기 무의미한 치료를 지속하는 것에 대한 걱정이 있었다고 함.
  (환자: "얼마 전에 아는 형님이 인공호흡기만 달고 중환자실에서 몇 달을 있다가 떠났습니다. 그게 무슨 의미가 있겠습니까. 저도 다음에 그렇게 될까봐 무섭더라고요..")

2) 발병 후

- 2018년 6월 진단을 받은 후 약 한 달 동안 암 진단을 부정하며 음주를 지속하였으나 7월부터 치료 및 회복을 위해 금주 시행 중에 있음.
- 진단을 받은 후 예민해져 신경질을 많이 표현하고 있으며 피로를 많이 느낀다고 함.
  (환자 NCCN 디스트레스 척도 자가 평가 시

: "네 신경질이요. 요즘 집사람이 매일 저한테 하는 이야기입니다. 신경질이 많이 늘었다고 하네요.")

- 본래 2018년 7월 18일 입원하여 19일 수술 예정이었으나 예상하지 못한 검사비가 발생하여 지불 후 경제적 부담을 느껴 수술을 거부하였음.
- 이후 배우자의 만류로 다시 수술을 결심하게 되었음. 하지만 2018년 8월 7일 내원 시 1인실 입원을 안내받아 당혹한 환자는 고객의 소리에 의견을 남기게 됨.
- 본인의 암 발병 및 치료 진행으로 인해 경제적 부담이 심화되어 배우자의 치료가 지연된 것에 대해 미안한 감정을 가지고 있음.
- 현재의 상황에 적응하고 신속히 치료 시행 후 일상으로 돌아가려는 의지를 표현함.
  (환자: "이렇게 도와주시려고 하니 저도 잘 치료받고 돌아갈 수 있을 것 같습니다. 다시 돌아가서 이사도 해야 하고 잘 살아 봐야죠.")

6. 가족 및 사회 · 문화적 배경

1) 가계도(Genogram)

6-1) 가계도
- 환자를 둘러 싼 가족의 역동성을 한 눈에 알아볼 수 있도록 동거 가족 및 관계 표기
- 3세대 이상 작성

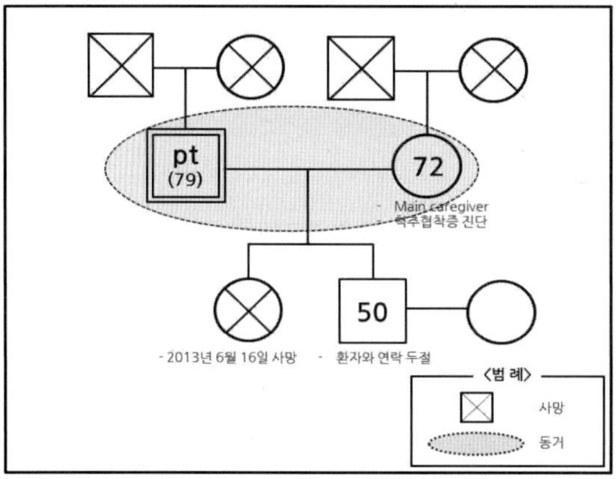

2) 가족력

6-2) 가족력 : 개입을 위해 수집한 가족 관련 정보 기술
- 호칭 및 순서 : 환자를 중심으로 호칭 기술, 유의미하고 직접적인 관계의 가족부터 작성
- 경우에 따라, 가족이 아닌 의미 있는 타인 및 지지체계 포함 가능
- 중립적, 비판단적 시각을 바탕으로 기술

(1) 배우자(72세, 동거, Main caregiver)

- 00병원에서 척추협착증을 진단받아 수술비 약 500만원 안내받음. 그러나 치료비 마련의 어려움으로 수술 시행 여부를 고민하던 중 환자가 암을 진단받아 수술을 연기하였음. 이에 현재 00병원에서 월 2회 통증 주사 치료를 시행하고 있음.
- 건강 상황으로 인해 환자 입원 시 간병을 제공하지는 못하였으나 의료사회복지사가 요청하는 서류를 신속하게 제출하는 등 치료비 마련의 어려움을 해소하려 노력하는 모습을 보임.
- 환자에게 의존하는 경향이 있어 환자의 암 진단에 심리적 충격이 컸다고 함.

- 5 -

추후 환자 사망 후 본인 혼자 생계를 유지해야 한다는 것에 대한 불안을 표현함.

(2) 딸(사망)

- 2013년 6월 00암으로 인해 사망.
- 첫째 딸 사망 후 환자 및 배우자는 상실감, 속상함 등 심리정서적 충격이 컸다고 함.

(3) 아들(00세, 기혼, 비동거)

- 직장 관련 다툼이 있었고 이후 연락두절 되었다고 함.
- 환자는 아들과의 관계가 틀어진 것에 대해 속상함을 표출함.

3) 사회경제적 상황

목록	내용		
의료보장	의료급여 1종 (자격취득: 2013년)		
주소득원/월소득	국민기초생활수급비 및 노령연금 /2인 기준 약 99만 원		
주거형태	월세 – 원룸 (보증금 200만 원/월 20만 원)		
재산	없음	차량	없음
예금	없음	발생 진료비	수술비 약 300만원
부채	약 1억 2천만원	자부담 가능액	20만원
사보험	없음	과거 수혜여부	해당 없음

4) 생태도(Eco-map) 2)

6-4) 생태도
- 환자를 둘러싼 체계별 자원을 도식화
- 자원 간의 물리적, 심리적 접촉 빈도 등을 검토하여 관계선 표기

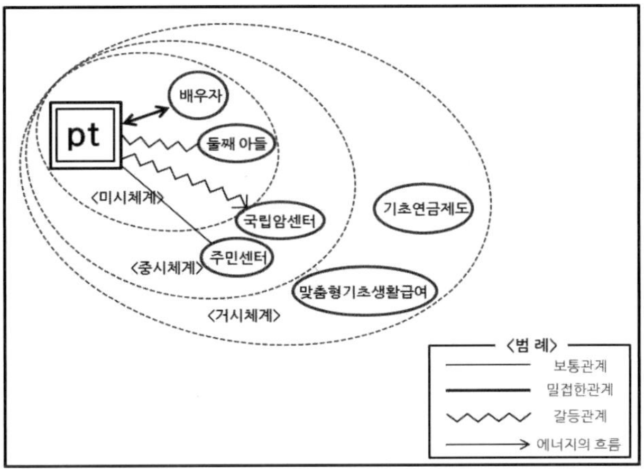

2) Zastrow(1999)의 3분법과 Ross의 구분을 참조하여 [개인, 가족체계, 집단체계를 미시체계]로, [병원체계와 지역사회를 중간체계]로, [외적체계와 환경을 거시체계]로 분류함 (출처: 강흥구(2004). 의료사회복지실천론. 학현사)

- 6 -

Ⅱ. 사정 (Assessment)

1. 강점사정

1. 강점사정
- 개입 및 문제해결 과정에 긍정적 관련을 지닌 강점을 '명확한 근거 및 사례 중심'으로 사정하여 기술
- 반드시 개인/가족/환경적 영역으로 구분

개 인	▪ **본인의 어려움을 표현할 수 있는 환자의 의사소통 능력** 환자는 1인실 입원을 권유받았으나 경제적 어려움으로 인한 의료비 자부담 능력 부족으로 인해 당황하고 분노함. 이에 원내 고객의 소리에 본인의 상황과 감정에 대해 의견을 작성함. 이를 확인한 00팀은 의료사회복지팀에 환자를 의뢰하여 상담이 진행됨. 환자는 첫 상담 시 본인이 겪고 있는 어려움과 본인의 감정을 차분하고 일목묘연하게 설명하였고, 환자의 욕구에 맞는 개입계획을 수립함. 이와 같은 환자의 의사소통 능력은 의료환경에서뿐만 아니라 추후 환자가 만나게 될 모든 환경에서 환자가 안정적으로 적응하는데 긍정적인 영향을 미칠 것으로 사료되어 강점으로 사정함. ▪ **환자의 회복탄력성** 환자는 발병 전 무병장수를 해왔다는 자부심을 가지며 생활해왔음. 이러한 환자에게 암 진단은 예상치 못한 충격적인 사건이 되어 진단 후 1개월 동안 음주를 지속하였다고 함. 하지만 환자는 현실에 순응하고 암을 받아들여 회복에 대한 의지를 되찾은 후 현재 치료를 위해 금주를 시행 중에 있음. 이와 같이 현재의 상황에 적응하여 치료 후 일상으로 되돌아가려는 환자의 회복탄력성은 환자의 치료과정 뿐만 아니라 추후 사회복귀과정에도 긍정적인 영향을 미칠 수 있을 것으로 사료되어 강점으로 사정함. ※회복탄력성: 크고 작은 다양한 역경과 시련과 실패를 오히려 도약의 발판으로 삼아 더 높이 튀어 오르는 마음의 근력을 의미함.(출처: 김주환,『회복탄력성』,위즈덤하우스,2011,70-72쪽)
가 족	▪ **환자와 원만한 관계를 유지하고 있는 배우자의 존재** 환자의 배우자는 환자와 함께 거주하며 환자 내원 시 동행하는 등 환자와 긍정적인 관계를 유지하고 있음. 또한 의료사회복지사와의 상담에 차분하게 임하며 환자 및 배우자가 겪고 있는 어려움을 호소하였으며 의료사회복지사의 설명에 경청하는 자세를 보여줌. 또한 배우자는 현재 척추협착증으로 통증을 호소하고 있지만 환자의 암 치료가 우선이라고 생각하여 치료순서를 환자에게 양보함. 환자를 지지하는 배우자의 존재는 치료과정 및 의료사회복지사의 개입과정에 긍정적인 영향을 미칠 것으로 사료되어 강점으로 사정함.
환 경	▪ **환자를 둘러싼 사회적 자원의 존재** 환자는 기초생활수급자로 의료급여1종 적용을 받고 있음. 의료급여 1종 환자는 치료비의 급여 부분에서 상당 부분 국민건강보험공단의 지원이 이뤄지며 암환자 의료비지원 사업 및 재난적의료비지원사업, 긴급의료비지원사업 등 신청 가능한 국가제도들이 존재함. 뿐만 아니라 국내에는 저소득 환자에게 의료비를 지원하는 민간 의료비지원기관이 다양하게 존재함. 이에 환자의 의료비가 국가 의료비지원사업 지원금 을 초과하여 발생할 시 연계할 수 있을 것으로 사료됨. 또한 환자는 국립암센터 의료사회복지사에게 경제적 어려움을 호소하였음. 이에 본 의료사회복지사는 환자의 경제적, 심리사회적 어려움을 완화하며 현재 상황에 적응할 수 있도록 원조할 계획을 수립함. 이와 같이 환자를 둘러싼 다양한 사회적 자원의 존재는 환자의 치료의지를 강화하여 환자의 치료과정에 긍정적인 영향을 미칠 수 있을 것으로 사료되어 강점으로 사정함.

2. 문제 사정을 위한 틀[3)]

2. 문제 평가를 위한 틀
1) KCD(Z55-Z65) 한국표준질병사인분류
2) Minnesota Hospital의 24가지 심리사회적 문제목록
3) PIE 체계
4) (암환자의 경우) NCCN 암환자 디스트레스 온도계 및 문제 목록 평가 도구
- 협회에서 제시하는 상기 1)~4)의 문제 평가 도구 중 1개 이상 필수로 사용
- 이 중 KCD(Z55-Z65)는 필수 사용이 권고되며,
  각 기관별 활용하는 도구 또는 수련생이 직접 탐색한 근거 중심의 도구 추가 활용 가능
- 도구 활용 시, 개입이 필요한 문제에 한하여 사정하도록 하며 각 항목별 평가 근거를 구체적으로 작성

1) [암환자의 경우] NCCN 「디스트레스 평가 도구」에 근거한 사정[4)]

▶ **NCCN 디스트레스 온도계 : 10 점**

▶ NCCN 문제목록 : 실생활문제(치료결정), 가족문제(자녀들과의 관계/가족건강 문제들)
정서적문제(신경질/일상활동의 흥미상실),
신체적문제(숨쉬기/식사/피로/기억력 및 집중력/피부건조·가려움/수면/손발저림)

이름	강○○	생년월일	19XX.XX.XX	성별	남	작성일	2018. 8. 8.

< NCCN 디스트레스 온도계 >

1. 지난 일주일동안 경험한 디스트레스의 정도를 가장 잘 표현하는 숫자에 표시해 주십시오.

몹시 힘들다

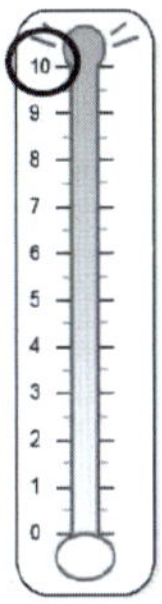

전혀 힘들지 않다

< 문제 목록 >

2. 지난 일주일동안 경험한 어려운 점에 대해 모두 표시해 주십시오.

실생활 문제
- □ 자녀양육
- □ 집안일
- □ 보험/재정
- □ 교통수단
- □ 직장/학교
- ■ 치료결정

가족 문제
- ■ 자녀들과의 관계
- □ 배우자와의관계
- □ 가임능력
- ■ 가족건강 문제들

정서적 문제
- □ 우울
- □ 두려움
- ■ 신경질
- □ 슬픔
- □ 걱정
- ■ 일상활동의 흥미상실

영적/종교적 문제
- □ 영적/종교적 문제

신체적 문제
- □ 외모
- □ 목욕/ 옷입기
- ■ 숨쉬기
- □ 배뇨변화
- □ 변비
- □ 설사
- ■ 식사
- ■ 피로
- □ 부은 느낌
- □ 열
- □ 움직이는데 불편함
- □ 소화불량
- ■ 기억력/집중력
- □ 구강궤양
- □ 메스꺼움
- □ 코 건조/코 막힘
- □ 통증
- □ 성생활
- ■ 피부건조/가려움
- ■ 수면
- □ 술,약물남용
- ■ 손발저림

문제 우선순위

1) ______ 2) ______ 3) ______ 4) ______

문 제 목 록	문 제 내 용
[실생활 문제]	**- 치료결정** : 상기 환자 2018년 6월 00일 위암을 진단받아 7월 18일 입원, 19일 수술 예정이었으나 검사비 24만원을 지불한 후 경제적 어려움으로 인해 수술을 거부함. 환자의 배우자가 만류하여 다시 수술을 결심하였으나 병실 부족으로 인해 하루 입원비 약 20만원이 발생하는 1인실 입원을 권유받아 재차 수술 시행여부를 고민하고 있음.

3) 사정도구는 1)KCD(Z55-Z65) ~ 4)PIE 의 4가지 평가도구 중 1가지 이상의 틀 사용

4) NCCN 디스트레스 척도: 암환자의 디스트레스를 측정하기 위한 선별도구로서, 암환자의 디스트레스의 정도 및 이에 영향을 미치는 심리사회적 문제(필요)를 찾아내는데 효과적인 도구임 (출처: 『암환자와 디스트레스: 의료사회복지사를 위한 안내서』, 2023. 국립암센터 & 대한의료사회복지사협회. / 대한의료사회복지사협회 홈페이지 또는 국가암정보센터 자료실 참조)

- 8 -

정서적 문제	**- 신경질, 일상활동의 흥미상실** : 환자는 암 진단 및 수술로 인해 심리정서적 어려움을 느끼는 상황에서 이와 같은 고민들로 인해 예민해져 신경질을 잦게 표현하는 상황임. 또한 동네 친구들과 함께 술을 마시며 이야기를 나누는 것이 낙이라고 표현하였으나 현재 발병으로 인해 음주 불가하여 친구들과의 교류에 한계를 느껴 속상함을 표현함.
가족 문제	**- 자녀들과의 관계, 가족건강 문제들** : 상기 환자는 슬하 1녀 1남이 있으나 첫째 딸은 2016년 00암으로 인해 사망하였으며 둘째 아들은 연락두절됨. 이에 환자 및 배우자에게 경제적, 심리정서적 지지를 제공할 가족지지체계는 전무한 상황임. 환자의 배우자 또한 현재 척추협착증으로 통증을 호소하고 있으며 수술이 필요한 상황임. 이에 병원에서 예상 수술비로 500만원을 안내받았으나 경제적 어려움으로 수술을 시행하지 못하고 월 2회 통증 주사 치료만을 받고 있는 상황임.
신체적 문제	**- 숨쉬기, 식사, 피로, 기억력/집중력, 피부 건조/가려움, 수면, 손/발 저린감** : 환자는 현재 수술 시행 및 치료비 마련에 대한 걱정으로 인해 입맛이 없으며 소화의 어려움을 느껴 intake 상담 전날은 식사로 두유만 먹었다고 함. 또한 환자는 경제적 어려움으로 진단 후 신속하게 치료를 시행하지 못한 것에 대한 속상함을 표현하고 있으며 본래 느꼈던 피로, 숨쉬기 등 신체적 증상들이 다소 증가되는 것 같다며 불안을 느끼고 있음.

2) KCD(Z55-Z65)에 근거한 사정

▶ 한국표준질병 · 사인분류 중 사회경제적 및 정신사회적 상황에 관련된 잠재적 건강 위험이 있는 사람(Z55-Z65)에 근거하여 총 4가지 문제가 평가되었음.

문 제 목 록	세 부 내 용
부적합한 주택 (Z59.1)	상기 환자 현재 배우자와 함께 월세방(보증금200만원/월20만원)에 거주하고 있음. 하지만 2018년 10월 계약이 만료되며 임대인은 계약 만료 후 이사를 요청하였음. 또한 현재 거주하고 있는 월세방은 환자 및 배우자가 몸을 바닥에 누일 시 남는 공간이 없을 정도로 굉장히 협소하다고 함. 이에 환자는 여러 번 LH임대주택 입주 신청을 하였으나 우선순위에 밀려 수차례 탈락된 상황임.
극도의 빈곤 (Z59.5)	환자 및 배우자는 고령 및 건강상황으로 인해 근로 불가하여 근로소득 전무하며 기타자산 또한 없어 2013년 기초생활수급대상자로 선정되었음. 이에 환자 및 배우자는 생계급여 및 노령연금 약 99만원으로 생계를 유지하고 있음.
불충분한 사회보험 및 복지혜택 (Z59.7)	환자는 기초생활수급대상자로 암 확진 시 [암환자 의료비 지원사업] 지원 가능하며 수술 시행 시 긴급의료비지원제도 신청 또한 가능함. 뿐만 아니라 환자에게 원조를 제공할 국립암센터 민간의료비지원기관이 존재함. 하지만 환자는 위 제도 및 자원들에 대한 정보가 없었으며 수혜이력 또한 전무함. 또한 LH주택공사에는 임대주택 외 환자가 신청 가능한 주거복지 제도가 존재하나 타 제도에 대한 정보가 없음
가족 및 가정에 영향을 주는 기타 스트레스성 일상사건 (Z63.7)	상기 환자는 슬하 1녀 1남이 있었으나 첫째 딸은 질병으로 인해 사망하였으며 둘째 아들은 결혼 후 연락두절됨. 이에 환자 및 배우자에게 경제적, 심리정서적 지지를 제공할 가족지지체계는 상당히 미약한 상황임. 또한 환자 배우자는 척추협착증으로 통증을 호소하여 수술 필요함. 병원에서 예상 수술비로 500만원을 안내받았으나 경제적 어려움으로 수술을 시행하지 못하고 있음. 또한 추후 환자 사망 시 홀몸어르신이 되어 불확실한 본인의 생계유지, 장례 절차에 대해 불안을 느끼고 있음.

- 9 -

3. 문제 평가[5)]

3. 문제 평가
- 평가 도구 및 대상자의 욕구에 근거하여 개입의 필요성에 따른 우선순위에 따라 작성
- 향후 치료 진행 및 예후, 지역사회 복귀 등 중/장기적 시각으로 관련된 문제까지 예측하여 평가

① 환자 및 배우자의 치료비 마련의 어려움
상기 환자 2018년 6월 위암 진단 후 수술 예정이었으나 검사비(24만원) 지불의 어려움으로 수술을 거부함. 배우자가 만류하여 다시 수술을 결심하였으나 병실 부족으로 인해 하루 입원비 약 20만원이 발생하는 1인실 입원 안내받아 수술 시행 여부 고민하고 있음. 환자의 배우자 또한 척추협착증으로 통증을 호소하고 있어 수술이 필요한 상황임. 타 병원 예상 수술비 500만원 안내받았으나 경제적 어려움으로 수술을 시행하지 못하고 월 2회 통증 주사 치료만 시행하고 있음. 환자 및 배우자는 고령 및 건강 상황으로 인해 근로불가하여 국민기초생활수급비 외 소득 전무하며 기타자산 또한 없어 2013년 기초생활수급대상자로 선정됨. 환자 가정의 이러한 경제적 어려움으로 수술비 및 1인실 입원비 자부담이 불가한 상황임. 저소득 환자에게 치료비를 지원하는 국가 및 민간 의료비지원사업은 다양하게 존재하며 환자 및 배우자는 지원 신청이 가능할 것으로 파악됨. 그러나 환자 및 배우자는 위 사업들에 대한 정보가 부재하여 치료 시행 여부에 대해 고민을 하고 있음. 이와 같은 상황은 환자의 심리정서적·경제적 어려움을 심화하여 치료과정에 부정적인 영향을 미칠 것으로 사료되어 문제로 사정함.
- NCCN 문제 체크리스트(PC) : 실생활 문제, 가족 문제 **- KCD(Z55-Z65) : 극도의 빈곤(Z59.5), 불충분한 사회 보험 및 복지 혜택(Z59.7)**
② 환자 가정의 주거지 선정 및 생계유지의 어려움
환자 부부는 월세방(보증금200만원/월20만원)에 거주하고 있으며 몸을 바닥에 누일 시 남는 공간이 없을 정도로 굉장히 협소하다고 함. 그러나 2018년 10월 계약이 만료되어 임대인은 이사를 요청하였음. 이에 환자는 여러 번 LH임대주택 입주 신청을 하였으나 LH주택 공급보다 수요가 많아 우선순위에 밀려 계속해서 탈락된 상황임. 환자 부부 모두 고령으로 근로 불가하며 투병을 하고 있어 지역사회 자원의 연계가 필요한 상황임. 하지만 연계되어 있는 지역사회 자원이 많지 않아 환자 및 배우자의 경제적, 심리정서적 어려움이 심화되고 있는 것으로 파악됨. 이와 같은 환자 가정의 주거지 선정 및 생계유지의 어려움은 환자의 치료과정뿐만 아니라 추후 회복과정에도 부정적인 영향을 미칠 것으로 사료되어 문제로 사정함.
- KCD(Z55-Z65) : 부적합한 주택(Z59.1), 불충분한 사회보험 및 복지혜택(Z59.7)
③ 환자 및 배우자의 심리정서적 어려움
환자는 현재 수술 시행 및 치료비 마련에 대한 걱정, 불안, 우울로 인해 입맛이 없으며 소화에 한계가 생겨 intake 상담 전날은 식사로 두유만 먹을 수 있었다고 함. 더불어 현재 본원에서 발생하는 의료비, 의료진의 서비스에 대한 불만으로 심리정서적 어려움이 심화되고 있는 것으로 파악됨. 또한 배우자는 추후 환자 사망 시 홀몸어르신이 되어 불확실한 본인의 생계유지, 장례 절차에 대해 불안을 느끼고 있음. 환자와 배우자에게는 슬하 1녀 1남이 있으나 첫째 딸은 사망하였으며 둘째 아들은 결혼 후 연락두절됨. 이에 현재 환자 및 배우자를 경제적, 심리정서적 지지를 제공할 가족체계가 상당히 미약한 상황임. 이와 같은 환자 및 배우자의 심리정서적 어려움은 환자의 치료과정에 부정적인 영향을 미칠 것으로 사료되어 문제로 사정함.
- NCCN 문제 체크리스트(PC) : 실생활 문제, 정서적 문제, 가족 문제, 신체적 문제 **- KCD(Z55-Z65) : 가족 및 가정에 영향을 주는 기타 스트레스성 일상사건(Z63.7)**

5) 평가 도구 및 개입하는 대상자의 욕구에 근거하여 평가된 문제의 우선순위 작성

Ⅲ. 개입(Intervention)

1. 개입의 이론적 근거[6]

1) 적용 이론 : 생태체계관점(모델)

(1) 생태체계모델의 개념

생태체계모델이란?
생태체계접근은 치료모델로서보다는 '환경속의 인간'이라는 사회복지의 관점으로 이해됨. 생태체계접근이란 체계이론과 생태적 관점이 합성된 것으로서 체계 간의 공유영역과 적응 및 상호교류의 개념을 강조함. 이러한 관점은 질병을 가진 개인과 그 개인을 둘러싼 환경체계들 간의 상호교류형태와 공유영역에 대한 분석에 유용할 수 있음. 그러므로 생태체계적 관점에서는 질병을 가진 개인의 적응을 바라볼 때 환자 개인뿐만 아니라 그 사람이 상호작용하는 가족, 학교, 직장, 지역사회, 그 사회의 문화나 법률과 같은 외적 체계들과 그 체계들과의 상호작용을 필수적으로 고려함. 예를 들어, 우리가 스트레스성 질환으로도 일컬어지는 고혈압, 소화불량, 두통, 과민성 대장질환 등을 앓고 있는 환자를 보다 잘 이해하고 효과적인 치료 계획을 수립하기 위해서는 이 환자의 생활습관과 사회적 상호작용을 포함한 생태체계적 분석과 접근을 잘 활용하는 것이 중요함.

출처:김연수·김경희·박지영·최명민,「의료사회복지의 이해와 실제」,나눔의집

2) 적용 이론 : 심리사회모델

(1) 심리사회모델의 개념

심리사회모델이란?
인간의 심리적, 사회적인 면을 둘 다 고려하는 '상황 속의 인간'을 강조하는 모델. 이 모델은 1930년대 후반 고든 해밀턴에 의해 처음 심리사회적 이론으로 명명되었으며, 1960년대에 플로렌스 홀리스에 의해 사회복지실천이론과 접근방법으로 구체화됨. 심리사회모델에서는 인간의 성격은 생활상의 다양한 요인에 의해 형성된다고 생각하는 다원성의 개념을 중시함. 다원성은 클라이언트의 성격에 영향을 미치는 다양한 요인을 의미하며, 건강, 유전적 자질, 인종, 출생순위, 성별, 가족관계나 구조, 또래집단, 사회경제적 여건을 들 수 있음. 또한 심리사회모델에서는 인간이 공통된 상황을 경험하더라고 개인에 다라 서로 다르게 반응한다고 생각하는 개별성의 개념을 중시함. 이 모델에서는 개인의 고유한 성격과 대처방식을 그 사람의 과거경험뿐 아니라 현재 사회적 상황 속에서 이해하기 위해 노력하므로 '상황 속의 인간'을 강조하는 사회복지와 밀접하게 관련된다고 볼 수 있음. 그러므로 이 모델에서는 클라이언트의 다양한 생활력을 다각적으로 사정하는 것을 중요하게 생각함. 또한 클라이언트의 개별성을 이해하기 위해서는 지금-현재의 상황에서 클라이언트가 문제를 인지하는 방법과 이에 대처하는 행동들을 파악하는 것이 중요하다고 봄.

출처:김연수·김경희·박지영·최명민,「의료사회복지의 이해와 실제」,나눔의집

(2) 심리사회모델의 개입과정

초기단계	▪ 초기단계에서의 기본적 과제 ① 클라이언트가 의료사회복지사와 왜 만나야 하는지를 이해하도록 원조 ② 클라이언트가 의료사회복지사의 원조를 활용할 수 있도록 전문적 관계를 확립 ③ 클라이언트를 원조과정에 참여시킴 ④ 환기와 지지 제공, 치료적 개입 시작 ⑤ 심리사회적 진단과 치료에 필요한 정보 수집.

6) 본 사례를 개입함에 있어 적합한 모델을 정리(출처 명시)

- 11 -

	- 사실 수집에 초점 - 클라이언트의 문제, 원인, 문제해결을 위해 시도한 방법, 문제상황에 기여한 요소들 수집 - 발달 과정 및 원가족에 대한 정보 수집→자신의 문제 인식, 다시 생각해보는 기회 제공
사정단계	- 수집된 정보에 대해 비판적으로 검토 - 개인과 환경을 통합한 틀 속에서 여러 체계들의 상호작용 양상 파악 - 사정의 내용 : 문제가 어떻게, 왜 발생하였나? 인간상황의 상호작용 속에서 누가, 무엇이 변화를 위해 접근 가능한가? 변화를 위해 관여되어야 할 사람과 자원은 무엇인가?
개입단계	▪ 개입목표 - 클라이언트가 경험한 과거의 사건이나 경험들 혹은 현재의 경험들과 관련된 심리 내적인 갈등과 어려움을 클라이언트가 이해하고 통찰할 수 있게끔 도와주는 것 - 클라이언트 스스로가 자신과 환경을 변화시키려는 노력을 하는 과정에 최대한 도움 및 실적 지원을 제공
종결단계	- 문제 해결 및 개선으로 개인, 가족의 기능이 회복되면 종결

출처:「2018년 수련의료사회복지사 이론교육」,대한의료사회복지사협회

(3) 심리사회모델의 개입방법

	개입방법		목표	기법
직접적 개입	**지지하기**	감정과 행동 지지	클라이언트의 불안을 감소시키고 동기화를 촉진하여 원조관계 수립	재보증, 격려, 선물주기, 경청, 따뜻한 표정
	직접영향주기 (지시하기)	제안이나 조언 등을 통해 직접 영향주기	의료사회복지사가 조언이나 지시 등을 함으로써 클라이언트의 행동을 향상시킴.	제안 격려 및 강화, 장려하기, 현실적인 제안 설정하기, 직접적 조언하기
	탐색-기술-환기	사실을 말하고 감정을 탐색하며 환기할 수 있게 하기	클라이언트에게 사실 및 사실과 관련된 감정을 표출하게 하여 긴장 완화시킴	초점 잡아주기, 부분화하기, 화제 전환하기
	개인-환경에 관한 고찰	'상황 속의 인간'의 관점에서 고려하기	현재에 대해 고찰하게 하여 현실적으로 파악하게 함.	설명, 일반화, 변화, 명확화, 교육
	유형-역동성 고찰	성격과 행동, 심리 내적 역동 고찰하기	클라이언트의 자신의 성격유형, 특징, 행동 유형 등 심리 내적 역동에 대해 이해하도록 원조함	명확화, 해석, 통찰
	발달적 고찰	과거 경험이 현재 기능에 미치는 영향 고찰하기	유년기의 문제와 현재 행동의 인과관계를 클라이언트가 자각하게 함.	명확화, 해석, 통찰, 설명, 일반화, 교육
간접적 개입	**환경 조정하기**		환경에 관계된 문제를 해결함.	자원 발굴 및 제공, 클라이언트와 체계 중재 및 옹호

출처:「2018년 수련의료사회복지사 이론교육」,대한의료사회복지사협회

(4) 심리사회모델의 유용성과 한계

유용성	- 개인과 환경의 상호작용을 강조하기에 정신분석이론의 한계를 극복함 - 새로운 이론과 연구결과를 수용, 적용하는 절충주의적 접근방법이기에 이론적, 실천적으로 확장가능성이 높음.
한계	- 환경에 대한 개입이 미흡한 편임. - 개입효과성 평가도 경험적 사례연구에 의존함.

출처:「사회복지실천기술론」,서혜석·이혜숙·이윤형·한경리,양서원,

- 12 -

3) 대상자와 관련하여 생태체계관점(모델) 및 심리사회모델이 적용된 주요 연구[7]

1-3) 개입과 관련된 연구
- 사례에 대한 이해, 개입 계획 수립을 위해 참고한 연구의 내용을 간략히 정리하여 요약 기술
- 또한 해당 연구가 사례 이해와 개입에 어떠한 의미를 지니는지, 도움이 되었는지 검토하여 추가 기술
- 해당 연구 및 단행본은 반드시 참고문헌/출처를 명확히 기재

① 암 환자와 가족에 대한 정신의학적 심리사회적 개입

암은 환자 가족에게도 심각한 고통을 초래한다. 주요 가족 문제로는 기존의 가족 갈등, 가족 포기, 가족 소진 등이 있다. 특히 투병기와 임종기를 거치면서 이러한 문제들이 악화된다고 한다. 가족들도 소진되면서 환자에 대한 양가감정과 죄책감을 가지므로 서로 간 감정을 솔직하게 표현하도록 하며 가능한 한 가족이 계속 환자를 지지하도록 해야 한다. 가족이 소진되거나 우울하면 환자를 지지해줄 수도 없기 때문이다. 가족은 자신들과 의료진이 환자를 위해 최선을 다하고 있다는 확신을 아주 많이 필요로 한다. 따라서 가족역동과 가족모델을 기초로 개입해야 한다.

결국 가족의 정신적 측면 역시 중요하다. 가족의 불안은 환자가 호소하는 증상이 심할수록 증가하는데 의료진은 가족들이 환자의 병에 느끼는 것과 가족들의 삶에 미치는 영향 등에 대해 면담함으로써 고통을 덜어줄 수 있다. 즉, 신체적/정신적 증상들에 대해 설명해주며 가족들의 고민과 두려움을 표현하게 함으로써 합리적인 희망을 주고 그들이 느끼는 소외감과 괴리감을 덜어줄 수 있다.

가족치료에서는 구조모델이 강조되는데 일단 가족의 안정화된 구조를 유지하는 게 목표이다. 암 자체가 심각한 불안정 요소이기 때문에 가족이 변화와 스트레스에 대처하는 능력에 따라 가족병리가 좌우된다. 건강한 가족은 상황과 구성원의 요구에 맞게 변화한다. 실제 가족개입에서는 옳은 것보다는 가장 적합한 것을 찾도록 하고, 상세한 정보제공과 교육을 통해 불안을 경감시키며, 가족 간 솔직한 토론을 하도록 의사소통을 촉진시킨다.

출처:조성민(2007),암 환자와 가족에 대한 정신의학적·심리사회적 개입,원자력병원 신경정신과,의료사회복지팀,호스피스실

② 저소득층 암환자들의 심리사회적 적응 과정

- 연구 결과 : 저소득층 암환자들의 질병 경험은 '빈곤'과 '암'이라는 이중의 고통 속에서 시작되었다. 빈곤으로 인한 고통이 일상적으로 존재하는 삶의 조건 속에서 암이라는 진단은 이들에게 엎친 데 덮친 격의 이중의 고통으로 다가왔다. 즉 빈곤으로 인한 경제적 고통과 암으로 인한 신체적, 정신적 고통은 자신과 가족의 삶을 송두리째 앗아갈 수 있는 총체적인 고통이었다. 이러한 고통 가운데서 참여자들은 자신의 생명을 앗아갈 수도 있는 암이라는 질병에 초점을 두기보다는 가족의 생계에 대한 경제적인 대처를 우선시하였다. 비정규직으로 일하던 한 참여자는 암치료와 함께 직장을 잃고 생계가 막막해지는 극한 상황에서, 치료를 받자니 치료비가 없고, 치료를 포기하자니 아이들이 고아가 되는 난감했던 상황에 대한 깊은 절망을 토로하였다.
- 결론 : 본 연구는 저소득층 암환자를 대상으로 그들의 심리사회적 문제는 무엇이며 그 적응 과정은 어떠한가를 파악하기 위해 시도되었다. 그 결과 저소득층 재가 암환자들은 빈곤과 암의 이중 고통으로 절망을 경험하지만 정부 혹은 민간단체 등의 경제적 지원과 보건의료인들의 돌봄으로 인하여 암 치료과정을 홀로 버티고 견디어 낼 뿐 아니라 사회에 대한 보답과 자신의 꿈을 키워나가는 더욱 성숙된 삶으로 나아가는 것을 보여주었다. 즉 암의 질병체험으로 죽음을 대리 경험하고, 암의 치유 경험을 통해 빈곤이 주는 사회적 재제로 인한 반복적인 절망으로부터 오히려 자립의 힘을 발견하고 남을 위한 삶을 계획하는 존재로 변화하는 것을 볼 수 있다.

출처: 이영선 외 4명(2011), 저소득층 암환자들의 심리사회적 적응 과정, 대한간호학회지 제 41권 제 2호

7) 개입 대상자 또는 모델을 이해하는데 도움이 될 수 있는 논문(연구) 탐색 및 간략 정리

→ 본 사례는 암을 진단받아 경제적 어려움이 극심해진 국민기초생활수급자를 대상으로, 심리사회적·경제적 어려움을 완화하고 치료동기를 강화하기 위해 의료사회복지 개입을 진행한 사례임. 위 연구들을 통해 저소득 암환자와 보호자가 치료 과정에서 겪는 심리사회적 어려움에 대한 이해를 높일 수 있었으며, 내외부 자원 연계를 통해 암 치료 과정을 견디고 궁극적으로 성장해 간다는 것을 확인하였음. 이를 바탕으로 환자의 환경을 고려한 상담을 진행하였고, 환자와 배우자가 자립하여 생활할 수 있도록 지속적인 지지를 제공하였음.

4) 본 개입에 생태체계 관점(모델)과 심리사회모델을 적용한 이유

1-4) 모델 적용 이유
- 객관적 근거를 바탕으로 환자의 문제 원인을 이론에 근거하여 사정하기 위하여 이론적인 주요 개념이나 관점을 응용하여 기술
- 이 때 환자의 우선순위별 주요 문제를 설명하기 위하여 어떤 이론을 선택했는지, 그 이론을 선택한 이유는 무엇인지, 그 이론을 바탕으로 환자의 문제를 어떻게 사정하여 개입하고자 하는지 명확하고 자세히 기술

본 개입에서는 환자의 욕구 충족을 위해 환자를 둘러싼 환경에 존재하는 자원을 발굴하여 연계 및 안내하는 것, 이를 통해 환자가 다양한 체계와 교류하여 현재의 상황(context)에 '적응(adaptation)'할 수 있도록 촉진하는 것이 의료사회복지사의 가장 중요한 과업이라고 파악되었음.

이를 위해 적합한 자원을 발굴하여 환자에게 안내하며 사회보장정보시스템을 통해 환자를 지역사회에 의뢰할 계획을 수립함. 또한 환자와 가장 많은 사회작용과 교류를 하는 배우자가 겪는 어려움을 원조하기 위해 환자의 배우자가 내원하고 있는 병원의 의료사회복지팀과의 교류를 촉진하고 지역사회자원에 대한 정보를 제공하고자 계획을 수립함.

이는 사회복지실천 시 클라이언트가 상호작용하는 가족, 학교, 직장, 지역사회, 그 사회의 문화나 법률과 같은 외적 체계들과 그 체계들과의 상호작용을 필수적으로 고려하며 클라이언트와 클라이언트 주변 환경 간의 상호작용, 상호 의존성 또는 역동적 교류와 적응에 초점이 주어지는 생태체계모델(관점)과 상당 부분 일치한다고 볼 수 있음. 그리고 환자와 배우자뿐만 아니라 그들의 환경에도 이중적으로 개입하는 심리사회모델의 원칙과 상당부분 일치한다고 할 수 있음. 이에 본 의료사회복지사는 생태체계모델(관점)을 주요 관념적 안목으로 삼고 심리사회모델의 실천기술을 활동하여 환자 및 배우자의 욕구를 충족시키려 노력하였음.

2. 개입 계획[8)]

<table>
<tr><td rowspan="6">문제 ①
환자 및
배우자의 치료비
마련의 어려움</td><td>①-1. 암환자 의료비 지원사업 안내 및 연계</td></tr>
<tr><td>환자는 기초생활수급자로 의료급여 1종 적용을 받고 있으며 위암 진단으로 보건소에서 시행하는 암환자 의료비지원 사업 신청에 적격함. 이에 환자에게 암환자 의료비 지원사업을 안내하고 필요 시 신청을 원조할 계획임.</td></tr>
<tr><td>①-2. 원내 기금 연계</td></tr>
<tr><td>환자의 사회경제력 평가 결과, 근로소득 및 기타자산 전무하며 경제적 어려움 있어 원내 기금 연계가 가능할 것으로 사료됨.
이에 추후 환자의 치료비가 암환자 의료비지원 사업 지원금을 초과하여 발생할 경우 원내 기금 을 연계하여 환자의 치료비 마련의 어려움을 완화할 계획임.</td></tr>
<tr><td>①-3. 환자 배우자에게 국가 의료비지원 제도 안내 및 사회복지자원 연계</td></tr>
<tr><td>환자 가정은 국민기초생활수급가정으로 근로소득 및 기타자산 전무함. 이에 환자의 배우자 또한 척추협착증 치료 시행 시 고려 가능한 국가 및 민간 의료비지원사업이 존재할 것으로 판단됨. 이에 환자 배우자에게 국가 의료비지원제도(긴급의료비지원제도,재난적</td></tr>
</table>

<table>
<tr><td></td><td>의료비지원제도)에 대한 정보를 제공하고 추후 적합한 사회복지자원을 발굴하여 안내하고 연계할 계획임.</td></tr>
<tr><td rowspan="4"><u>문제 ②</u>
환자 가정의 주거지 선정 및 생계유지의 어려움</td><td>②-1. 환자 가정 지방자치단체에 의뢰 및 지역사회자원에 대한 정보 제공</td></tr>
<tr><td>환자의 가정은 국민기초생활수급가정이나 생계급여 외 연계되어 있는 지역사회자원이 많지 않은 것으로 파악됨. 이에 환자가 지역사회 자원과 연계될 수 있도록 사회보장정보시스템[9]을 통해 환자 가정을 지역사회(주민센터)에 의뢰할 계획임. 또한 환자는 2018년 10월 월셋집 계약이 만료되어 거주지를 모색해야 하나 환자 및 배우자는 고령으로 다양한 자원 모색에 한계가 있음. 이에 주거복지 관련 자원을 모색하여 환자 및 배우자에게 정보를 제공할 예정임. 더불어 의료사회복지사가 직접 주민센터 담당자와 전화협의하며 환자의 경제력, 의료력, 가족력 등을 공유하여 환자에게 원활하게 자원이 연계될 수 있도록 옹호자, 서비스 조정자의 역할을 수행할 계획임.</td></tr>
<tr><td>②-2. 민간 후원기관 연계</td></tr>
<tr><td>환자의 가정은 기초생활수급가정으로 국민기초생활수급비 외 소득은 전무함. 이에 환자 가정은 환자의 치료비뿐만 아니라 식비, 주거비, 배우자의 치료비 등의 지출에 대한 경제적 부담이 존재함. 이에 필요 시 환자에게 생계비 지원이 가능한 민간후원기관을 연계하여 환자의 생계유지의 어려움을 완화할 계획임.</td></tr>
<tr><td rowspan="4"><u>문제 ③</u>
환자 및 배우자의 심리정서적 어려움</td><td>③-1. 지속적 상담을 통한 심리정서적지지 제공</td></tr>
<tr><td>환자의 첫째 딸은 사망하였으며 둘째 아들과는 갈등으로 인해 연락이 두절된 상황임. 갑작스런 발병으로 불안, 우울 등 심리정서적 어려움을 겪고 있는 환자의 지지체계 부족은 환자의 심리정서적 어려움을 더욱 심화할 것으로 사료됨. 또한 환자는 초기 상담 시 NCCN 디스트레스 온도계 점수가 10점으로 매우 높은 디스트레스를 경험하고 있는 것으로 파악됨. 이에 환자에게 심리사회모델에 입각한 지속적 상담을 진행하며 환자의 심리정서적 어려움을 완화할 계획임.</td></tr>
<tr><td>③-2. 연명의료결정제도[10]에 대한 정보 제공 및 사전연명의료의향서[11] 상담 연계</td></tr>
<tr><td>환자 및 배우자는 초기 상담 시 임종기에 무의미한 연명치료를 원하지 않는다는 의사를 표함. 본원(국립암센터)은 연명의료결정제도와 관련한 상담을 제공하고 있으며 내담자가 원할 시 사전연명의료의향서 작성을 원조하고 있음. 이에 환자 및 배우자에게 연명의료결정제도와 사전연명의료의향서에 대한 정보를 제공하고 환자와 배우자가 희망한다면 사전연명의료의향서 작성 상담을 연계할 계획임.</td></tr>
</table>

3. 개입 내용

개 입 기 간	2018년 8월 7일~2018년 10월 30일
개 별 상 담[12]	4회
가 족 상 담[13]	3회

8) 사회복지사가 평가한 문제에 근거하여 각 문제별 개입 계획 설정

9)사회보장정보시스템: 각종 사회복지 급여 및 서비스 지원 대상자의 자격과 이력에 관한 정보를 통합 관리하고, 지자체의 복지 업무 처리를 지원하기 위해 기존 시·군·구별 새올행정시스템의 31개 업무 지원시스템 중 복지분야를 분리하여 개인별 가구별 DB로 중앙에 통합 구축한 정보시스템.(출처: 『사회보장정보시스템(행복e음)』,사회보장정보원,2018.10.30.,http://www.ssis.or.kr)

10) 임종과정에 있는 환자에게 연명의료를 시행하지 않거나 중단할 수 있는 기준과 절차를 정립하여 국민이 삶을 존엄하게 마무리할 수 있도록 지원하는 제도.(출처: 『사전연명의료의향서 안내』,국민건강보험공단,2018.10.30.,http://minwon/nhis.or.kr)

11) 19세 이상의 사람이 연명의료 및 호스피스에 관한 의사를 직접 문서로 밝혀두는 것. 미리 작성해 둔 사전연명의료의향서가 있는 사람은 향후 임종과정에 있는 환자가 되었을 때, 이를 근거로 연명의료를 유보 또는 중단할 수 있음.(출처: 『사전연명의료의향서 안내』,국민건강보험공단,2018.10.30.,http://minwon/nhis.or.kr)

전 화 상 담[14]	9회
치료진 협의[15]	4회
지역사회 협의[16]	9회
종 결 여 부	미종결

4. 개입 과정[17]

4. 개입 과정
- 각 수련기관에서 활용하는 기록 방식을 적용하여 개입의 내용 별로 구분하여 작성
- 적용한 실천모델의 과정, 개입기법에 기반하여 개입 내용을 기술하도록 함

문제 ①	환자 및 배우자의 치료비 마련의 어려움
개입 계획	①-1. 암환자 의료비 지원사업 안내 및 연계
개입 과정	**# 2018년 8월 8일, 상기 환자 및 배우자 본팀 방문하여 상담 진행함.** s> "1인실로 입원하라고 하면 그냥 수술하지 않을 생각입니다." o> <사회경제력> - 주수입원: 수급비 및 노령연금 - 월소득: 수급비 76만원, 노령연금 32만원 - 주거형태: 월세(보증금 200만원/월 20만원) - 사보험: 없음 - 부채: 환자 1억 원, 배우자 2천만 원 (법원에서 년 2회 집으로 방문함, 배우자의 부채는 월 10만원씩 상환 중.) - 예금: 없음 - 차량: 없음 - 의료보장형태 : 의료급여 1종 <의료력> - 2018년 5월 30일, local병원에서 내시경 및 CT검사 시행한 결과 암 의심소견을 받음. - 2018년 6월 14일, 본원으로 전원하여 검사 시행하였으며 위암을 진단받음. - 2018년 7월 18일 입원, 19일 수술 예정이었으나 경제적 어려움으로 인해 취소함. - 2018년 8월 8일 입원, 9일 수술 시행 예정. a> - 환자는 NCCN 디스트레스 온도계 점수 10점으로 현재 고위험상태인 것으로 파악됨. 이에 지속적인 심리정서적 상담, 자원 연계가 필요할 것으로 사료됨. - 상기 환자 경제적 어려움으로 의료비 자부담에 한계가 있으며 생계유지에도 어려움이 있을 것으로 사료됨. - 상기 환자 암환자 의료비지원사업 신청에 적격할 것으로 판단됨.

12) 환자 대면 상담 횟수
13) 가족 및 지인 대면 상담 횟수
14) 환자 및 가족(지인) 등과의 전화 상담 횟수
15) 원내 관련 의료진과의 협의 횟수
16) 환자 개입 위한 외부 관련 기관(각 지자체, 민간기관 등)과의 협의 횟수
17) 각 문제별 개입계획에 따른 실제 수행한 개입 과정 기록

	i> - 00구 보건소 암환자의료비지원 담당자와 전화협의 진행하였으며 신청서 작성 완료함. - 진단서 수령하였으나 아직 임상적 추정상태로 추후 재발급 필요함을 안내함. p> - 추후 진단서 재발급 후 보건소에 신청서 및 진단서 발송 예정. - 지속적 f/u 상담 진행 예정. **# 2018년 8월 9일, 병동 간호사와 전화협의 후 환자와 전화상담 진행함.** o> 상기 환자 약 1주일 후 진단 확진 가능하며 1주일 내 퇴원 예정임. a> 상기 환자 1인실 입원 예정으로 긴급의료비지원 연계 고려하지 않았으나 다인실에 입원 후 치료 시행하여 긴급의료비 지원 연계 가능함. 그러나 100만원 이하로 입원비 발생 시 긴급의료비지원 연계에 제약이 있어 입원비 확인이 필요함. i> 환자에게 내일(8/10) 입원비 확인 후 재연락 예정임을 안내함. p> 지속적 f/u 진행 예정.
개입 계획	**①-2. ○○기금 연계**
개입 과정	**# 2018년 8월 10일, 환자와 전화상담 진행함.** o> 금일 기준 환자 입원비 약 70만원 발생함. a> - 상기 환자 긴급의료비지원제도 연계에 한계가 있어 ○○기금 연계 필요함. - ○○기금 연계를 위한 서류 수령해야 함. i> 환자에게 주민등록등본, 수급자증명서 제출을 요청함. p> 추후 서류 제출 시 ○○기금 연계 예정. **# 2018년 8월 13일, 환자 배우자 서류 제출 위해 본팀 방문하여 상담 진행함.** s> "서류 제출하라는 말을 전해 듣고 지원 안 된다는건줄 알고 너무 놀라서 불안했어요.." o> 원내 발전기금 연계를 위한 구비서류 수령함. a> 환자 배우자에게 암환자 의료비 지원사업 추후 신청 가능함을 안내할 필요가 있음. i> - 환자 배우자에게 암환자 의료비 지원사업 추후 신청 가능함을 안내함. - 환자 배우자가 표출하는 불안에 공감을 표현하고 의료비지원제도에 대해 정보를 제공하며 심리사회적 지지 제공함.
개입 계획	**①-3. 환자 배우자에게 국가 의료비지원 제도 안내 및 사회복지자원 연계**
개입 과정	**# 2018년 8월 8일, 상기 환자 및 배우자 본팀 방문하여 상담 진행함.** o>- 배우자 : 72세, 동거, 00병원에서 척추협착증을 진단받았으나 경제적 어려움으로 인해 수술을 연기함(수술비 500만원으로 안내받음), 월 2회 통증 주사치료 시행 중. a> 환자의 배우자 또한 척추협착증 앓고 있으나 경제적 어려움으로 수술 시행하지 못하고 있어 국가의료비지원 및 지역사회자원에 대한 정보 제공이 필요할 것으로 사료됨. i>- 환자 배우자에게 00병원에 의료사회복지사 근무 여부 확인을 권유하였으며 의료사회복지사 미근무 시 본 의료사회복지사가 의료비지원제도 정보 제공 가능함을 안내함. - 긴급의료비지원제도 및 재난적의료비지원제도에 대한 정보 안내함. p> 추후 지속적 f/u 진행 예정. **# 2018년 8월 22일, 환자와 전화상담 진행함.** s> "선생님 신경써주셔서 감사합니다. 집사람 병원은 월요일에 가서 진료를 받아보려고요." o> - 상기 환자 이번 주 금요일(8/24) 본원 진료 예정임.

	- 환자의 배우자는 현재 00병원(개인병원)에서 통증주사 치료 중이며 수술은 서울시 000병원에서 진행 예정임 a> 환자의 배우자의 치료비 마련을 위해 000병원 의료사회복지사 근무 여부 및 치료비지원 가능여부 확인할 필요가 있음. i> 추후 환자 내원 시 본실 방문을 요청함. p> 000병원 의료사회복지사 근무 여부 확인 예정. **# 2018년 8월 22일, 000병원 윤○ 의료사회복지사와 전화협의 진행함.** s> - 추후 환자의 배우자 000병원 내원 시 의료사회복지팀 방문을 요청하였음. - 000병원 사회복지팀 의료사회복지사에게 선연락하여 상담 예약 후 방문을 요청함. o> - 척추 질병의 경우 긴급의료비지원 신청에 한계가 있음. - 수술이 긴급하게 필요하다는 의사소견서 제출 시 가능할 수 있으나 각 구청에 따라 상이하여 확인이 필요함. i> 환자의 배우자 다음 주 월요일 서울척병원 내원 예정이며 환자 및 배우자에게 윤○ 의료사회복지사 번호 전달 예정임을 안내함. p> 추후 환자 및 배우자에게 000병원 의료사회복지사와의 상담을 안내할 예정. **# 2018년 10월 12일, 상기 환자 및 배우자 본실 방문함.** s> "이렇게 신경써주시니 감사할 따름입니다." o> 환자의 배우자 금일 내원위해 어제 무통주사치료 시행하였음. i> 환자 배우자 병원 내원을 격려하며 000병원 의료사회복지사와의 상담내용 전달을 독려함. p> 지속적 f/u 시행 예정. **# 2018년 10월 29일, 환자와 전화상담 시행함.** s> "선생님 너무 감사해요.. 식구(배우자) 수술하는 것 지원받을 수 있대요..선생님 덕분에 대한민국이 이렇게 복지가 잘 되어있는 줄 알게 됐네요.." o> - 환자의 배우자 000병원 진료받았으며 11월 5일 입원하여 수술 시행 예정임. (수술비 약 500만원 발생 예정.) - 환자 및 배우자는 000병원 사회복지사와 상담 후 긴급의료비 지원 가능함을 안내받음. - 00구청 긴급지원 담당자와 협의 후 서류 준비 완료하였다고 함. i>- 환자에게 치료 및 간병 격려와 함께 심리사회적 지지 제공. - 000병원 진료, 의료사회복지사와 상담 시행한 것에 대해 칭찬 및 격려 제공. p> 추후 지속적 f/u 시행 예정.

문제 ②	환자 가정의 주거지 선정 및 생계유지의 어려움
개입 계획	②-1. 환자 가정 지방자치단체에 의뢰 및 지역사회자원에 대한 정보 제공
개입 과정	**# 2018년 8월 8일, 상기 환자 및 배우자 본팀 방문하여 상담 진행함.** o> <개인력> - 배우자와 함께 월세에 거주하고 있으나 2018년 10월 계약 만료 예정으로 거주지 모색해야 함. (여러 번 임대주택을 신청하였으나 선정되지 않음.) <사회경제력>

- 주수입원 : 수급비 및 노령연금
- 월소득 : 수급비 76만원, 노령연금 32만원
- 주거형태 : 월세(보증금 200만원/월 20만원)
- 사보험 : 없음
- 부채 : 환자 1억원, 배우자 2천 만원(법원에서 년 2회 집으로 방문함, 배우자의 부채는 월 10만원씩 상환 중.)
- 예금 : 없음
- 차량 : 없음
- 의료보장형태 : 의료급여 1종

a> 상기 환자 주거지 선정 및 생계유지의 어려움을 겪고 있어 지역사회 자원에 연계할 필요가 있음.
i> 사회보장정보시스템을 통한 지역사회의뢰에 대해 안내하였고 서비스의뢰신청서 작성 완료함.
p> 사회보장정보시스템을 통해 지역사회에 상기 가정 의뢰 예정.

 # 2018년 8월 17일, 상기 환자 지역사회에 의뢰 진행함.
i> 상기 환자 사회보장정보시스템을 통해 지역사회에 의뢰 완료함.

상담내용	상기 환자 2018년 5월 30일, local병원에서 내시경 및 CT검사 시행한 결과 암 의심소견으로 6월 14일 본원 전원하였습니다. 본원에서 추가검사 시행하여 위암을 진단받아 8월 9일 절제술 시행하였으며 추후 항암치료가 예정되어 있습니다. 상기 환자는 배우자와 함께 거주하는 기초생활수급가정입니다. 환자는 약 30년 전 00 관련 사업을 진행하였으나 실패한 후 건강 악화 및 고령으로 인해 근로소득이 없는 상황입니다. 환자의 배우자 또한 현재 척추협착증으로 통증을 호소하고 있으며 고령으로 인해 근로활동 불가하여 상기 가정은 근로소득 및 기타자산이 전무한 상황입니다. 환자에게는 슬하 1녀 1남이 있으나 첫째 딸은 2013년 6월 사망하였으며 둘째 아들은 결혼 후 연락이 두절되어 환자에게 경제적, 심리사회적 지지를 제공하는 것이 불가하다고 합니다. 또한 환자는 현재 월셋집(보증금 200만원, 월 20만원)에 배우자와 거주하고 있으며 2018년 10월 계약 만료 예정으로 여러 번 임대주택을 신청하였지만 선정되지 않아 거주지 모색에 어려움을 호소하고 있습니다.
담당자의견	환자는 본래 2018년 7월 19일 수술 예정이었으나 경제적 어려움으로 수술이 연기되어 8월 9일 수술을 시행하였습니다. 환자의 배우자 또한 현재 수술이 필요한 상황이나 경제적 어려움으로 인해 치료를 주저하고 있는 상황입니다. 환자 및 배우자는 아들 및 친척과의 왕래가 전무하여 경제적, 심리정서적 지지를 제공해줄 지지체계가 열악한 것으로 사료됩니다. 이에 환자 가정에게는 생활 전반에 대한 도움으로 부식 지원 및 돌봄 서비스 등의 지역사회 자원 연계가 절실히 필요한 상황이라고 판단됩니다. 환자에게 도움이 될 수 있는 복지서비스를 모색하여 연계해주시면 환자의 원활한 치료에 많은 도움이 될 것으로 생각됩니다. 바쁘신 와중에 고진선처 부탁드립니다. 감사합니다.

- 19 -

p> 추후 지속적 f/u 진행 예정.

 # 2018년 8월 21일, 사회보장정보시스템을 통해 지역사회에 의뢰 회신 수령함.
-접수지자체명 : 서울특별시 00구 00동
-접수담당자명 : 박○○
-접수담당자연락처 : 02-0000-0000
-대상자와 연락하여 필요한 서비스 제공 예정임.

 # 2018년 8월 24일, 00동 주무관와 전화협의 진행함.
s> - "어제 환자분께 물품 제공할 겸 가정방문 다녀왔습니다. 병원에서 지원을 해줬다고 굉장히 고마움을 표현하시더라고요."
o> - 상기 환자 주민센터에서 물품 제공, 가정방문 등 사례관리 서비스를 받아 왔음.
- [전세임대 즉시지원 사업] 주민센터에서 신청 가능함.
i> - 환자에게 [전세임대 즉시지원 사업]에 대해 안내 예정이며 주민센터 방문 시 신청 원조를 요청함.
- 본 의료사회복지사의 개입 현황 및 계획에 대해 공유함.
p> 추후 환자 방문 시 상담 진행 예정.

 # 2018년 10월 12일, 환자 및 보호자 본실 방문하여 상담 시행함.
s> - "이사해서 잘 지내고 있습니다. 같은 동네이긴 한데 옆 동네로 간 거라 전 주민센터에서 받던 서비스는 못 받을 것 같네요.. 그분들이 참 신경 써주시고 잘하셨는데."
- "오늘도 진료보고 갑니다. 피검사하고 진료 받았어요. 몸무게가 13키로 빠져서 걱정돼서 의사선생님께 말씀드렸더니 정상이라고 하네요."
- "다른 건 다 괜찮은데 속이 안 좋아서 힘드네요.. 금전적으로 넉넉지 않으니 제대로 챙겨먹는 것도 수월하지가 않죠."
o> 상기 환자 00동으로 이사하였으나, 주민센터의 사례관리서비스가 연결되지 않은 것으로 파악됨.
a> 상기 환자 사회보장정보시스템을 통해 지역사회에 재의뢰할 필요가 있을 것으로 사료됨.
i> 환자 및 배우자에게 지역사회의뢰에 대해 재안내하였으며 의뢰에 동의하여 복지서비스 의뢰 신청서 작성 완료함.
p> 추후 사회보장정보시스템을 통한 지역사회 의뢰 시행 예정.

 # 2018년 10월 24일, 상기 환자 지역사회에 의뢰 진행함.
i> 상기 환자 사회보장정보시스템을 통해 지역사회에 재의뢰 완료함.
p> 추후 지속적 f/u 시행 예정.

 # 2018년 10월 29일, 사회보장정보시스템을 통해 지역사회에 의뢰 회신 수령함.
- 접수지자체명 : 00동
- 접수담당자명 : 이○○
- 접수담당자연락처 : 02-0000-0000
- 처 김○○ 긴급복지지원 예정임.

개입 계획	②-2. 민간후원기관 연계
개입 과정	**# 2018년 10월 8일, 상기 환자 본실 방문하여 상담 시행함.** s> - "오늘도 진료보고 갑니다. 피검사하고 진료받았어요. 몸무게가 13키로 빠져서 걱정돼서 의사 선생님께 말씀드렸더니 정상이라고 하네요." - "다른 건 다 괜찮은데 속이 안 좋아서 힘드네요.. 금전적으로 넉넉지 않으니 제대로 챙겨먹는 것도 수월하지가 않죠." o> - 상기 환자 10월 4일 이사로 인해 금일 내원하여 진료받음. - 항암치료 병행하고 있어 식사의 어려움을 호소함. - 아직 배우자 치료를 위한 서울척병원 방문하지 않았다고 함. a> 환자 가정에게 의료비 외 생계비 지원 가능 자원이 있을 시 연계 필요할 것으로 사료됨. i> 환자에게 치료격려와 함께 심리사회적 지지 제공. p> 환자에게 적합한 민간 후원기관 모색 예정. **# 2018년 10월 10일, 환자와 전화상담 시행함.** s> "인터뷰 가능합니다. 이렇게 신경써주셔서 너무 감사합니다." o> - 환자에게 라디오방송 인터뷰 가능여부 확인 위해 전화상담 시행함. - 불교 라디오방송 리포터와 전화 협의하여 환자의 상황에 대해 전달하였으며 금주 금요일오전 8시 인터뷰 가능함을 안내받음. - 라디오 방송 인터뷰 시 약 000만원 지원 가능(모금 정도에 따라 달라짐)하며 환자의 통장으로 지원금 입금됨. a> 상기 환자 라디오 방송 인터뷰 시 약 000만원 지원 가능하여 환자 배우자의 수술비 및 생계비 마련 가능할 것으로 사료됨. i> 환자에게 금주 금요일(10/12) 오전 8시 본팀 방문을 요청함. p> 지속적 f/u 시행 예정. **# 2018년 10월 12일, 상기 환자 및 배우자 본실 방문함.** s> "이렇게 신경써주시니 감사할 따름입니다." o> 라디오방송 인터뷰 진행 완료함.(10월 19일 방송 예정) i> - 환자의 치료과정의 어려움을 경청하고 공감하여 심리사회적 지지 제공함. - 10월 0일 라디오 방송임을 안내함. p> 추후 지속적 f/u 시행 예정.

문제 ③	환자 및 배우자의 심리정서적 어려움
개입 계획	③-1. 지속적 상담을 통한 심리정서적지지 제공
개입 과정	**# 2018년 8월 8일, 상기 환자 및 배우자 본실 방문하여 상담 진행함.** s> - "오늘 2시 반 정도에 입원할 수 있다고 하네요. 저는 1인실로 입원하라고 하면 그냥 수술하지 않을 생각입니다." - "사실 너무 불안하고 걱정돼서 요즘 밥도 못 먹어요. 어제는 우유만 먹었어요.." o> * NCCN 디스트레스(DT) : 10점

- 21 -

* NCCN 문제 체크리스트(PC): 실생활(치료결정), 정서적문제(신경질, 일상활동의 흥미상실), 가족문제(자녀들과의 관계, 가족건강문제들), 신체적문제(숨쉬기, 식사, 피로, 기억력/집중력, 피부 건조/가려움, 수면, 손/발 저린감)
- 상기 환자 의료진에게 진단 및 건강 상황에 대해 충분한 설명을 듣지 못해 속상함 표현.
a> - 환자는 NCCN 디스트레스 온도계 점수 10점으로 현재 고위험상태인 것으로 파악됨. 이에 지속적인 심리정서적 상담, 자원 연계가 필요할 것으로 사료됨.
- 환자는 진료 과정에서 불만족스러운 서비스를 받았으며 치료비 발생에 대한 걱정으로 본원에 불만을 가지고 있는 것으로 판단됨.
- 상기 환자 갑작스러운 진단, 치료비 부담으로 인한 심리정서적 어려움 있는 것으로 사료됨.
i> - 환자의 불안, 두려움, 속상함 등의 감정에 공감을 표현하며 환기(ventilation)제공.
- 책자 [길벗] 제공하며 치료격려와 함께 심리정서적 지지 제공.
- 본 의료사회복지사가 환자 가정의 경제적, 심리사회적 어려움 완화를 위해 원조할 것임을 안내하며 추후 치료계획 수립 시 지속적으로 전달해줄 것을 독려함.
p> 지속적 f/u 상담 시행 예정.

 # 2018년 8월 13일, 환자 배우자 서류 제출위해 본실 방문하여 상담 진행함.
s> "선생님, 서류 제출하라는 말을 듣고 지원 안 된다는건 줄 알고 너무 놀라서 불안했어요.."
o> 원내 발전기금 연계를 위한 구비서류 수령함.
a> 환자 배우자에게 암환자 의료비 지원사업 추후 신청 가능함을 안내할 필요가 있음.
i> - 환자 배우자에게 암환자 의료비 지원사업 추후 신청 가능함을 안내함.
- 환자 배우자가 표출하는 불안에 공감을 표현하고 의료비지원제도에 대해 정보를 제공하며 심리사회적 지지 제공함.
p> 지속적 f/u 상담 시행 예정.

 # 2018년 9월 13일, 상기 환자 본실 방문하여 상담 진행함.
o> - 상기 환자 추후 1년 간 약물 항암치료 시행 예정.(2주 약물 복용, 1주 휴식)
- 2018년 10월 4일, 경과 관찰위해 내원 예정.
- 상기 환자 추석 연휴 후, 00동으로 이사 예정.(월세-보증금200/월27만원)
- 환자의 배우자 2일 전(9/12) 00병원 의료사회복지사와 전화 상담 시행하였으며 추후 방문 상담 시행 예정임.
a> 환자에게 추후 진행될 항암치료에 대한 치료 격려와 함께 주거지 모색 및 00병원 의료사회복지사와 상담을 진행한 것에 대한 칭찬 제공할 필요가 있음.
i> 환자에게 추후 진행될 항암치료에 대한 치료 격려와 함께 주거지 모색 및 00병원 의료사회복지사와 상담을 진행한 것에 대한 정서적 지지를 제공함.
p> 추후 지속적 f/u 진행 예정.

 # 2018년 10월 12일, 상기 환자 및 배우자 본실 방문함.
s> - "요즘은 식사하는게 너무 힘들어요. 의사선생님한테 조언 많이 구하고 있어요."
- "처음엔 국립암센터 괜히 왔다 싶었는데 요즘은 선생님 덕분에 안왔으면 어떻게 할뻔 했나.. 하는 생각이 들어요."
o> * NCCN 디스트레스(DT) : 5점
* NCCN 문제 체크리스트(PC): 정서적문제(신경질, 일상활동의 흥미상실), 신체적문제(식사, 피

	로, 소화불량, 메스꺼움, 손발저림) - 2018년 8월 8일 NCCN 디스트레스 온도계 점수 10점에서 5점으로 감소함. a> 환자의 NCCN 디스트레스 온도계 점수 5점으로 심리사회적 어려움 완화된 것으로 파악됨. 하지만 5점 또한 삶에 상당한 영향을 주는 디스트레스를 경험하고 있는 것으로 볼 수 있어 지속적인 상담이 필요할 것으로 사료됨. i> 환자의 치료과정의 어려움을 경청하고 공감하여 심리사회적 지지 제공함. p> 추후 지속적인 f/u 상담 시행 예정.
개입 계획	**③-2. 연명의료결정제도에 대한 정보제공 및 사전연명의료의향서 상담 연계**
개입 과정	**# 2018년 8월 8일, 상기 환자 및 배우자 본팀 방문하여 상담 진행함.** s> "얼마 전에 아는 형님이 인공호흡기만 달고 중환자실에서 몇 달을 있다가 떠났습니다. 그게 무슨 의미가 있겠습니까. 저도 다음에 그렇게 될까봐 무섭더라고요.." o> 환자는 평소 임종기 무의미한 치료를 지속하게 될까봐 걱정이 있었다고 함. a> 환자에게 연명의료결정제도에 대한 정보 제공 후 희망 시 사전연명의료의향서 상담 연계가 필요할 것으로 사료됨. i>- 환자 및 배우자에게 연명의료결정제도에 대한 정보 제공함. - 사전연명의료의향서 상담 연계 가능함을 안내하였으며 환자 및 배우자는 희망함. 이에 환자 및 배우자는 사전연명의료의향서 상담을 받았으며 의향서 등록 완료함

Ⅳ. 평 가(Generally Evaluation)

1. 개입결과[18)]

1. 개입결과
- 개입 과정에서 활용한 자원, 개입 기법, 개입 결과 및 이에 대한 긍정적/부정적 평가 기술
- 개입 내용에 대한 객관적 평가

NO	문제사정	개입계획	결과 및 평가
1	환자 및 배우자의 치료비 마련의 어려움	암환자 의료비 지원사업 안내 및 연계	환자에게 암환자 의료비지원 사업을 연계하려 하였으나 조직검사 결과가 나오지 않아 최종 진단 전으로 지급보증 신청에 제약이 있었음. 현재 경제적 어려움으로 생계를 유지하는 것이 버거운 환자에게 월 생계비에 상응하는 입원비 자부담은 불가하였음. 이에 환자 및 보호자에게 암환자 의료비 지원사업은 암 확진 후 신청 가능하며 원내 기금 신청을 안내함. 본 개입에서 환자에게 이루어진 암환자의료비지원사업에 대한 정보 전달을 통해 환자는 추후 3년간 년 최대 220만원(급여 120만원, 비급여 100만원) 지원 가능함을 알게 되었음. 위 개입을 통해 환자의 치료비 마련의 어려움, 이로 인한 불안이 완화되었을 것으로 기대함.
		원내 기금 연계	OO기금 100만 원을 신청하여 지원 결정됨. 이에 환자는 잔액으로 항암치료 및 검사비를 충당하고 있음. 본 개입을 통해 환자의 치료비 마련의 어려움이 상당 부분 완화되었을 것으로 기대됨.
		환자 배우자에게	초기 상담 시 환자의 배우자 또한 치료비 마련의 어려움으로 수술 시행하지 못함을 확인하고 배우자에게 긴급의료비지원제도 및 재난적의

18) 각 문제별로 개입한 결과에 대한 평가 기록

2		국가 의료비지원제도 안내 및 사회복지자원 연계	료비지원제도에 대해 정보를 제공함. 환자의 배우자가 내원하는 00병원의 의료사회복지사에게 환자 가정의 사회경제력에 대해 전달하였으며 의료사회복지사와 상담 진행함. 환자 배우자는 긴급의료비지원제도(300만 원 지원 가능) 지원 가능함을 안내받아 11월 6일 수술 시행 예정이며, 00구청 긴급지원 담당자와 협의 후 서류 준비를 완료하였음. 이 개입을 통해 환자 배우자의 치료비 마련의 어려움이 완화되었다고 평가됨.
2	환자 가정의 주거지 선정 및 생계유지의 어려움	환자 가정 지방자치단체에 의뢰 및 지역사회자원에 대한 정보 제공	상기 환자 지역사회 자원과의 연계를 위해 사회보장정보시스템을 통해 지역사회에 의뢰를 시행함. 이에 주민센터 담당자가 환자의 집에 가정방문하여 상담을 실시하였으며 의료사회복지팀 개입 전 지불한 의료비 약 40만원을 00사랑성금으로 환급받을 수 있었음. 또한 주거복지제도인 [전세임대 즉시지원 사업]에 대한 정보를 발굴하여 환자에게 제공하였으며 주민센터 담당자와 환자의 상황에 대해 협의하며 차선책(희망온돌사업)에 대해 공유해볼 수 있었음. 그 후, 환자의 이사로 환자 주소지 관할 주민센터가 변경되어 사례관리를 받지 못하는 것을 확인하여 사회보장정보시스템을 통한 지역사회 의뢰를 재시행함. 이에 주민센터의 담당자는 환자 및 배우자의 경제적 어려움에 관심을 가져 전화상담 및 구청과의 협의를 시행 중에 있음. 환자에게 다양한 지역사회 자원이 연계되었고, 환자의 주거 선정의 어려움에 대한 고민을 본 의료사회복지사 및 주민센터 담당자와 나눌 수 있게 되었음. 또한 자칫 누락될 수 있었던 사회복지제도의 틀 안에 남으며 주민센터의 사례관리를 받을 수 있게 되었음. 본 개입을 통해 환자의 주거지 선정 및 생계유지의 어려움이 상당부분 완화될 수 있을 것으로 기대됨.
		민간 후원기관 연계	상기 환자는 2018년 8월 수술 후 항암치료를 시행하고 있음. 환자는 항암치료의 부작용으로 헛구역질, 구토 등 식사의 어려움을 호소하였음. 하지만 환자는 경제적 어려움으로 영양식을 챙겨먹는 것이 불가하다고 함. 또한 환자의 배우자는 척추협착증으로 인한 수술이 필요하나 경제적 어려움으로 연기하고 있는 상황임. 이에 환자에게 모금액(지원금) 환자 통장으로 입금 가능한 BBS 라디오 방송을 연계하였음. 아직 지원금액 확정 전이나 추후 지원금이 확정되어 환자에게 입금된다면 환자의 생계유지의 어려움이 상당부분 완화될 수 있을 것으로 기대됨.
3	환자의 심리정서적 어려움	지속적 상담을 통한 심리정서적지지 제공	상기 환자 초기 상담 시 NCCN 디스트레스 온도계 점수 10점으로 고위험상태인 것으로 파악되어 심리정서적 어려움을 완화하고자 지속적으로 상담을 진행함. 환자의 치료비에 대한 불안 감소를 위해 의료비지원제도에 대해 재차 정보를 제공하였으며 환자가 의료진 및 타 부서와의 소통에서 어려움을 경험하여 환자의 의견을 전달하며 옹호자의 역할을 수행함. 이에 환자는 주민센터 담당자의 가정방문 시 의료사회복지팀의 도움을 받아 치료를 원활히 진행할 수 있어 심리정서적 어려움이 상당부분 완화되었다고 전달함. 또한 환자는 초기 상담 시 진료 과정에서의 불만족스러운 서비스, 치료비 걱정으로 인해 본원에 대한 불만이 있었음. 그러나 최근 환자는

			국립암센터, 국가의 사회복지제도에 대한 만족감을 표현하였음. 이에 본 개입을 통해 환자의 심리정서적 어려움이 상당히 완화되었을 것으로 기대할 수 있는데, 이는 2018년 10월 12일 재시행한 NCCN 디스트레스 척도 검사를 통해 확인할 수 있음. (NCCN 디스트레스 온도계 점수: 10점→5점/NCCN 문제 체크리스트: 12개→7개) 하지만 NCCN 디스트레스 온도계 5점 또한 삶에 상당한 영향을 주는 디스트레스를 경험하고 있는 것으로 볼 수 있어 지속적으로 상담을 시행할 예정임.

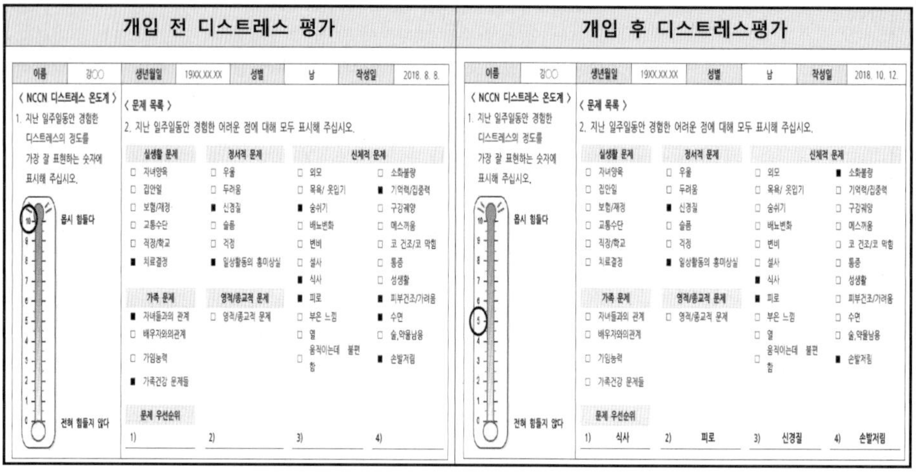

■ 생태도의 변화 19)

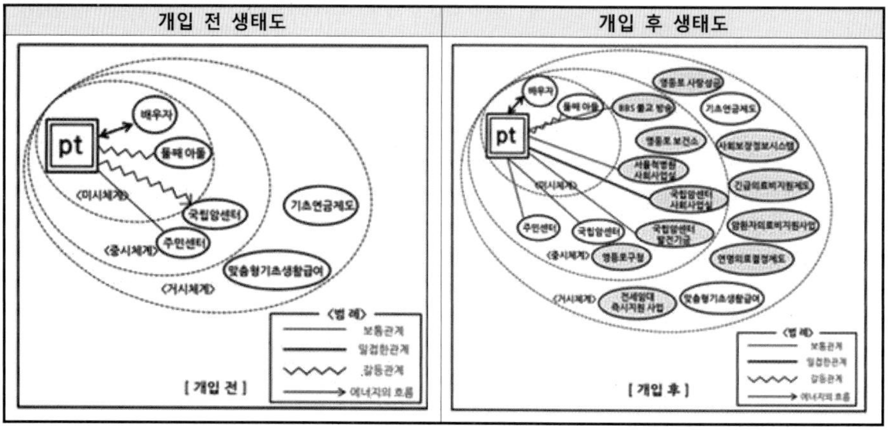

19) 개입 전후의 생태도 변화를 통해 환자 개입의 결과를 한눈에 파악 가능

2. 개입에 대한 총평

2. 개입에 대한 총평
- 개입 과정 전반 및 학습의 과정에서 수련생이 주관적으로 느낀점, 배운점, 한계점 및 임상가로서 향후 발전 방향성에 대한 고민을 깊이 성찰 후 작성

○ 사회복지실천에서 의료사회복지사가 행하는 간접적 개입에는 자원개발과 중개 및 의뢰, 옹호활동, 서비스 점검과 조정 등과 함께 관료주의 대응에 대한 전략, 사회적 공감, 사회운동 등의 방법이 있음[20]. 본 개입에서는 환자에게 연계 가능한 자원 안내를 위해 **자원을 개발**하여 환자에게 문서화하여 정보를 제공함. 또한 00병원의 사회복지사에게 환자 부부에 대한 개입을 **의뢰**하였는데, 이는 단순 안내의 의뢰가 아닌 00병원 사회복지사와 환자의 상황을 공유하고 개입의 연속성이 이뤄질 수 있도록 한 것에 의미가 있음. 또한 환자가 의료진에게 안내받지 못한, 혹은 안내받았으나 이해하지 못한 사항에 대해 환자 눈높이에 맞춰 안내하여 환자의 자기옹호기술을 격려하였으며 필요 시 의료진에게 본 사회복지사가 직접 확인 요청함으로 환자 **옹호 노력 수행함.** 다양한 주체의 서비스 제공자들을 통해 환자에게 제공되는 서비스와 자원이 중복되지 않고 조화롭고 적합하게 제공될 수 있도록 주민센터 담당자와 전화협의를 통해 **서비스 조정**을 시행함. 이러한 개입 단계에서 의료사회복지사는 중개자, 조력자, 교사, 옹호자, 조정자의 역할을 시행할 수 있었음.

○ 디스트레스(Distress) 평가 상담을 통해, 환자가 지지체계가 미약한 상황에서 암 진단을 받고 정서적 어려움(불안, 신경질 등)을 느끼고 있었으며, 이는 치료 과정에 부정적인 영향을 미치고 있음을 확인할 수 있었음. 이에 심리사회모델의 지지하기 기술을 활용하여 환자가 느끼는 부정적인 정서적 감정에 대해 환기하고 완화할 수 있도록 상담을 시행함. 또한 환자가 불안을 느끼는 치료비 진행 상황에 대해 정보 제공함으로 본 의료사회복지사가 환자의 치료 과정에서의 지지체계로 존재하며, 지역사회 자원들과의 교류를 통해 복지제도의 지원을 받을 수 있음을 안내함으로 불안도를 낮추고 퇴원 후에도 원활히 지역사회 적응을 할 수 있는 지지기반을 마련하는데 기여함.

○ 신입 의료사회복지사로서 환자 상담과 개입의 방향성이 올바른지에 대한 의문이 있었음. 수퍼비전을 통해 'NCCN 디스트레스 온도계 및 문제목록' 척도를 활용하여 환자 상담을 수행함으로 환자의 심리적, 사회적, 실제적, 신체적 영역에 대한 문제를 환자 중심으로 확인할 수 있었으며, 환자가 호소한 문제 우선순위에 따른 개입계획을 설정할 수 있었음. 또한 척도 활용 상담을 환자 첫 방문일(8/8)에 1차 수행하고, 개입이 어느 정도 진행된 3개월 후(10/12)에 2차 수행함으로 환자의 심리사회적 어려움이 의료사회복지사의 개입에 따라 어떻게 변화하였는지를 평가 및 확인할 수 있었음. 환자는 초기 평가보다 개입 후 평가에서 디스트레스의 수준이 낮아졌으며, 문제 항목의 절대적인 수가 감소하고 호소하는 문제 항목이 변화한 것을 보며, 본 의료사회복지사의 개입의 의미와 효과를 시각적으로 확인할 수 있었음.

NCCN 디스트레스 평가 도구를 활용하여 환자 중심(내담자 중심) 및 근거중심의 개입을 진행할 수 있었음. 국제적으로 검증된 평가도구를 활용하여 문제를 사정하고 개입을 시행하였으며 결과 또한 평가하여 의료사회복지사로서 개입의 진행방향에 대한 고민을 해소하는 경험이 되었음.

20) 출처: 김연수·김경희·박지영·최명민,「의료사회복지 이해와 실제」,나눔의집(2017)

Ⅴ. 슈퍼비전(Supervision)

1. 슈퍼비전 받고 싶은 내용21)

1. 슈퍼비전 받고 싶은 내용
- 개입에 대한 총평에 기반하여 질의
- 한계점에 따른 향후 방향성에 대한 고민, 실천 모델 적용의 적절성, 해당 사례를 상정하고자 하는 사유 등
- 유의사항 : 틀에 맞춰 작성하기 위해 억지로 슈퍼비전 받고 싶은 내용을 작성하지 않도록 유의
  (예: ~ 이렇게 개입했는데 적절했는지 알고 싶습니다)

2. 슈퍼비전 받은 내용 및 수정 내용22)

2. 슈퍼비전 받은 내용 및 수정 내용
- 지정된 수련지도자에게 해당 사례와 관련하여 슈퍼비전 받은 내용을 정리, 요약하여 기술
- 지도받은 모든 내용에 대해서는 수련사회복지사의 Re-vision 및 수정이 제시되어야 함.

수련지도자	내 용(COMMENT)	수정 내용(Follow-up)

Ⅵ. 참고문헌(Reference)

- 사례 개입 및 사례분석보고서 작성에 참고한 모든 단행본, 논문, 웹사이트의 출처를 명확히 표기
- 참고문헌 표기 방법은 반드시 통일하도록 함

1) 단행본

- 「2018년 수련의료사회복지사 이론교육」, 대한의료사회복지사협회
- 강흥구, 「의료사회복지실천론」, 학현사(2007)
- 윤현숙·김연옥·황숙연, 「의료사회복지실천론」, 나남(2011)
- 김연수·김경희·박지영·최명민, 「의료사회복지 이해와 실제」, 나눔의집(2017)
- 엄명용·노충래·김용석, 「사회복지 실천기술의 이해」, 학지사(2015)
- 김주환, 『회복탄력성』, 위즈덤하우스,(2011)
- 박아경 외 10명, 『NCCN Guidelines For Patients』, 암환자의 디스트레스 개입을 시작하는 의료사회복지사를 위한 기본 가이드북(2018)

2) 논문

- 조성민(2007), 암 환자와 가족에 대한 정신의학적·심리사회적 개입, 원자력병원 신경정신과,의료사회복지팀, 호스피스실
- 이명선·박은영·김달숙·태영숙·정복례·소향숙(2011), 저소득층 암환자들의 심리사회적 적응 과정, 대한간호학회지 제41권 제2호

3) 웹사이트

- 국가암정보센터, https://www.cancer.go.kr/, (2018.08.20.)
- LH한국토지주택공사, http://www.lh.or.kr/, (2018.08.19.)
- 사회보장정보원, http://www.ssis.or.kr, (2018.10.30.)
- 국민건강보험공단,http://minwon/nhis.or.kr, (2018.10.30.)

21) 수련지도자에게 본 사례 개입 관련 슈퍼비전 받고 싶은 내용 작성

22) 슈퍼비전 받은 내용 및 향후 이를 반영하여 수정한 내용 추가 작성

- 27 -

저자소개

박유정 안산대학교 사회복지학과 조교수

김미영 한라대학교 사회복지학과 교수

김정화 한경국립대학교 사회복지학과 교수

박아경 국립암센터 의료사회복지팀 팀장

이송월 의료사회복지사, 한림대학교 사회복지학 박사과정 수료

의료사회복지실천론

초 판 1쇄 인쇄 2025년 9월 16일
초 판 1쇄 발행 2025년 9월 22일

지 은 이 | 박유정 · 김미영 · 김정화 · 박아경 · 이송월
펴 낸 이 | 김기섭
편 집 인 | 이혜란
펴 낸 곳 | 창지사 www.changjisa.com
08589 서울시 금천구 가산디지털 1로 83 파트너스타워 1차 9층
전화 (02)719-2211~3
팩스 (02)701-9386
등 록 | 1977년 4월 28일 · 제1-421호

ISBN 978-89-426-1939-9 (93330)

값 27,000원